Policy Guidelines for Tax,
Foreign Exchange and Accounting in Belt and Road Countries.

"一带一路"

税收外汇会计政策指南 I

董付堂　姚焕然　辛修明　主 编

中国经济出版社
CHINA ECONOMIC PUBLISHING HOUSE

图书在版编目（CIP）数据

"一带一路"税收外汇会计政策指南．Ⅰ/董付堂，姚焕然，辛修明主编 .-- 北京：中国经济出版社，2019.8

ISBN 978-7-5136-5724-2

Ⅰ.①一… Ⅱ.①董… ②姚… ③辛… Ⅲ.① "一带一路" – 国际税收 – 会计政策 – 指南 Ⅳ.① F810.42-62

中国版本图书馆 CIP 数据核字（2019）第 116108 号

责任编辑　杨　莹
文字编辑　郑潇伟　赵嘉敏
责任印制　巢新强
封面设计　晨罡文化

出版发行　中国经济出版社
印 刷 者　北京力信诚印刷有限公司
经 销 者　各地新华书店
开　　本　710mm×1000mm　1/16
印　　张　26.75
字　　数　423 千字
版　　次　2019 年 9 月第 1 版
印　　次　2019 年 9 月第 1 次
定　　价　98.00 元

广告经营许可证　京西工商广字第 8179 号

中国经济出版社 网址 www.economyph.com 社址 北京市东城区安定门外大街 58 号 邮编 100011
本版图书如存在印装质量问题，请与本社发行中心联系调换（联系电话:010-57512564）

主　编

董付堂　姚焕然　辛修明

编委名单

本书特别顾问

（按拼音字母排序）

房秋晨
>　　中国对外工程承包商会会长

傅俊元
>　　中国保利集团有限公司总会计师

王秀明
>　　中国铁建股份有限公司总会计师

张　克
>　　信永中和集团董事长

赵　东
>　　中国石油化工集团有限公司总会计师

序 一

随着我国对外开放特别是"一带一路"倡议的深入推进，企业走出国门、拓展海外业务的步伐加大，越来越多的中国企业"走出去"并在海外市场开展投资、并购等经济活动。据商务部数据显示，2018年，我国对外投资规模持续扩大，共对全球164个国家和地区的7961家境外企业进行了非金融类直接投资，累计实现投资1701.1亿美元，同比增长44.1%；与"一带一路"沿线国家进出口总额达到6.3万亿元人民币，对"一带一路"沿线53个国家的非金融类直接投资145.3亿美元。

但由于缺乏对境外投资目的地整体营商环境的研究，近年来，"走出去"企业在国际市场开拓和经营的过程中也面临着较大的困难和风险，特别是财税外汇政策方面的风险。

据不完全统计，我国"走出去"企业多达几十万家，其中除大型企业外，绝大部分是中小型企业，普遍反映对所在国的会计政策、税收政策和外汇政策难以进行系统性的了解和掌握，特别是中小型企业，更是心有余而力不足。因此，极大地制约了我国"走出去"企业的财务管理水平和合规能力的提升，严重影响了我国企业的国际声誉。

为了帮助企业更好地了解当地财税法规，本丛书主要围绕境外投资目的地整体营商环境、税收体系、外汇制度、会计政策等方面内容，进行了较为详细的介绍。鉴于主要发达国家的财税体系较为健全，有关政策法规比较透明，资料也容易获取，本丛书不再予以整理收集。本《指南》汇集的80个国家（地区），大部分是我国企业境外业务开展较多的欠发达或发展中国家，能够基本满足我国"走出去"企业的迫切需求，有助于"走出去"企业能够快速熟悉境外投资目的国的基本财税政策，大幅降低企业对所在国财税法规信息收集的成本，既有利于提升企业的法规遵从意识，又有利于企业防控经营风险，增强企业"走出去"的信心和底气。

本丛书是集体智慧的结晶。中国对外工程承包商会发挥了重要的平台和引领作用，参与本丛书编写的是我国"走出去"的核心企业代表，分别为中国路桥、中国建筑、中国电建、中国有色、国机集团、葛洲坝国际、CMEC、中国铁建、中石油、中国港湾、中水对外、北京建工和江西国际等十多家企业。信永中和会计师事务所对本丛书进了全方位的指导和审核，使本丛书的专业性和实用性质量得到了实质性的提升。

本丛书定位为专业工具书，旨在为我国广大"走出去"企业的财务、投资、商务和法务等专业管理人员提供参考和指南，同时，也为"走出去"企业提供专业服务的中介机构提供了重要借鉴。

由于编写组学术水平和实践经验有限，本指南难免有不足和谬误之处，恳请专家和读者批评指正！

2019 年 9 月于北京

序 二

2013 年国家提出"一带一路"倡议，随着中国与沿线国家的扎实推进，现在"一带一路"已成为举世瞩目且被越来越多的国家认可和接受的概念。近年来，中国企业对沿线国家直接投资超过 900 亿美元，完成对外承包工程营业额超过 4000 亿美元，为推动沿线国家的经济发展做出了卓有成效的贡献。

越来越多的中国企业以多种多样的方式走出国门，参与这一宏大的划时代壮举，但过程和结果并非都能遂人所愿。如近些年部分企业相继爆出海外投资失败，或遇到重大障碍而致进退两难。虽然决定中国企业海外投资能不能成功的因素非常复杂，但"知己知彼、百战不殆"，不知彼显然是其中一个重要因素。"走出去"的中国企业需要知悉目的国的经营规则和市场环境、税务财务制度和投资融资法规、政府的优惠及限制政策等。提高在国际环境下开展经营的意识和能力尤应引起足够重视，特别是在投资前期，要尽可能做到"谋定而后动"，充分了解当地规则和信息，并借助专业机构的力量，对投资事项作出审慎判断，从而避免投资损失。

鉴于此，本套丛书集合众多财会咨询专家、海外投资经营实务机构高管的智慧，全面陈述了"一带一路"沿线相关 80 个国家（地区）的投资环境、市场基本情况、税收种类和征管情况、外汇管制、会计制度及核算等政策、规定和信息。可以说，本套丛书可以视作投资"一带一路"国家的财会实务宝典。此外，越来越多的中国专业机构和专业人士在服务中国企业"走出去"中也扮演着越来越重要的角色，通过此书掌握境外目标国的基本经济情况和财税政策无疑也会有效提升这些专业人士的服务能力和效率。

"一带一路"倡议的提出和运作为所有沿线国家提供了更大的发展空间

和福祉，也为中国企业提供了更多在世界舞台上驰骋的机会，若此书能在中国企业和中国专业服务机构走向世界的过程中发挥些许助力和护航的作用，则功莫大焉！

信永中和集团董事长

序 三

"一带一路"倡议提出六年来，中国对外承包工程行业保持良好发展势头，取得了可喜的成绩。但随着海外市场的不断拓展，企业面对的东道国政策法规环境也日趋复杂，企业中普遍存在着对所在国法规理解不透彻、经营管理中有"盲区"、正当权益遭侵害而维权不力等现象。特别是，很多企业对当地的财税政策了解较为肤浅和不系统，容易出现因无知和冒进的做法而触犯法律法规的问题，给企业经营带来损失，声誉造成影响，这其中的教训值得我们认真总结和反思。"走出去"企业迫切需要在了解和适应海外法律法规方面得到更多的指导和服务。

《"一带一路"税收外汇会计政策指南》丛书的出版，正是恰逢其时，为中国"走出去"企业提供了全面、及时、实用的海外政策信息指南，对企业开拓国际市场、提升合规经营和企业管理水平将发挥重要作用。

该《指南》由中国对外承包工程商会融资财税委员会组织行业内十多家骨干会员企业，联手信永中和会计师事务所共同整理研究的成果。《指南》对80个国家（地区）的投资经营环境、法律体系、外汇管理规定、税收会计政策等方面进行了详尽的解析，相信能对"走出去"企业准确了解所在国法规政策，快速融入当地营商环境，有效防范政策风险，促进企业可持续发展起到一定的引领和指导作用。

中国对外承包工程商会将进一步发挥各专门委员会的特色与专长，为广大企业提供更为专业和实用的服务，为中国企业全面参与"一带一路"建设，实现"共商、共建、共享"发展做出新的贡献！

中国对外承包工程商会会长

序 四

"一带一路"倡议提出以来，中国企业"走出去"的步伐不断加快，竞争实力日益提高，在国民经济中发挥着越来越重要的作用。但由于海外政治社会、法律财税、营商环境等方面存在较大差异，给企业国际化经营带来了较大挑战。

国际化经营涉及的内容繁多，企业需要从国际税法、国际税收协定、外汇和会计政策等角度作出系统全面的安排。企业在进行境外投资前有必要认真做好功课，对境外的税收、外汇和会计政策等重要内容进行充分了解、考察和分析，并针对企业自身情况制定出最优的投资架构、退出渠道等方案，以便有效规避境外投资风险，实现投资利益的最大化。

《"一带一路"税收外汇会计政策指南》丛书主要围绕境外投资目的地国整体营商环境、主体税种、征管制度、双边税收协定、外汇制度和会计政策等方面内容进行详细介绍，涉及"一带一路"沿线 80 个国家（地区），旨在使中国企业及时、准确、全面地了解和掌握境外投资的税务成本、纳税操作、税务风险规避、外汇和会计政策等重要信息，满足"走出去"企业的迫切需求，有助于"走出去"企业能够快速熟悉境外投资目的地国的基本财税政策，大幅降低企业对所在国财税法规信息收集的成本，既能够提升企业的法规遵从意识，又能够增强企业防控经营风险的信心和底气。

本丛书集合各类专家智慧结晶，具有很强的专业性、指导性和实用性，是不可多得的系列工具用书，对于助力中国企业"走出去"积极践行"一带一路"倡议将发挥重要作用。

中国石油化工集团有限公司总会计师

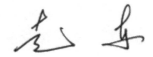

专家推荐语

　　随着"一带一路"倡议的深入推进，中国企业"走出去"的步伐不断加快，海外业务拓展迅猛，但由于海外政治经济人文等差异较大，各项政策制度复杂多变，给企业生产经营带来了很大的困难和挑战，也积聚了一系列的问题和风险，必须引起高度重视，积极做好各项应对之策。《"一带一路"税收外汇会计政策指南》丛书，围绕80个国家（地区）颁布的税收、外汇和会计政策等问题，进行全面系统收集整理，认真分析归纳研究，以应用指南的形式呈现给广大读者，值得"走出去"企业的相关人员借鉴和参考。该丛书覆盖范围广，涉及"一带一路"沿线80个国家（地区），涵盖中国企业"走出去"的重点区域；针对性强，选择了税收、外汇和会计政策等中国企业"走出去"过程中遇到的最迫切、最现实的问题，能够满足我国各类企业"走出去"的基本生产经营需要；操作性强，内容安排上既有基本制度和相关情况的介绍，又有重要制度政策解读以及具体操作应用指引；权威性高，集合中国对外工程承包商会及我国"走出去"的十多家核心企业代表的集体智慧，同时也得到信永中和会计师事务所的专业指导和审核。该丛书是广大"走出去"企业的财务、投资、商务和法务人员非常难得的操作应用指南。

中国铁建股份有限公司总会计师

这是一部中国企业"走出去"践行"一带一路"倡议的重要工具用书，对于实际工作具有十分重要的参考价值。

中国保利集团有限公司总会计师

"一带一路"倡议重在促进沿线国家之间的互联互通，加强相互间的经贸合作和人文往来。缺乏对相关国家会计、税收、外汇等体系的充分了解，不仅会提高经贸合作的成本，而且会加大经贸往来的风险。汇聚了我国在"一带一路"经贸合作领域耕耘多年的多家知名企业的实务界专家们巨大心血的这本政策指南，填补了空白，可以为我国"走出去"的企业提供极富价值的参考，对学术界开展国际比较研究，夯实会计基础设施，助推"一带一路"合作，也有很好的参考价值。

上海国家会计学院党委书记、院长

习近平总书记在推进"一带一路"建设工作5周年座谈会上发表重要讲话指出，过去几年，共建"一带一路"完成了总体布局，绘就了一幅"大写意"，今后要聚焦重点、精雕细琢，共同绘制好精谨细腻的"工笔画"。要坚持稳中求进的工作总基调，贯彻新发展理念，集中力量、整合资源，以基础设施等重大项目建设和产能合作为重点，在项目建设、市场开拓、金融支持、规范经营、风险防范等方面下功夫，推动共建"一带一路"向高质量发展转变。

"一带一路"沿线国家的发展水平、社会制度、宗教民族、文化习俗等方面千差万别，企业"走出去"面临诸多风险。"一带一路"建设中要行稳致远，持续发展，需要政府加强政策沟通，建立以规则为基础的法治合作体系，更需要企业遵守东道国的法律法规，建立健全风险防范机制，规范投资经营行为。这就要求企业加强对沿线国家法律法规的深入了解和科学应用，不断提高境外安全保障和应对风险能力。《"一带一路"税收外汇会计政策指南》丛书的出版，可谓应景适时。

本丛书有以下三个突出特点：一是选题聚焦"一带一路"沿线国家的税收、外汇与会计等财经政策，契合企业当前的迫切需求，可以帮助企业及时了解、识别和规避沿线国家的财税、外汇与会计风险，对企业提升相关业务的合规合法性、促进企业稳步发展具有重要的现实意义。二是编写团队来自我国参与"一带一路"建设的核心企业代表，他们不但熟悉沿线国家的财经政策，并且有扎实的理论功底和丰富的实践经验，确保了本书的专业性。三是内容翔实，重点介绍了 80 个国家（地区）最新的税收、外汇和会计政策，具有很强的针对性和时效性，为"走出去"企业提升财经风险意识、夯实财经管理基础和提高财经风险防范能力提供了基本遵循。

本丛书源于实践，是切合实际的专业性指导工具书。在此，由衷地希望"走出去"企业及相关从业者能够从本丛书汲取营养，共同助力"一带一路"建设，为推动共建"一带一路"走深、走实做出积极贡献。

厦门国家会计学院党委书记

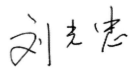

目录
CONTETS

第一章 阿尔及利亚税收外汇会计政策

第一节　投资环境基本情况

一、国家简介

阿尔及利亚民主人民共和国（法语：Algérie），简称"阿尔及利亚"，地处非洲西北部，首都为阿尔及尔，与突尼斯、利比亚、尼日尔、马里、毛里塔尼亚、摩洛哥等国接壤。阿尔及利亚是非洲面积最大的国家，国土面积238万平方公里，撒哈拉沙漠约占国土面积的85%。法定货币为阿尔及利亚第纳尔。阿尔及利亚人口约为4220万（2017年），官方语言为阿拉伯语。阿尔及利亚法律体系较为健全，但仍受法国法律体系的影响较大，具有独立的民法典和商法典。

二、经济情况

阿尔及利亚是非洲第三大经济体，2017年国民生产总值约为1703亿美元。[①] 该国经济严重依赖石油业及天然气业，其中，阿尔及利亚天然气储量排在世界第五位，是全世界第二大天然气出口国；石油储量排在世界第14位。据国际货币基金组织统计，阿尔及利亚石油业约占其国民生产总值的25%，贡献了95%的出口收入和60%以上的财政预算收入。阿尔及利亚石油业基本由国有石油公司Sonatrach控制。阿尔及利亚近年受国际能源价格下降冲击较大，外汇储备急剧下降，造成财政预算紧张。

三、外国投资相关法律

外资企业在阿尔及利亚投资、经营的法律环境，主要依据为2016年由阿尔及利亚政府颁布的关于促进投资的16—09号法令的相关规定。该法令同时涉及对境内和境外企业的投资政策。值得注意的是，阿尔及利亚现行

---

① 数据来源：世界银行。

法律规定外资企业在当地成立合资公司，其持股比例不得超过49%。

根据阿尔及利亚政府于1982年颁布的《外籍劳务人员就业条件法规》规定，除特殊情况外，凡在阿尔及利亚从事带薪工作的外籍劳务人员都必须持有当地劳动服务机构颁发的正式劳动证或临时劳动证。

根据阿尔及利亚政府于2008年颁布的《外国人入境、旅居和通行条件法规》规定，凡在阿旅居的外国人必须持有旅行证、有效期内的签证，必要情况下开具行政许可证。计划在阿国长期居住的应向相关部门申请办理正式或临时居住证。带薪外籍劳务人员居住证有效期不得超过正式工作证的有效期。

四、其他

阿尔及利亚是阿拉伯马格里布联盟（UMA）成员国，该联盟成立于1989年2月17日，由摩洛哥、突尼斯、阿尔及利亚、利比亚和毛里塔尼亚等地处北非马格里布地区的国家组成，简称马盟。该联盟致力于去除成员国间贸易关税和非关税障碍，建立北非经济一体化的共同市场。

阿尔及利亚共与中国、法国等三十多个国家签署了双边税收协定。除此之外，阿尔及利亚并未参与自由贸易协定、BEPS公约等其他国际税收条约。在阿尔及利亚经营的企业发生跨境关联交易的，需按照税务部门要求，按年编制转移定价报告，对关联交易的关联单位、交易性质和定价原则进行披露，并随所得税汇算清缴资料一同上报给主管税务机关。税务部门有权对纳税人定价进行重估，重新调整计税基础。

第二节　税收政策

一、税法体系

阿尔及利亚现行税法主要包括《直接税及相关税费法》《间接税法》《注册税法》《印花税法》和《税收征管法》。主要税种包括个人所得税、企业所得税、增值税、营业税、关税、房地产税等。

阿尔及利亚税法规定符合特定条件的纳税人可选择适用普通税制或定额税制。前者针对会计核算体系健全的纳税人，按照会计核算的利润经纳税调整计算应纳税所得额，与中国的查账征收类似。后者针对符合条件的小型企业，按照应税收入乘以固定税率计算缴纳一揽子税费。

二、税收征管

（一）征管情况介绍

阿尔及利亚税收征管根据企业经营地采用不同的征管方式。

在阿尔及利亚境内从事生产经营活动的单位，适用于阿尔及利亚普通税制（Droit Commun）。纳税人应在开始经营之日起 30 日内向机构所在地的主管税务机关办理税务注册手续、申请税卡和存在证明（C20）。境外单位年营业收入大于 20 亿第纳尔的，必须在大企业管理局（DGE）进行税务注册。

适用于阿尔及利亚普通税制的纳税人，应于每月 20 日前，通过纳税申报表（G50 表）申报缴纳上月的增值税、营业税、预缴所得税、个人所得税。企业所得税于次年 4 月 30 日前进行汇算清缴。2018 年在大企业管理局进行税务注册的纳税人，可通过网上纳税申报系统 JIBAYATIC 实现在线申报。该系统于 2018 年年底废止，2019 年阿尔及利亚税务机关启用全国统一的网上纳税申报系统。

阿尔及利亚境外单位向阿尔及利亚境内单位提供的在境外发生的服务（设计、咨询等），并取得源于阿尔及利亚的所得，适用于源泉扣缴税制。取得服务的阿尔及利亚企业以实际支付金额为计税基础，代扣扣缴 24% 的源泉扣缴企业所得税（IBSR）。源泉扣缴企业所得税为一揽子税，境外单位无须再向阿尔及利亚税务机关缴纳增值税、营业税等其他税费，亦无须在阿尔及利亚进行税务注册。

阿尔及利亚境外单位在阿尔及利亚境内提供建筑服务的，该工程合同必须适用普通税制，在合同范围内履行与阿尔及利亚企业相同的纳税义务。

如果存在国际税收协定的，税制的适用以税收协定条款为准。

（二）税务查账追溯期

根据阿尔及利亚税法规定，税务查账的追缴期为四年，但纳税人故意逃避缴纳税款的除外。此外，对纳税人已经过税务稽查的纳税年度不再进行追溯查账。对于在税务稽查过程中发现的未申报缴纳的税款，按照应补缴税金的 25% 计算罚款。

（三）税务争议解决机制

阿尔及利亚纳税人依法享有对涉税事项申请行政复议的权利。发生涉税争议时，纳税人可向指定的税务机关提交复议申请。纳税人对复议全部或部分被复议委员会否定的，可向上级税务机关继续提起复议或者向法院提起税务诉讼。

三、主要税种介绍

（一）企业所得税

1. 征税原则

企业所得税是对纳税人在阿尔及利亚境内经营取得的应纳税所得额征收的一种所得税。纳税主体包括在阿尔及利亚境内发生纳税义务的企业和组织，股权投资基金、选择缴纳个人所得税的合伙企业以及选择缴纳单一定额税的企业不属于企业所得税纳税义务人。在阿注册的合伙企业，纳税人可以自行选择缴纳企业所得税或个人所得税。适用税种一经选择，在企业存续期内不得变更。纳税人的居民身份以纳税义务人是否按照当地商法在阿尔及利亚进行商业注册为标准确定。

2. 税率

企业所得税税率包括：生产制造业适用的所得税税率为 19%；建筑业、旅游业适用的所得税税率为 23%；其他业务适用的所得税税率为 26%。纳税人兼营适用于不同税率的业务时，应当对各业务进行单独核算，根据对应税率计算应纳税额。未进行单独核算的，均按照 26% 的最高税率计算应纳税额。

3. 税收优惠

（1）法定免税项目。阿尔及利亚税法规定从事特定农业、军事、艺术等业务的企业免征企业所得税。

（2）发展与投资局免税项目。外国投资者依法在阿尔及利亚进行投资，可向发展与投资局（ANDI）申请自项目开始运营之日起三年内享受免税政策。投资项目属于旅游业、工业等存在特殊鼓励政策的行业的，纳税人可自项目开始运营之日起五年内享受免税政策。

（3）其他税收优惠。阿尔及利亚税法规定的其他与南部开发、促进就业、小微企业等有关的免税政策和其他税收优惠。其中，由促进就业、小微企业基金协助设立的纳税人可以享受三年企业所得税免税优惠。上述纳税人同时设立在投资促进地区的（阿尔及利亚南部地区），免税期间最多可延长至 10 年。

4. 所得额的确定

所得税应纳税所得额 = 应税收入 – 允许税前扣除的费用

纳税人发生亏损的，可在五年内结转至以后年度弥补。

（1）应税收入。应税收入包括营业收入、政府补助和其他收入。收入确认时间遵循以下规定：①销售货物的按照货物的移交时间确认收入；②提供服务的按照完成时间确认收入。

（2）允许税前扣除的费用。允许税前扣除的费用主要包括营业成本、管理费用、折旧费用、部分税费（包括源头扣缴的所得税费）等。纳税人计提的各项准备一般情况下不得在税前列支，除非该项准备的扣除已由主管税务机关确认。

下列费用不允许在税前扣除：①与企业正常生产、经营无关的房屋租赁费用或其他与房屋有关的费用；②除单价在 500 第纳尔以下且用于宣传的礼品以外礼品费用；③除年捐赠金额在 100 万第纳尔以下的公益性捐赠以外的捐赠；④与企业正常生产、经营无关的业务招待费、餐饮费和酒店费用；⑤罚金等其他税法规定不得抵扣的情形。

5. 征管与合规性要求

企业应于每年 3 月 20 日、6 月 20 日、9 月 20 日，分三次计算、预缴企业所得税。预缴税额按照最近一次的以汇算清缴的利润税的 30% 计算。每年（n）第一次预缴所得税时，前一年度（$n-1$）企业所得税未完成汇算清缴的，可暂按 $n-2$ 年度企业所得税汇算清缴数据计算，并将两者差额在当年（n）第二次预缴所得税时予以调整。

境外企业按照收款的 0.5% 预缴企业所得税，于收款日次月 20 日前，申报并缴纳预缴企业所得税。

每年所得税汇算清缴时，预缴所得税小于应纳税额时，可在计算实缴税款时扣除。预缴税款大于应纳税额时，可结转至以后年度扣除。

企业年应纳税额小于1万第纳尔的，应按1万第纳尔申报缴纳企业所得税。

（二）增值税

1. 征税原则

增值税以企业生产、经营过程中形成的增值额为征税对象的一种流转税。阿尔及利亚增值税为价外税，最终消费者为实际税负人。在阿尔及利亚境内发生应税行为的自然人与单位承担增值税纳税义务。

2. 计税方式

阿尔及利亚增值税采用一般方法计税，不存在简易计税方式。

3. 税率

阿尔及利亚增值税税率分为19%的一般税率和9%的低税率。

9%的增值税税率适用于钢筋、为住房项目提供的建筑服务等税法列举的低税率项目。

针对2017年以前签订的公共工程合同，增值税税率仍延用17%和7%的旧税率，但上述合同在2017年后签订的附属合同则适用于19%和9%的新税率。

根据阿尔及利亚税法规定，纳税人发生兼有不同税率的销售行为时，应当分别核算各业务的应税销售额，分别计算应缴增值税；无法分别核算的，应当确定合理的分摊比例，将不含税销售额分摊至不同税率的业务；无法合理确定分摊比例的，从高适用税率。

4. 增值税免税

下列情况免征增值税：①除古董、珍藏品、古书、收藏品、首饰、贵金属等以外的商品出口；②经发展与投资局审批的新增投资项目；③税法规定的其他免税情况，如医药品销售、特殊车辆的销售、个人保险、个人住房贷款等。

此外，在项目业主取得发展与投资局（ANDI）免税决议的情况下，工程承包商享受增值税免税政策（需要取得业主办理的免税证明），在免税清单内的进口货物免征进口环节增值税。工程承包商可针对免税项目在当地采购的货物、服务发票向税务部门申请办理免税证明，以免除采购环节供应商的增值税（免税采购）。

5. 销项税额

通过增值税应税销售额（包括销售应税货物、服务时取得的价款、价外费用和相关税费）乘以适用税率计算确定增值税销项金额。

纳税义务发生时间的规定如下：①销售应税货物为货物的权利转移日或实际交付日；②销售应税服务为实际收款日。

6. 进项税额抵扣

阿尔及利亚增值税实行凭票抵扣制度，进项税发票无须进行认证。当期未申报的进项税发票，最晚可于发票日期的次年 12 月 31 日前进行申报抵扣。逾期未申报的进项税不得抵扣，直接计入材料采购成本。阿尔及利亚没有统一的发票印制管理机制，只通过法律规定了发票的法定列举内容和使用规范。各企业根据法律相关规定自行制定并印制增值税发票。纳税人可以通过核实对方单位的商业注册文件、税卡、存在证明（C20）和完税证明，以规避发票风险。

符合下列情况的增值税进项税额准许可以向主管税务机关申请返还：①增值税免税项目；②终止经营；③适用的销项税税率小于进项税税率的；④预缴的增值税。

不得抵扣的进项税包括：①现金支付金额超过 100000 第纳尔的发票，其进项税不允许抵扣；②与生产经营无关的业务产生的进项税；③购买不作为企业经营的轿车，以及对其进行维修、保养、购买配件产生的增值税进项税；④税法规定的其他不得抵扣的项目。

7. 征收方式

阿尔及利亚增值税采用查账征收的方式。纳税人的会计处理无法准确核算应纳增值税的，主管税务机关有权进行核定征收。

8. 征管与合规性要求

纳税人可选择普通模式或预缴模式申报缴纳增值税。

选择采用普通模式的纳税人，应按月向税务主管部门申报纳税，纳税申报截止日为纳税义务发生的次月 20 日。

纳税人从事生产、经营活动 6 个月以上的，可以选择采用预缴模式申报纳税。纳税人应在每年 2 月 1 日前，向所属税务部门提出申请。纳税人采用预缴模式，次年未递交申请的，则视为默认次年继续选择该模式申报纳税。

纳税人未按期缴纳增值税的，处以未缴税金 10% 的罚款，并按月计算 3% 的滞纳金。

9. 增值税附加税

阿尔及利亚不存在此税种。

（三）个人所得税

1. 征税原则

个人所得税是以纳税人取得的年应纳税所得额为征税对象的一种所得税。阿尔及利亚个人所得税采用分类征收制。

居民纳税人就其全部收入承担无限纳税义务，非居民纳税人仅就其来源于阿尔及利亚境内的收入承担纳税义务。

具有下列情形之一的，视为居民纳税人：①在阿尔及利亚境内拥有固定住所（拥有房屋用益权或连续签署一年以上房屋租赁协议的，亦视为拥有固定住所）；②纳税人主要居住地或主要经济来源地在阿尔及利亚境内；③在阿尔及利亚从事职业活动的；④税法规定的其他情形。

2. 申报主体

阿尔及利亚个人所得税纳税义务人包括自然人和合伙企业投资人。居民纳税人就其全部收入承担无限纳税义务，非居民纳税人仅就其来源于阿尔及利亚境内的收入承担纳税义务。

3. 应纳税所得额

个人所得税征税对象包括纳税人的生产、经营所得，农业所得，不动产租赁所得，投资收益，工资、薪金所得和不动产转让所得。纳税人应按照税法规定对应纳税所得进行分类，分别计算应纳税额并汇总申报缴纳。

（1）生产、经营所得。生产、经营所得指纳税人从事制造业、商业、服务业等生产、经营活动取得的所得。允许税前列支的项目与企业所得税一致。

（2）农业所得。农业所得指纳税人从事农业、养殖业活动取得的所得。

（3）不动产租赁所得。不动产租赁所得指纳税人出租建筑物、土地使用权、机器设备及其他财产取得的所得。计税依据为纳税人取得的租赁收入。

（4）投资收益。①权益性投资所得。纳税人因权益性投资取得的转让所得，以及被投资单位分配的股息、红利等投资收益；②股息、红利所得。纳税人因权益性投资取得的股息、红利所得，按15%的税率源泉扣缴个人所得税；③股权转让所得。纳税人股权转让所得的计税基础是转让收入与取得该股权支付价款的差额；④利息所得。纳税人因出借资金，缴入存款、保证金，收取罚息等取得的利息收入。

（5）工资、薪金所得。工资、薪金所得为纳税人因任职与受雇取得的工资、补贴、养老保险等所得。工资、薪金所得还包括：①企业股东及高级管理人员自企业取得的报酬；②个人劳务所得；③企业高级管理人员取得的一次性的补偿、津贴；④绩效奖金、其他具有工资性质的奖金。

（6）不动产转让所得。不动产转让所得指纳税人转让不动产取得的增值额。计税基础为不动产转让价格减去取得不动产所支付的价款。税务部门依据《税法征管法》相关规定，有权对不动产转让价格进行重新评估。

4. 扣除与减免

免除下列人员个人所得税纳税义务：①纳税人年应纳税所得额合计未超过个人所得税起征点的；②符合税法规定的外国驻阿尔及利亚大使、领事人员；③税法规定的其他情形。

5. 税率

（1）生产、经营所得和工资、薪金所得实行四级超额累进税率。

表1-2-1 阿尔及利亚个人所得税税率

序号	月应税收入（第纳尔）	税率
1	120000 以下	0%
2	120001~360000	20%
3	360001~1440000	30%
4	1440000 以上	35%

资料来源：《阿尔及利亚直接税法个人所得税》。

（2）农业所得免征个人所得税。

（3）纳税人出租集体住房、个人住房、其他不动产租赁取得的收益，分别按照租金的7%、10%、15%缴纳个人所得税。

（4）纳税人转让股权取得的收益，按照股权增值额的 15% 计算缴纳个人所得税。

（5）纳税人分得股息、红利的，按照取得的股息、红利金额的 15% 计算缴纳个人所得税。

（6）纳税人取得利息所得的，5 万第纳尔以内部分按照 1% 的税率计算个人所得税，超过 5 万第纳尔的部分按照 10% 的税率计算个人所得税。

（7）纳税人转让不动产取得的收益，按照不动产增值额的 5% 计算缴纳个人所得税。

6. 征管与合规性要求

企业应代扣代缴或源泉扣缴工资、薪金所得产生的个人所得税，并于次月 20 日前向主管税务部门申报缴纳。采用定额税制的企业可选择在季度初 20 日内申报缴纳个人所得税。企业应于次年 4 月 30 日前向主管税务部门提交个人所得税汇总资料。

纳税人取得不动产租赁（包括预付款）所得的，应在收到租赁款的 30 日内向不动产所在地的税务部门申报纳税。合同中未明确付款日期的，每月 1 日为纳税义务发生时间，即使承租人未支付租赁款。纳税人应于每年 2 月 1 日前向不动产所在地的税务部门提交税务申报资料。

纳税人取得利息所得的，纳税义务行为发生时间为利息的实际支付时间。阿尔及利亚境内支付的利息所得源泉扣缴个人所得税，利息支付人为扣缴义务人，于利息支付的次月 20 日前申报缴税。纳税人应于每年 4 月 30 日前向税务注册地的税务部门提交税务资料。

纳税人取得不动产转让所得的，应在合同签署后的 30 日内，自行向不动产所在地税务部门申报缴纳个人所得税。纳税人在境外的应由其授权的代理人履行缴税义务。

7. 税收优惠

纳税人取得下列收入免征个人所得税：①外国志愿者取得政府协议内规定的收入；②恶劣地区津贴；③差旅补助；④家庭补助；⑤税法规定的其他情形。

8. 税收处罚

个人所得税扣缴义务人或纳税人未按时足额代扣代缴或申报缴纳个人

所得税的，处以未缴税金 25% 的税收罚款。

（四）关税

1. 关税体系和构成

阿尔及利亚现行海关关税税率于 2002 年 1 月 1 日起开始实施。2005 年 9 月 1 日，阿尔及利亚与欧盟的联系国协议正式实施。根据协议规定，阿欧双方将逐步削减包括工业品、农产品、鱼产品和加工成产品在内的所有商品的关税。其中，欧盟立即免除产自阿尔及利亚的工业品、农产品、鱼产品和加工农产品的全部进口关税，无数量及配额限制；阿尔及利亚将在协议实施之日起免除产自欧盟的近 2100 种工业品关税，其余工业品将按敏感程度不同逐步减税，7~12 年完成免税。对于产自欧盟的农产品、鱼产品和加工农产品，协议做出了非常明细的规定，每一种产品均规定了具体的减免税率和进口配额，其基本原则如下：在配额限量以内，对原先以 5% 税率征税的农产品、鱼产品和加工农产品，阿方立即免除进口关税；对原先以 15% 和 30% 计征关税的农产品、鱼产品和加工农产品，一部分进口关税直接免除，另一部分则分别在原关税税率基础上按 50% 和 20% 比例减征。超过配额的农产品、鱼产品和加工农产品进口则继续按阿方现行税率征税。按照协议规定，阿尔及利亚和欧盟双方将在五年之后对上述的农产品、鱼产品和加工农产品进口关税实施税率进行调整。

2. 税率

按税法规定对进口产品征收 5%、15% 和 30% 三种基本关税税率，即所有的原材料和药品按 5% 税率计征，半成品以及粮食、干菜和小汽缸轿车按 15% 计征，其他成品按 30% 计征。此前，阿普通商品进口关税最高税率为 45%，实施新税率后约 2000 种商品的关税得到不同程度的降低。

3. 关税免税

根据当地税法规定，享有免税待遇的单位或项目可凭免税证明，对该单位、项目进口包含在免税清单内的物资、服务，享受免征进口环节的关税和增值税。

4. 设备出售、报废及再出口的规定

根据阿尔及利亚相关法律规定，设备出口需要具备相应的出口资质。企业不具有出口资质，但计划在项目结束时将设备再出口的，应当在进口时办理临时进口手续。海关会根据设备的实际情况和预计在当地使用的时间，对关税进行一定比例的减免。设备再出口时，已缴纳的临时进口关税不再返还。企业不具有相应的出口资质，且按照永久进口办理进口手续的，只能将进口设备在当地销售。

（五）企业须缴纳的其他税种

1. 营业税

（1）征税范围与纳税义务人。营业税是以纳税人的应税销售收入为征税对象的一种流转税。阿尔及利亚营业税的纳税人是在阿尔及利亚境内从事生产、经营活动的个人所得税纳税人或企业所得税纳税人。

（2）计税基础与税率。阿尔及利亚营业税的计税基础为不含税销售额。营业税普通税率为2%；油气运输业适用于3%的高税率；制造业适用于1%的低税率。

（3）征收管理。纳税人可选择普通模式或预缴模式申报缴纳营业税。上一年度应税收入大于240000第纳尔的纳税人必须采用普通模式。因销售货物产生的纳税义务，为货物交付时间；因提供劳务产生的纳税义务，为实际收款时间。采用普通模式纳税人应在纳税义务发生的次月20日之前进行税务申报并缴纳税款。营业税属于地方财政收入，应在取得应税收入的项目或机构所在地的地税局进行申报。如纳税人在大企业局汇总缴纳营业税的应提供明细，以便大企业局直接将营业税分配给地方财政。

2. 房地产税

（1）征税范围与纳税义务人。房地产税是向阿尔及利亚境内的土地和房屋、建筑物持有人征收的一种财产税。房地产税的纳税义务人为房屋、建筑物、地产的所有权人或实际占有人。

（2）计税基础。房地产税的计税基础是根据计税单价乘以计税面积确认的。该计税基础每年减计2%，但减计幅度最多不得超过25%。计税单价以第纳尔每平方米为单位，根据房屋、建筑物用途和所在区域选择不同的单价标准。

（3）税率。房地产税应纳税额等于计税单件乘以计税面积，再乘以适用税率。房屋、建筑物的房地产税普通税率为3%；自然人在相关法规指定的区域内持有的空置住房，适用10%的高税率。小于或等于500平方米的附属土地适用的房地产税税率为 5%；大于 500 平方米小于或等于 1000 平方米的附属土地的房地产税税率为 7%；大于 1000 平方米的附属土地的房地产税税率为 10%。城市用地计税面积小于或等于 500 平方米的，土地适用的房地产税税率为 5%；计税面积大于 500 平方米小于或等于 1000 平方米的土地的房地产税税率为 7%；计税面积大于 1000 平方米的土地的房地产税税率为 10%；非城市用地适用税率为 5%；农业用地适用税率为 3%。

（4）征收管理。纳税人应在房屋、建筑物建成的 2 个月内向不动产所在地的税务主管部门进行申报。第一次申报缴纳房地产税应向税务主管部门提交 G31 申报资料。未按规定申报的纳税义务人，处以 50000 第纳尔的罚金。

（5）税收优惠。下列房地产免征房地产税：①非营利性政府用地、科研机构用地免征房地产税，但政府所有的工、商业用地应缴纳房地产税；②火车轨道占地；③土地作为宗教捐献的瓦合甫财产；④法律规定的其他情形。

3. 单一定额税

（1）征税范围。年应税销售额低于 30000000 第纳尔的企业所得税或个人所得税纳税人可以选择适用单一定额税。选择缴纳单一定额税的纳税人，免征增值税 / 营业税 / 个人所得税或企业所得税。

（2）应纳税额的计算。货物的生产、销售业务按应税销售额的 5% 计算缴纳单一定额税；其他业务按照应税销售额的 12% 计算缴纳单一定额税。

（3）征收管理。单一定额税纳税人应在开始经营活动的 30 日内，进行税务注册。纳税人应在每年 6 月 30 日前，向经营地的税务部门预申报，并于次年 1 月 20 日—2 月 15 日进行补充申报。

单一定额税纳税人可选择按照真实税制履行纳税义务，转为个人所得税纳税人或企业所得税纳税人，并应在做出转换当年的 2 月 1 日前通知税务主管部门。纳税人转换税制的，在转换当年及以后两个年度内不得转回。

4. 消费税

（1）征税范围。消费税是针对阿尔及利亚境内烟酒、石油、肉制品、金银制品、电视信号接收器等特定商品征收的一种流转税。

（2）税率。酒精制品分类别按照酒精净含量征收定额税，分 50 第纳尔/升、1000 第纳尔/升、1760 第纳尔/升、77000 第纳尔/升、110000 第纳尔/升和 77000 第纳尔/升六档定额税率。

纳税人将金、银、铂金制品抵押，金制品按每百克 8000 第纳尔的定额税率征收；铂金制品按每百克 20000 第纳尔的定额税率征收；银制品按每百克 150 第纳尔的定额税率征收消费税。

肉制品按照 10 第纳尔每千克的定额税率征收消费税。

电视信号接收器按照机器型号和售价分 50 第纳尔/台、100 第纳尔/台、200 第纳尔/台、300 第纳尔/台、500 第纳尔/台、1000 第纳尔/台六档税率征收消费税。

与烟草制品和石油有关的条款已废除。

（3）征收管理。阿尔及利亚税法规定消费税在零售环节征收，纳税人应于每月 20 日前通过 G50 汇总缴纳上月应缴消费税。

5. 印花税

印花税是对阿尔及利亚境内签订书立、领受应税凭证征收的一种税。应税凭证的签订人或领受人为纳税义务人。纳税义务人根据税法规定按照 50~30000 第纳尔不等的定额税率自行购买印花税票进行贴花。税法规定农业借款合同、阿尔及利亚产品出口证明等项目免征印花税。

6. 环卫税

环卫税是向建筑物所有权人或用益权人征收的用于支付地方环卫支出的特殊目的税。纳税人应当每年向不动产所在地税务部门根据建筑物的性质和用途按照 1000~1500 第纳尔、3000~12000 第纳尔、8000~23000 第纳尔、20000~130000 第纳尔四档定额税率缴纳环卫税。纳税人按要求对排放废物进行预处理的，在部分地区可享受最高按实缴税额的 15% 进行税收返还的优惠政策。

7. 财产税

财产税是针对拥有应税资产价值超过 1 亿第纳尔的自然人征收的一种税。纳税人应最晚于每四年的最后一年的 3 月 31 日前向住所所在地的税务部门申报应税财产并按下表 1-2-2 的税率计算清缴财产税：

表1-2-2 阿尔及利亚财产税税率

序号	应税财产（第纳尔）	税率
1	100000000 以上	0%
2	100000001~150000000	0.5%
3	150000001~250000000	0.75%
4	250000001~350000000	1%
5	350000001~450000000	1.25%
6	450000000 以上	1.75%

资料来源：《阿尔及利亚直接税法》。

8. 职业培训与学徒税

向阿尔及利亚境内雇主征收的用于雇员教育、培训的一种特殊目的税。纳税人应按阿尔及利亚籍雇员基本工资的1%的费率分别缴纳继续教育培训税和实习税，每半年计算缴纳一次。

9. 奢侈车辆税

针对购买时间在五年之内，不含税单价在300万第纳尔以上的旅行车辆（不构成企业生产要素的小轿车）征收。车辆价值大于或等于300万小于600万第纳尔的，年征税金额为30万第纳尔；车辆价值大于或等于600万第纳尔的，年征税金额为60万第纳尔。纳税人应于次年4月30日前汇总申报缴纳上一年度奢侈车辆税。

10. 注册税

（1）征税范围。注册税是针对应税财产转让交易额，以及企业在新设、清算、增减资过程中发生的资本变动额征收的一种税。

（2）税率。注册税分定额税率和从价税率两种：纳税人办理企业注册或变更、法律文书等业务应按照税法规定缴纳300~5000第纳尔/件不等的定额税率注册税；转让交换不动产等业务分别根据税法规定按照不动产价值的1.5%~5%不等的比例税率缴纳注册税；企业发生新设、合并、注资等行为时，根据增加注册资本的性质按照增资金额的0.5%~5%不等的比例税率缴纳注册税。

（3）征收管理。纳税人发生纳税义务的，应在办理相关注册手续前按照税法规定清缴注册税。

（六）社会保险金

1. 征税原则

社会保险的缴纳金额为员工社保缴纳基数的 34.5%，其中，员工承担 9%，企业承担 25%，社保基金承担 0.5%。休假工资的缴纳金额为员工社保缴纳基数的 12.96%，其中，员工承担 0.375%，企业承担 12.585%。社保缴纳基数包括员工基本工资、奖金、津贴，不包括家庭补助、辞退福利、退休离职福利、住房困难福利等。

2. 外国人缴纳社保规定

外国人在阿尔及利亚工作需要在当地缴纳社会保险，且符合相关规定及有关部门审批的，在阿缴纳的社会保险可以申请退还。

第三节　外汇政策

一、基本情况

阿尔及利亚外汇政策为有管制的浮动汇率制，并由阿尔及利亚中央银行统一管理外汇资金。阿尔及利亚外汇稳定基金由政府设立，目的在于稳定本国经济和金融体系，减轻外汇汇率变动的不利影响。通过保持经常项目下以及资本项目的国际收支平衡，允许阿尔及利亚第纳尔同美元等可自由兑换货币之间的汇率保持一定幅度的合理波动。

阿尔及利亚中央银行拥有全部的外汇管辖权，主要负责制定各项涉及外汇交易的法律法规，监管各银行的执行情况。阿中央银行将部分外汇管理权下放给阿尔及利亚国民银行、人民信贷银行、阿尔及利亚对外银行等符合条件的商业银行。同时，在阿设立分行的美国花旗银行、法国兴业银行等外国银行或私人银行，亦可经央行授权办理相关外汇业务。但是所有的外汇兑换业务均应经央行授权、审批办理，未经其授权、审批的外汇交易均视为非法交易。阿尔及利亚公共项目外汇用款实行"外汇预算制"，每年政府制定国有机关、公司或项目的外汇预算并由央行执行，有关粮食、药品和生产资料等产品享受优先审批。阿尔及利亚中央银行允许有外汇收入或来源的企业或个人在阿开立外汇账户，以满足其正常经营的外汇收支需要。

阿尔及利亚法定货币为阿尔及利亚第纳尔，主要对外结算货币为美元或者欧元。阿尔及利亚与其他外币兑换的官方汇率，由央行制定公布。制定汇率的依据是阿尔及利亚第纳尔与一篮子货币，按照实际外汇交易时各货币所占比重确定。央行定期制定并公布第纳尔汇率，作为阿尔及利亚境内外汇兑换的基准。

阿尔及利亚居民或非居民企业、自然人可在境内经央行授权的银行通过转入外汇开设外币银行账户。根据当地相关规定，下述款项允许存入外币账户：①由境外银行通过票据汇入的外汇资金；②境内银行间通过票据汇入的外汇资金；③账户持有人入境时申报带进的可兑换外币。上述资金可用于转账、取现并携带出境，或兑换成第纳尔用于当地付款。该类账户不得透支。

阿尔及利亚第纳尔近年贬值幅度较大，鉴于目前阿尔及利亚国内经济发展情况、国际经济环境以及能源价格持续低迷的影响，预计其贬值势头仍会延续。图 1-3-1 为近五年阿尔及利亚第纳尔对人民币汇率走势：

图 1-3-1 近五年阿尔及利亚第纳尔对人民币汇率走势

二、居民及非居民企业经常项目下外汇管理规定

（一）货物贸易外汇管理规定

企业进口货物的应在当地银行背书，并按进口货物原值的 0.3% 申缴银

行背书税，银行背书税低于 10000 第纳尔的，按照 10000 第纳尔缴纳。企业办理转汇业务需税务局审批并出具证明。

（二）服务贸易外汇管理规定

企业进口服务的应在当地银行背书，并按服务合同金额的 3% 申缴银行背书税，银行背书税低于 10000 第纳尔的，按照 10000 第纳尔缴纳。企业办理转汇业务需税务局审批并出具证明。

（三）跨境债权债务外汇规定

企业发生跨境债务应由央行相关部门审批。

（四）外币现钞相关管理规定

个人携带外币现钞入境的应在入关时进行申报，并于出境时出具申报单。个人在阿尔及利亚境内银行提取外币现钞并携带出境的，应提供银行出具的取款证明。

三、居民及非居民企业资本项目下外汇管理规定

根据阿尔及利亚中央银行 2014 年 9 月 29 日公布的第 14—04 号条例，规定阿尔及利亚企业对外投资用汇需要央行的审批授权，并对境外投资行为进行大量限制。例如：阿尔及利亚企业境外投资不得偏离自己主业；不得投资与生产经营无关的不动产；投资人必须从事经常性的出口业务；要求被投资国家税务透明；企业境外股权投资的，持股比例应在 10% 以上；投资企业取得投资分红时，必须立即将红利汇回国内；投资企业必须使用自有资金进行对外投资等。

四、个人外汇管理规定

根据阿尔及利亚海关和外汇管理法，对于外国人入境携带外汇没有金额限制，但须在入关时申报，并在出关时出具申报单，以便将已申报的外汇顺利带出境。对未申报而携带大量外汇及阿尔及利亚当地货币第纳尔出境的，一经查出，将被海关拘留、限制出境和罚款，情节严重者将被判刑。

第四节 会计政策

一、会计管理体制

（一）财税监管机构情况

在阿尔及利亚注册的企业应当根据会计准则 SCF 要求设置登记财务账簿并出具财务报表，符合规定的小微企业可以适用于简易会计核算。阿尔及利亚税务总局（DGI）为财政部下设机构，税务总局下分大企业局（DGE）和地方税务局。其中，年营业额达到 20 亿第纳尔以上的企业应当在大企业局进行税务注册，未达到上述标准的企业应在公司注册地的地方税务局进行税务注册。各企业需要按照统一格式上报会计和税务资料。

（二）事务所审计

在当地成立的公司每年向税务部门提供经会计事务所审计的财务报表，在阿尔及利亚境内经营的外国公司出具报表无须进行审计。

（三）对外报送内容及要求

会计报告中主要包含：企业基本信息、财务报告主表、财务报告附表。

上报时间要求：会计报告应于次年 4 月 30 日前编制完成。

二、财务会计准则基本情况

（一）适用的当地准则名称与财务报告编制基础

阿尔及利亚现行的会计准则为财政部 2009 年颁布的财务会计体系（Systeme Comptable Financier）。该会计准则取代了旧准则（Le Plan Comptable），以便逐步实现与国际会计准则接轨，且大量借鉴法国的会计体系。新准则在颁布后未经历重大修订。

（二）会计准则适用范围

所有在阿尔及利亚进行商务注册的企业，或未进行商务注册以施工合同名义进行税务注册的外资企业均需要按照阿尔及利亚会计准则进行会计核算并编制报表。

三、会计制度基本规范

（一）会计年度

企业可按照会计准则要求自行制定会计的年度，绝大部分企业均按照自然年度进行会计分期。

（二）记账本位币

阿尔及利亚会计准则规定的财务报告记账本位币为阿尔及利亚第纳尔。

（三）记账基础和计量属性

阿尔及利亚会计准则采用权责发生制，主要计量属性以历史成本法为主。

四、主要会计要素核算要求及重点关注的会计核算

（一）现金及现金等价物

阿尔及利亚会计准则未对现金及等价物的会计核算进行特别规定。

（二）应收款项

阿尔及利亚会计准则未对应收账款的会计核算进行特别规定。

（三）存货

根据阿尔及利亚会计准则规定，交易取得的存货，按照取得成本确认入账金额；收到投资方实物出资的，按照出资额确认取得资产的入账金额；无偿取得的资产，按照取得时该资产的公允价值确认入账金额。

取得成本包括为取得该项资产所支付的价款（合同价款减去商业折扣）、关税及其他相关税费，和为取得该项资产使用权，使其达到预定可使用状态而直接支付的其他费用，如运输费、装卸费、安置费和人工费等。管理费用和营运费用不得计入资产成本。

非货币性资产交换取得的存货，具有商业实质的，按照取得资产的公允价值计量；不具有商业实质的，按照换出资产的账面价值计量。

自产的商品按照成本确认形成存货的入账价值。包括为取得该项资产所耗费的原材料、人工费用和其他费用，即可归属于该项资产的所有直接费用和间接费用。

（四）长期股权投资

企业应按照阿尔及利亚会计准则规定的资产初始计量原则，确认对长期股权投资入账金额，并于每期期末对其进行减值测试。

对子公司长期股权投资，在期末编制合并财务报表时抵销。出现下列情形之一的，认为投资方对被投资方存在控制，需要计入母公司合并范围：①直接或间接持有对被投资单位半数以上表决权的；②通过与被投资单位其他股东达成协议，取得半数以上表决权的；③具有任免被投资单位半数以上管理层的权力；④根据公司章程等合同安排，具有调整被投资单位财务和经营决策的权力；⑤持有对被投资单位管理机构半数以上表决权的。

联营企业长期股权投资是指投资方对其具有重大影响，但不存在控制或共同控制的被投资单位，按照权益法对被投资单位的长期股权投资进行核算。符合下列条件之一的，视为投资方对被投资单位具有重大影响：①直接或间接持有被投资单位 20% 以上的表决权；②向被投资单位派遣管理人员的；③参与制定被投资单位战略决策的；④投资方与被投资方之间存在重大交易，或向被投资方提供主要技术，或与被投资方交换管理层的。

（五）固定资产

应按照阿尔及利亚会计准则规定的资产初始计量原则，确认固定资产入账金额，并按照经济利益的预期消耗方式计提折旧。

会计准则要求固定资产的折旧年限一般不超过 20 年。发生的修理费用计入当期损益，翻新改造支出计入固定资产成本。企业应按照与固定资产有关的经济利益的预期实现方式、预计使用年限和预计净残值系统地计提折旧，计入损益或其他自建资产成本。

计提折旧的方法应当反映与固定资产有关的经济利益的预期实现方式。阿尔及利亚会计准则规定的折旧方法包括直线法、加速折旧法、工作量法、减速折旧法。如上述预期实现方式无法确定的，企业应采用直线法计提折旧。

如资产预期产生经济效益的方式发生重大改变的，企业应定期对固定资产折旧方法、预计使用年限和预计净残值进行复核，确定是否需要对上述会计估计进行调整。如需调整的，应作为会计估计变更，在变更当期及以后会计期间对固定资产折旧方法进行调整。

企业拥有的土地不计提折旧,应和建筑物分别核算。

（六）无形资产

无形资产是指企业日常经营所拥有或者控制的没有实物形态的可辨认非货币性资产。企业应按照阿尔及利亚会计准则规定的资产初始计量原则,确认无形资产入账金额,并按照经济利益的预期消耗方式进行摊销。一般情况下,无形资产的摊销年限不应超过20年。如无形资产的使用年限超过上述规定或未进行摊销的,应在报表附注中进行披露。研发费用计入当期损益,符合资本化条件的开发费用计入相关资产成本。

（七）职工薪酬

阿尔及利亚会计准则规定职工薪酬应在取得职工提供服务期间确认费用。对于辞退福利可按照精算预估金额在上述期间计入当期损益。

阿尔及利亚会计准则并未对职工薪酬进行进一步规定。

（八）收入

根据阿尔及利亚会计准则规定,企业确认收入应同时满足下述条件:①企业已向购买方转移了与被出售资产有关的全部风险;②企业不再继续管理被出售资产,也不继续对该资产实施有效控制;③收入的金额可以可靠地计量;④与该项交易有关的经济利益将很可能流入企业;⑤与该项交易有关的成本可以可靠地计量。

按照阿尔及利亚会计准则要求,收入的确认时点和入账金额应遵循下述规则:①销售商品、提供劳务产生的收入在交易日确认,并以取得或将取得的对价的公允价值作为入账价值;②取得的利息收入按照实际利息收入计量,在借款期间内分期确认;③资产租赁收入按照合同约定的收款进度进行确认;④取得的被投资单位股息、红利,在相关权利成立时确认收入。

（九）政府补助

阿尔及利亚会计准则将政府补助分为总额法和净额法核算。

企业应将其取得的政府补助确认为递延收入,并根据相关费用的补偿或确认情况分期转入损益。

政府补助用于构建固定资产、无形资产的,应按照资产的折旧、摊销的计提比例，将递延收入结转损益。所形成的长期资产没有折旧或摊销年限的，应在资产的禁售期内各期均匀地确认收入，不存在禁售期的，按照直线法在 10 年内结转损益。

政府补助用于补偿已经发生的费用或损失的，在取得时一次性计入损益。

（十）借款费用

阿尔及利亚会计准则规定利息费用应在借款期间分期摊销。存在差异的，应按照公允价值减去初始直接费用作为入账价值。利息费用应按照实际利率法计算。符合资本化条件的，计入相关资产成本。借款费用应当在对应期间内确认财务费用，符合资本化条件的，计入相关资产成本。

借款费用可直接归属于资产的取得、构建或者生产，且该项资产的构建或者生产需要超过一年的时间才能达到预定可使用或可销售状态的，允许资本化处理。

构建或者生产过程中发生中断的，应当暂停借款费用资本化。为使资产达到预定可使用或可销售状态的构建或者生产的必要活动已实质上结束的，应终止借款费用资本化。资产的构建或者生产未发生支出的，借款费用不得开始资本化。

（十一）外币业务

阿尔及利亚会计准则规定，企业取得非货币性外币资产的，按交易发生日的即期汇率折算成阿尔及利亚第纳尔。该汇率在资产存继期间内保持不变。企业承担的债务通过外币计价的，涉及贸易业务的，按合同签署日即期汇率折算，涉及融资业务的，按收款日即期汇率折算。

企业在发生外币债务当期偿还的，应将收、付款日汇率变动产生的汇兑收益或损失分别计入财务收益或财务费用科目。企业应在资产负债表日将其持有的外币货币性资产、负债原汇率调整至期末即期汇率。

子公司外币财务报表需要折算成母公司财务报表本位币的，资产、负债类项目采用期末汇率折算；收入、费用类项目采用交易发生时的即期汇率，或采用加权平均汇率等近似汇率折算。外币报表折算差额计入合并报表的所有者权益项目。

（十二）所得税

阿尔及利亚会计准则采用资产负债表负债方计算所得税费用。资产或负债账面金额与计税基础不一致产生可抵扣或应纳税暂时性差异，需要计算递延所得税资产或负债。

阿尔及利亚会计准则规定，出现下列情况的，应确认递延所得税：①因收入、成本的确认产生的暂时性差异，在可预见的未来很可能转回的；②可弥补亏损和税收抵减，在可预见的未来期间内能够取得足够的应纳税所得额用以抵减的；③编制合并财务报表时产生的递延所得税。

企业应将资产负债表日会计账面价值和计税基础暂时性差异产生的，所有很可能在未来期间影响所得税费用的差额，确认递延所得税资产或负债。在确定递延所得税资产或负债的金额时不考虑折现的影响。递延所得税应按照暂时性差异产生原因，可抵扣或应纳税的类别单独核算。

递延所得税的确认还应满足以下条件：①单项递延所得税只涉及同一纳税主体和同一税务主管部门；②具有法定执行力。递延所得税资产或负债应按现行或未来实现时的税法规定作为计算基础。

递延所得税作为流动资产项目或流动负债项目在资产负债表列示。企业应当在报表附注内披露递延所得税的产生原因、金额、转回日、计算方法和会计记录。

五、其他

（一）会计要素满足确认的条件

阿尔及利亚会计准则规定，企业确认会计要素应同时满足下述条件：①与该要素有关的经济利益很可能流入或流出企业；②该要素的成本或价值可以可靠计量的。

（二）费用的初始计量

阿尔及利亚会计准则规定，资产在与其有关的经济利益不再流入企业时确认为费用。

（三）资产减值

阿尔及利亚会计准则规定，在资产负债表日，资产出现减值迹象的，应按照资产可收回金额调整其账面价值。其中，资产可收回金额按照资产的可变现价值和使用价值孰高确定。

资产的可变现价值等于该项资产的销售价格减去处置费用后取得的净

收益。使用价值是预计继续使用该项资产产生的未来现金流入净值的现值。

如果一项资产不能独自产生现金流入的，应将其放入其所在的资产组（UGT）进行减值测试。资产组是企业能够独立产生现金流入的最小资产组合。

资产的可收回金额小于其账面净值的，应按照可收回金额进行后续计量并确认资产减值损失。已减值的资产其可收回金额大于其账面价值时，允许将减值准备转回。转回后的资产账面价值不得超过其计提减值前的账面价值。

（四）会计科目的设置

阿尔及利亚会计准则将会计科目分为资本类科目（第一类）、长期资产类科目（第二类）、存货类科目（第三类）、往来类科目（第四类）、货币资金类科目（第五类）、费用类科目（第六类）、存货类科目（第七类）共七类会计科目。

会计准则按照具体会计科目分四级编号，编号的首位数字为会计科目所在的类别，次位数字为会计科目对应的一级科目，后两位为会计科目所在的明细科目。

（五）财务报告

根据阿尔及利亚会计准则规定，财务报告由资产负债表、利润表、现金流量表、所有者权益变动表和报表附注组成。财务报告必须以阿尔及利亚第纳尔为记账本位币。会计准则规定财务报告编制的截止日期为会计年度结束后的 6 个月内，但由于所得税的汇算清缴截止时间为每年的 4 月 30 日，所以企业的财务报告一般应在每年的 4 月 30 日前编制完毕。

1. 资产负债表

资产负债表内主要资产项目包括：商誉、无形资产、固定资产、在建工程、长期金融资产、存货、应收账款、货币资金；主要负债项目包括：借款等长期负债和应付账款等短期负债；所有者权益项目主要包括：注册资本、资本公积、未分配利润等。

2. 利润表

阿尔及利亚会计准则下的利润表，其主要项目及勾稽关系如下：

主营业务收入 – 主营业务成本 = 营业增值额

营业增值额 − 人工成本 − 营业税金及附加 = 营业利润总额

营业利润总额 + 其他业务收入 − 其他业务成本 − 折旧费用 − 资产减值损失 = 营业利润

财务收入 − 财务费用 = 财务利润

营业利润 + 财务利润 + 营业外利润 = 利润总额

利润总额 − 所得税应纳税额 + 所得税费用调整 = 净利润

3. 其他附表及附注

现金流量表的编制分为直接法和间接法两种，编制原理与项目与中国相同。

所有者权益变动表内容与中国相同，但具体项目有所简化。

报表附注是对企业重大事项的披露和对报表项目的进一步说明。报表附注应包括：编制财务报表所选择的会计政策；针对财务报表项目必要的解释说明；常规信息和重要事项的披露。

本章资料来源：

◎《阿尔及利亚直接税法》

◎《阿尔及利亚增值税法》

◎《阿尔及利亚间接税法》

◎《阿尔及利亚注册税法》

◎《阿尔及利亚税收征管法》

◎《阿尔及利亚会计准则》

第二章 阿根廷税收外汇会计政策

第一节 投资环境基本情况

一、国家简介

阿根廷共和国（西班牙语：Rep ú blica Argentina）是由 23 个省和首都布宜诺斯艾利斯自治市组成的联邦共和国，位于南美洲南部，西与智利以安第斯山脉为界，北邻玻利维亚与巴拉圭，东北与巴西接壤，东临乌拉圭与南大西洋，南濒德雷克海峡，陆地边界全长 9376 公里，拉普拉塔河口与大西洋上的海上边界全长 5117 公里，领土面积达 278.4 万平方米，位居世界第八，拉丁美洲第二，西班牙语诸国之首，横跨多个气候带。永久居民数超过 4100 万的阿根廷，欧洲裔占人口比例超过 90%。

阿根廷是 20 国集团成员和拉美第三大经济体。以购买力平价来计的人均国内生产总值处于中高水平，与智利和乌拉圭同属拉美第一集团，与东南欧相同，人类发展指数处于极高级。官方语言为西班牙语。货币为阿根廷比索（ARS），当前无法与人民币直接结算。

二、经济情况

阿根廷是拉美地区综合国力较强的国家，矿产资源丰富但开发水平较低，约有 75% 的资源尚未得到勘探开发；工业较发达但分布不均衡，主要集中在布宜诺斯艾利斯省和科尔多瓦省，内地省份工业基础薄弱，国内生产总值主要依靠农牧业和旅游业。

阿根廷是 WTO 的创始成员方之一，2018 年 1 月，阿根廷成为第 128 个批准贸易便捷化协定书的成员，除此以外，还是拉美一体化协会（LAIA）、美洲自由贸易区（FTAA）、拉丁美洲和加勒比经济委员会（ECLAC）的成员国之一。

阿根廷作为 G20 峰会成员国，与许多国家达成税务信息交换合作，但只和少数国家缔结了税收协定，而且税收协定的内容并没有完全遵从经合组织的共识。

2014 年开始，阿根廷经济发展就呈现出了下滑态势，工业产值和销售量下跌、通货膨胀率上涨、比索贬值、外汇储备下降、出口下降，同时进口又不足、民众购买力下降等。2015 年，阿根廷总统马克里上任后就采取了一系列措施试图提振经济、重拾投资者信心，包括取消外汇管制、允许汇率自由浮动等，希望以此消除多年来阻碍经济增长的障碍，重启经济。

根据阿根廷国家统计普查局（INDEC）发布数据显示，2017 年阿根廷大部分产业均呈现复苏状态，当年 GDP 约 6375 亿美元，较 2016 年 5548 亿美元增长 2.86%，为自 2011 年以来表现最佳，其中建筑业、农业、社会服务业、批发零售业、金融业与旅馆及餐饮业等表现最佳。国际货币基金组织预测阿根廷 2018 年、2019 年经济增长率均为 2.5%。

三、外国投资相关法律

（一）投资主管部门

阿根廷对外贸易管理机构主要是生产部、外交和宗教事务部。其中，国际贸易事务由生产部主管，由贸易国务秘书处下属的外贸副国务秘书处具体负责，该秘书处还负责反倾销和产业保护事宜；政府间的经贸谈判由外交和宗教事务部主管，并由该部双边经济谈判司具体负责。另外，隶属于财政金融部联邦收入总局的海关总署也是负责执行外贸法规政策的重要机构。

外资企业在阿根廷享受国民待遇，对外资管理无专门机构，阿根廷工业和旅游部下设国家投资发展署为国外投资提供咨询和指导服务，其主要职责是促进外国直接投资，为投资者提供经济、金融、税务、教育、科技和法律等诸多方面的信息，并帮助投资者解决投资项目中可能出现的问题。阿根廷另一与投资有关的机构为联邦投资委员会。

（二）主要法律

阿根廷《宪法》在序言中即规定赋予外国投资者与本土投资者同样的权益，除此之外还有 1993 年颁布的《第 1853 号法令》《外国投资法》《商业公司法》《民法典》《商法典》《劳动合同法》《劳动条例法》和《工业和服务业废料综合处理法》等。

阿根廷第 21382 号《外国投资法》制定了阿根廷境内外国投资管理的法律框架。法律的目标对象是所有以任何形式在阿根廷境内进行资本投资，从事经济活动的（该类活动包括工业、矿业、农牧业、商业、金融业、服务业以及其他与物质生产与交换有关的生产与服务活动）或对现有经济活动进行扩大与改善的外国投资者。该法律规定上述投资者享有宪法与法律赋予阿根廷本土投资者同样的权利与义务。1992 年 11 月，与中国签订了《中阿双边投资协定》。

（三）工作许可证

外国人赴阿根廷工作，必须取得当地政府部门签发的工作许可证，负责外国人工作许可管理的部门是内政部移民局。工作许可由阿根廷的雇主向移民局提出申请、移民局签发。申请工作许可证提交雇主与雇员签字的书面合同，并经公证处认证。

（四）签证

2018 年 11 月 1 日起，阿根廷政府对中国公务普通护照实行免签政策：持中国公务普通护照人员可免签证进入阿根廷并停留 30 天。

四、其他

阿根廷工会势力强大，现有官方承认的工会 1600 多个，有 60% 的经济独立人口参加了工会组织，是西方参与工会人数最多的国家之一。全国总工会（CGT）成立于 1930 年，由 100 多个工会组成，有 600 多万会员，是阿根廷最大的劳工联合组织，主要成员有冶金工会、建筑工会、纺织工会等。

阿根廷工会组织内部派系很多，主要有 62 个正统派工会、25 个革命派工会、15 个阿方辛执政时期的对话派等。1992 年 3 月，全国总工会结束多年一分为二的局面，选举了统一的领导机构。

第二节　税收政策

一、税法体系

阿根廷属于联邦制国家，由中央、省和市三级政府组成，实行联邦税和地方税两套税制。阿根廷国家税收政策由国会制定，在不违背联邦税收立法原则的前提下，联邦和省均有相对独立的税收立法权，有权依据客观形势的需要制定自己的税收法律。

阿根廷建立了较为完备的税收征管法制体系，国家级税收法律有《税务刑事法》《共享税法》《所得税法》《增值税法》《资产税法》《反逃税法》《预估最低所得税法》等，且都规定了征收制度和办法，其中 1994 年修订的《国家税收分配法》是调整国家级收入在各省间进行分配的法律依据。2010 年与中国签署《关于税收情况交换的协定》。

阿根廷政府于 2017 年 12 月 29 日颁布施行全面税务改革法案 1112/2017，该法案自 2018 年 1 月 1 日生效，主要涉及企业所得税、预提所得税、社保费、资本利得税等方面。

二、税收征管

（一）征管情况介绍

阿根廷在经济部下设统管国内税收和进口税的联邦公共收入管理局（AFIP）负责，下又分设三大部门：税务总局（DGI）、海关总局（DGA）、社会保险总局（DGRSS），其中税务总局按经济区域下设 26 个区税务局，下再设分局，全国共设有 135 个税务分局。此外，在总局另设有大企业与国际税务管理局、纳税人服务局和税务教育局等职能机构。

阿根廷税务机关不进行税款的具体征收，联邦税务总局指定 16 家金融机构负责税款的收缴，总局及其 26 个区局和下设的 135 个分局，与全国银行实现了计算机联网，定期将纳税申报表与银行的纳税缴款单进行核对，检查税款是否及时入库。

阿根廷将纳税人按照税源大小采取分级管理制度，主要分三个层级：一是由联邦税务总局直接管理的国家级纳税户（大型企业）；二是由所属各区局和分局负责征管的除国家级纳税户外的重点纳税户（较大型企业）；三是由分局指导商业银行实施税款征收的其他中小纳税户。

（二）税务查账追溯期

为了遏制涉税不法活动，该国不断强化税务稽查。全国税务系统专门从事稽查的有6000人左右（不包括选案、评估的人员），占总人数的30%左右，分属于总局和各区局，各分局只从事评估稽核业务，无稽查职能。

稽查人员通常由通晓会计和税法且受过高等教育的人组成，其薪金待遇比其他税务人员要高。

税务稽查分为预防性调查和税务稽查两种类型。税务稽查规程有361条，具体操作分选案、检查、审理和执行四个环节。

选案。稽查选案由专门机构完成，分为三个信息渠道：一是利用计算机数据库储存的信息资料，进行对比分析，发现异常申报的纳税人，有目标地对纳税人进行稽查。二是通过预防调查发现可疑情况，如坐店观察、便衣侦察、上路调查运送货物、抽样存盘调查、抽查发票开具情况等。税务稽查机构拥有先进的稽查工具，包括租用通信卫星、直升飞机的空中摄影分析企业货物流通情况等。三是举报案件。举报人员必须说明自己的姓名、身份、地址等情况，税务机关才会对被举报人进行检查，并对举报人保密。对匿名举报的情况，税务机关一般不派人检查。

检查。税务稽查机构人员分若干稽查小组，由每个小组负责人分别负责，根据选案机构选择的稽查对象和初步线索，分析原因，确定项目重点，制定相应的方法。税务稽查机构负责人下达命令之后，稽查人员通知纳税人，告知要检查哪些税，哪一时期的税，由哪一稽查小组检查。检查后如发现差错或疑点，请纳税人作出解释。稽查人员核定税额后，把检查及纳税人申报情况报告发命令的官员，宣布检查结束。

审理。稽查人员在稽查终结后，写出稽查报告送审理部门审理，审理部门对稽查报告事实是否清楚，证据是否充分，结论是否合法等内容进行审理后，判定属于何种违法行为，执行何种处罚。审理完毕后，作出处理决定，并交由稽查部门送达纳税人。纳税人对处理决定不服的，可申请复议，复议部门受理并进行复查，根据复查结果作维持原处理决定或更改原处理决定的结论，并直接向纳税人送达复议决定书；纳税人仍不服的，可向法院起诉。

执行。对税务处理决定，税务机关通知纳税人执行。纳税人拒不执行的，税务机关通知法院强制执行。以上稽查程序全部完结后，稽查人员在15天内对纳税人的软盘资料进行修改和补充。

为了有效防范和控制税收欺诈，税务机关在调查和处理偷税方面享有充分的权力，可以迫使纳税人及有关责任者履行纳税义务，并提供各种数据、账册、凭证、账户及有关情况；如获得法官的许可，还可行使搜查住宅的权力。对逾期不缴纳税款，纳税人应从纳税期限终止之日起赔付利息，利率为当时商业票据的贴现率，或由财政部酌情调增，但最高不得超过100%。

如果超过税务机关要求的缴款期限，税务机关将会从缴款期限日第二天开始以税额为基准，每月3%的利率征收滞纳金。纳税人违反税务机关的规定还会被处以下类型的处罚：

（1）没有成功纳税申报，处以200~400比索的罚金；

（2）对纳税遗漏，税务机关将处少缴税款50%~100%的罚金；

（3）避税：2~10倍避税金额的罚金；

（4）触犯特定法规，会导致封停办公地点3~10天。除此之外，还要处以300~30000比索不等的罚金；

（5）逃税：如果法人企业或者个人逃避社会保险费或预提所得税，或者两项均发生。无论是故意的，或者是出于疏忽，一旦出现欺骗税务机关、诈取税务机关信任的情况，且一个会计年度的逃税金额超过80000比索。就会被处2~6年的监禁。如果该会计年度已经有纳税行为，那逃税金额超过40000比索，就会受到上述惩罚；

（6）如果涉及严重的偷税漏税，将可能被处以3个月到9年的监禁。

2017年12月，通过的税务改革法案对于逃避税款的界定金额作出调整：

一般逃税行为（2~6年监禁）的逃税界定金额，将从每个纳税年度每项税款40万阿根廷比索（约21622美元）增至150万阿根廷比索（约81081

美元），包括纳税期不到一年的情况，涉及社会保障义务犯罪的逃税界定金额从每月 8 万阿根廷比索（约 4324 美元）增至 20 万阿根廷比索（约 10811 美元）。

严重逃税行为（3 年 6 个月至 9 年监禁）逃税界定金额从 80 万阿根廷比索（约 43243 美元）增至 1500 万阿根廷比索（约 810811 美元），涉及社会保障义务犯罪的逃税的界定金额从 40 万阿根廷比索增至 100 万阿根廷比索（约 54054 美元）。

当纳税人利用自然人或法人、结构、公司、财产、信托和 / 或非合作管辖区来掩盖或妨碍实际纳税人的身份时，该项行为也可能被视为严重逃税行为。在这些情况下，税务犯罪逃税界定金额达 200 万阿根廷比索（约 108108 美元），社会保障犯罪的逃税界定金额达 40 万阿根廷比索。法案取消了以公司名义或为了公司利益造成的逃避税款处罚逃税税额两倍至十倍的罚款。如果纳税人在对其提出刑事控告的法律通知发出后的 30 个工作日内，完全和无条件地接受并履行了纳税义务，该刑事诉讼可以被撤回（以往的刑事诉讼只有在纳税人于通知前付款才能撤回）。这种通过履行义务而解决刑事诉讼的方式，每个自然人或法人仅能使用一次。

（三）税务争议解决机制

阿根廷实行的是纳税人主动申报制度。负有纳税义务的纳税人必须主动向税务局申报纳税并提供相关的纳税资料，对纳税人逾期不申报的，税务局可直接给予处罚并书面要求其限期申报。对申报内容有疑问的，可对其进行税务稽查。纳税人对处理或处罚决定不服的，可向税务局申请复核，也可向税务法院或司法法院直接提起仲裁或诉讼。

税务法院隶属于联邦公共收入管理局，与联邦税务总局、海关总局并行，因此，其行政裁决基本不受税务局的影响，具有较强的独立性，从体制上保证了行政裁决的公正性。目前，阿根廷只有 1 个税务法院（未在各省设分支机构），下设 7 个法庭，21 名法官（每个法庭 3 人），其中，4 个法庭负责审理税务案件，3 个法庭负责海关案件。

（四）中阿双边税收协定

2018 年 12 月 2 日，中国与阿根廷签订避免双重征税税收协定，该协定暂未生效；2010 年 12 月 13 日，中国与阿根廷签订税收情报交换协定，该协定于 2012 年 1 月 1 日开始执行；中国与阿根廷签署了互免国际运输收入税收协议（海运），免除了相关企业的所得税和间接税。

三、主要税种介绍

（一）企业所得税

1. 征税原则

企业所得税的纳税人为在阿根廷境内注册的法人机构和其他组织（如独资企业、民间组织、基金），也包括外国企业在阿根廷的分支机构（一般情况下，外国公司在阿根廷设立的子公司、分公司或常设机构都会判定为阿根廷税收居民）。

2. 税率

截至 2017 年底，阿根廷的企业所得税税率 35%，且是对法人机构在全球范围内的收入课税。对在阿根廷境内无固定经营场所（注册时提供的固定办公场所）的外国企业只就其来源于阿根廷的所得收入课税，税率仍然是 35%。根据 2017 年 12 月通过的税收改革法案的规定，企业所得税税率将逐步调整，如下：2018—2019 年，适用税率 30%；2020 年及以后年度，适用税率 25%。

3. 税收优惠

（1）在火地岛注册的生产新企业享受减免所有国家级税收，包括免缴增值税、减免所得税、减免资本税、免缴进口资本货关税及增值税、免缴进口原料关税和通过海运再出口商品退税。

（2）根据阿根廷第 24441 号法案，在阿根廷设立的信托机构、共同投资基金、外国公司在阿根廷设立的常驻机构等，如果在财政年度末的资产总值合计低于 20 万比索，则可以获得豁免，不缴纳该税。

（3）阿根廷公司因开展境外活动所得，其境外已支付的类似税款可在其应缴纳的阿根廷税负数额内扣减。

（4）阿根廷证券交易委员会监管下可公开交易的股票买卖取得的收入免缴所得税。

4. 所得额的确定（包含亏损弥补规定）

企业所得税的应纳税所得额是当期收入减去允许税前扣除项目后的金

额，扣除部分包括成本和费用。如果阿根廷公司按上述方法计算出的当年应交企业所得税税金金额小于其年末总资产金额的 1%，则该阿根廷公司应按其年末总资产金额的 1% 缴纳预设最低所得税，而非缴纳企业所得税。公司缴纳预设最低所得税高于当年应交企业所得税的部分，允许向以后年度结转，用来抵减未来的应交企业所得税超出预设最低所得税的部分，但结转期限不得超过 10 年。

根据阿根廷税法，用于生产应税收入产品的合理必要成本、费用可以在计算应纳税所得额时扣除，但对于扣除的项目和数目应有相关证据支持。此外，发生在阿根廷境外的支出，如果满足相应条件，在阿根廷计算应纳税所得额时，也可以扣除。

5. 反避税规则（特别纳税调整）

（1）关联交易。阿根廷《所得税法》规定，在阿根廷共和国境内存在或成立的企业、信托公司或常设机构及成立或位于阿根廷境内外的个人、实体或常设机构由于参与资本、借贷、功能影响或其他性质的活动使其被同一方（个人或公司）直接或间接管理或控制，无论它们是否具备契约性质，是否有权利决定，操纵或指定上述公司的经营活动，它们均被认定为关联方。

另一方面，由阿根廷联邦税务总局（AFIP）总则第 1122/01 附件针对关联交易给出了明确定义及判定方式。若以下任一种情况被证实，则该交易被视为关联企业间交易：①一方持有另一方的全部或 50% 以上资本；②对于两方或多方的情况：双方被同一方持有全部或 50% 以上资本；同一方持有一方全部或 50% 以上资本，并对另一方有重大经济利益影响；同一方同时对双方有重大经济利益影响；③在一方拥有绝对表决权的个人在另一方拥有董事会或股东会的主导权；④双方或多方有共同的董事、高级管理人员或经理；⑤一方的独立代理人、批发商或经销商个体同时是另一方的采购、商品及服务销售；⑥一方依靠另一方的技术产权及技术知识进行经营活动，必须证明若无该技术则一方无法进行经营活动；⑦一方与另一方合作形成非法人实体，例如共同管理、临时联合经营、商业合作团体、非企业集团或其他类型的集团，一方对定价有重大影响；⑧一方同意另一方在相似情况下给出第三方的合同优惠条款，如销售折扣、运营融资及货物运送等方面；⑨一方参与了另一方的经营政策建立，如原料供应、生产和商品化，并产生重大影响；⑩一方开展的业务只与另一方有关，或一方的存立只与另一方有关，从而形成一种"唯一供应商"或"唯一客户"的关系；⑪一方通过优惠贷款或提供任何类型担保（在第三方提供融资的情况下）的形式为另一方提供商业活动必要的大规模资金；⑫一方承担另一方的损失或支出；⑬一方的董事、高级雇员或经理以接受另一方指令或以另一方利益为目的工作；⑭根据特殊协议、环境或情境，持有少数股份的一方拥有决策或行政权。

（2）同期资料。阿根廷税务机关同样也在收集关于纳税人与国内外关联方交易的更多信息。2013年，阿根廷签发了新的税务信息申报要求。此外，该指南引入了一种新的阿根廷纳税人与国外实体签署的合同登记以及上报财务报表的系统。该规定于2014年1月3日生效，被用于特定类型的实体或者投资机构在阿根廷国内进行跨境交易操作。

（3）转让定价。转让定价的基本原则是独立交易，即以公允价值向他国关联方提供商品或服务。

虽然阿根廷的转让定价规则参考了经合组织的指导纲要，但它没有完全遵照经合组织的倡议来制定转让定价的相关方法。企业如涉及转让定价，需要就交易向阿根廷税务机关报送相关文件。转让定价的方法取决于税务机关对交易重要性水平的评估，这需要交易方提供能表现交易实质的信息，包括交易金额、交易关系双方情况等。税务机关有权对涉及转让定价的交易做出就价格、定价方法等方面的调整。

涉及转让定价活动的企业在会计年度终了企业所得税汇算清缴时，应该同时提交转让定价补充申报表，以及必要的同期资料。

（4）预约定价安排。阿根廷税务当局未设置预约定价安排的机制，所以无法缔结预约定价安排。

（5）受控外国企业。阿根廷对于受控外国企业（CFC）未做出明确规定。但在实践中，阿根廷税务机关参考了国际上一般对"受控外国企业"的规定。

（6）资本弱化。资本弱化是指企业通过加大债权性资本而减少权益性资本的方式来增加税前扣除，降低企业税负。因为借贷产生的利息，可以作为财务费用在企业所得税纳税前扣除，而权益性资本派息不能税前扣除。

6. 征管与合规性要求

根据阿根廷现行税法，如果一家公司的主要经营活动或者管理控制活动的实质是在阿根廷国内实施的，该公司通常被认定为阿根廷税收居民企业。

阿根廷企业的会计年度是由企业根据自己的需要所设定，主管税务机关并没有对财务年度有统一的要求。纳税人应该在一个财务年度结束后的5个月内完成企业所得税年度汇算清缴。此外，纳税人应该根据上一年的纳税情况预缴当年的企业所得税，预缴分月进行。

根据阿根廷税法规定，企业逾期申报、未申报将被收取8万~20万比索的形式罚款，对偷税、逃税等情形除处以上述形式罚款外，还需缴纳偷税、逃税额1~10倍的罚款，如果涉及严重的偷税漏税，将可能被处以3个月到9年的监禁。

7. 预提所得税

外国公司有来自阿根廷的收入（如特许权使用费、利息），该收入须全额缴纳预提所得税。

2017年年底通过的税务改革法案中，针对分配股息及红利应缴纳的预提所得税做出新的规定：2018年1月1日—2019年12月3日的纳税年度内，股息及红利分配的预提所得税适应税率调整为7%；自2020年1月1日起，分配股息及红利的预提所得税率为13%，同时废除平衡税（对股息分配超过累计应纳税所得额部分按35%的税率征收）。截至目前，阿根廷与各税收协定国签订的税收协定待遇，针对该修改尚未做出任何税收协议调整。

表2-2-1　阿根廷预提所得税税率

受益方	股息	利息	特许权使用费
居民企业	35%	6%~28%	6%
居民个人	35%	6%~28%	6%
非居民企业和个人	—	—	—
无协定	35%	15.05~35	21%~28%
协定	按协定规定税率		

数据来源：中国赴阿根廷投资税收指南（中国国家税务总局）。

在税务机关注册的居民企业法人或个人会被代扣代缴6%的预提所得税；没有注册的适用税率28%。

（二）增值税

1. 征税原则

阿根廷的增值税与中国的类同，同样是一种价外税。根据阿根廷第20631号法案规定，在阿根廷销售货物或提供服务，以及进口货物或服务到阿根廷国内，均属于增值税的课税范围。

2. 计税方式

阿根廷的增值税的计税方式与中国相似，申报时间一般为每月的18—20日。

对于小型公司、业主及专业人士实行简易征收制度，或称为单一税纳税人制度（不适用于中型企业）。纳税人通过申请，经税务机关审核批准，可适用单一税制度，根据其所属级别，按月一次性缴纳增值税、所得税及社会保险税的总额。此类纳税人因为经营规模较小，不实行税款抵扣制度，其开具的发票上不注明增值税税额，下一环节实行税款抵扣制度的纳税人也不能据此发票抵扣已付增值税税额，对其应缴纳的税款实行增值税、所得税、社保税合并征收的"单一税制"。简易征收制度根据纳税人的年营业额、电力消耗量、经营场地的大小及产品销售单价或提供劳务的收费标准，将纳税人划分为8个级别，分别按月一次性征收税款。

3. 税率

基本税率为21%。也有一些行业适用特别税率。资本货物的进口与销售，以及货物和劳务的对外出口实行零税率；牛奶、面包和药品的常用消费品则免税；部分商品的销售（如肉类、新鲜水果和蔬菜等）、经济活动（如阿根廷银行提供贷款而取得的利息）、运输（国际运输除外）、出版业务（报纸、杂志、宣传册和期刊的销售）、健康保险实行减半征收增值税；公共事业服务，特别是对天然气、电力、供水和通信服务，按照27%的税率征收增值税。

4. 增值税免税

图书、自来水、面包、牛奶、药品、邮票销售，用于国家安全的飞行器、国家拥有的船舶；

一些特殊类型的服务费：国家、省市、地方政府服务或公共事业；

单位服务；私立学校或大学提供公共教育；宗教文化服务；医院和医药服务；救护病员交通支持服务；影院、剧院、音乐会和体育赛事票务；电影的制作和发行；100公里以内的交通服务以及国际运输；

居住需要而产生的房屋租赁费。

5. 销项税额

增值税的销项税额计算一般是以应税销售额或服务费金额为税基，乘以适用税率。相关销售货物或提供服务所支付的增值税应记为进项税额。应缴增值税税额为销项税额减去相关业务产生的进项税额，差额可以无限期向后结转，以抵扣未来产生的增值税销项税额。但是，根据阿根廷税法，纳税人不能就销项税额与进项税额的正差申请增值税退税。

6. 进项税额抵扣

2017年12月通过的税务改革法案对增值税纳税人用于采购、制造、准备或进口固定资产（汽车除外）所产生的增值税超过6个月的未抵扣进项可申请退税。收到退税款，纳税人需在60个月内将其用于缴纳应缴增值税或出口退税。若符合上述条件，该退税款认定无误（即税务机构不会要求纳税人补缴这笔退税金额）。否则，纳税人将被要求向税务机关补缴不符合条件的退税款以及相关利息。

7. 征收方式

登记的纳税人每月须申报一次，可以凭发票抵扣已纳税款；对于不登记的纳税人，在纳税人购买货物环节加征10.5%的增值税，但不允许抵扣，也不用申报。

8. 征管与合规性要求

增值税按月申报，当月增值税应该在次月的18—24日申报并完成缴纳。

如果超过税务机关要求的缴款期限，税务机关将会从缴款期限日第二天开始以税额为基准，以每月3%的利率征收滞纳金。

纳税人违反税务机关的规定还会被处以以下类型的处罚：①没有成功纳税申报，处以200~400比索的罚金；②对纳税遗漏，税务机关将处少缴税款50%~100%的罚金；③逃税：如果法人企业或者个人逃避社会保险费或预提所得税，无论是故意或是出于疏忽，一旦出现欺骗税务机关、诈取税务机关信任的情形，且一个会计年度的逃税金额超过 8 万比索，将被处以 2~6 年的监禁。

9. 增值税附加税

阿根廷不存在此税种。

（三）个人所得税

1. 征税原则

在阿根廷，个人所得税下有多个税目，其中最主要的是工薪税。个人所得税的纳税人包括居民纳税人和非居民纳税人。其中，非居民纳税人只对其从阿根廷获得的收入有纳税义务。个人所得税应税税目有：工薪所得、利息（除在本地储蓄银行的储蓄存款和定期存款利息）、租金、特许权使用费、养老金、年金、资本利得、其他所得等。

2. 申报主体

个人所得税的纳税人包括居民纳税人和非居民纳税人。非居民纳税人只对其从阿根廷获得的收入具有纳税义务。

对于个人，根据所得税的相关规定，符合下列情况之一的个人应视为阿根廷税收居民：①"国籍标准"：具有阿根廷国籍（或归划为阿根廷国籍）的个人；②"住所/永久性居住地标准"：已获得阿根廷永久居民身份或已在阿根廷合法居住 12 个月或以上的外籍个人。

对于实体，根据阿根廷法律成立的法人、合伙企业和其他类型的实体（包括个人独资企业、非营利民间组织、基金会、信托、共同投资基金等），都视为阿根廷税收居民实体。此外，从税收角度而言，在海外注册或者由在海外居住的自然人注册但在阿根廷境内实际经营的下列企业都可视为阿根廷税收居民实体：由协会、合伙企业或任何类型的公司拥有并组织为永续经营的商业、工业、农业、采矿业或其他的商业类型的实体。总的来说，它们相当于在海外成立但实际在境内经营的企业分公司。

3. 应纳税所得额

个人所得税应税收入包括雇佣所得、个体经营所得、投资所得以及董事费用，其中最主要的是雇佣所得。

4. 扣除与减免

一个年度内在阿根廷居住超过 6 个月的个人，每年享有约 60000 比索的基本扣除限额，配偶有约 36000 比索的扣除限额，每个孩子和其他受抚养者还有约 18000 比索的扣除。

雇员的劳动所得有约 270000 比索的扣除，除此之外还可以扣除缴纳的社会保障税、人寿保险、退休金、捐款、医疗支出等，但各个项目均有一定的数额限制。

阿根廷对农民同样征收个人所得税，计税依据为农产品销售收入扣除生产投资费用和必要的生计费用后超过 18000 比索的数额。

第 2284 号法令规定（后经第 24307 号法令修改），外国个人及机构因股份、债券及其他有价证券销售、买卖而获得的收益，提交相应证明后可以免于纳税。

在阿根廷，与个人工资收益活动不相关的资本收益不需要纳税，比如一些金融和资本市场的交易所得可免税，如买卖股票、银行定期存款、政府债券、在联邦交易所交易的股票和债券的收入。但是如果出售不动产，不论是亏损还是盈利，都应该按照实际销售价值的 1.5% 缴纳房地产消费税。

5. 税率

居民纳税人按照他们的年应税净收入，依从 5%~35% 的累进税率缴纳税金。而非税收居民个人纳税人的税率为 24.5%。

表2-2-2 个人所得税税率

年度应纳税所得额（比索）		速算扣除数	超出下限部分使用税率
下限	上限		
≤ 61000		—	5%
61000	91000	3050	10%
91000	122000	6050	15%
122000	182000	10700	20%
182000	243000	22700	25%
243000	426000	37950	30%
> 426000		92580	35%

6. 征管与合规性要求

企业员工个人所得税由所属企业代扣代缴，除此之外个人取得的收入，在次年 4 个月以内完成申报和缴纳。

（四）关税

1. 关税体系和构成

根据阿根廷《海关法典》，进口商和出口商必须在海关总局（DGA）的进口商和出口商登记册上登记，进口方应该就进口的产品、设备、货物缴纳关税，计税基础为进口设备的 CIF 价格（包括货物价格、到港前的保险费和运费）。

阿根廷关税分为普通关税与特别关税（仅适用于南方共同市场自由贸易区成员国的进口商品）。目前，阿根廷对中国产品计征普通关税。

2. 税率

1994 年，南方共同体市场成员国根据共同市场委员会（CMC）第 22/94 号决议制定了南共市共同对外关税（AEC）。除对汽车征收 35% 的关税及特定国家有限的几种产品外，共同对外关税所约束的绝大部分产品实行 0~20% 的从价税，平均关税约为 11%。

根据共同市场委员会（CMC）第 38/05 号决定，2008 年 12 月 31 日前，南方共同体市场成员国每年可豁免 100 个税号（8 位）项下的产品不受南共市共同对外关税的约束，并每六个月调整一次税号，至多可调整例外税号的 20%。

各类进口商品还需加征 21% 的增值税和 9% 的附加增值税（均以 CIF 价为基础计算货值，进关时预先缴增值税，进口商在销售后，可在应缴的增值税款中扣回货物进关时已预缴的税款）。

3. 关税免税或优惠

（1）在海关特区注册的企业。①特区进口并用于当地消费的商品免征关税；特区生产的物品销往阿根廷国内各地均可免除关税以及其他一些税负；②进口来自南极洲地区以及一些小型群岛的商品施行优惠关税；③不是在特区内生产，但途经特区的商品，免征特许权使用税外的各项税赋。

（2）在自由贸易区设立的企业。①外国商品进出此类免税区无须缴纳进出口关税和统计税；②商品可在区内拆卸、整理、分类及重新包装，以便运输、储存；③从区内向第三国出口可以退税；④从阿根廷其他地区进入区内的产品，如向第三国出口，可以退税，可获得出口补贴；⑤商品和劳务，包括在阿根廷其他地区禁止进口的产品，可自由进入区内；⑥商品可在区内仓储五年，期间可以销售、转让或运往第三国；可制造在阿根廷其他地区不可生产的资本货物，产品可进入阿根廷其他地区。

4. 设备出售、报废或再出口的规定

如果采用正常方式入关的境外设备，在阿根廷境内使用或出售，视同阿根廷境内设备，按照正常手续办理出售、报废或出口。

如果采用临时进口方式进入阿根廷境内的设备，应按照海关要求到指定银行或保险机构按照设备原值开具保函，入关后的设备停留期（停留期通常为三年，届满后可延期三年）届满后必须出关，不得在阿根廷境内出售、报废，否则需补缴相应关税，视同进口。

（五）企业须缴纳的其他税种

1. 不动产税

不动产税一般由地方政府征收，不同地方的不动产税取决于不同地方对于城市、农村土地的规定。不动产的税基是专业机构对不动产的市场估值，一般来说注册会计师和税务机关承担着专业评估的职责。

2. 金融交易税

阿根廷公司通过其账户（如银行账户）发生交易时，需要缴纳0.60%的金融交易税，如果不通过专门银行账户（同名账户之间资金转移不收取）交易实际缴纳的为1.2%。整个纳税过程不需要进行纳税申报，在交易发生时，金融机构会自动计算并扣缴税款。

2018年1月1日起，第27432号法律授予政府可增加银行交易税中可抵扣所得税比例（原规定34%的贷项银行交易税可作为所得税的抵免）具体抵免比例及范围政府具有选择权。

3. 印花税

印花税是一种地方税，阿根廷24个行政区分别拥有对其管辖区域内签订或执行的合同及协议征收印花税的权利。在有些特殊情况下，合同及协议涉及的资产所在地行政区，会对合同或协议有权征收印花税，而不是合同的实际签订所在地。通常来说，应税合同的签署方就是印花税的承受者，签订双方各承担一半印花税。

印花税的计税基础是应税合同或协议内所记载的金额，平均税率从1%~1.5%。对于房地产转让，税率通常会比一般的高（最高为4%）。而其对贷款合同，适用1.2%的印花税。目前，部分省份已取消与农业、工业、采矿、建筑和一些经济活动（金融和保险交易合同）的印花税。除此之外，对于那些有履行上的不确定性的交易，税务机关可能对其课征2500比索的定额印花税。

4. 消费税

消费税只针对在阿根廷境内的销售行为，不包含出口。主要对以下货物课征：烟草、红酒、软饮料、汽油、润滑油、保险费、汽车轮胎、香水、珠宝和宝石。

消费税对酒及酒精、香烟、燃料、化妆品、汽车、天然气、奢侈品、非酒精饮料、电话服务和其他产品课征，税率从2%~68%不等。对进口或生产者征收。

5. 营业税

营业税是阿根廷的省级税种，各省对其管辖范围内因商业活动而产生的总收入征收营业税。阿根廷的24个行政区域都对其管辖范围内发生的应税行为有征收营业税的权利，无论纳税人是否在该管辖区域是否有固定的经营场所。阿根廷各省及布宜诺斯艾利斯联邦地区实行不同的税率，各省之间互有为避免跨省经济活动的双重课税。大部分省份对农业、畜牧业及采矿业实行1%的税率；工业活动实行1.5%的税率；一般贸易与服务活动实行3%的税率；金融服务实行4.9%的税率。

6. 个人资产税

个人资产税法第23966号规定，所有在阿根廷境内居住的个人须对其世界范围的资产支付个人资产税。非居民纳税人仅对其分布在阿境内的资产具有纳税义务。由阿根廷境内主体发行的股票以及其他有价证券被认为属于分布在阿境内的资产。当纳税人在每一财政年度末的资产总值超过10.23万比索时，须缴纳0.5%的个人资产税率，当资产总值超过20万比索是，税率上涨至0.75%。

（六）社会保险金

1. 征税原则

阿根廷员工雇佣方面的法律主要包括 20744 号法（劳动合同法）、25877 号法（劳动条例法）、20744 号法（退休及劳保体系法）、24557 号法（劳动风险法）及一些计提性的劳动公约等。

企业为其雇员缴纳社会保险，涵盖了家庭救助、医疗保险、劳动风险、退休及事业基金。社保的缴纳比例为服务业 27%，其他产业 23%。为鼓励中小企业创造新的就业机会，对那些签有非固定合同雇员绝对数量增加的企业给予减免社保缴纳比例的优惠，减免幅度可达 1/3。同时，对于所有设在大布市以外的企业，无论规模大小，都可将其缴纳社保金额的一定比例冲减增值税。

表2-2-3　社会保障金（以工资为基础）

税项	雇主缴纳	雇员缴纳
养老金	16%	11%
家庭补贴	9%	0%
医疗保险	6%	3%
健康保险	2%	3%
总计	33%	16%

2. 外国人缴纳社保规定

阿根廷不对企业雇佣外籍员工设限，企业应遵守并符合阿根廷有关移民方面的法律规定。如果要聘用外籍劳工，雇主必须与外籍雇员签订劳动合同，并经阿根廷公证人公证。阿根廷审批外籍劳工入境的政府主管部门为移民局。雇主需持雇佣外籍人员的文件及拟雇佣外籍人员国外所从事行业的相关证明等文件赴移民局办理入境许可。所有非西班牙语文件需经过阿根廷公共翻译员翻译并认证。外籍雇员入境后应遵守阿根廷有关劳动法律，并依法缴纳社会保险。如果符合某些特别法律条文或有关国家就此与阿根廷签有对等的国际条约，则该国外籍雇员可在一定期限内免缴社会保险。

第三节　外汇政策

一、基本情况

目前的银行体系根据 1977 年颁布的第 21526 号法令《金融实体法》以及其修正版建立，该法令的目的是整合金融体系并为金融实体内的存款建立担保。在该法令的框架内，银行体系由中央银行（BCRA）监管。

阿根廷中央银行成立于 1935 年，拥有监管信用和货币供应、监督和控制金融体系的正常运作和作为国家的金融权力机构实施金融实体法的监督权，并在阿根廷加入的国际货币、金融和银行协会中担任国家的代表。

2011 年年底，由于国际金融危机等因素影响，阿根廷贸易收支状况持续恶化，外汇储备下降，阿政府决定实施外汇管制措施。虽然外汇管制措施在防止资本外流、遏制通胀上发挥了一定作用，但官方汇率长期高估导致出口竞争力下降，外国直接投资和工业部门的供给能力受到严重影响。

2015 年 12 月 16 日，阿根廷财政部长阿方索·普拉特·加伊宣布，即日起取消实行了四年的外汇管制措施，逐步形成以外汇市场供需为基础的单一浮动汇率机制。

2018 年 6 月初，阿根廷和国际货币基金组织（IMF）达成贷款协议，但这样的利好消息未能稳住比索价格。从 2017 年 10 月起的半年时间内阿根廷加息幅度已经有近 1375 个基点，阿根廷比索兑美元贬值的幅度达到 35%，最大幅度一度达到 40%。

二、居民及非居民企业经常项目下外汇管理规定

目前外币资金汇入无政策方面的限制，公司或个人可通过银行自由买卖；通过银行对境外支付材料款、设备款，需预先通过 AFIP 系统向中央银行申报供应商外币欠款，然后向银行提交外管局统一规定的外币付款申请函（需企业银行账户授权人签字），同时提交发票等基本信息，对无外汇账

户或存款的公司同时还需提交购汇申请，银行 1~2 个工作日即可完成审批支付。

三、居民和非居民企业资本项目下外汇管理规定

依据阿根廷 2005 年第 616 号法令规定，外国直接投资不同于记名存款，涉及投资项目额的 30% 资本在一年的时间内不可转移且不付利息，作为"强制存款"存在，2015 年取消外汇管制政策时同时取消。

阿根廷企业或居民开立外汇账户，只需提交满足开户银行规定的资料即可，无须对阿根廷境内机构上报。

四、个人外汇管理规定

根据阿根廷法律，16 周岁以上的游客最多可携带 10000 美元或等值现金出入境，未满 16 周岁无监护人同行的旅客最高可携带 5000 美元，海关有权罚没超额现金，相关人员还可能面临刑事指控。

阿根廷中央银行 2016 年 8 月宣布彻底取消当地公司或个人的购汇限制，购汇手续将更加便捷。

第四节 会计政策

一、会计管理体制

（一）财税监管机构情况

阿根廷会计法是 1972 年 4 月 3 日根据 19550 号法律确定，主要由国家专业机构和阿根廷经济科学专业委员会联合会（FACPCE）制定，同时中央银行和国家保险监督局为专业会计准则提供补充，并为其控制下的实体制定具体规则。

（二）事务所审计

阿根廷国有、公私合营、上市公司、境外公司分公司必须进行审计，

其他形式的机构无强制要求，但是如果向银行或金融机构借款，一般会要求提供经过审计的财务报告。

（三）对外报送内容及要求

1. 会计报告报送的主要内容

（1）财务状况表、损益及其他综合收益表、权益变动表、现金流量表（按经营活动、投资活动和筹资活动单独列报）、附注以及最早比较期间的期初财务状况表和独立审计单位的审计报告。

（2）损益变动表应包括的信息：①当期的综合收益总额；②根据《国际会计准则第8号——会计政策、会计估计变更和会计差错更正》进行追溯应用或重述对权益组成部分的影响；③权益各组成部分期初和期末余额之间的调节表，分别单独披露每项变动。

（3）附注披露的最低要求：①公司信息及相关情况说明；②所遵循的会计政策；③公司管理层在运用主体对在财务报表中所确认的金额影响最大的会计政策过程中所作出的判断；④估计不确定性的来源；⑤有关资本管理及遵循资本要求的信息。

2. 编制及报送要求

（1）上市公司（不含银行和保险公司）以及中小企业必须使用《国际财务报告准则（IFRS）》编制财务报告。

（2）上市公司必须分别向国家证券委员会和布宜诺斯艾利斯证券交易所提交中期和年度财务报告，季度和年度报告必须包括合并和单独的财务报表，以便于上一年或期间进行比较。私营公司需向司法监察局提交年度财务报表。

二、财务会计准则基本情况

（一）适用的当地准则名称与财务报告编制基础

阿根廷会计准则由国家专业机构阿根廷经济科学专业委员会联合会制定，并由国家证券委员会或企业检查部（24个司法管辖区或省份的私营公司监管机构）等政府监管机构进行了微调。企业财务报告按照国际财务报告准则（NIIF）呈现。央行要求2018年前全面实行国际财务报告准则。

（二）会计准则适用范围

适用于阿根廷境内设立的有限责任公司（S.R.L）、股份有限公司（S.A）、合伙企业、外国公司分公司、基金、信托机构等。

三、会计制度基本规范

（一）会计年度

公司会计年度与历法年度一致，即公历年度 1 月 1 日至 12 月 31 日为会计年度。

（二）记账本位币

企业会计系统必须采用所在国的官方语言和法定货币单位进行会计核算。阿根廷采用阿根廷比索（$）作为记账本位币，货币简称 ARS。

同一财务年度内相应的年度或中期报告必须以相同的货币单位编制。

（三）记账基础和计量属性

企业以权责发生制为记账基础，采用复式记账法。以历史成本为基础计量属性，符合条件允许采用重估价值计量模式。

四、主要会计要素核算要求及重点关注的会计核算

（一）现金及现金等价物

现金及现金等价物包括现金、在金融机构账户中的存款和原始有效期到 90 天为止的低变值风险并具有短期义务的短期投资。

（二）应收款项

应收账款包括应收商业账款和其他应收款，是指固定或可确定付款的非衍生金融资产，不在活跃市场中交易。它们按照"应收商业账款"和"其他应收款"分类，并采用实际利率法以摊销成本计量，应收账款减去坏账准备金部分后在资产负债表列示。

实际利率法是一种计算金融资产的摊销成本以及根据时间分配利息收入的方法。实际利率是通过金融资产的预期寿命，将未来应收现金流量折现的利率。

（三）存货

存货的成本应由使存货达到目前场所和状态所发生的采购成本、加工

成本和其他成本所组成。

存货应按照成本与可变现净值中低者来加以计量。

财务报表应揭示如下内容：

（1）计量存货所采用的会计政策，包括所使用的成本计算方法等。

（2）存货的账面总金额和适合企业情况分类的各类存货的账面金额。

（3）按可变现净值记载的存货的账面金额。

（4）根据准则要求在会计期间确认为收入的任何减计金额的转回额。

（5）为负债做担保的存货的账面金额。

（四）固定资产

按照《国际会计准则第16号——不动产、厂房和设备》进行会计处理，如果与该资产相关的未来经济利益很可能流入主体且资产的成本能够可靠地计量，则应确认为资产。

初始取得时应按成本计量，包括使资产达到预定可使用状态的所有必要成本。如果付款延期至超过正常信用期，则应确认利息费用，除非有关利息可根据《国际会计准则第23号——借款费用》予以资本化。

企业在取得不动产、厂房和设备时通常按照成本模式（成本减去累计折旧和减值）计量，但后续可以根据经济环境（通货膨胀）对上述资产采用重估价模式（该资产在重估日的公允价值减去随后发生的累计折旧和减值后的余额）计量。在重估价模式下，应定期进行重估，并且特定类别的资产所有项目都应该重估。当重估价的资产被处置时，之前计入重估价盈余应在权益中保留，不重分类至损益。

阿根廷境内企业一般采用直线法进行折旧，每年对残值、使用寿命进行复核，对不动产、厂房和设备在运营期间大检修，相关成本符合确认标准的计入资产账面金额。

（五）无形资产

按照《国际会计准则第38号——无形资产》进行会计处理，无形资产确认条件为（无论是购买还是企业自行开发）归属于该资产的未来经济利益很可能流入主体且该资产的成本能够可靠地计量。

企业自行研究开发的无形资产，研究阶段成本在发生时计入当期损益，开发成本在满足条件下予以资本化。

无形资产取得时一般使用成本模式计量（也可采用重估模式），并对无形资产进行划分为使用寿命不确定和使用寿命有限两种，使用寿命有限的无形资产在其使用寿命内进行摊销，每年按照《国际会计准则第 36 号——资产减值》进行减值测试，使用寿命不确定无形资产不进行摊销，但需要每年进行减值测试。

在网站开发过程中发生的特定初始基础设施开发和版面设计成本应当予以资本化。

（六）长期股权投资

长期股权投资是投资企业为了与被投资企业建立长期关系或为了自身的经营和发展而持有的被投资企业的权益投资。投资按照是否对被投资企业有单独控制、共同控制、重大影响等不同情况，分别使用成本法、权益法进行核算。

成本法适用的范围：①企业能够对被投资单位实施控制的长期股权投资；②企业对被投资单位不具有控制、共同控制或重大影响，且在活跃市场没有报价、公允价值不能可靠计量的长期股权投资。投资单位采用成本法时，长期股权投资的账面价值不受被投资单位盈亏和其他权益变动的影响。只有在被投资单位分配现金股利的时候，才确认投资收益，相应的调整长期股权投资的账面价值。

权益法适用的范围：①共同控制；②重大影响。权益法下，长期股权投资的账面价值受被投资单位的所有者权益变动的影响。长期股权投资的账面价值需要根据被投资单位的所有者权益进行调整。当所有者权益发生变动，投资单位的长期股权投资的账面价值相应进行调整。被投资单位实现盈利时，所有者权益的留存收益增加，投资单位的长期股权投资要调增，确认投资收益，发生亏损时，冲减长期股权投资的账面价值。在被投资单位分配现金股利的时候，被投资单位的所有者权益减少了，所以要冲减长期股权投资，确认应收股利。被投资单位其他权益发生变动时，也需要调整长期股权投资的账面价值。

（七）职工薪酬

阿根廷工资体系复杂、社会福利较多，需严格按照《劳动保护法》所规定的项目会计处理，主要分工资和社保两大类，其中，工资分日薪工资和月薪工资；社保分个人缴纳部分和公司缴纳部分（含工会费用部分）。主要包括日薪制员工、月薪制员工、临时性雇佣员工、工人工会费用，董事和内部审计人员酬劳等。确认和计量方法与中国会计准则的职工薪酬类似。

（八）收入

按照《国际会计准则第 18 号——收入》处理销售商品、提供服务以及利息、特许权使用费和股利收入。

（1）源自商品销售的收入，在重大风险和报酬已转移给买方、卖方已丧失实际控制权，且成本能够可靠地计量时确认。

（2）提供的服务取得收入，采用完工百分比法确认。

（3）对于利息、特许使用费和股利：①利息实际利率法，②特许使用费在权责发生制的基础上根据协议的实质确认；③股利在股东的收款权利已被确立时确认。

按照《国际会计准则 11 号——建造合同》处理工程承包和符合《国际财务报告解释公告第 15 号——房地产建造协议》情形的房地产建造业务。

收入应按已收/应收对价的公允价值计量。2018 年当年或之后开始年度，《国际财务报告准则第 15 号——客户合约收益》生效，全面适用遵循该新颁布的准则。

（九）借款费用

按照《国际会计准则第 23 号——借款费用》进行会计处理：

对于可直接归属于符合条件的资产的购置、建造或生产的借款费用，仅当此类费用将很可能导致主体获得未来经济利益并且能够可靠地计量时，才可予以资本化。不符合资本化条件的均应在发生时确认为费用。

对于为获得某项符合条件的资产而专门借入的资金，符合资本化条件的借款费用金额为本期内发生的实际借款费用减去任何以该借款进行临时性投资所取得的投资收益。

（十）外币业务

按照《国际会计准则第 21 号——外汇汇率变动的影响》进行会计处理：

在财务报表的准备中，以不同于功能性货币币种进行的交易（外币）都是按照每项交易的实时汇率记账。每期期末决算时，外币货币性项目都会以财务报表决算日的实时汇率再次换算。

汇率产生的这些差额在年度利润（亏损）表和其他综合利润（亏损）表中确认。

处于恶性通货膨胀中的主体，可按特殊规则将其经营成果和财务状况折算为列报货币。

（十一）政府补助

政府补助是指政府以向一个企业转移资源的方式，来换取企业在过去或未来按照某项条件进行有关经营活动的那种援助。这种补助不包括那些无法合理作价的政府援助以及不能与正常交易分清的与政府之间的交易。政府补助（包括以公允价值计价的非货币性政府补助）只有在以下两条得到合理的肯定时，才能予以确认。

（1）企业将符合补助所附的条件。

（2）补助即将收到。其会计处理方法主要有两种：资本法，在这种方法下，将补助直接贷记股东权益；收益法，在这种方法下，将补助作为某一期或若干期的收益。

（十二）所得税

按照《国际会计准则第 12 号——所得税》进行会计处理，所得税费用（所得税收益），指包括在本期损益中的当期所得税和递延所得税的总金额。

当期所得税，指根据一个期间的应税利润（可抵扣亏损）计算的应付（可收回）所得税金额。

递延所得税负债，指根据应（纳）税暂时性差异计算的未来期间应付所得税金额。

递延所得税资产，指根据以下各项计算的未来期间可收回的所得税金额：①可抵扣暂时性差异；②未利用的可抵扣亏损结转后期；③未利用的税款抵减结转后期。

各种应纳税暂时性差异均应据以确认递延所得税负债，除非递延所得税负债是由以下情况之一所产生：①商誉的初始确认；②具有以下特征的交易中资产或负债的初始确认：不是企业合并；交易时，既不影响会计利润也不影响应税利润（可抵扣亏损）。

但是，对于与对子公司、分支机构和联营的投资以及在合营安排中的权益相关的应（纳）税暂时性差异，应确认递延所得税负债。递延所得税资产和负债不予折现，当期所得税和递延所得税应作为收益或费用计入损益，但由企业合并或应计入其他综合收益的交易事项产生的除外。

递延所得税资产和负债应该在财务状况表中作为非流动项目列报。

五、其他

阿根廷从 1975 年开始实施现行增值税取代了原有的销售税。增值税是阿根廷的主要税种。与中国一样，阿根廷也实行购进扣税法，以销售货物提供服务向购货方或接受服务方收取的增值税额减去已支付的增值税额的差额作为本环节应缴纳的增值税，即实行凭发票上注明的已支付的上一环节增值税额作为本环节的抵减项目。

阿根廷增值税制度最鲜明的特点是实行纳税人发票分类管理制度。阿根廷 1415 号法案对发票实行了严格的分类管理，每个纳税人根据纳税义务开具发票，并采取了一系列有效监控措施。

本章资料来源：

◎ 对外投资合作国别（地区）指南（2017 版）

◎ 国家税务总局网站中关于"税收条约"的约定（http://www.chinatax. gov.cn/n810341/n810770/）

第三章 阿联酋税收外汇会计政策

第一节　投资环境基本情况

一、国家简介

阿拉伯联合酋长国（简称"阿联酋"），位于阿拉伯半岛东部，北濒波斯湾，西北与卡塔尔为邻，西和南与沙特阿拉伯交界，东和东北与阿曼毗连，海岸线长 734 公里，总面积 83600 平方公里，首都阿布扎比。阿联酋人口约 840 万，外籍人口占 88.5%，主要来自印度、巴基斯坦、孟加拉国、菲律宾、埃及、叙利亚、伊朗、巴勒斯坦等国。阿联酋联邦最高委员会由七个酋长国的酋长组成，是阿联酋最高权力机构。国内外重大政策问题均由该委员会讨论决定，制定国家政策，审核联邦预算，批准法律与条约。总统和副总统从最高委员会成员中选举产生，任期五年。总统兼任武装部队总司令。除外交和国防相对统一外，各酋长国拥有相当的独立性和自主权。1996 年，阿联酋持续 25 年的临时宪法变成永久宪法，确定阿布扎比为永久首都。存在联邦国民议会、联邦最高法院及政府相关部门。阿联酋是一个典型的阿拉伯国家，伊斯兰文化是其主要根基。

二、经济情况

阿联酋 2017 年 GDP 总计 4076 亿美元，人均 GDP 6.8 万美元，排名世界前十位。阿联酋以石油生产和石油化工工业为主，同时注重发展经济多样化。政府在发展石化工业的同时，把发展多样化经济，扩大贸易，增加非石油收入在国内生产总值中的比例当作其首要任务，注意利用天然气资源，发展水泥、炼铝、塑料制品、建筑材料、服装、食品加工等工业，重视发展农、牧、渔业；政府充分利用各种财源，重点发展文教、卫生事业，完成和扩大在建项目。20 世纪 90 年代推广观光旅游，到 21 世纪，这里已经是中东地区的转运中心，观光旅游购物城、科技网络城。旅游业已成为迪拜的主要经济收入来源之一。1971 年 7 月，阿联酋成立阿布扎比阿拉伯经济发展基金会（1993 年 11 月更名为阿布扎比发展基金会），以贷款、赠款和技术援助等方式向阿拉伯国家和亚洲、非洲的发展中国家提供援助。1981 年 5 月 25 日，在阿联酋阿布扎比成立海湾阿拉伯国家合作委员会（Gulf Cooperation Council，GCC），简称海合会，其成员国为沙特阿拉伯、科威特、阿联酋、卡塔尔、阿曼、巴林、也门七国。总秘书处设在沙特阿拉伯首都利雅得，目的是仿照欧盟建立一个海湾国家联盟，共享有关经济、法律法规等方面的成果，共同制定贸易规则，降低贸易成本。对于进入海合会的某些产品，要求符合海合会制定的标准，并加上 GCC 标记。产品带有 GCC 标记，则可以在海合会国家市场自由销售，畅通无阻。1995 年，阿联酋加入世界贸易组织，与 179 个国家和地区有贸易关系，其外贸在经济中占有重要位置。2015 年，阿联酋经济部确定 14 个具有发展前景吸引外资的行业，包括制造业、维修、交通、运输、仓储、旅游、金融服务、医护、医院、大学、电子、咨询、工程设计、有线及无线通信。未来，中资企业应持续关注以下两个方面的投资机遇：一是"一带一路"框架下的中阿多领域合作。中阿合作从公元 7 世纪以珍珠、贝壳为主的商贸往来，到目前能源领域的战略性合作，已成为中国同"一带一路"倡议沿线国家合作的主要动力。阿联酋处在亚非欧的核心位置，将打造成为"一带一路"建设中天然的物流和商贸中心，努力实现"一带一路"建设沿线国家的互利共赢。二是重点关注油气、电信业、新能源、旅游业等行业的潜在投资机遇。

三、外国投资相关法律

阿联酋目前存在跟外国投资相关的法律有《商业公司法》《商业交易法》《商业代理法》《商标法》等。

根据阿联酋《商业公司法》规定，阿联酋不仅对外资可以进入的行业领域有明确的法律限制，而且对外商投资的持股比例有明确的规定，即外方持股不能超过 49%。

（1）禁止行业。只有阿联酋公民或由阿联酋公民完全所有的企业法人方可提供下列服务：商业代理，房地产服务，汽车租赁服务，农业、狩猎和林业服务（包括兽药），渔业服务，人力资源服务，公路运输服务，调查和安保服务。

（2）限制行业。WTO服务贸易领域中的娱乐、文化、体育服务和视听服务中仅下列领域允许外商投资：艺术、电影工作室、剧团、电影院、剧场、艺术品展览馆、体育活动。

外商对自然资源领域的投资规定由各酋长国制定。外商投资必须以合资企业的形式并由国家控股。电力、水、气等资源领域也均由国家垄断，但是近年阿布扎比酋长国已开始将一些水电项目部分私有化。外方投资者可以设备、技术、物资的形式投资，也可以现汇投资。在税收上，外国合资、独资企业与当地企业在法律上是平等的。阿联酋拟出台的新外资法将对部分行业的外资持股比例做出调整，希望中资企业关注新法规的颁布实施，并可根据新法规对股权做出相应调整。

根据阿联酋《商业代理法》规定，如果外国公司或其他实体不采取在阿联酋设立实体公司的形式，而仅希望通过贸易方式或设立代表处的形式使其商品进入阿联酋市场，则被代理人可以在阿联酋全国指定一家商业代理，也可以在每个或多个酋长国指定商业代理，但不得在一个酋长国指定多家商业代理，商业代理在代理区域通过独家的方式推广销售被代理人的产品，被代理人与商业代理需签订代理协议并在登记部门登记。

根据阿联酋《劳工法》规定，只有取得在阿联酋劳动部注册许可企业的担保，外国劳务人员才能获得工作许可。并满足以下条件：年龄16~60岁，具备在阿联酋可用的专业或学术资质，护照有效期6个月以上，身体健康。雇主必须对所有职员提供医疗保险，职员只需要缴纳非常少量的挂号费用即可以免费享受阿联酋医院的医疗和福利。阿联酋劳工法健全，对劳工有良好的保障，阿联酋劳工法对劳工所应承担的责任、义务和享有的权利均有明确规定，雇主与雇员有任何纠纷均按照劳工法执行。一般情况下，劳工部门会更偏向于保护劳工个人利益，如存在个体争议，可通过阿联酋劳动部乃至法庭解决，集体争议由劳动部调停和解委员会、法院及最高仲裁委员会根据劳动法所主张的任何权利，时效为1年，只有劳动部门可以将争议提交法院解决。

由于受到穆斯林宗教的影响，阿联酋的男性都"与女不争"，表现出良好的君子风度。虽然在阿联酋，女性在政治上面没有什么权利，但在其他地方均受到礼遇，无论在政府部门还是银行，都设有专门对女性接待处或窗口，在不分男女的地方，女性可以免于排队，得到优先安排。

《商业交易法》是阿联酋专门管辖商业活动的法律，定义了商业活动的范围，确立了基本概念，就某些类型的商业交易作出了明确规定，包括公开拍卖，通常为连锁店和百货公司采用的分期付款方式销售商品和降价销售商品等，除此之外，还包括国际商品销售，商标（商誉），不正当竞争，商业抵押，电子交易与电子商务，银行业活动，商业票据和破产等内容。

正常情况下，每天的工作时间最长为 8 小时，每周不超过 48 小时。经人力资源与本土化部同意，某些特殊工作部门或工作性质，工作时间可以延长或减少。

外籍劳务进入阿联酋实行工作许可制度。2018 年，阿联酋协调委员会批准内阁决议，规定来阿联酋工作的外籍人士需提供"良好行为证明"。该证明应由申请人所在国或过去五年的居住国签发，并须通过阿联酋驻外使团或在阿联酋外交部海外客户幸福中心的认证。该要求从 2018 年 2 月 4 日起强制执行，仅针对工作人士，不适用于游客。即自 2018 年 2 月 4 日起，在阿联酋寻找工作和申请居留许可的外籍人士需要提供其在过去五年里居住过的所有国家出具的"无罪"证明。一经发出，颁发证明国家的阿联酋大使馆（代表团）及阿联酋外交部须在使用该证明之前对其进行确认。只有寻求初步工作授权的外籍人士或希望续签其就业许可的非居民才需要获取证明。前往阿联酋旅游或持有旅游签证的个人及其随行家属不需要提供证明。

这项新举措将会增加迁入过程的时间。雇主应该意识到，因为所需的时间和步骤存在很大的差异，各个国家的员工都需要重新安置。此外，在需要个人陈述和（或）指纹的情况下，雇主应确保其雇员在前往阿联酋之前已经取得"无罪"证明，或雇员可能必须返回母国以完成必要的环节。阿联酋经济自由，对劳务的国籍没有限制，雇主依据劳工法及有关规定，可以从世界上任何国家招聘劳务，实行"非移民、临时性、合同制"劳务政策。

2017 年，阿联酋颁布了关于支持服务工人的联邦 2017 第 10 号法（Federal Law No.10 of 2017 on support service workers）。该法涉及 19 种服务工

作职业，其中包括海员、保安、代客泊车员、农场工人、园丁、家政、厨师、保姆、私人教练、私人护士、私人司机等。其中，第41条详细规定了费用、中介机构、劳务合同、雇主和雇员责任、检查、处罚、假日、服务终止补偿、合同终止、纠纷解决等内容。

第二节 税收政策

一、税法体系

阿联酋是由阿布扎比、阿治曼、迪拜、富查伊拉、哈伊马角、沙迦和乌姆盖万7个酋长国组成的联邦国家，其于2017年初成立联邦税务局，享有必要的法律行动能力和财务、管理独立的权利。然而，大多数酋长国（阿布扎比、阿治曼、迪拜、富查伊拉和沙迦）拥有自己的税法体系并且对公司征收企业所得税。在税法执行过程中，实际仅向油气公司和海外银行的分支征收所得税。阿联酋财政事务国务部长奥比德·塔耶尔宣布阿联酋从2018年1月1日起开始征收5%的增值税。增值税不是由政府收取，而是由供应链各个阶段的企业代表政府收取。同时，企业可以申请增值税的返还。因此，增值税由最终消费者承担，而不是对商业活动征税。根据阿联酋税法规定，增值税适用的商品和服务分为三类。

零税率增值税。在零税率增值税情况下，可享受增值税抵扣。与其他类别一样，销售额仍需记录在公司的增值税申报表中。

标准税率的增值税。收取5%的增值税。大部分商品和服务可能属于这一类，包括电子产品，汽车，外出就餐和娱乐。5%的增值税税率将转嫁给消费者，并为企业提供增值税抵扣。

增值税豁免类别。在此情况下，增值税不会转嫁给消费者，因此无增值税抵扣。企业无法收回或收回豁免项目或服务所产生的5%增值税。因此，豁免产品或服务投入有可能影响商业利润率。阿联酋国家主要税种如表3-2-1：

表3-2-1　阿联酋国家主要税种

税种	进口关税	货物税	增值税
英文	Customs duty	Excise tax	Value added tax
税率	0%~100%，一般5%，部分商品免税	烟草100%，能量饮料100%，碳酸饮料50%	0%，5%，部分商品、服务免税
缴税方	进口商	持有大量存货销售方	每个供应链成员
征收部门	海关	联邦税务局	联邦税务局
开始施行时间	—	2017-10-01	2018-01-01

资料来源：国家税务总局官网。

二、税收征管

（一）征管情况介绍

2016年10月25日，阿联酋总统哈利法签署2016年第13号联邦法令，决定成立联邦税务局。根据条款规定，联邦税务局具有独立法人资格，享有必要的法律行动能力和财务、管理独立的权利。其总部位于阿布扎比，同时在阿联酋境内设立分支机构和代表处。税务局董事会主席由财政部长担任，总经理为副部级，由总统提名，内阁批准任命。该项法令自官方公报发布之日起90天后开始实施。阿联酋目前自2018年1月1日起征收增值税，此外还有关税、营业税，无企业所得税及个人所得税等税种。对增值税目前阿联酋也在起步阶段，相关法律法规及税务要求并不十分规范。阿联酋联邦税务局的主要职能包括：管理、征收、执行联邦税收及其相关罚款；分配税务收益；实施阿联酋现行税收措施（包括与联邦税收有关的现行法律法规及其有关罚款）；履行相关的财政义务；实施国家认可的避免双重征税协议；决定现行税收体系内的注册申请；征收和执行联邦税收和相关罚款的立法建议；出具联邦税收有关的证书；执行解决纳税人和税务总局分歧的有关机制；要求知晓任何接受第三方税务审计人员的信息或者数据。

阿联酋和其他海合会成员国已经批准引入增值税。该增值税法令参考了海合会之前引入的增值税框架协议，对在成员国内销售货物或提供劳务的行为征收税率为 5% 的增值税。阿联酋正式颁布 2017 年第 8 号法令（增值税法令），该法令于 2018 年 1 月 1 日生效。根据增值税法令，应对在境内提供应税货物及劳务或进口应税货物及劳务的纳税人征收增值税。出口货物免征增值税。在任何连续的 12 个月内，企业的销售额达到 37.5 万以上迪拉姆的企业必须在 2017 年第四季度进行增值税登记。此外，目前不需要进行税务登记的企业可以选择自愿登记。

（二）税务查账追溯期

目前，阿联酋对税务追溯期并无具体时间要求，但对上传税务机关缴纳税金的相关数据的准确性提出要求。

（三）税务争议解决机制

阿联酋设立的税务局作为税务仲裁机构，对税务争议事件进行仲裁，也可通过司法途径解决税务纠纷，税务局将上诉至法院，有法院受理。阿联酋分别在阿布扎比、迪拜和沙迦设立"税务争端解决委员会"，由司法机关和税务专家组成。其中，注册地在海外的外国企业涉税争端由阿布扎比委员会负责，沙迦及其以北 5 个酋长国涉税争端由沙迦委员会负责。税款和行政罚金总计不超过 10 万迪拉姆（约合 2.7 万美元）的争端由委员会作出终裁[①]。

三、主要税种介绍

（一）企业所得税

1. 征税原则

一般情况下，阿联酋税法和法规采用属地原则来征税，只有来源于阿联酋相关酋长国的收入才需要纳税。

因此，境外营业收入、资本利得、利息、股息和特许权使用费是不征税的。没有针对资本利得的特殊规定。资本利得与一般所得适用同样的规定。

2. 税率

富查伊拉的企业所得税税率为 50%。阿联酋企业所得税累进税率如表 3-2-2：

---

① 资料来源：阿联酋《联合报》。

表3-2-2 阿联酋企业所得税累进税率

序号	应税所得（迪拉姆）	税率
1	不低于 1000000	0%
2	1000001~2000000	10%
3	2000001~3000000	20%
4	3000001~4000000	30%
5	4000001~5000000	40%
6	5000001 及以上	50%

大多数酋长国计算税额时用第一档所得区间部分的所得乘以第一档税率，第二档所得区间部分的所得乘以第二档税率，以此类推。然而在迪拜，全部应税所得根据其所在的所得区间适用同一个税率并且适用递减救济法。当应税收入超过某档应税所得区间边界值很少的时候适用递减救济法。用较低一档所得区间临界值乘以该档税率得出的较低税额将作为应纳税款。

在迪拜和沙迦，海外银行的分支机构适用 20% 的企业所得税税率，在阿布扎比则根据海外银行与酋长国签订的特许协议适用特定的税率。

3. 税收优惠

法人团体可以通过与酋长签订协议享受企业所得税免税待遇。

4. 所得额的确定

应纳税所得为纳税人在阿联酋开展贸易或者经营活动的所得扣除可抵扣费用后的净收入。富查伊拉仅对从事石油或者其他自然资源开采、生产或者销售的税收居民征收企业所得税。该类收入须依据纳税人通常使用的会计方法作为计算依据。纳税人的账簿须反映全部收入和费用，并且其使用的现金收入和支出会计的记账方法须合规。纳税人获取应税收入过程中发生的成本和费用允许税前扣除，无论成本和费用在哪里发生。可扣除的成本和费用包括：①纳税人开展贸易或者经营活动时的销售成本或者提供服务的成本；②开展贸易或者经营活动时的其他成本和费用，如管理费用、间接费用和开办费用，因提供服务支付的工资及其他报酬，包括为服务提供者支付的保险、养老金和其他福利计划；③纳税人在开展贸易或者经营活动时发生的未得到保险或者其他赔偿的损失。该类损失包括坏账损失，产品毁损索赔损失，存货毁损，破坏或者丢失造成的损失，实物资产的毁损、破坏、遗失、报废以及销售造成的损失。

对于石油行业，费用扣除的一般性规定适用的同时有许多特殊的规定。开发油田的成本和费用可以税前扣除，除非纳税人和酋长签订协议不允许税前扣除该类费用。

与固定资产或无形资产相关的费用不可在税前一次性扣除，应计入资产的价值，通过折旧或摊销进行税前扣除。固定资产为由购买或者资本支出（石油开采、生产等活动相关的费用除外）形成的有形资产。无形资产为经营活动开始前发生的费用以及开始后发生的资本支出（固定资产和石油相关的支出除外）。

亏损弥补年限：纳税人发生的净营业损失可以向以后年度无限结转，但是阿布扎比法律规定净营业损失只能向后结转一年并且每五年只能使用一次。根据 1996 年 12 月 31 日出台的 2 号法规，海外银行分支机构的损失只能向后结转两年。

5. 反避税规则

阿联酋目前没有完整的税收体系，尚未颁布任何与关联关系判定标准和转让定价规则有关的税法，也没有制定与关联申报管理有关的要求。

6. 征管与合规性要求

纳税年度与公历年度一致。非经相关部门所得税负责人批准，纳税人不得变更所适用的纳税年度。纳税人须在每一纳税年度结束后的第 3 个月的最后一天或之前向相关部门所得税负责人进行临时所得税申报。

纳税人同样须在每一纳税年度结束后的第 9 个月的最后一天或之前进行最终所得税申报。若该最终申报金额超过临时申报金额的部分已经逾期，则该超出部分金额将于所属纳税年度结束之后第 12 个月的最后一天或之前到期。若在临时申报时支付的税金超过了最终申报，则任何现存未缴纳税款将相应减少，或自进行最终申报之日或任何税务争议的解决之日起 28 日内获得相应退税。

纳税人的应税所得若少于 100 万迪拉姆，除非经相关机关要求，否则不用进行任何纳税申报。

逾期的税款须分四期分别在纳税年度结束后的第3、第6、第9、第12个月的最后一天进行缴纳。纳税人于最终纳税申报时完成纳税义务。

需要注意的是，若纳税人在迪拜有一个以上机构（或分支机构），则纳税人可以就该等机构的所有活动进行合并纳税申报。

（二）增值税

1. 征税原则

根据本协定的规定，为了获取收入而独立进行经济活动的人，应登记或有义务登记为增值税纳税义务人。其中，人指的是自然人或法人（无论公众法人或私有法人以及其他形式的合伙企业）。

根据增值税法令第二节规定，以下两类交易具有纳税义务：一是销售及视同销售。二是货物进口；但是增值税实施条例另有规定的除外。

2. 计税方式

不涉及。

3. 税率

除非增值税法令规定适用增值税免税或零税率政策，任何形式的商品或服务的销售或是进口商品或服务均以商品或服务的价值征税5%的增值税。在不侵害本法令和本地法律规定的前提下，本地市场公开的商品和服务的市场价格应为含税价格。

4. 增值税免税

（1）销售增值税实施条例规定范围内的金融服务。

（2）销售与租赁居民住房（除本法令第45条第9款及第12款列举的适用于增值税零税率的销售行为外）。

（3）销售闲置土地。

（4）提供本地交通运输服务。

5. 应纳税额

（1）商品和服务的销售。根据增值税法令第34条规定，商品和服务的销售额应按以下办法确认：若应税销售行为仅以现金结算，销售额应为收取的全部价款减去增值税费；若应税销售行为部分或全部以非现金形式结算，销售额应为收取的现金金额加上收取非货币资产的公允价值减去增值税费；销售额应该包含供应商向消费者收取的所有费用，因供应商品或服务应付的费用以及消费税，但是不包括增值税；销售额应仅考虑与商品和服务的销售相关的部分。

（2）进口商品的销售额。根据增值税法令第35条规定，进口商品的销售额应按以下办法确认：进口商品的销售额为《统一海关法》中规定的海关完税价值，加上消费税、关税和其他除增值税之外的税款；对于因制造或者修复暂时出口到海合会地区以外的商品，根据《海关统一法》，应在这些商品复进口时以增加的价值为基础征税。

（3）应纳税额的计算。当期应纳税额 = 当期销项税额 – 当期进项税额；销项税额 = 销售额 × 税率。

6. 征收方式

目前在阿联酋年应税销售额满37.5万迪拉姆的企业需要强制性登记缴纳增值税，应税销售额在 18.75 万 ~37.5 万迪拉姆区间的企业可以自行选择是否登记缴纳，应税销售额少于 18.75 万迪拉姆以下的企业无须登记缴纳[①]。选择不登记的企业，是无法和政府申请进项增值税抵销的，也就是和终端消费者是处于一个位置上的。达到要求的企业可以在 2017 年第三季度始先在政府网站在线注册，在第四季度结束前强制性的都需要完成注册。增值税从 2018 年 1 月 1 日起每 3 个月向税务局缴纳一次，缴纳方式也可以在线完成。自由区并不会豁免，将会分类为保税区和非保税区。保税区内的交易将会免增值税，而非保税区的交易将会按照要求注册缴纳。

7. 征管与合规性要求

每个成员国自行决定适用的纳税期间，纳税期间不允许短于一个月。

每个成员国自行决定纳税申报日期、条件和规则，部长委员会规定纳税申报表中需要披露的基本信息。

阿联酋联邦税务局已经向一些纳税人声明，税务局延长了首次增值税的申报期限。首次增值税申报期将涵盖 2018 年 1 月 1 日—5 月 31 日，并于 2018 年 6 月 28 日之前缴纳增值税。之后的申报必须按季度进行（即从 6 月 1 日—8 月 31 日、9 月 1 日—11 月 30 日、12 月 1 日—2 月 28 日）。有些纳税人依旧进行增值税月度申报。纳税人可以登入税务机关网站查看具体的

---

① 数据来源：阿联酋政府网：https://www.mof.gov.ae/En/budget/Pages/VATQuestions.aspx#faq2。

申报时间。

每个成员国自行决定税款缴纳日期、条件和规则。

税票、账簿、记录和会计文件至少保存五年。

（三）个人所得税

阿联酋无个人所得税。

（四）关税

1. 关税体系和构成

GCC 是海湾地区最主要的政治经济组织，成立于 1981 年 5 月，总部设在沙特阿拉伯首都利雅得，成员国包括阿联酋、阿曼、巴林、卡塔尔、科威特和沙特阿拉伯六国。2001 年 12 月，也门被批准加入海合会卫生、教育、劳工和社会事务部长理事会等机构，参与海合会的部分工作。自成立以来，海合会各成员国充分发挥语言和宗教相同、经济结构相似等方面的优势，积极推动经济一体化进程。

2. 税率

2003 年 1 月 1 日以前，阿联酋进口关税一般为 4%。2003 年 1 月 1 日开始，GCC 实施关税同盟，一般商品统一关税税率为 5%。阿联酋是 GCC 成员国，因此，也相应将关税提高至 5%。

3. 关税免税

（1）根据进口者身份免税商品。①由阿联酋总统、各酋长国酋长、王储或代表阿联酋总统、酋长国酋长及王储所进口的一切货物；（注：必须有阿联酋总统、各酋长国酋长、王储的信件）②由以下单位直接进口的商品：一是阿联邦各部及其政府部门；（注：a. 必须有一份申请；b. 在间接进口的情况下，一份注明免税条件的合同影印件。如为部队及警察进口，仅需申请信即可。）二是驻阿联酋外交使团；（注：海关需要阿联酋外交部出具的信函。）三是经确认的非盈利医院、医疗团体及慈善机构；（注：海关要求阿联酋相关部门出具证明其身份的信函。）四是由各酋长国酋长授权的公司或机构；五是持有阿联酋财政工业部及工业总公司颁发的工业生产许可的制造商，如原材料、半制成品及机械设备用于这些许可生产过程中。

（2）因特殊原因需免税商品。①来自于海合会国家的产品，如原产于其他海合会国家的农产品、动物产品、工业及自然资源产品，符合海合会国家统一经济协定第3条规定之产品；（注：需附海合会国家原产地证书。）②允许可转口的货物；③所有商业样品须注明"非销售"或"免费样品"字样；④所有非销售的广告材料及商业期刊（或目录）；（注：必须在这些广告材料上加注公司名称及标记，但如这些材料由广告代理商进口，则将视为需纳税商品。）⑤用于公众展览的35毫米电影胶片；⑥由批准的非营利学校直接进口的古兰经、书和印刷品；（注：需由教育部出具该学校为非营利学校的证明）；⑦为临时展览而进口的货物，展览后这些货物将再出口（注：这些货物需缴纳押金，在再出口时将予退还，但必须出示由相关展览方出具的信函）；⑧国际船运航线中用于海上船舶的供给物、设备、材料及附件；⑨免费供当地船运代理的海上用润滑油（注：⑧⑨两项清关时须向海关先缴纳押金，随后凭这些产品实际向海上船舶供应后签发的收据退回押金）；⑩飞机运行设备（通信用设备但非办公设备、非运输设备），备件由国际航空公司或其代表进口供其专用；⑪航行燃料及航行用流体；（注：⑩⑪项需由民航局出具证明）；⑫所有个人用品，他即旅客的衣物及其他可以手提的行李及宠物，包括其他非伴随的合理数量下的行李；⑬以药剂形式存在的药品，如药片、胶囊、糖浆及滴眼液（注：必须由卫生部出具进口的产品为药品的信函）；⑭兽药（注：必须由阿联酋农渔部出具进口产品为兽药的证明）。

（3）规定的免税商品。①活动物，主要指食用性动物及蜜蜂；②肉、冷藏或冷冻的牛肉、羊肉或家禽等；③活的、新鲜的或冷冻的鱼及甲壳类动物；④乳制品、牛奶、奶酪、蛋、天然蜂蜜等；⑤新鲜、冷冻或干椰枣、可食用水果及蔬菜，可食用或用于种植的种子；⑥咖啡、茶、调料、大米、小麦、谷物、大麦或面粉；⑦供消费用动植物油；⑧糖、盐及婴儿用奶粉；⑨动物饲料；⑩经阿联酋农渔部批准的肥料及农业杀虫剂；⑪木材、胶合板；⑫报纸、期刊出版物、设计图纸，未使用的邮票、支票、银行票据、股票及债券等；⑬渔网；⑭未成串或暂穿成串的天然珍珠；⑮未加工银或粉状银；⑯未加工金或粉状金，硬币（由签发当局铸制）；⑰用于建筑的铁或钢材、铁条、三角钢、槽钢及柱钢、条纹钢或用于房顶的铝板；⑱可再使用的用于运输的集装箱，包括运输压缩气或液化气集装箱；⑲农业或农场机械设备（包括温室）。

4. 设备出售、报废及再出口的规定

不涉及。

（五）企业须缴纳的其他税种

1. 消费税

根据消费税法令及实施条例规定，纳税义务人包括满足消费税征税条件下的任何自然人、法人（公众公司或私人公司），或其他形式的合伙企业。

根据消费税法令的规定，目前需征收消费税的货物包含烟草、能量饮料以及碳酸饮料。

纳税范围包含阿联酋领土、在机场及贸易自由区出售的上述货物。

根据消费税法令第2章第2条规定，以下情况须征收消费税：

（1）在境内生产应税货物，且产品用于商业用途。

（2）进口应税货物。

（3）从特定区域（如保税区）转出货物。

（4）在境内存储应税货物，且存储货物是以商业为目的。

根据消费税法令规定，在零售价格的基础上，烟草及能量饮料以100%的税率征收消费税，碳酸饮料以50%的税率征收消费税。阿联酋联邦税务局在其网站上公布了消费税应税商品价格清单，将此价格清单用于计税参考，不代表最终零售价格。应税零售价格应为以下两个价格中的高者：其一为税务局网站上消费税应税商品价格清单中确定的当地市场价格；其二为零售商根据消费税纳税人价格指南计算得来的零售价格。一些品牌的应税商品尚未列入清单，税务局要求相关商品的生产商和进口商通过网站将其添加至清单中。消费税应纳税额 = 应税消费品计税价格 × 适用税率 − 可抵扣消费税

2. 社会福利保障税

阿联酋的工资薪金中没有特殊的社会福利保险和其他的法定费用。然而值得注意的是，阿联酋公共部门的雇员需要缴纳养老保险，雇主同样也要为雇员支付一笔养老保险。

另外，根据1999年9月1日生效的1999年第7号法案，为私营企业

工作的阿联酋公民享有与为公共部门工作的公民同样的社会保险福利。这项法案要求所有雇佣阿联酋公民的私营企业雇主遵从阿联酋一般养老和社会保障局（GPSSA）的如下规定：

（1）自雇佣阿联酋公民雇员起1个月内向GPSSA注册，否则需要缴纳5000迪拉姆罚金。

（2）自阿联酋公民雇员离职起1个月内向GPSSA提交离职名单。

（3）对所有雇员的工资和社会保险福利进行年度申报。

雇主需要每月按照"社保计算工资"的12.5%缴纳养老保险。"社保计算工资"是按照员工的基本工资和津贴计算的（如不包括附加福利）。根据雇佣协议，雇主同时也应该承担GPSSA向员工支付的离职补偿。没有提交正确的雇佣信息或支付正确的金额将面临5000迪拉姆的罚款或被判有期徒刑。

3. 天课

天课是伊斯兰宗教术语，是阿拉伯文单词Zakat的中文意译，是伊斯兰五大宗教信条之一。伊斯兰教法规定，凡有合法收入的穆斯林家庭，须抽取一定比例的家庭年度纯收入用于赈济穷人或需要救助的人，因此，又称"济贫税"。在穆斯林国家，天课一般在每年年底之前抽取，其评估标准和征收办法依据先知穆罕默德生前训令制定。天课并不是阿联酋官方征收的税种。然而据报道，天课由天课基金会负责向阿联酋的伊斯兰银行的企业征强制收。基金法将有望修正这些银行和企业向天课基金支付天课的强制性。

4. 市政物业税

在阿联酋大多数酋长国，每年应当以住户或商户房屋年租金的一定比例为依据，向当地市政机关缴纳物业税。通常，住宅物业的税率是5%，商业地产的税率是5%~10%。酒店、饭店以及电影播放业同样需要缴纳市政税。在迪拜，市政还征收了下列几种不同的税费：

（1）对住宅租赁收入征收5%的住宅建筑税。

（2）对商业租赁收入征收10%的商业地产税。

（3）对市场中的摊位租赁收入征收市场税或费。

（4）车辆登记费。

另外，迪拜市政还向外籍人士征收年度健康证明费，这笔费用通常为每年 200 迪拉姆。

5. 酒店税和旅游税

阿联酋的酒店和饭店需要按照服务费的一定比例收取酒店税。通常饭店的税率是 5%~10%，酒店的税率是 10%~15%。另外，在迪拜，根据迪拜王储兼迪拜执委会主席哈姆丹颁布的执委会 2014 第 2 号决议，从 2014 年 3 月 31 日起，迪拜酒店客人需缴纳每晚每间 7~20 迪拉姆（约合 1.9~5.4 美元）的"旅游税"（Tourismdirham）。征收旅游税的酒店包括：酒店、酒店公寓、寄宿旅馆、假日家庭旅馆。征收的税款将用于迪拜旅游的国际推广和营销。在阿布扎比，除 10% 的酒店税之外，酒店和饭店还需按照账单价值的 6% 来收取市政税。其中 20% 的收入将用于员工福利或培训。

第三节　外汇政策

一、基本情况

阿联酋货币为阿联酋迪拉姆，阿联酋政府实行迪拉姆与美元挂钩，美元为干预货币，中央银行只公布美元的买卖价，不限制从商业银行买进和向其卖出外汇的所得。

二、居民及非居民企业经常项目下外汇管理规定

商业银行可按自己选择的汇率自由进行外汇交易，阿联酋中央银行是阿联酋的外汇管理部门。外汇汇款不需登记，外币可自由兑换，只要符合政府的反洗钱规定，就可以自由汇入汇出。外商投资企业的资本和利润回流也不受限制。外资银行在将其利润汇出境外前，必须事先获得阿联酋中央银行的同意，并将其净利润的 20% 作为税收缴纳给阿联酋政府。外资企业在阿联酋开立外汇账户无特殊规定，但须提交在阿联酋注册公司的工商执照、母公司营业执照、母公司财务报表、母公司签字授权人信息等材料。

三、个人外汇管理规定

居民和非居民之间的借贷、赠予、继承、遗产、移民的资产转移、债务清偿以及博彩和奖金收入转移均无限制。外国人携带现金入境没有限制。

第四节 会计政策

2015年7月1日，阿联酋颁布的《2015年版第2号新商业公司法》开始生效，要求所有阿联酋公司都必须采用国际会计准则与实务。

阿联酋一直没有制定本国的公认会计原则（GAAP），只是公司法要求公司遵循国际公认的会计实务操作，大家普遍认为是《国际财务报告准则（IFRS）》。根据公司法规定，上市公司必须全面采用 IFRS，中小型企业可以选择采用中小企业 IFRS 或全面采用 IFRS。

一、会计管理体制

（一）财税监管机构情况

企业如果有经济业务发生，均需建立会计制度进行会计核算。阿联酋财政部下设机构税务局对各种阿联酋注册企业进行监管及征税。UAE Accountants and Auditors Association（UAE-AAA）是阿联酋的国家会计机构，是于1997年通过联邦授权成立的非营利组织，其主要目标是建立符合全球最佳实践和标准的国家会计和金融专业。该协会与相关部门合作，提出该国的会计和审计标准，为行业提出新的监管标准。

（二）事务所审计

所有注册成立的公司必须编制年度财务报表。并要求公司的财务报表每年进行一次审计，当地并未要求出具审计报告给主管税务局。

（三）对外报送内容及要求

会计报告中主要包含：①企业基本信息：行业分类、经营范围、股东情况、公司地址、银行账户信息、税务登记号等；②企业经营情况表：资产负债表、所有者权益表、利润表、现金流量表、附注等；③披露信息：收入类、成本类、费用类、资产类、权益变动；④关联交易中，采购定价相关的证明材料及交易申明。

上报时间要求：财务报表须按照企业选定的会计年度编制。

二、财务会计准则基本情况

（一）适用的当地准则名称与财务报告编制基础。

阿联酋企业适用国际会计准则（IFRS），采用了国际会计准则（IFRS）标准。

（二）会计准则适用范围

所有在阿联酋注册企业均需要按照国际会计准则进行会计核算并编制报表。

三、会计制度基本规范

（一）会计年度

公司会计年度为12个月会计期间，该会计期间通常是日历年，但可以在任何月份开始，由企业自行选择注册。

（二）记账本位币

企业会计系统必须采用阿拉伯语或英语和法定货币阿联酋迪拉姆（AED）进行会计核算。

（三）记账基础和计量属性

《国际财务报告准则》规定：企业以权责发生制为记账基础，以复式记账为记账方法。

《国际财务报告准则》规定：企业以历史成本基础计量属性，在某些情况下允许重估价值计量。

《国际财务报告准则》规定：财务报表计量假设条件，其特性有有关性、忠实表述性、可比性、可验证性、时效性、可了解性。

四、主要会计要素核算要求及重点关注的会计核算

（一）现金及现金等价物

现金及现金等价物以资产形式列于资产负债表中。现金及现金等价物

包括库存现金，银行通知存款和货币市场投资工具，扣除银行透支。在资产负债表（平衡表）中，银行透支包含在流动负债的借款中。

（二）应收款项

应收款项泛指企业在日常生产经营过程中发生的各种债权，是企业重要的流动资产。应收款项主要包括应收账款、应收票据、预付款项、应收股利、应收利息、其他应收款等。

应收款项作为金融工具，初始确认按公允价值计量，后续计量按摊余成本计量。企业应当在资产负债表日对应收账款的账面价值进行检查，有客观证据表明该应收账款发生减值的，应当计提减值准备（坏账准备）。

（三）存货

根据《国际会计准则第2号——存货》进行会计处理，存货的初始成本为使存货达到目前场所和状态所发生的采购成本、加工成本和其他成本所组成。存货成本的计算方法包括个别成本具体辨认法、先进先出法、加权平均法。存货的后续计量按账面成本与可变现净值中的低者来加以计量。

（四）固定资产

根据《国际会计准则第16号——不动产、厂房和设备》进行会计处理，如果与该资产相关的未来经济利益很可能流入主体且资产的成本能够可靠地计量，则应确认为资产。

不动产、厂房和设备按取得时的成本进行初始计量。其后续计量通常采用选择成本模式，即账面金额应为其成本扣减累计折旧和累计减值损失后的余额。如果后续发生严重通货膨胀条件下，采用重估价模式，即账面金额为该资产在重估日的公允价值减去随后发生的累计折旧和累计减值损失后的金额。在重估价模式下，应定期进行重估，并且特定类别的资产所有项目都应该重估。

资产负债表日，应确认不动产、厂房和设备项目的可收回价值，如果发生减值，应确认减值准备。

（五）无形资产

根据《国际会计准则第38号——无形资产》进行会计处理，无形资产一般包括专利权、非专利技术、商标权、著作权、土地使用权、特许权等。无形资产通常是按实际成本计量，即以取得无形资产并使之达到预定用途而发生的全部支出，作为无形资产的成本。

无形资产的应摊销额为其成本扣除预计残值后的金额。如果无形资产为无限使用年限，则不摊销，但每年资产负债表日应进行减值测试，确定是否有减值必要。如果被评估为有限的使用寿命，则使用直线法在其使用寿命（通常为 3~7 年）内摊销，如果有迹象表明它们可能已经减值，则应进行减值测试。

（六）职工薪酬

要求核算所有支付给职工的各类报酬，包括行政管理人员、普通员工、临时性雇佣员工、职工代表、提供服务的企业合伙人。

（七）收入

根据《国际会计准则第 18 号——收入》进行会计处理，收入是指企业在一定的期间内，由正常经营活动所产生的经济利益的流入的总额。该经济利益流入仅指引起权益增加的部分，而不包括企业投资者出资引起的部分。具体包括：

（1）出售的商品取得收入，在重大风险和报酬已转移给买方、卖方已丧失实际控制权，且成本能够可靠地计量时确认。

（2）提供的服务取得收入，采用完工百分比法确认。

（3）对于利息、特许使用费和股利性收入，利息采用实际利率法确认，特许使用费在权责发生制的基础上根据协议的实质确认，股利在股东的收款权利已被确立时确认。

（4）按照《国际会计准则第 11 号——建造合同》处理工程承包和符合《国际财务报告解释公告第 15 号——房地产建造协议》情形的房地产建造业务。

收入的计量应以已收或应收的公允价值进行计量。交易所产生的收入额通常由企业与资产的购买方或使用方所达成的协议来决定。该项金额是以企业已收或应收的价款的公允价值为根据，并考虑了企业允诺的商业折扣和数量折扣进行计量。

2018 年当年或之后开始年度，《国际财务报告准则第 15 号——客户合约收益》生效，则遵循新颁布的准则：在履行了合同中的履约义务，即在客户取得相关商品或服务的控制权时，确认收入。对于在某一时段内履行的履约义务，在该段时间内按照履约进度确认收入，并按照一定方法确定履约进度。履约进度不能合理确定时，已经发生的成本预计能够得到补偿的，按照已经发生的成本金额确认收入，直到履约进度能够合理确定为止。

（八）政府补助

根据《国际会计准则第 20 号——政府补助会计和对政府援助的揭示》进行会计处理。其中，"政府补助"是指政府为了专门对符合一定标准的某个企业或一系列企业提供经济利益而采取的行为；"政府援助"是指政府以向一个企业转移资源的方式，来换取企业在过去或未来按照某项条件进行有关经营活动的那种援助。

与资产相关的政府拨款，包括以公允价值计量的非货币性补助，在财务状况表中提出，可以是将补助款作为递延收入，或在到达资产的账面价值时扣除补助款。

（九）借款费用

根据《国际会计准则第 23 号——借款费用》进行会计处理，借款费用是指企业因借款而发生的利息及其相关成本。借款费用包括借款利息、折价或者溢价的摊销、辅助费用以及因外币借款而发生的汇兑差额等。

对于可直接归属于符合条件的资产的购置、建造或生产的借款费用，仅当此类费用将很可能导致主体获得未来经济利益并且能够可靠地计量时，才可予以资本化。不符合资本化条件的均应在发生时确认为费用。

对于为获得某项符合条件的资产而专门借入的资金，符合资本化条件的借款费用金额为本期内发生的实际借款费用减去任何以该借款进行临时性投资所取得的投资收益。

（十）外币业务

根据《国际会计准则第 21 号——外汇汇率变动的影响》进行会计处理，外币交易时在初次确认时，应按交易日报告货币和外币之间的汇率将外币金额换算成报告货币予以记录。

在每一个报告期末，外币货币性项目应按期末汇率折算；以历史成本计量的外币非货币性项目应按交易发生日的汇率折算；以公允价值计量的外币非货币性项目应按公允价值计量日的汇率折算。由于在折算货币性项目时采用不同于折算前期财务报表所用的汇率而产生的差额，应在其形成的当期计入损益。

如果一项非货币性项目产生的利得或损失在其他综合收益下确认，该项利得或损失的汇兑部分也应当在其他综合收益下确认；相反，如果其利得或损失直接计入损益，该项利得或损失的汇兑部分也应当直接计入损益。

（十一）所得税

所得税核算采用资产负债表债务法，企业应根据资产负债表比较资产、负债的账面价值与计税基础并以应税利润为基础确认计算当期所得税及递延所得税。

当期所得税根据由税前会计利润按照税法规定的标准表格调整计算（工程企业主要涉及的是会计折旧与税法资本减免的调整）或由税务局核定而得到的当期应纳税所得额，乘以适用的税率计算而得；因资产或负债的账面价值与计税基础不一致形成的未来期间可收回或应付的税款应确认递延所得税资产或递延所得税负债。

所得税费用根据当期应缴所得税、预缴或被预扣的所得税、递延所得税资产或负债等分析填列，年末余额结转至本年利润。

本章资料来源：

◎ 张宏.阿拉伯海湾国家合作委员会的影响与作用［J］.阿拉拍世界，2000（3）.

◎ 高祖贵.中东大变局与海湾合作委员会的崛起［J］.外交评论（外交学院学报），2012（2）.

第四章　埃及税收外汇会计政策

第一节 投资环境基本情况

一、国家简介

阿拉伯埃及共和国（阿拉伯语：جمهورية مصرالعربية，英语：The Arab Republic of Egypt）简称"埃及"。位于非洲东北部，地处欧亚非三大洲的交通要冲，是大西洋与印度洋之间海上航线的捷径。南接苏丹，西连利比亚，东临红海与巴勒斯坦接壤，北经地中海与欧洲隔海相通，东南与约旦和沙特阿拉伯相望，国土面积1001449平方公里。人口9568.9万（2018年），绝大多数人口分布在开罗和亚历山大，以及尼罗河沿岸、尼罗河三角洲和苏伊士运河附近等。埃及的首都为开罗，官方语言是阿拉伯语。由于历史的原因，英语、法语也被广泛使用。货币为埃镑（EGP）。

二、经济情况

埃及是非洲第三大经济体，属于开放型市场经济，拥有相对完整的工业、农业和服务业体系。2017年埃及GDP为1944.9亿美元，人均GDP为2042.9美元。服务业约占国内生产总值的50%；工业以纺织、食品加工等轻工业为主；农村人口占总人口的55%，农业占国内生产总值的14%。石油天然气、旅游、侨汇和苏伊士运河是四大外汇收入来源。埃及的经济结构倾向于大型公共企业。事实上，大量国家控制的机构、管理机构、委员会和理事会体现了国家在经济决策中的强大作用，这也导致了资源分配效率较低。

三、外国投资

（一）外国投资的相关法律

埃及的法律体系基于伊斯兰教法（Shari'ah）和Napoleanic法典，其中包括法国民法典。尽管伊斯兰教法的影响力深远，但商法依然以现代商业惯例为基础。埃及法律的最高渊源是宪法（2014年），其次是为了解释、完善宪法而颁布的相关法律、法规。与投资合作经营有关的法律、法规主要有《投资保证和激励法》（2015年最新修订）、《公司法》《资本市场法及其条例》《税法》《劳动法》《银行法》及《仲裁法》等。

（二）外国投资的商业形式

根据埃及1981年第159号公司法的规定，允许外国投资的合法商业实体形式有以下四种：代表处、分公司、股份公司、有限责任公司。

（三）外国人工作准证及签证

外国人在埃及工作必须获得工作准证，埃方的主管部门为劳动部、移民局、内政部、投资与国际合作部所属的投资总局。

正常情况下，解决10个埃及人就业可获得1个外国人的工作准证，如有特殊情况，可向劳动部申请特批；获得工作准证的60天内必须办理工作签证，过期作废；工作签证有效期为1年，在期满前1个月需办理续签，超期14天则工作签证作废。

四、其他

埃及与联合国会员国几乎所有国家都保持着外交关系，其国际参与包括非洲开发银行、阿拉伯联盟、阿拉伯货币基金组织、阿拉伯经济统一委员会、欧洲复兴开发银行、国际货币基金组织、非洲统一的相关组织、不结盟运动、阿拉伯石油输出国组织、WTO等。

1998年6月，埃及加入东南非共同市场（COMESA）组织，与其他东南非共同市场国家的关税降低了90%，并于2004年建立了一个关税联盟，期望在2025年前建立一个货币联盟。

1999年7月，埃及和美国签署了贸易和投资框架协议（TIFA）。TIFA的目标是通过消除非关税壁垒和其他对贸易和投资流动的障碍，从而加强两国之间的贸易合作。

2011年，埃及与欧盟谈判并草签了一项合作协议。该协议将允许埃及加入2010年成立的拟议欧洲—地中海自由贸易区。该协定规定了一个为期12年的过渡期，在此期间，关税和非关税壁垒将被逐步淘汰。

1998年1月，埃及开始实施与阿拉伯联盟成员就"阿拉伯共同市场条约"达成的协议，该条约要求在 10 年内逐步取消现有关税。埃及也是伊斯兰八国集团的成员，该集团鼓励以下成员国之间的贸易和经济合作：埃及、土耳其、伊朗、印度尼西亚、尼日利亚、孟加拉国、马来西亚和巴基斯坦。埃及、突尼斯和约旦同意逐步取消关税，以鼓励在阿拉伯国家之间建立自由贸易区。

埃及还与以下国家签有各种投资协议：德国、英国、瑞典、瑞士、日本、荷兰、比利时、卢森堡、法国、泰国、马来西亚、新加坡、中国、印度尼西亚、意大利、希腊、芬兰、罗马尼亚、苏丹和摩洛哥。

第二节　税收政策

一、税法体系

埃及是以直接税为主的国家，实行一级课税即中央课税制度，税收立法权和征收权均集中在中央。埃及在 1939 年推出了第一部税法。2005 年，埃及政府对税法进行了全面改革，并引进新的税收代码（2005 年第 91 号法），主要是对企业和个人所得税、工资税及预扣税进行了修订。

埃及税收法律主要包括收入税法、2005 年第 91 号新税收法案、1991 年第 11 号销售税法、2008 年第 196 号房地产法、2016 年第 67 号增值税法。埃及现行主要税种为企业所得税、个人所得税、增值税、关税、印花税、房产税及开发税等。埃及已与 51 个国家签订了双边税收协定，与中国的税收协定在 1997 年签订，并于 2000 年开始执行。

埃及的税法中区分居民纳税人与非居民纳税人的概念。居民纳税人是指依据埃及法律成立，或其主要或实际总部在埃及，或由政府或公益法人持股 50% 以上的公司。外国公司在埃及境内有常设机构并且取得的收入是通过常设机构实现的，则视同居民纳税人照章纳税。

二、税收征管

（一）征管情况介绍

埃及财政部主要负责政府预算和政府债务的规划管理，财政部起草税收法律、制定税收政策及关税政策，并监督检查相关税收法规的执行情况。

财政部下属综合税务部门、房地产税管理局、增值税部门和海关总署4个独立的税务管理机构，分别负责所得税、房地产税管理局、增值税和关税的征收管理。

综合税务部门负责所得税、印花税等。

房地产税管理局主要负责从政策层面，监督并落实房地产税及其他相关税费的征收管理。管辖范围包括埃及全国范围内的27个省。

增值税部门负责增值税。

海关总署共设8个总司，总司下根据业务门类分设42个分司。总署下属的各个大区海关内都有以下主要部门：关税管理处（负责所辖省内的一般海关事务）、自由区管理处（负责所辖省内自由区的海关事务）、裁决处、税则处、估价处。一般在各港口、机场和关界内都还设有海关办公室，各办公室也分设上述机构。此外，总署设有关税高级理事会，由财政部领导下的部级成员参加，主要任务是根据本国政治和经济发展的需要，讨论并制定相应的关税税率及执行方案。

（二）税务查账追溯期

税务机关基于纳税人提供的会计账簿和记录对公司进行检查，并评估纳税人的应纳税款总额，以及应纳税额与纳税人实际申报金额之间的差额。

任何情况下，自企业依法提交纳税申报表截止日起5年内，税务机关可以检查、评估企业的账务资料和纳税申报表；对于偷税、漏税的，该期限延长至6年。

（三）税务争议解决机制

埃及财政部下设争议申述委员会和复议委员会，各税务局下设内部调解委员会，以解决企业与税务机关的税务争议。

税务局内部调解。税务机关与争议当事人就税务争议通过内部调解解决，不需要上报上级税务部门。

申述委员会。申述委员会将对税务检查中的争议进行讨论，并基于讨论结果出具一份评估报告的修订版本，若纳税人对上述结果仍存在异议，则进一步转交至复议委员会。

复议委员会。复议委员会的决议是最终的，且对纳税人和税务机关均具有约束力，除非纳税人或税务机关在收到决议后的 30 天内向法院提请上诉。根据复议委员会的最终决议，纳税人未在规定期限内补缴税款将被处以每月约 1.5% 的滞纳金。

诉讼。如果纳税人或税务机关对复议委员会的决议仍存有异议，案件将移交法院，作为争端解决的最终阶段。法院将指派专家参与案件调查并出具最终报告。通常，法院程序需要很长一段时间。

三、主要税种介绍

（一）企业所得税

1. 征税原则

企业所得税法引入居民企业概念。居民企业的认定实行注册地原则和管理中心原则双重标准。居民企业应当就其在埃及境内外实现的所有收益缴纳企业所得税。非居民企业只就其来源于埃及境内的所得纳税，其中外国公司的分支机构和在埃及境内的经营单位就其在埃及的常设机构实现的收益缴纳企业所得税。

2. 税率

居民企业适用的税率为 22.5%。苏伊士管理局、石油总公司、中央银行适用税率为 40%，石油和天然气的勘探、开采、加工企业按照 40.55% 纳税。非居民企业就其在埃及的常设机构实现的收益缴纳企业所得税时，适用与居民企业相同的税率。其他方式从埃及境内取得的资本所得、利息收入、知识产权收益等适用 20% 的税率，主要通过预提方式进行缴纳，但可依据签订双边税收协定规定税率而不同。我国的企业可依据双边税收协定，预提所得税率可减低到 8%，并在中国申请抵减可缴纳的所得税。

3. 税收优惠

自 2017 年 6 月 1 日起，埃及开始实施新《投资法》。该法案中，根据投资规划制定的投资地图，将埃及划分为两个区域，即 A 区域（包括上埃及和苏伊士等亟须发展的地区）和 B 区域（埃及其他地区），享受从应税净利润中核减如下比例的投资激励：A 类区域：投资成本的 50%；B 类区域：投资成本的 30%。

为鼓励资本投资，埃及企业所得税法第 35 条规定，公司购置的机器设备用于生产，第一年按照购置成本的 30% 折旧，剩余的 70% 在剩余的年限内按照税法要求的方法进行折旧。

根据埃及第 91/2005 号所得税法案，下列活动利润免征企业所得税：①各部委和政府当局；②根据 2002 年第 84 号非政府组织法成立的非政府组织和机构；③进行社会、科学、文化或体育活动的非营利组织；④根据 1975 年第 54 号法律设立的私人保险基金实现的利润；⑤符合国际豁免条约的国际组织；⑥ 1992 年资本市场法第 95 条规定的投资基金实现的利润；⑦在埃及证券交易所正式注册登记的债券股息；⑧居民法人从其在埃及证券交易所注册的证券投资中获得的股息；⑨居民法人从埃及中央银行发行的证券中获得的股息；⑩居民法人因其在其他居民法人中的股权而实现的分配；⑪从公司的经营活动开始或生产开始（视情况而定），从土地开垦项目实施 10 年的利润；⑫从公司开展活动开始，为期 10 年的牲畜和养鱼活动。

4. 所得额的确定

应纳税所得额由每一年取得的应税收入总额减去允许税前扣除的费用、支出确定。企业应纳税所得额的计算，以权责发生制为原则。埃及税法规定，对埃及政府、地方行政单位及其他公司法人的捐赠，属于公益性质的可在税前扣除；但对于各种储备金、准备及罚款不能税前扣除，对于债资比超过 4：1 或者利率超过了埃及央行规定贷款利率 2 倍的利息均不可税前扣除。

纳税人某一纳税年度发生亏损，准予用以后年度的应纳税所得弥补，一年弥补不足的，可以逐年连续弥补，弥补期限最长不超过 5 年。但建筑公司因长期合同所产生的亏损除外，即建筑企业在长期项目中发生的亏损可以用来自该项目的无限期的利润来抵销。

5. 反避税规则

（1）关联交易。埃及税法中对关联方的定义为与纳税人有关系可能会对纳税人的应税利润产生影响的任何人，包括：①丈夫、妻子、祖先和后代（家庭成员）；②无论是直接持股还是间接持股，比例达到50%以上；③合伙人、共同合伙人及不参与业务的合伙人。

关联交易应遵循独立交易原则，任何关联方交易应当基于独立交易原则，按照公允价值进行。纳税人应当在企业所得税纳税申报表的关联交易部分进行披露，并随企业所得税申报表一并在每年4月30日前提交。

（2）转让定价。2010年11月，埃及税务机关在所得税法的基础上发布了转让定价指引（Transfer Pricing Guidelines）。该指引包含若干部分，目前发布的第一部分重点关注于转让定价主要概念性问题，包括独立交易原则、可比性分析、转让定价方法以及转让定价文档要求。埃及所得税法中规定的转让定价方法主要有以下五种：可比非受控价格法、成本加成法、再销售价格法、利润分割法和交易净利润率法。纳税人有权根据商业或金融交易的性质选择适合的转让定价方法来评价交易是否符合独立交易原则。若上述五种方法均不适用，则纳税人可以采用其他适合的方法，并向税务机关解释其采用该方法的原因和具体分析。

埃及当前并没有专门的转让定价调查程序。然而，在企业所得税税务稽查期间，税务机构会要求纳税人准备转让定价文档并将其提交给埃及税务机关的转让定价部门进行审阅。

（3）资本弱化。埃及资本弱化规则规定的债资比为4∶1，即如果关联方债权性投资超过权益性投资的4倍，则超出部分债权性投资对应的利息支出不得在企业所得税税前扣除。

6. 预扣所得税

在向埃及境内的分包商、货物或服务供应商支付300埃镑以上的款项时，必须代扣支付款项0.5%~5%（根据服务和商品的不同）的预提税，每季度结束后的次月内缴纳到税务局；同时向境外股东支付股息、分支机构利润汇回、向境外债权人支付利息、向境外支付特许权使用费及向境外支付服务费等均需按相应比率缴纳预提税。缴纳比率视双边税收约定而定。

7. 征管要求

（1）企业所得税的纳税年度与公历年一致，或在公司章程中另行规定纳税人应当在纳税年度次午的5月1日前或会计年度结束后4个月内完成企业所得税年度申报。纳税人在纳税截止日期前 15 天内可向税务机关申请延期申报，并应当于纳税截止日前完成税款缴纳。

（2）纳税人应于每年 6 月 30 日、9 月 30 日及 12 月 31 日前完成三个季度的预缴税款，每次预缴税款相当于上一年度应缴税款的 20%。年度终了后，企业将进行汇算清缴。

（二）增值税

1. 征税原则

2016 年 9 月，埃及公布新的增值税法案（2016 年第 67 号），规定销售货物或提供劳务及服务、进口货物、进口服务均须缴纳增值税。征税对象为自然人和法人。

如果非居民（包括自然人和法人）纳税人在向埃及境内提供增值税应税服务，则该居民纳税人有义务在埃及指定一名代表或代理人履行增值税纳税义务，包括增值税登记、税款支付以及增值税要求的其他义务；如果该非居民纳税人未指定代表或代理人，则服务接收方有义务向税务机关缴纳增值税及其他应纳税款。

新法案规定，在增值税法颁布之前的 12 个月内应税和免税总应税销售额等于或超过 500000 埃镑（约合 56000 美元）的自然人或法人，在法律颁布后 30 日内须到埃及税务局（ETA）进行增值税登记。增值税法颁布后，达到或超过该值的自然人或法人，须在自达到增值税登记限额之日起 30 日内进行增值税登记。

2. 计税方式

埃及增值税法中规定计税方式为三种。

一般计税方法。适用于一般增值税税率为 14% 的货物或服务，具体为当期应纳增值税 = 当期销项税额 − 当期进项税额。

简易计税方法。适用于下表中的货物和服务，当期应纳增值税 = 当期销售额 × 征收率。

扣缴计税方法。境外单位或个人在境内提供应税劳务，在境内未设有经营机构的，应扣缴增值税 = 接受方支付的价款 /（1+ 税率）× 税率。

表4-2-1　埃及增值税计税情况

序号	品名	征税单位	税率	备注
1	烟草	—	—	细分不同，税率不同，按量计价复合征税
2	油化产品（汽油、柴油等）	升/吨	—	细分不同，税率不同，按量计征
3	蔬菜油	价值	0.5%	
4	动物油脂	价值	0.5%	
5	饼干及各种面粉做的产品（除了面包）	价值	5%	
6	加工的土豆	价值	5%	
7	化肥、农药	价值	5%	
8	石膏	价值	5%	
9	承包、建造服务供应＋安装（供应＋安装）	价值	5%	同一个工程，分包缴纳的 Schedule Tax 能够扣除
10	家用的肥皂、洗涤剂	价值	5%	
11	各省之间的带空调的交通运输	价值	5%	
12	专业费、咨询服务费	价值	10%	
13	媒体、电视、电影、广播、剧院等广电服务	价值	5%	

3. 税率

埃及增值税法中的增值税税率分为三种。

表 4-2-1 中的货物和服务仅就表格中所列的税率（分别不同）缴纳增值税，不可抵扣。

表 4-2-2 中的货物和服务在表格所列的税率（分别不同）基础上再缴纳一般增值税，税率为 14%，只有一般增值税部分能够抵扣。

不在这两张列表的货物和服务，按照 14% 的一般增值税税率。

出口服务和货物增值税税率为 0。为鼓励投资，购买的机械设备，如果用来生产商品或提供服务，适用特殊的增值税税率 5%（巴士及客车除外）。

表4-2-2　埃及相关物品增值税税率

序号	品名	征税单位	税率	备注
1	苏打水	价值	8%	
2	无醇啤酒	价值	8%	
3	乙醇及酒类饮料	—	—	细分不同，税率不同；按量计征或按价计征或复合征收
4	含酒精类啤酒			复合计征
5	芳香剂或化妆品	价值	8%	
6	超过32英寸的彩色电视机；超过16英尺的冰箱；低温冷冻箱	价值	8%	
7	空调及组件	价值	8%	
8	高尔夫车及类似交通工具	价值	10%	
9	油耗量在1.6升的客车等	价值	1%	
10	油耗量在1.6~2.2升的客车等	价值	15%	
11	境内生产的油耗量2.2升以上的客车等；	价值	15%	
	境内生产的油耗量2.2升以上的客车等		30%	
12	手机电话网络	价值	8%	

4.增值税免税

埃及增值税法规定了57项免征增值税的货物和服务，主要包括：①食品加工；②电力的生产、转让、销售和分配；③银行间的交易行为；④广告服务；⑤原油和天然气；⑥土地（包括农业用地）和住房的转让和租赁。

执行外交任务的成员需要进口的货物及服务免除增值税；大使馆及领事馆购买及进口的除了食物、烟酒外的货物及服务等免除增值税。

5. 销项税额

埃及增值税税法规定增值税应税价值为销售货物或提供的服务的全部价款。对于进口货物,应根据海关关税的计算方法对应纳税额进行确定。

埃及增值税法第22条规定,对于销售二手货物,如果货物的使用期限不少于两年,则增值税应税价值为销售价值的30%(不扣减任何费用)。

6. 进项税额抵扣

进项税是指在购买或进口货物和服务(包括机械和设备,无论是直接或是间接与要缴纳增值税的商品和服务的销售有关)时,发生的或向已登记的增值税应税单位或个人收取的增值税。符合税务局要求的增值税发票、进口单据等一般增值税进项税可以抵扣,但适用于表4-2-3中的货物和服务的税款、包含在成本项目中的进项税款及非居民个人提供的服务(反向计费)相关税款均不可抵扣。

表4-2-3 埃及增值税进项税额抵扣情况

序号	品名	征税单位	税率	备注
1	烟草	—	—	细分不同,税率不同,按量计价复合征税
2	油化产品(汽油、柴油等)	升 / 吨	—	细分不同,税率不同,按量计征
3	蔬菜油	价值	0.5%	
4	动物油脂	价值	0.5%	
5	饼干及各种面粉做的产品(除了面包)	价值	5%	
6	加工的土豆	价值	5%	
7	化肥农药	价值	5%	
8	石膏	价值	5%	
9	承包、建造服务供应 + 安装(供应 + 安装)	价值	5%	同一个工程,分包缴纳的 Schedule Tax 能够扣除
10	家用的肥皂、洗涤剂	价值	5%	
11	各省之间的带空调的交通运输	价值	5%	

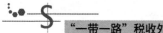
续表

序号	品名	征税单位	税率	备注
12	专业费、咨询服务费	价值	10%	
13	媒体、电视、电影、广播、剧院等广电服务	价值	5%	
14	苏打水	价值	8%	
15	无醇啤酒	价值	8%	
16	乙醇及酒类饮料	—	—	细分不同，税率不同；按量计征或按价计征或复合征收
17	含酒精类啤酒	—	—	复合计征
18	芳香剂或化妆品	价值	8%	
19	超过32英寸的彩色电视机；超过16英尺的冰箱；低温冷冻箱	价值	8%	
20	空调及组件	价值	8%	
21	高尔夫车及类似交通工具	价值	10%	
22	油耗量在1.6升的客车等	价值	1%	
23	油耗量在1.6~2.2升的客车等	价值	15%	
24	境内生产的油耗量2.2升以上的客车等	价值	15%	
	境内生产的油耗量2.2升以上的客车等		30%	
25	手机电话网络	价值	8%	

7. 征收方式

增值税按进销项相抵后的余额缴纳，增值税进项发票留底余额可用于以后抵扣销项税额，且留抵期限不能超过三年。

8. 征管要求

一般增值税需要月度申报，但是，对于每年 4 月份的纳税申报表，申请截止日期是 6 月 15 日。即使应税月份没有销售，也必须提交申报表。如未及时提交，埃及税务局（ETA）有权在评估基础上进行认定，但这并不会消除纳税人的法律责任。

如果非居民纳税人没有指定代表或代理人，那么服务接受方应在自接受服务之日起 30 天内向税务机关缴纳增值税款。

（三）个人所得税

1. 征税原则

居民个人就全球收入纳税；非居民个人只就期来源于埃及的所得纳税。个税起征点为：年度总收入不超过 8000 埃镑，免征个税。

2. 申报主体

以个人为单位进行申报，由所在企业或者政府机构代扣代缴。

3. 应纳税所得额

埃及就个人取得的全部年度收入征收个人所得税，具体有：工资薪金、实物福利、董事费、经营活动和专业劳务所得、投资收入、资本利得。

4. 扣除与减免

未达到个人所得税免征额免征个人所得税。个人所取得的离职金、非现金福利中的餐饮、住房、集体交通、医疗和工作服装等、雇员从公司获得的法定分红收入均免征个人所得税。个人所得税税前扣除方式取决于收入类型。所有的免税收入均可以从计税基础中扣除，另社会保险款及人身以及健康保险保费以及向根据个人保险基金法设立的个人保险基金缴纳的保险费（上述缴费的合计不能超过基础工资总额的 15% 与 10000 埃镑二者孰低）可在受雇收入中扣除。

经营收入中的免税收入包括：①来自于土地开垦以及农作物栽培的收入。该免税收入适用有效期为自土地被视为可生产后的第一个纳税年度开始的 10 年。②来自于家禽饲养、畜牧项目以及渔业养殖项目的收入。该免税收入适用有效期为自项目运营开始后的 10 年。③来自于蜜蜂养殖的收入。该免税收入适用有效期为自项目运营开始后的 10 年。④来自于社会发展基金全资或部分资助项目的收入。该免税收入适用有效期为自项目开始后的五年并且如果存在会计账簿的话，享受免税政策的收入金额最低为年度利润的 50% 但不能超过 50000 埃镑。该免税政策仅适用于自社会发展基金取得资助的满足其他条件的个人。⑤贷款、债券、股票利息收入以及股票分红收入。

非经营收入中的免税收入包括：①作为专业协会活跃成员的专家取得的收入。该免税政策适用于专业活动开始的前三年并且免税额最低为 50000 埃镑。三年期限不包括职业培训时间以及服兵役时间。但是，如果从专家学校毕业到专家开始专业活动的时间超过 15 年，上述免税期限将缩短至 1 年。②撰写及翻译书籍取得的收入，但不包括为达到以视听形式呈现而销售的撰写及翻译服务。③大学教育工作者根据大学规定销售分发给学生印刷的书籍取得的收入。④艺术家协会成员通过绘画、雕刻、雕塑取得的收入。

5. 税率

埃及个人所得税采用累进税率，为了减少个人纳税人的税收负担，2017 年第 82 号法令发布了非累计税收抵免政策。在某些情况下，从事辅助工作的纳税人就该类工作取得的总收入统一按 10% 税率缴纳所得税且不并入其他类型所得中征税。

表4-2-4　埃及个人所得税税率

年收入（单位埃镑）	税率	速算扣除数	折扣率
0~8000	0%	0	0
8000~30000（含 30000）	10%	800	85%
30000~45000（含 45000）	15%	2300	45%
45000~200000（含 200000）	20%	4550	7.5%
超过 200000	22.50%	9550	0

资料来源：埃及第 97/2018 号个税法案。

应缴纳的个税＝应纳税所得额 × 税率 ×（1- 折扣率）

6. 亏损

经营性或专业活动产生的亏损可以抵减其他收入类型产生的收入。除个人承包商外，亏损不得向前结转。境外经营产生的亏损无法抵减埃及境内实现的应税利润。除此之外，在境外某国家经营产生的亏损也无法抵减其在另外一个国家经营产生的利润。

7. 征管要求

个人所得税按月申报，并在次月 15 日内向税务机关解款，公司需在每年 1 月、4 月、7 月和 10 月底向税务机关作季度申报。此外，雇主应当于次年 1 月 1 日前向税务机关提交年度税收报告，注明每位雇员的年度工资薪金，以及应缴未缴的个人所得税金额。雇员无须单独提交个人所得税年度申报表。

个人取得非商业所得，无论金额大小，均应于纳税年度的次年 4 月 1 日前提交个人所得税年度申报表并完成税款缴纳，详细列示其所得或亏损明细，并将相关会计账簿辅以作证。

（四）关税

1. 关税体系

埃及第 95/2005 号海关法，修订了之前第 66/1963 号海关法，是埃及海关管理的主要法律。埃及关税由最高关税税则委员会讨论、审查、修改关税税率及执行方案，并由埃及总统颁布的法令确定。目前埃及的最惠国关税税率是根据第 184/2013 号总统令及其修正案确定的。目前中国不享受最惠国关税，中埃两国海关总署于 2009 年 11 月签订了《海关行政互助协定》。

埃及向欧盟、欧洲自由贸易联盟和土耳其以及泛阿拉伯自由贸易区成员国，阿加迪尔协定和东南非共同市场自由贸易区提供关税优惠（按照全球贸易优惠制）；根据埃及签署的自由贸易协定，在提交原产地证明后，约 75%~100% 的关税税目有资格享受优惠关税税率。

2. 税率

埃及商品的关税税率为 5%~40%，车辆、奢侈品和含酒精饮料的关税税率高达 135%。

3. 关税免税或优惠

埃及第 95/2005 号海关法和第 186/1986 号海关豁免法规定了不同税收

优惠，如退税、临时性免税、免税仓库和优惠关税（表4-2-5）等各种税收优惠。新的"投资法"第72/17号也授予了税收减免优惠。

表4-2-5　2017年埃及关税豁免和特许权的主要特点

项目	特点总结
免除	免税区：第72号投资法对其进行管理。在自由区内经营的企业免征进口关税，进口的资本设备、原材料和中间产品将用于该区域 进口用于国家军事目的：国防部，军事生产部所属公司和组织和国家安全局 总统进口：由总统府和内政部规定的总统使用物品 经海关当局批准向政府赠送和捐赠 医疗目的：通过总医疗委员会的认证，少于1800cc的乘用车配备特殊的医疗设备，以供被保险人或残疾人使用 总统令规定豁免的物品 外交官：外交官的海关特权
临时性免税	对于用于加工的原材料和中间产品的进口以及进口修理或完成成品制造的零部件，关税和其他税收可暂时豁免。海关需要支付相当于进口税和其他评估税的保证金。当货物转移到免税区或出口时，保证金将退回。商品样品和临时进口商品也可用于展览或促销活动，但禁止商品列表中的商品除外
退税	如果产品运往免税区或在自付款日期起不超过两年的时间内再出口，全额关税将退还。根据财政部法令，这一时期可能会延长至最多两年。部分退税可用于进口到部分免除关税的地区。所有进口商都有权从退税制度中受益
临时放行	在财政部规定的情况下，各部委、政府部门、一般组织和国有企业需要的货物，在不支付关税、增值税的情形下，可以事先临时放行，之后再将应付的税款缴纳即可
优惠税	建立公司或项目所需的所有进口机器和设备的统一税率为2%（投资法第72/2017号）
免税仓库	货物可暂时存放在仓库内，无须缴纳关税6个月，经海关总署批准后可再延长3个月。没有仓库许可证的情况下，货物可能不被接受。禁止接受可能导致其他货物损坏的物品、爆炸物、易燃物品和其他物品

资料来源：世贸组织秘书处汇编的信息；第72/2017号投资法；WTO文件WT/TPR/S/150/Rev.1，2005年8月5日。

4. 设备进口规定

埃及2015年3月颁布的新投资法将企业项目建设用进口机械设备的关税税率从5%降至2%。临时进口的机械、设备和类似的资本资产（私人汽车除外），就每年或在埃及停留的时间缴纳费用，直到再出口。而永久性进口则为一次性缴纳，具体关税计算如下：

配件类关税 = 物资总额 ×5%+ 物资总额 ×5%×（1+10%）

成套类设备的关税分临时性进口与临时性进口类：

临时性进口需每年缴纳关税，计算公式：

关税 =［设备总金额 ×10%+ 设备总金额 ×10%×（1+5%）］×20%/ 年

永久性进口关税一次性缴纳，关税计算公式同配件类进口。

（五）企业须缴纳的其他税种

1. 印花税

公司设立、合同签订、各种银行交易和其他交易、许可证、保险单、租约、奖券、可以转让证券和其他各种票据，都应当缴纳印花税。印花税可以分为两类：

定额印花税。所有类型的合同都要缴纳定额的印花税，0.9 埃镑 / 页，合同双方都要缴纳。

从价定率征收。如贷款协议按贷款额的 0.8% 征收。如广告 20%，保险费 1.08%~10.08%，银行交易 0.01%，政府采购、支付服务费和承包工程费 2.4%。

2. 房地产税

房地产税是对所有租金超过 1200 埃镑的商用不动产、租金超过 24000 埃镑的民用不动产征收的一种税。税率为应税房产年租金的 10%。

每个省将成立"评估委员会"，负责评估所建房地产单位的市场租赁价值。评估将根据建筑标准、地理位置和所附的公用设施，对这些房地产单位进行定性分类。

在确定年租金时，可以按照一定比例（根据住宅和非住宅及商业用途有所不同）扣减由纳税人负担的维护费用。

税收在每年的 1 月进行评估，并在同年 6 月底和 12 月份分两次缴纳，分别向各省房地产税理事会或其代理办公室缴纳税款。

若纳税人对房产租赁评估额有疑议，可在收到评估价值通知日起，60 日内提交资料重估。委员会将在提交质疑资料后 30 天内作出决定，并且该决定将是最终决定。

3. 开发税

埃及开发税征税对象包括：雇员工资；埃及公司董事酬金；工商活动收入；非商业职业收入。个人上述收入超过 1.8 万埃镑的按 2% 纳税。雇员工资按月纳税，其他可与收入统一税同时缴纳。

（六）社会保险金

埃及的社会保险根据适用人员的不同分为两种：一种是雇员雇主社会保险；另一种是合同社会保险。

1. 雇员雇主社会保险

埃及居民年满 18 周岁，有义务缴纳社会保险。雇员的养老、伤残、死亡、失业和医疗保险由雇主和雇员共同负担，雇主从雇员工资中代扣社会保险，和雇员的份额一起按月上缴社会保障局。雇员工资和酬金分为两部分，基本工资应保的最高金额为 1370 埃镑 / 月，保险费率为 40%，雇主负担 26%，雇员负担 14%；基本工资超过 1370 埃镑的部分以及加班费奖金、补贴等酬金最高应保金额为 2800 埃镑 / 月，保险费率为 35%，雇主负担 24%，雇员负担 11%。

外国人除来自以下同埃及有互惠协定的国家：希腊、塞浦路斯、摩洛哥、利比亚、苏丹、约旦、叙利亚、伊拉克、黎巴嫩、索马里、巴基斯坦外，不用缴纳雇员雇主社会保险。

2. 合同社会保险

埃及相关的社保法律规定，从事建筑安装、采石作业、远洋航运的企业有义务就其签订的合同，缴纳合同社会保险，适用于这类保险的主要是短期合同的工人、临时工等。对建筑企业来讲，一般根据所建造的建筑物的等级由社会保险部门确定合同的费率，一般来讲，高档社区 1.8%，中等社区 2.16%，低等社区 2.52%。另外，根据合同将来适用的工人的工种及工人的操作熟练程度费率也不一样，确定方法比较难，具体在实际签署合同后需到社保局进行咨询。

第三节 外汇政策

一、基本情况

自 2003 年起，埃及第 88 号银行法取代了之前 1994 年的第 38 号外汇法，埃及外汇管理基本由埃及央行（CBE）管控，埃及官方货币为埃镑。

"银行法"授予所有自然人和法人实体持有外汇和以外币结算的绝对自由，包括将这些货币从埃及转出或转入埃及，条件是此类交易必须通过银行或其他经银行管理条例认证的实体（钱庄）。银行和钱庄都必须向埃及央行（CBE）提交所有交易的申报，最终由埃及央行控制所有的外汇交易。

从 2003 年上半年开始，埃及对出口企业实施强制结售汇制度。出口商、旅游收汇单位等必须将外汇收入的 75% 卖给银行。

2016 年 11 月埃及放弃了挂钩美元，实行了浮动汇率。2017 年年初，埃及央行取消了外汇海外汇款数额限制。2017 年 11 月 28 日，埃及央行宣布取消对非基本商品进口商在外汇存储和支取方面的数额限制。

汇率改革之后，埃镑对美元较为稳定，基本维持在美元兑换埃镑为 17.3~17.9。

从法律上来看，埃及外汇政策较为宽松，但从实际操作来看，需要流程较多，审核严格，特别是在资本项下和个人用汇方面，管理较为严格。

二、居民及非居民企业经常项目下外汇管理规定

（一）货物贸易外汇管理

埃及进口款项汇出需要提供采购材料合同、海关资料等凭证；可通过银行账户支付外汇工资，但需提供个人所得税完税凭证及工资申请单，申请支付金额有一定数额限制。

（二）盈利汇出外汇管理

企业盈利在完税后可正常汇出，但需提供财务报表、税务局完税凭证

及相关分配决议等支持性文件，提交银行审核后方可汇出。

（三）总部借款相关外汇管理

总部借款在归还时可以汇回，但需要提供借款合同及事务所的公证资料等，如果金额较大，需要到央行备案。

三、居民及非居民企业资本项目下外汇管理规定

目前涉及资本项下的外汇在银行法及投资条款中明确可以自由汇出，汇款时需按规定向银行提交相关证明文件后办理支付。

四、个人外汇管理规定

企业可从银行开立的外币账户提取外币现钞，但有限额规定，一般一天提取不能超过3万美元，一个月累计不能超过5万美元。埃及政府允许旅客携带外汇进出，但入境超过1万美元需进行申报登记，而个人出关通常最多可携带1万美元或等值其他外币现金。

第四节　会计政策

一、会计管理体制

（一）财税监管机构情况

在埃及注册的企业如果有经济业务发生，均需按照埃及通用会计制度体系要求建立会计制度进行会计核算。企业应按照相关要求上报会计和税务资料。企业编制的财务报表，应提交以下管理机构备案：①埃及证券交易所（银行业需提交）；②投资和自由区总局（GAFI）；③税务机关；④此外，对于部分行业（如银行业）需在两家全国性报刊上公开发布其按照埃及会计准则编制的年度财务报告。

（二）事务所审计

当资本超过50000埃镑或年营业额超过250000埃镑或当年的净利润评

估在 20000 埃镑的企业均需要审计机构进行审定，而年营业额超过 2000000 埃镑的股份公司、有限责任公司、有限合伙公司、合作社、合伙企业，纳税申报表必须经注册会计师核准。

（三）对外报送内容及要求

1. 会计报告中主要包含：

（1）企业基本信息：公司名称、国籍、成立地点、法律形式、经营范围、税务登记号等。

（2）企业经营情况表：资产负债表、利润表及现金流量表。

（3）披露信息：费用类、资产类、负债类及权益变动。

（4）关联交易中，采购定价相关的证明材料和交易申明。

2. 上报时间要求：会计报告按年度编制，通常 12 个月为一个周期，于次年 4 月 30 日前完成。

（四）账簿凭证的保存要求

与财务报表相关的原始凭证必须妥善保管，所有已收账款均需保留发票凭证。纸质账簿和记录应当以阿拉伯语保存，电子账簿和记录同样受法律允许。

二、财务会计准则基本情况

（一）适用的会计准则及内容

埃及有自己独立的会计准则，2015 年第 110 号法案，发布了最新版埃及会计准则（EAS），从 2016 年 1 月 1 日起生效，新的准则包括 39 个准则和 1 个编制财务会计报表的框架。第一次包含了适用中小企业使用的会计准则。埃及会计准则很大程度上保持了和国际会计准则的一致，主要在租赁、股份支付及外币报表差异报告方面存在差异。

埃及会计准则规定了会计处理的具体核算方法，包括了会计科目分类原则及其核算内容，会计报告的编制及内容等，同时也规定了借贷记账规则。

埃及的会计核算制度和税法联系紧密，在会计核算中考虑税法规定。在纳税申报时，对与税法不一致的事项进行必要纳税调整，并以调整后的税务报表作为报税依据。

（二）会计准则适用范围

所有在埃及注册的企业均需要按照会计准则进行会计核算并编制报表。

三、会计制度基本规范

（一）会计年度

埃及的公司会计年度与历法年度一致，即公历年度1月1日—12月31日为会计年度，特殊的行业，也可以选择从7月1日到次年6月30日，通常以12个月为一个周期。若企业成立于其会计年度开始之日起的7天之后，则会计年度会被延长为23个月。

（二）记账本位币

埃及通常采用埃镑作为记账本位币。但《埃及会计准则第13号——外币汇率变化的影响》第9、10、11条，对记账本位币的选择及参考因素、报表货币的选择及考虑因素进行了规定。记账本位币可根据公司的基本运营环境结合销售价格和成本价格使用的货币进行选择，但是一经选定，不得随意变更。

（三）记账基础和计量属性

《埃及会计准则（EAS）——编制财务报表的框架》及其第1号准则规定以权责发生制为记账基础，复式记账为记账方法，以历史成本基础计量属性，在某些情况下允许重估价值计量。

《埃及会计准则（EAS）——编制财务报表的框架》还规定确认计量假设与一般原则有：持续经营（第23条）、可理解性（第25条）、相关性（第26条）、重要性（第29条）、可靠性（第31条）、实质重于形式（第35条）、谨慎性（第37条）、可比性（第39条）等。

四、主要会计要素及准则要求

（一）现金及现金等价物

《埃及会计准则第4号——现金流报表》第5、6条，对现金及现金等价物的概念进行了规范。

资产负债表中列示的现金是指库存现金及可随时用于支付的活期存款，现金等价物是指持有期限短（从购买日起3个月以内到期）、流动性强、易于兑换为已知金额现金及价值变动风险很小的投资。

现金流量表中列示的现金及现金等价物和国际准则中的概念一致。

（二）存货

《埃及会计准则第 2 号——存货》第 10 条指出，存货初始计量以历史成本为计量属性，包括买价以及必要合理的支出（第 11~19 条）。存货的成本应由使存货达到目前场所和状态所发生的采购成本、加工成本和其他成本所组成。

采购成本由采购价格、进口税和其他税（企业随后从税务当局获得的退税除外）以及可以直接归属于购买制成品、材料和劳务的运输费、手续费和其他费用所组成。通过进一步加工而取得的存货，其初始成本由采购成本、加工成本及使存货达到目前场所和状态所发生的其他成本构成。

存货由全部商品、原材料和有关的半成品、产成品及在盘点日企业拥有所有权的物资组成。

存货发出核算方法可以采用先进先出法或平均成本法（第 23/24/25/26/27条）。企业应根据存货的性质和使用特点选择适合的方法进行存货的出库核算。

《埃及会计准则第 2 号——存货》第 9 条规定，存货期末计量采用初始成本与可变现净值孰低法，若成本高于可变现净值时，应根据存货的可变现净值与账面价值的差额计提贬值准备金计入相关会计科目。

（三）长期股权投资

《埃及财务报告准则》中没有单独的长期股权投资准则，对于长期股权投资的会计处理是通过《埃及会计准则第 17 号——合并财务报表和单独财务报表（EAS17）、《埃及会计准则第 18 号——对联营企业的投资》（EAS18）、《埃及会计准则第 27 号——合营中的权益》（EAS27）、《埃及会计准则第 29 号——企业合并》（EAS29）这四个准则来规范的。

（四）固定资产

《埃及会计准则第 10 号——固定资产与折旧》中指出，固定资产是企业持有的为生产货物或提供服务而持有的，预计使用年限超过一个会计年度的有形资产。

《埃及会计准则第 10 号》第 15 条指出，固定资产以历史成本进行初始计量，第 16 条指出了成本的构成，包括购买价格、直接开支等。

《埃及会计准则第 10 号》第 43~59 条指出，企业应在预计使用期限内对固定资产计提折旧，可使用直线法、余额递减法和工作量法。关于固定资产的折旧，埃及税法中规定了折旧率和折旧方法，具体如表 4-4-1：

表4-4-1　埃及税法规定的折旧与摊销方法

资产类型	折旧率	折旧方法
建筑安装物	5%	直线法
无形资产	10%	直线法
电脑、信息系统、软件、数据存储资产	50%	余额递减法
机器设备	25%	余额递减法
与业务相关的其他资产	25%	余额递减法
土地	不可折旧	不可折旧

资料来源：埃及 91/2005 所得税法。

《埃及会计准则第 10 号》第 63~64 条指出，固定资产期末计量按可回收价值计量，如果发生减值，计入减值准备。但计提的减值准备不可在税前扣除。

（五）无形资产

《埃及会计准则第 23 号——无形资产》第 8~17 条指出，无形资产是企业拥有或者控制的没有实物形态的可辨认非货币性资产（不含商誉）。

《埃及会计准则第 23 号》第 24 条指出，无形资产以历史成本进行初始计量。第 25~32 条为收购无形资产的确认和计量；第 33~43 条为企业合并无形资产的确认和计量；第 51~67 条为内部产生的无形资产的初始确认和计量。

《埃及会计准则第 23 号》第 72 条第指出，企业既可以选择成本模式（第74 条）进行后续计量，也可以选择重估模式（第 75 条）进行后续计量。

（六）职工薪酬

《埃及会计准则第 38 号》规定职工薪酬核算所有支付给职工的各类报酬，具体核算要求趋同于 IAS19，分短期职工福利、退休后职工福利——设定提存计划、退休后职工福利——设定收益计划、其他长期福利、辞退福利等。企业为获得雇员服务而预期支付的短期雇员福利的非折现金额确认为负债及费用。

（七）外币业务

《埃及会计准则第 13 号——外汇汇率变化的影响》对外币交易的业务进行了规范。

《埃及会计准则第 13 号》第 21 条指出，外币交易发生时，应在初始确认时采用交易日当日的即期汇率折算为记账本位币金额。第 22 条指出，从实践角度，当汇率变化不大时，也可以采用当期平均汇率或者期初汇率核算。

《埃及会计准则第 13 号》第 22 条指出，在每一个资产负债表日，外币货币性项目采用资产负债表日的即期汇率重新计价；外币非货币性项目，采用交易日的即期汇率计价；以公允价值计量的外币非货币性项目采用公允价值确定日的即期汇率计价。货币性项目重新计价造成的外汇差额计入发生当期的损益。

（八）收入

《埃及会计准则第 11 号——收入》指出，收入在经济利益很可能流入企业及经济利益的价值可靠计量时能够被确认。

《埃及会计准则第 11 号》第 1 条规定，适用于第 11 号准则的收入包括：销售商品的收入、提供服务的收入、企业的资产被第三方使用产生的收入等；第 3 条规定，建造服务的收入确认执行 8 号建造合同准则。第 5 条规定，不适用于该准则的收入包括：①租赁；②保险合同；③金融资产的公允价值变动；④畜群，农业生产和森林生产自然增加；⑤天然矿物的提取。

《埃及会计准则第 11 号》第 8~10 条指出，收入应该按照应收或已收代价的公允价值计量，应考虑商业折扣；现金折扣作为企业融资的过程，按照金融工具确认与计量计入费用。

（九）政府补助

《埃及会计准则第 12 号——政府补助的会计处理及披露》指出，政府补助指政府给予企业确定经济利益的行为，不包括通过间接措施影响一般商业条件所提供的利益，如在开发区域提供基础设施或对竞争对手施加贸易限制，政府补助可能与资产挂钩，也可能与收入挂钩。

《埃及会计准则第12号》第7条指出，如果政府补助（包括非货币补助）满足以下条件：①企业满足补助所附条件的能力；②企业实际收到补助。此时应以其公允价值进行确认。

《埃及会计准则第12号》第12条指出，政府补助有两种会计处理方式：①视作政府的资本投入，其中补助的价值直接增加到股东权益；②视作企业的收入，即在一个或多个会计期间将补助视为企业收入。确认及计量的处理方式与中国的会计准则类似。

（十）借款费用

《埃及会计准则第14号——借款费用》第3~4条指出，借款费用是指企业因借款而发生的利息及其相关成本。借款费用包括借款利息、折价或者溢价的摊销、辅助费用以及因外币借款而发生的汇兑差额等。

《埃及会计准则第14号》规定，对于借款费用的处理，分两种方式：①借款费用费用化（第6~8条）；②借款费用资本化（第11~27条）。其中，对于资本化的起点和终止确认及相关的披露做了详细的规定。

（十一）所得税

《埃及会计准则第24号——所得税》指出，所得税采用资产负债表债务法，体现"资产负债观"。根据资产负债的账面价值与计税基础的暂时性差异及对资产负债表的影响，确认递延所得税资产和负债，当期所得税费用等于当期应缴所得税加上当期递延所得税。

（十二）企业合并

《埃及会计准则第29号——企业合并》对企业合并的会计处理作出规定，既包括企业并购，也包括不常见的股权联合，涉及确定购买成本、将该成本分摊于被购企业的可辨认资产和负债，以及在购买时和购买后对形成的商誉进行会计处理。其他包括确定少数股权金额、购买成本的后续变化或对资产负债确认的后续变化以及要求披露的事项等。

与我国的会计准则不同的是，埃及不包含同一控制下企业合并，企业合并采用购买法，与合并相关的费用计入合并成本等。

五、其他

埃及各项法律及监管机构对会计和审计都提出了要求并做了相关规定。

具体有：

埃及公司法要求所有注册的公司保持适当的会计记录和编制审计过的年度财务报表。它指出，股东年会应该评估审计师的表现，并且应该指派1名新的审计师或续聘该审计师。

埃及银行法要求所有银行必须遵守会计和审计要求及埃及中央银行制定的准则。银行审计时，埃及中央银行会在股东大会之前监控着审计师的行为，并审核了审计师的报告和年度财务报告。为确保审计质量，要求两个审计师来审计银行的报表（他们可以来自同一家审计公司）。

埃及新的资本市场法第95/1992号法规定，所有上市公司都必须遵守《埃及会计准则》。首先，《资本市场法》要求所有上市公司要按照《国际会计准则（IAS）》编制财务报表。但是第503/1997号部级法令规定埃及所有企业必须使用《埃及会计准则》,《埃及会计准则》没有规定的会计处理可以使用《国际会计准则》。

中央审计机构是一个独立的公共机构，直接向人民议会（议会）报告。它控制了政府和其他公共机构的政府财政。它负责对国有企业进行审计。财政部和中央审计机构共同努力确保国有企业遵守会计和审计要求。

《会计执业法》要求参加公共会计和审计业务的人员必须在财政部管理的会计师和审计师通用名录中登记。《会计执业法》包括设立一个会计和审计委员会，强调专业会计组织之间的协调，充实审计师的独立性，引入审计师资格审查，以及审计公司以及个人审计师作为审计服务。

本章资料来源：

◎ Egyptian Accounting Standards（Arabic Version）

◎ Egypt's Exchange Rate Regime Policy after the Float，Ali A. Massoud1 & Thomas D. Willett2

◎ The Egyptian Tax System and Investment Tax Incentives，Mahmoud M. Abdellatif and Prof. Yokinobu Kitamura

◎ The Egyptian Cusmtom law

◎ Client Alert：New Amendments to Egypt's Importers Register Law，Dr. Ingy Rasekh

◎ 对外投资合作国别（地区）指南 – 埃及 –2017 版，商务部国际贸易经济合作研究院 / 中国驻埃及大使馆经济商务参赞处 / 商务部对外投资和经济合作司

◎ Doing Business in Egypt 2016，Baker &Mc.Kenzie

◎ Egyptian Transfer price guideline

◎ Doing Business in Egypt A tax and legal guide，PWC

◎ Egyptian VAT law No.67/2016

◎ A Guide to Egypt's VAT Law，Riad & Riad Law Firm

◎ Investment Law No. 72 of 2017

◎ The Egyptian Corporation Governace Code，EFSA

◎ TRADE POLICY REVIEW–Egypt，World Trade Organization，16 January 2018

◎ Introduction to the Egyptian tax law Presented by : Dr. Ashraf Hanna, WTS Tax legal consulting

第五章

埃塞俄比亚国别税收外汇会计政策

第一节 投资环境基本情况

一、国家简介

埃塞俄比亚是非洲东北部内陆国。位于非洲之角的中心，东与吉布提和索马里相邻，南与肯尼亚接界，西与苏丹和南苏丹接壤，北与厄立特里亚交界。国土面积 110.36 万平方公里，地处非洲高原，高原占全国面积的 2/3，平均海拔近 3000 米，最高处 4620 米，素有"非洲屋脊"之称。最低点低于海平面 125 米。东非大裂谷将埃塞俄比亚高地分成南北两部分。

埃塞俄比亚首都为亚的斯亚贝巴。亚的斯亚贝巴是特别行政市和全国政治、经济和文化中心，位于国土中心，为埃塞第一大城市。联合国非洲经济委员会（UNECA）和非洲联盟（Africa Union）总部的所在地，有"非洲政治首都"之称。

埃塞俄比亚是非洲人口第二大国。2016 年，埃塞人口约 9120 万（埃塞中央银行 2015/16 财年官方数据）。埃塞主要民族语言为阿姆哈拉语、奥罗莫语及提格雷语。阿姆哈拉语为联邦政府的官方工作语言。在政治和经济活动中通用英语。

埃塞俄比亚货币为比尔，比尔与美元可以直接兑换，与其他硬通货之间也可以根据与美元的汇率折算实现间接兑换。

二、经济情况

据埃塞俄比亚政府统计，其国内生产总值已连续 11 年保持两位数增幅，远高于撒哈拉以南非洲地区。埃塞俄比亚积极争取国际援助，吸引投资，促进出口，努力克服外汇短缺等经济发展瓶颈问题，坚决推行税制改革，打击偷税漏税，总体经济发展态势良好，通货膨胀问题有所缓解。2015/2016 财年，埃塞国内生产总值（GDP）约为 742.2 亿美元，增长率为 8.0%。目前，埃塞已取代肯尼亚成为非洲第一大经济体。

埃塞俄比亚是"东部和南部非洲共同市场（COMESA）"成员，享有COMESA，19个国家、4亿人口巨大市场的准入优势。埃塞是欧盟"除武器外全部免税"倡议（EBA）的合格受惠国，享有准入欧盟市场的权益，同时埃塞也是美国"非洲增长与机遇法案（AGOA）"和"普遍优惠制（GSP）"的政策受惠国，大多数埃塞生产的产品进入欧美市场享有免配额和免关税优惠。根据普遍优惠制（GSP）机制，埃塞工业制成品能够享有进入美国、大部分欧盟国家及其他发达国家市场的准入优惠，并且出口产品中4800种产品无配额限制。

三、外国投资相关法律

凡现行规定允许外资进入的行业，埃塞俄比亚均允许外商独资或设立合资公司。对外国投资者开放的领域：①制造业；食品工业；饮料行业；纺织及纺织制造业；皮革及皮革制造业；木制品业；造纸及纸制品业；化学及化学制品业；基础药物产品和药物制剂工业；橡胶和塑料制品业；其他非金属矿物制品业；基本金属行业；金属制品业；电脑；电子及光学产品业；电子产品业；机械及设备行业；与农业相关的综合制造业；汽车、拖挂车和半挂车行业；办公和家用家具制造；其他设备（珠宝及相关物品、乐器、运动器械、游戏和玩具及类似产品）的制造。②农业：农产品；畜产品；混合养殖（农作物和动物）；林业。③信息和通信技术。④发电和输供电。⑤酒店和旅游业：星级定点饭店（包括度假酒店）、汽车旅馆、旅馆和餐厅；一级旅游运营业务。⑥一级施工承包（包括打水井和矿产钻井勘探）。⑦房地产开发。⑧教育和培训：自建设施的中等及高等教育；技术和职业培训服务，包括体育运动训练。⑨健康服务：自建设施的医院服务。⑩建筑、工程和相关技术服务、技术测试和分析。⑪出版业。⑫进口贸易：进口液化石油气和沥青。⑬出口贸易：出口贸易，不包括生咖啡、恰特草、油籽、豆类、贵重矿物、天然林业产品、从市场上购买的兽皮和毛皮、由非投资者饲养的绵羊、山羊、骆驼、马和牛。⑭批发交易：石油及其副产品供应，以及自产产品的批发。针对现行允许外资进入的行业，埃塞俄比亚允许外商独资或设立合资公司。

外国人只有在获得由埃塞俄比亚劳动和社会事务部颁发的工作许可后，

方可受雇在埃塞工作。工作许可三年有效，且每年更新一次，如有需要该部可更改上述期限。如该部认定某项工作不需由外国人承担，可取消其工作许可。埃塞不断加强外来务工人员管理，无工作签证滞留务工人员除遣返离境外，还有刑事处罚的风险。

埃塞俄比亚环保局为该国环境保护的主要管理部门。埃塞关于环境保护的主要法律法规有《环境影响评估报告》《环境污染控制报告》《固体废物管理公告》《森林开发、保护和利用公告》。

第二节 税收政策

一、税法体系

埃塞俄比亚实行联邦政府和各州政府分税的制度。各州政府将一定比例的税收上缴联邦政府。联邦政府根据各地区人口、经济状况以及上缴税收的情况向各州拨款。20 世纪 90 年代初以来，埃塞俄比亚政府进行了一系列税收改革，旨在建立现代化的高效税收制度。改革主要体现在下列几方面：一是扩大税收基础，同时降低税率；二是简化收入税稽征程序，查堵漏洞；三是完善税收奖励机制，提高国民及企业纳税意识；四是加强国内间接税稽征工作。埃塞俄比亚政府于 2003 年开征增值税。2016 年，埃塞颁布《联邦所得税公告》（Proclamation No.979/2016 Federal Income Tax Proclamation）和《税务管理公告》（Proclamation No.983/2016 Tax Administration Proclamation）。

埃塞俄比亚实行联邦政府和各州政府分税的制度。各州将一定比例的税收上缴联邦政府。联邦政府根据各地区人口、经济状况及上缴税收的情况向各州拨款。

中央税包括关税及其他货物进出口税收；受雇于中央政府、国际雇主人员的个人所得税；中央政府拥有企业的利润税、个人所得税和增值税；国家彩票收入和其他中奖收入的税收；飞机、火车和海运活动的税收；中央政府拥有的房屋、财产的租金收入的税收；中央政府颁发或许可的证照、服务费用的税收。其中，居民纳税人和非居民纳税人均涉及及有所区分的税收包括企业所得税和个人所得税。

埃塞俄比亚重视加强与周边邻国的友好合作，是非洲经济共同体成员。东部和南部非洲共同市场（简称科迈萨，COMESA）于2000年启动了其自贸区建设，埃塞俄比亚加入。埃塞俄比亚注重学习借鉴中国等亚洲国家的发展经验，中国政府和埃塞俄比亚政府于1971年签订了贸易协定，1996年签署《中华人民共和国政府和埃塞俄比亚联邦民主共和国政府贸易、经济和技术合作协定》，1998年签署《中国与埃塞俄比亚相互促进与保护投资协定》，2009年签署《避免双重征税和防止偷漏税税收条约》，2011年签署《中华人民共和国政府和埃塞俄比亚联邦民主共和国政府科学技术合作协定》，2013年11月，中埃双方签署《中华人民共和国政府和埃塞俄比亚联邦民主共和国政府经济技术合作协定》和《中埃两国政府关于中国向埃塞俄比亚提供优惠贷款的框架协议》，2014年签署《中华人民共和国政府和埃塞俄比亚联邦民主共和国政府关于经贸合作区的协定》。2015年7月，埃塞与中国工商银行签署《投融资整体开发合作协议》。

埃塞俄比亚是东部和南部非洲共同市场（简称科迈萨，COMESA）成员，享有COMESA——19个国家、4亿人口巨大市场的准入优势。COMESA于2000年启动了其自贸区建设。2015年6月10日，非洲26个国家的领导人在埃及签署协议，决定建立"三合一自由贸易区"（TFTA），将非洲现有的三个自贸区——"南部非洲发展共同体"（Sadc）、"东非共同体"（EAC）和"东南非共同市场"（Comesa）整合为一。

埃塞俄比亚是非洲经济共同体成员，其宗旨是：促进非洲的经济、社会和文化的发展以及推动非洲经济一体化的进程，以便增强自力更生的能力；建立一个开发和动员非洲人力和物力资源的框架；促进各个领域的合作，以便提高人民生活标准、维持经济稳定，在成员国之间建立亲密的伙伴关系；协调现有的和未来出现的各种共同体之间的政策；协调各地区性经济共同体分6个阶段逐步实现一体化的实施办法。

此外，埃塞俄比亚是欧盟"除武器外全部免税"倡议（EBA）的合格受惠国，享有准入欧盟市场的权益，同时也是美国"非洲增长与机遇法案

（AGOA）"和"普遍优惠制（GSP）"的政策受惠国，大多数埃塞俄比亚生产的产品进入欧美市场享有免配额和免关税优惠。根据普遍优惠制（GSP）机制，埃塞俄比亚工业制成品能够享有进入美国、大部分欧盟国家及其他发达国家市场的准入优惠，并且出口产品中4800种产品无配额限制。

二、税收征管

（一）征管情况介绍

埃塞俄比亚税务和海关总局（ERCA）是埃塞俄比亚的税收管理机构。它成立于2008年7月7日，由埃塞俄比亚税务部、海关总署和联邦收入局合并设立。总部设立在亚的斯亚贝巴，局长1名，副局长5名，分别负责经济规划与发展，内部协作与支持，执行与联合功能，管理更新与服务等，均由总理任命。

总部以外，埃塞俄比亚税务和海关总局在地方上设有32个分局，其中2个分局位于埃塞俄比亚外的港口，主要职能是为该国进出口货物提供通关服务。另外30个分局包括了22个海关管理站，50个检查点和153个税收中心。每个分局由一名主管具体负责，由分管分局协作与支持工作的副局长对其进行管理。

（二）税务查账追溯期

埃塞俄比亚税务和海关总局暂无相关规定。

（三）税务争议解决机制

埃塞俄比亚有两种税务仲裁方式，分别是公共仲裁和私人仲裁，其中公共仲裁仅对财政与经济合作部和税务局有约束力，对纳税人无约束力，私人仲裁对纳税人有约束力，纳税人可向财政与经济合作部申请私人裁决，私人裁决列明财政与经济合作部对纳税人达成的或拟由纳税人达成的交易的税法适用的立场。

（四）税收注意事项

原则上，凡是在企业进行报销且由企业直接承担费用或直接由企业据以对外支付且由企业直接承担费用的增值税发票，必须是由持有工商登记和税务登记的单位或个人开具的或由税务机关代开的。严禁企业向没有持有工商登记和税务登记的单位或个人采购货物和服务，并使用其开具的发票进行报销或申请付款；

增值税发票抬头必须为企业名称的全称，不得简写、缩写；相关业务涉及合同文本或其他附件证明的，合同文本或其他附件证明我司签约方必须与发票抬头一致。除特殊情况外，凡采购合同文本或其他附件证明采购方名称与发票抬头不一致的，不得在企业进行报销或申请付款；

用于报销、对外支付款项的增值税发票，其内容必须填写齐全且不得涂改；凡发票内容填写不齐全或进行涂改的，不得用于报销或申请付款。发票内容包括但不限于：买卖双方名称、地址、税务登记号、电话号码、发票开具日期、发票货物名称或描述、数量、单价、税率、税款、总价款、开票人签字或印章等。其中，发票开具日期为埃塞时间的，应旁注相应的公历时间。

如果发票名称含有"信用（Credit）"字样的，则必须同时取得"现金收据（CASH RECEIPT）"发票方可进行报销或申请对外支付款项；年营业额低于10万比尔的纳税人用"现金收据（CASH RECEIPT）"作为发票使用的，必须同时提供税务注册证明复印件方可进行报销或申请对外支付款项。另外，采用汇总方式开具发票的，应同时提供采供货物或服务的清单；用于报销或对外支付款项的海关发票，如与埃塞俄比亚国内发票不同的，以海关规定为准，但内容必须填写齐全，不得省略；用于报销或由企业直接据以对外支付且相关费用核算到企业的发票和合同必须为英文，如为埃塞俄比亚其他官方语言的，报销人或申请付款人必须提供相应的英文翻译件；凡在企业进行报销且由企业直接承担费用的增值税发票，必须在货物销售、进口或服务提供后及时取得，并自发票开具之日起15日内将发票原件提供给企业财务部；凡直接由企业据以对外支付且由企业直接承担费用的增值税发票，必须自发票开具日期之日起15日内将发票原件提供给企业财务部，以便企业及时支付有关款项。

除海关发票外，用于报销或申请对外支付款项的其他发票，凡每次货物采购金额超过10000比尔或每次服务采购金额超过500比尔的，必须按照2%的税率代扣代缴公司所得税，并按扣减代扣代缴公司所得税后的净额支付报销款或对外支付款项；

收款时被代扣代缴公司所得税发票，应自发票开具日期之日起30日内将发票原件提供给企业财务部。

三、主要税种介绍

（一）企业所得税

埃塞俄比亚现行的所得税法为《第 979/2016 号所得税公告》。此公告于 2016 年 8 月 18 日在埃塞俄比亚首都亚的斯亚贝巴正式对外公布，适用于 2016 年 7 月 8 日起取得的收入。《第 979/2016 号所得税公告》颁布之前通行的所得税法为《第 286/2002 号所得税公告》及其修正案。

与《第 286/2002 号所得税公告》相比，《第 979/2016 号所得税公告》在内容上进行了较大幅度的修订，主要体现在三个方面：第一，对与收入密切相关的资产类项目及应税行为赋予明确定义，更全面地规范化管理，堵塞征管漏洞；第二，增设了所得分类，由原有的四类所得（A、B、C、D）增至五类所得（A、B、C、D、E），原所得分类不变，增设了 E 类所得（免税所得），将免税所得予以统一梳理；第三，大幅提高所得起征点。A、B、C 类所得的起征点均有较大幅度的提高，顺应了目前埃塞俄比亚经济发展的趋势。

任何在埃塞俄比亚境内取得收入的企业均需缴纳所得税。所得税纳税人分为三类，分别为 A 类纳税人、B 类纳税人、C 类纳税人。其中，企业所得税纳税人为 A 类纳税人。根据所得的性质，所得税法将其分成了五类，分别为 A 类所得、B 类所得、C 类所得、D 类所得和 E 类所得。其中，企业所得税纳税人涉及到的所得类型为 B 类所得、C 类所得、D 类所得和 E 类所得。不同所得类型对应不同的税率和计算方法。所得税按年申报，并且根据不同所得类型、不同纳税人类别分别进行纳税申报和税收评定。所得税应纳税额（包括代扣代缴的税款）需在到期前缴纳，未按时缴纳的税款将产生利息和罚款。所得税多缴税款能够予以抵免、退税或抵缴其他税收。

1. 征税原则

企业所得税主要针对企业经营活动所实现的商业应税所得或净利润征收，每一纳税期间的商业应纳税所得主要基于符合当地会计的损益表所反映的利润和损失而确定。

对于如何成为居民企业。一般情况下，满足如下条件之一的，将视为埃塞居民：①在埃塞俄比亚注册成立或组建的机构；②在埃塞俄比亚有其有效管理场所。

根据埃塞俄比亚企业所得税法律，下列所得均属于埃塞税法规定的应税所得：商业活动所得；非居民通过常设机构取得的企业所得；归属于埃塞境内常设机构的动产所得；坐落在埃塞境内的不动产和附属物所得、农业和森林牲畜和存货所得、源于不动产的用益物权和其他权利所得；居民公司分配红利所得；居民合伙企业分配的合伙利润；埃塞居民、地方政府、区域政府支付的利息以及构成常设机构的非居民支付的利息所得；许可费，如租赁费、版权费等；外汇交易或损失应纳入应税所得。

非居民就来源于埃塞境内的所得纳税。如果企业属于埃塞的居民公司，其需要就来源于埃塞境内外所得向埃塞税务当局缴纳公司所得税。

2. 税率

埃塞居民公司所得税主要采用单一税率，税率为30%。对于微型企业，公司所得税实行6级超额累进税率，税率为10%~35%。

（1）股息。通过埃塞俄比亚的非居民常设机构取得埃塞俄比亚来源股息的非居民应按照股息毛收入的10%缴纳所得税。

（2）特许权使用费。通过埃塞俄比亚的非居民常设机构取得埃塞俄比亚来源特许权使用费的非居民应按照特许权使用费毛收入的5%缴纳所得税。

（3）利息。通过埃塞俄比亚的非居民常设机构取得埃塞俄比亚来源利息的非居民应按照下面的税率缴纳所得税：①对于在埃塞俄比亚居民金融机构的存款，税率应为利息毛收入的5%；或②其他情况下税率应为利息收入的10%。

3. 税收优惠

制造业投资可享受1~6年的所得税减免，如果在偏远地区投资，还可以额外获得三年的所得税减免。如投资者扩大或升级既有企业且扩大和升级后的产能或提供服务能力较前提升50%，或引进一条新生产线且之后的产能或提供服务能力提升100%，有权享受2~9年免税期；产品或服务至少60%用于出口的企业或为此类出口商提供生产服务的企业，亦可享受额外两年所得税免征优惠。

工业园开发商可享受 10 年所得税减免，入园企业可额外享受两年所得税减免。

4. 应纳税所得额

明确企业所得税可扣除项目与不可扣除项目，对确定企业所得税应税所得具有重要的意义。对此，埃塞企业所得税法的具体规定如下：

（1）准予直接扣除项目。在计算应纳税所得额时，与取得生产经营有关的费用支出，如果纳税人能提供足够的证明，则允许在税前扣除。相应的具体扣除项目如下：与应税多的有关的直接成本，如制造成本、采购成本、进口成本、销售成本以及其他相类似的成本；与商业经营活动有关的行政管理费；与商业经营活动直接有关的保险费；为促进市场（开拓市场）而在国内外发生的支出（主要为招待费、经纪费以及广告费等），但此类费用存在限额；为商业活动而支付的服务佣金。

（2）不可直接扣除项目。计提折旧的商业资产的采购成本、更新和重建成本；公司资本额或注册的合伙企业基本资本的增加；自愿性养老或共同性基金超过雇员月薪 15% 的养老保险和共同基金；宣布的股息和支付的利润额；超过埃塞国家银行和商业银行规定利率的两个百分点的利息；获得保险赔偿的损失；惩罚性损失和罚款；所得税法未规定而计提的准备；C 类所得（营业所得）所支付的所得税和可以抵扣的增值税；超过所得税法规定限额的支出；娱乐支出；捐赠和赠送支出，但用于公共用途的捐赠可根据内阁发布的规则进行扣除（主要为注册的福利组织、人道主义灾难、政府同意的紧急事件、国家领土和主权的保卫等），但捐赠扣除金额不得超过纳税人应税所得的 10%；如果纳税期间，股东贷款和预付款超过股本金额的 2 倍，则支付给股东贷款和预付款超过部分的利息不得扣除，即资本弱化的约定，但本规定不适用于银行和保险公司。

（3）坏账。如果坏账满足如下条件，可从应税收入中扣除：与坏账相关的所得以前已包括在应税收入中；坏账已在纳税人的账簿中核销（注销）；已采取必要的法律措施去追偿债务但仍然无法追回。

（4）亏损结转。纳税人在纳税年度内产生了亏损，纳税人应把亏损额结转至下一年度，且在计算下一年度的应税所得时允许扣除该亏损额。

如果纳税人将亏损额结转至下一年度的应税所得中，仍未全部扣除，则可以逐年延续结转，直到亏损被全部扣除，但纳税人结转亏损的时间不得超过亏损发生之后的五年。

5. 反避税

近年来，埃塞俄比亚加大反避税管理力度。投资者如果在埃投资成立子公司或分公司，并有商品购销、劳务等类型的关联交易，在年度申报时要进行关联交易申报，并注意税收筹划的合规性，如果转让定价原则不合理，可能会面临被埃塞俄比亚税务当局反避税调查的风险。《所得税公告》针对反避税内容用专门章节进行规定，是该国强化跨境税源管理、建立现代化税收征管体系的体现。

关联交易基本准则如下：（1）关联关系判定标准。现行埃塞俄比亚公告中，尚未对企业之间关联关系的判定做出明确规定。在《第 983/2016 号税收征管公告》中，对关联自然人的判定做出了如下规定：①如果两位自然人之间的关系体现为其中一人合理预期会依照另一人的指示、要求、建议或意愿行事，或者两人合理预期均会依照第三人的指示、要求、建议或意愿行事，那么这两位自然人即为关联人。②单纯依据一人为另一人的雇员或客户，或者两人均为第三人的雇员或客户，不能判定两人构成关联人。③符合以下情形的人构成关联人：某一人与其亲属，除非税务局确信此人和其亲属预期不会依照彼此的指示、要求、建议或意愿行事；某一组织与其成员，当该成员单独或连同构成关联人的人直接或通过一个或多个中间组织间接控制该组织 25% 或 25% 以上的表决、股息或资本权利时；两家组织，当某一人单独或连同构成关联人的人直接或通过一个或多个中间组织间接控制这两家组织 25% 以上表决、股息或资本权利时。④某人的亲属包括：此人的配偶；此人或此人配偶的祖辈、直系后代、胞兄弟、胞姊妹、叔伯、姑姨、侄子、侄女、继父、继母或领养子女；此人或此人配偶领养子女的亲生父母；第二条中所述任何人士的配偶。⑤某人的配偶包括：与此人具有合法婚姻关系的人；与此人在无合法联姻关系下共同生活的人。

领养子女视作领养父母的第一顺位血亲亲属。

同期资料需做如下准备：（1）分类及准备主体。在某个财政期间内，从事跨境交易的纳税人如果与其关联方之间的关联交易总额超过 500000 比尔（22380 美元），则该纳税人需要向税务局提交一份"转让定价声明"，对与前述关联交易相关年度的交易情况进行披露。在计算关联交易总额时，资本交易额与贷款余额应包含在内，且支出不得抵减。

（2）具体要求及内容。纳税人在申报时应准备好转让定价资料，以证明与其关联方之间的关联交易符合独立交易原则。

纳税人应在收到税务局书面通知（提交转让定价资料通知）之日起45日内向税务局报送转让定价资料。

纳税人向税务局提交的转让定价资料可以用阿姆哈拉语或者英语。

（3）其他要求。在开展转让定价调查时，埃塞俄比亚税务局有权要求纳税人提交除转让定价资料之外用以辅助证明的其他必要文件及资料。

埃塞俄比亚财政与发展部2015年颁布了第43/2015号指令（以下简称"指令"），首次以指令的方式对转让定价相关概念以及所得税公告中"公平交易原则"等重要内容进行了详细的阐述，为赴埃投资的跨国企业从事跨境经营活动提供了确定性，具有里程碑意义。该指令于2015年10月12日起生效。

（1）原则。如果某项交易不属于公平交易（指独立的人之间公平开展的交易），则税务局可在各交易方之间对收入、利得、扣除额、亏损或纳税抵免额进行必要的分配、分派或分摊，从而体现出公平交易下的收入、利得、扣除额、亏损或纳税抵免额情况。

（2）转让定价主要方法。①一般性规定。如果纳税人试图同某个关联人分割收入，税务局应调整两人的收入和纳税抵免额，以免收入的分割造成应缴税款的减少。在确定某人是否试图分割收入时，税务局应考虑转让支付的价值。

下列情况下纳税人被视为试图分割收入：纳税人试图直接或间接把收入或收入权转给某个关联人；或纳税人直接或间接把财产（包括金钱）转给某个关联人，从而使后者收到或享有上述财产带来的收入利益。

进行转让的原因是为了降低出让方和受让方收入的应缴税总额。

②特殊规定。如果某项交易的一方位于埃塞俄比亚并需在埃塞俄比亚纳税，而另一交易方位于埃塞俄比亚境外的其他地方，则应按照财政与经济合作部部长发布的指令对收入、利得、扣除额、亏损或纳税抵免额进行分配、分派或分摊。

财政与经济合作部部长发布的指令也适用于全部在埃塞俄比亚发生的交易。

③转让定价主要方法。指令第6条规定，转让定价主要方法有五种，分别为非受控价格法、再销售价格法、成本加成法、销售净利润法与利润分割法，这与OECD转让定价指南中的规定一致。另外，此款规定，当前述五种方法都不适用时，允许采取"其他合理方法"进行调整。

所得税公告中规定，非受控价格法为优先考虑适用的方法。

（3）转让定价调查。①避税方案。符合下列情形时，纳税人被视为采取了避税方案：税务局确信某种方案已被签署并执行；税务局确信某人已取得了同方案相关的纳税待遇；税务局确信，根据方案的实质可以得出结论：签署并执行方案的某一人或多人之中的一人这么做的唯一或主要目的是为了使其获得纳税优惠。

②处理方式。税务局可拟定获取纳税优惠的人及同方案相关联的人的纳税责任，就像避税方案没有被签署或执行，或者使之符合税务局认为适当的情况下可以避免或减少此种纳税优惠。

资本弱化

（1）判定标准。

①适用对象。资本弱化适用于在埃塞俄比亚设置有常设机构的非居民公司，且该常设机构被视为外国控制的居民公司。

②判定标准。如果某个外国控制居民公司（金融机构除外）在某个纳税年度的平均债务同平均权益之间的比率大于2∶1，且该公司该年度内的平均债务额大于公允债务额，则被视为资本弱化。

（2）税务调整。①税务调整规定。如果某个外国控制居民公司（金融机构除外）在某个纳税年度的平均债务同平均权益之间的比率大于2∶1，且该公司该年度内的平均债务额大于公允债务额，则不得扣除该公司当年按照下面的公式计算得出的已支付利息：

$$A \times B/C$$

其中，A是指该年度内公司的扣除利息总额，B是指该年度内公司的超额债务，C是指该年度内公司的平均债务。

②相关定义解释。"公允债务额"是指就外国控制的居民公司而言，某

金融机构在全面考虑该公司的状况的情况下准备在公允交易中借给公司的债务额。

"平均债务额"是指就某纳税年度内外国控制的居民公司而言，按照下列公式计算得出的金额：

A /12

其中，A 是指纳税年度内每个日历月月末公司的债务总额。

"平均权益额"是指就某纳税年度内外国控制的居民公司而言，按照下列公式计算得出的金额：

$$A /12$$

其中，A 是指纳税年度内每个日历月月末公司的权益总额。

就外国控制的公司而言，"债务"是指公司的债务义务，在此基础上根据财务报告准则确定应付利息。

"债务义务"是指向另一个人偿还金钱的义务，其中包括同本票、汇票和债券相关的义务，但其中不包括应付账款或偿还无息借款的义务。

就外国控制的公司而言，"权益"是指纳税年度任何时间内根据财务报告准则确定的公司权益最大金额，其中包括偿还无息借款的义务。

就某纳税年度内外国控制的居民公司而言，"超额债务"是指该纳税年度内公司平均债务超出根据 2∶1 的比率确定的该年度最大允许平均债务的金额。

"外国控制居民公司"是指其 50% 以上的成员权益被非居民单独同相关人员（一个或多个）持有的居民公司。

6. 企业所得税文档资料要求

企业在申报企业所得税时，应提交资产负债表和损益表给税务当局。具体包括如下细节：计算的毛利和毛利计算方法；行政管理费用；折旧；存货和坏账准备。

根据埃塞俄比亚税法，其他应关注的文档有：

除 C 类纳税人，所有从事商业活动、贸易活动以及拥有用于全部或部分出租的建筑物的纳税人都必须维护和保管好账册和记录；

保管好的信息主要包括：商业性资产和债务的记录，包括每种类型固定资产的购买成本、日期及其现行账面价值；与商业活动有关的收入、成本、费用记录；与商业活动有关的货物和服务的采购和销售；出售的特别货物和服务；买卖双方的名字；有纳税识别号的发票；会计年度末贸易型货物库存记录，包括库存货物的类型、数量、价值等；与确定税收责任有关的其他文件；

如果纳税人采用外国语言记录的，应当自费翻译成埃塞其中的一种官方语言；

保存期限应当能够在纳税年度结束后10年。

7. 征管与合规性要求

根据埃塞所得税令，除非另外规定，纳税年度为财政年度，具体为每年7月8日至次年7月7日。

如果为实体，则为实体的会计年度。实体若非从税务当局获得书面许可，不能改变其会计年度。

纳税申报期间为纳税年度结束后4个月内申报缴纳，纳税年度中期（季度、半年度）无需申报。

①如纳税人未在到期日前缴纳税款，则应承担下列逾期付款罚金：在到期日后1个月（或不足一个月）期满时仍未缴纳的未缴税款的5%；以及加上，在仍未缴纳税款期间，按每个月（或不足一个月的，仍是）未缴税金额的2%。

②根据本条评定的罚款金额不得超过其所涉及的税务负担的金额。

③如果纳税人支付了逾期付款罚金，但罚金所涉税款被发现本不应付，则应根据《税务管理公告》第50（4）条向纳税人退还该逾期付款罚金。

8. 资本利得税

资本利得为转让经营性资产时实现的所得。在埃塞俄比亚，资本利得属于所得税法中规定的D类所得，需缴纳所得税（也即资本利得税）。转让（销售或赠送）财产所得应按照下列税率缴纳所得税（资本利得税）：拥有的建筑物是用于商业、工厂、办公室的，税率为15%；公司股份，税率为30%。

税收优惠

（1）企业免税。下列情形所列的企业重组中双方居民企业的股权置换不属于股份转让，免于缴纳资本利得税：两个或两个以上居民企业的合并；兼并或收购 50% 以上（含本数）有表决权的股份，和 50% 以上（含本数）所有其他股份，仅指重组中用于股权交换的居民企业的价值；居民企业 50% 以上（含本数）的资产被另一个居民企业以非优先股的参股交易方式兼并；一个居民企业或多个居民企业的分立；衍生（派生）行为；用于交换的股份的价值应按其初始价值确认。税务机关应确保上述合并、兼并、收购、分立或衍生（派生）行为不以避税为目的。

（2）个人免税。个人转让已使用两年以上用于居住的建筑物取得的转让所得免税。

9. 企业所得税税务核算方法

企业所得税税务核算应当符合可接受的公认的核算原则。如果税务局没有明确规定，纳税人可以采用收付实现制或权责发生制进行核算。如果核算方法改变更能反映纳税人的收入，纳税人可以改变核算方法，但应当书面通知税务局并获得许可；如果纳税人的核算方法发生改变，则发生变更后的纳税年度内纳税人的收入项目、扣除项目以及抵扣项目应作相应的变更。

收付实现制：在收付实现制下，纳税人收到款项或取得有效的收款凭据时确认收入；纳税人在支付款项时确认有关成本费用。

权责发生制：当纳税人有足够证据确保其收入是应收或有取得收入的权利时，即使未收到相应的款项，也应当确认收入；当纳税人存在应付或有合理证据或经济行为发生时，即使没有支付相应的款项，也应当确认相应的成本费用。

长期合同核算要求：在采用权责发生制核算长期合同的纳税人，应当在纳税期间内根据已完成的合同百分比确认有关收入和成本。

利用完成百分比法根据纳税年度结束前已发生的归属于合同的总成本以及估计的总成本（含变动和通货膨胀调整）比较后确定；

在长期合同完成的纳税期限内，开展商业活动的纳税人如果产生亏损或以前年度结转的亏损，且这些亏损归属于长期合同，则税务当局一般允许这些亏损结转到以前税收年度；

长期合同系指在纳税年度内不能完工的建造、安装、工程合同及其相关服务以及估计在 12 个月内才能完工的其他合同。

具体如下：

本期确认收入 = 不含税合同额 × 累计完成百分比－上期及以前各期累计确认收入

本期确认成本 = 累计发生成本－上期及以前各期累计确认成本

完成百分比 = 累计实际发生成本 / 合同成本预算数

10. 预提所得税

（1）进口预扣税。在进口用于商业用途的货物而涉及的 C 类所得（指进口货物或服务所得），需要代扣代缴，此代扣代缴税可以在年度纳税申报时进行抵扣。

代扣代缴率为 3%，以 CIF 价为税基。

扣缴时点为申报进口时；

征收的税款应当使用纳税人的名字、地址和纳税人识别号（TIN）；如果纳税人没有纳税人识别号（TIN），则使用纳税人的名字和地址，直到纳税人提供一个纳税人识别号（TIN）给征收当局；扣缴义务人按照法律要求从收入中扣除的预扣税应在收入被支付的当月结束之后的 30 天之内支付给税务局。 如果扣缴义务人未能按照法律规定要求扣除预扣税或已扣除预扣税但未按照法律规定把税款支付给税务局，则扣缴义务人应当承担向税务局支付纳税额的责任。

因未能预扣税款而承担纳税额的扣缴义务人有权从付款接受者处追讨其支付的纳税额。

（2）国内贸易预扣税。任何一次货物交易或一个合同涉及金额超过10000 比尔；任何一次服务交易或服务合同涉及金额超过 500 比尔，服务主要包括咨询服务、设计、书面素材、演讲、信息分发、律师、会计、审计和其他类似性质的服务、销售人员、艺术和体育专业者、经纪人、代理人、电视广播娱乐节目、建筑服务、广告服务、科学和智力作品专利、机器、建筑物和其他货物的租赁、维护服务、裁缝、印刷和保险等。代扣代缴率为 2%，按照不含增值税付款额代扣代缴。扣缴时点为之付款项或计入成本费用时，采用孰先原则；

每个月结束后 30 天内，代扣代缴人应当将代扣代缴税额缴纳给税务局。同时提交一个按税务局格式规定的说明，信息包括：纳税人的纳税人识别号（TIN）；总的付款金额；与纳税人有关的代扣代缴税额。

法人实体、政府机构、私人非盈利组织以及政府非盈利组织都应当在付款时代扣代缴负有预提税的纳税人的所得税。

（3）预提所得税（消极所得预扣税）。利息、股息、红利、租赁、不动产转让以及特许权使用费等消极性所得，一般实行代扣代缴方式。红利所得税的税率为 10%，属最终税。

特许权使用费（版权）所得税采用 5% 的固定税率征收属最终税。

来自于博彩（如抽签、彩券和其他类似的活动）的所得应当按 15% 的税率缴纳，属最终税。

财产租金所得税的税率为 15%，属最终税。

埃塞境外企业提供给居民纳税人的技术服务所得，需要按 10% 的固定税率征收。

在付款时应当代扣代缴；代扣代缴税款义务优先于其他代扣代缴义务；

每个月结束后的 30 天内，代扣代缴人应当将代扣代缴税额缴纳给税务局。同时提交一个按税务局格式规定的说明，信息包括：纳税人的 TIN、地址、名称；付款金额；代扣代缴的税额；

纳税人代扣代缴税时，应当提供给纳税人由税务局印刷的税收证明，证明上应当包括纳税人的 TIN、地址、名称、付款额、税额、对代扣税不服的争议权利以及代扣方式。

非居民企业

1. 概述

不属于埃塞俄比亚居民企业的机构为埃塞俄比亚非居民企业。

2. 所得来源地的判定标准

非居民企业取得所得被视为来源于埃塞俄比亚收入的前提条件为：

（1）非居民通过设在埃塞俄比亚的常设机构开展的业务；

（2）非居民在埃塞俄比亚出售商品或者同通过设在埃塞俄比亚的常设机构出售的货物相同或类似货物；

（3）非居民开展的同非居民通过埃塞俄比亚的常设机构开展的业务相同或类似的业务。

3. 税率

非居民企业取得 B 类所得、C 类所得适用的税率与居民企业规定相同。

4. 征收范围

埃塞俄比亚非居民企业应就其来源于埃塞俄比亚的收入申报缴纳企业所得税。

5. 应纳税所得额

与居民企业规定相同。

6. D 类所得

（1）一般性规定。取得埃塞俄比亚来源的股息、利息、特许权使用费、管理费、技术费或保险费的非居民企业应按照税法相关规定缴纳企业所得税。

①保险费或特许权使用费所得，为收入全额的 5%；

②股息或利息所得，为收入全额的 10%；

③管理或技术费所得，为收入全额的 15%。

（2）非居民演艺所得。非居民演艺人员团体通过在埃塞俄比亚参加表演取得的收入，应根据其表演收入全额的 10% 计算缴纳企业所得税。

其中，团体包括体育团队，表演包括体育赛事。

（3）汇出利润。通过常设机构在埃塞俄比亚开展业务的非居民企业如果对外汇出利润，应根据其常设机构汇出利润金额的 10% 计算缴纳企业所得税。

（二）增值税

埃塞俄比亚增值税的征税范围为商品和劳务的提供、进口应税商品及特定的进口服务，按从事应税交易的总价值划分义务登记及自愿登记的增值税纳税人。按照扣除法计算增值税，当进项税额大于销项税额时可以选择留抵、增值税返还或抵缴其他税款。税率分为两档，基本税率 15% 和零税率。增值税按月申报。

1. 纳税人

（1）增值税纳税人。增值税登记人或被要求增值税登记的人；进口应税商品至埃塞俄比亚的进口人，以及未在埃塞俄比亚进行增值税登记，但在埃塞俄比亚境内向客户提供了增值税应税服务的非居民为增值税纳税人。也适用于通过设立在埃塞俄比亚的分支机构或者通过互联网提供商品和劳务的非居民。

增值税登记人于增值税登记生效时即为增值税纳税人。应按要求进行增值税登记而未登记的人，在登记义务产生之后的会计期起即为增值税纳税人。

（2）增值税登记。下列从事应税交易的人有义务进行增值税登记：

①在任意12个月结束时，这个人从事应税交易的总价值超过500000比尔；

②在任何12个月开始时，有合理理由认为这个人在这段时间内从事应税交易的总价值将超过500000比尔。

从事应税活动，但无需进行增值税登记的人，如果经常性地将其75%以上的商品（劳务）提供给登记人时，可以自愿向税务机关申请登记。

2. 征税范围

（1）一般规定。下列商品和劳务的提供需要缴纳增值税：

①在埃塞俄比亚境内销售商品；

②提供按照租赁协议、信贷协议、运输合同、租船合同或其他任何约定商品的使用权或特许权的协议规定的商品使用权或特许权，无论是否存在驾驶员、飞行员，船员或操作人员；

③热力、电力、燃气或水的传输或提供；

④在埃塞俄比亚境内提供的劳务，包括授予、分配、中止或放弃任何权利及提供设施或便利。

（2）特殊规定。增值税登记人购买的商品或劳务已支付增值税且获得（或有权获得）相应的税额抵免，将这些商品或服务用于应税活动或推进应税活动以外的活动的，仍视为是该增值税登记人在应税活动中或推进应税活动中提供商品或劳务；

雇主向雇员提供的商品或劳务，包括无偿供应，被视为在应税活动进程中或为促进应税活动而提供商品或劳务的行为。

3. 税率

（1）增值税税率主要为15%，税基为应税交易的价值、进口货物和服务的价值。

（2）零税率。下列应税交易按照零税率计算增值税：

①符合条例规定的商品或服务出口；

②直接与国际货运或国际客运相关的运输和其它服务的提供，以及在国际航运中消耗的润滑剂及其他技术消耗品；

③向埃塞俄比亚国家银行提供黄金；

④在单笔交易中，增值税登记人向另一增值税登记人的提供。

4. 增值税计算

企业购买货物或采购货物时，企业需要支付增值税给供应商，供应商收取的增值税就是企业的进项税额。企业销售货物或提供服务给客户时，其价格中含有并收取的增值税就是增值税销项税额。增值税销项与增值税进项之差就是为应交的税额或应退或待抵的税额。即：

增值税应纳税额 = 增值税销项税额 - 增值税进项税额

如果增值税销项税额 > 增值税进项税额，则产生增值税应纳税额；

如果增值税销项税额 < 增值税进项税额，则产生增值税应退税额或留抵税额。

增值税销项税额 = 不含税货物或服务收入 ×15%= 含税价格 ×15%/（1+15%）；

增值税进项税额 = 采购货物或服务不含税价值 ×15%= 含税价格 ×15%/（1+15%）。

每月申报增值税销项来源：在货物销售时点，增值税应税行为发生。一般来说，增值税发票开具时，增值税应税行为发生。如果发票还没有开具，则应税行为在服务提供时点发生。

每月申报增值税进项来源：大部分进项税额可以抵扣，但部分进项税额不允许抵扣。总体原则是采用发票确定法，即收到发票时，不管有无付款，都应核算和申报可抵扣之增值税进项税额。

4. 税收优惠

（1）符合条件的商业租赁机构。符合下列条件的商业租赁机构从事的应税交易属于增值税免税交易：

定期提供通常情况下为 5 人或 5 人以上住宿的任何酒店、汽车旅馆、小旅店、寄宿公寓、招待所或类似的住宿机构，且以 1 天、1 周、1 个月或其它时间段为周期计费；

任何作为住宿定期出租或待出租的别墅、公寓、宿舍或单个房间，且其中的每个住户持续租赁时间均不超过 45 天，如果这些住宅的全年租赁已收和应收收入总额超过 24000 比尔，或者有理由相信其总额能够超过 24000 比尔；

● 任何提供住宿的别墅、公寓、宿舍、单个房间、旅行拖车、游艇、帐篷或构成资产的旅行拖车及露营地，包括商业经营的租赁资产；

● 雇主以寄宿机构或招待所的形式提供的，仅仅或主要作为其雇员、其关联方或他们的家属们的福利，不以盈利为目的的住宿；

● 地方政府以寄宿机构或招待所形式提供的不以盈利为目的的住宿；

● 任何注册的医院、妇产科医院或诊所的住宿。

（2）特定类型的商品（不含出口）或服务提供、商品进口

下列类型的商品（不含出口）或服务提供、商品进口免征增值税：

● 销售或转让使用过的住所或租赁场所；

● 提供金融服务；

● 供应或进口本国或外国货币及证券（作为钱币爱好的收藏品除外）；

● 将被转让给埃塞俄比亚国家银行的黄金进口；

● 宗教组织提供宗教或教会相关的服务；

● 进口或提供《卫生部长办法》的指令中规定的处方药，以及提供医疗服务；

● 教育机构提供的教育服务以及学前教育机构的托儿服务；

● 以人道救援形式提供的商品和服务，以及转让给埃塞俄比亚政府和公共机构用于自然灾害、工伤事故和灾后重建的进口物资；

● 电、煤油和水的提供；

● 政府、公共机构、事业单位或根据法律、协议规定免征关税和免征进口增值税项目的商品进口；

● 埃塞俄比亚邮政服务公告授权的由邮政局进行的提供，收取费用或手续费的服务提供除外；

● 提供运输；

● 许可费和执照费；

● 关税条例中规定的商品进口；

● 由超过 60% 的雇员为残疾人士的工坊所提供的商品或劳务；

● 书籍及其他印刷品的进口或提供。

5. 增值税不能抵扣项目

根据埃塞增值税法令，目前如下项目的增值税金额不能抵扣：

• 如果不是从事汽车交易或租用以及这些购买的汽车不是用于纳税人的商业目的，则客运汽车纳税人的进口或应税交易所发生的增值税额不能抵扣；

• 如果不是提供娱乐服务或与涉及娱乐有关的应税交易活动，则纳税人购买或取得的用于娱乐目的的购进货物或服务所涉及的增值税进项税额不能抵扣；

• 在增值税发票或海关发票上的增值税超过交易实际应付的增值税额情况下，纳税人在会计期限内可以申请抵扣超额税额，但如果是销售给没有注册的增值税纳税人且超额税额并没有支付给供应商，则超额税额不能抵扣；

• 雇主替雇员支付的采购费用或补偿给雇员的，其进项税额不能抵扣，因为这些货物和服务不是用于雇主的应税活动；如果雇主所采购的服务和货物的进项税额不能抵扣，则这些给雇员的项目也就与应税活动无关，进而也需纳税；如果登记注册的纳税人提供免税服务给其雇员，则其采购的用于免税服务的货物所含的进项税额也不能抵扣。

• 目前，用于往返办公室与居住地之间的交通工具进项税额、食堂购买的相关产品的进项税额以及业务招待费所支付的进项税额均不能抵扣。

6. 增值税申报和缴纳

根据增值税令，增值税税务期限为一个月（日历月份），企业应在月份结束后 30 日内提交增值税纳税申报表。无论有无需要缴纳增值税额，增值税纳税人都必须提交纳税申报表，且不得迟于法律规定的日历月份最后一天。如需缴纳增值税额，则必须在申报的最后一天前缴纳有关税款。

增值税进行申报时，需要提交增值税申报表、增值税进项税发票复印件、增值税销项发票复印件以及其他相关资料。

7. 增值税发票文档资料要求

根据埃塞历 2002 年第 285 号及 1994 年第 285 号增值税令有关规定，企业有义务将有关文档单据保存 10 年，这些文档包括：

• 收到的原件发票；

• 增值税纳税人开具的所有发票的复印件；

• 增值税纳税人进出口海关单据、核算记录以及；

● 收入署法令规定的其他相关记录。

文档系指核算记录、电子信息以及其他形式的文档。

合法的增值税发票要求：增值税发票是收入署规定格式的一种文档，其内容包括：企业与购买方的全称；企业与购买方的税务登记号；增值税注册证代码及日期；货物或服务名称；应税交易金额；消费税货物的消费税额；应税交易的增值税额；增值税发票日期；及发票序列号等；

增值税发票类型：

信用发票（CREDIT INVOICE）本信用发票是在采购方没有支付款项的情况下，由供应商出具给采购商的发票，采购商可仅凭借该信用发票抵扣信用发票上的进项增值税；当采购方支付货款时，供应商将再出具一份现金收据（CASH RECEIPT）；信用发票（CREDIT INVOICE）与现金收据一起构成发票；

现金发票（CASH SALES INVOICE）：本现金发票是在采购方直接支付款项的情况下，由供应商出具给采购商的发票，本现金发票即为直接的发票，采购商可直接凭借该发票抵扣进项税额和入账。

增值税发票开具要求：企业应在货物销售或服务提供后及时开具增值税发票给采购方，但发票开具不得迟于交易后 5 天；如果企业丢失了应税交易的发票原件，可要求增值税纳税人提供一个复印件，但该复印件应标记"复印件"字样；如果整个交易价值不超过 10 比尔的现金销售，增值税纳税人可不开具收据或增值发票。但是，现金销售的类型和数量应经税务当局授权。

（三）个人所得税

1. 征税原则

埃塞俄比亚目前通行的所得税法为《第 979/2016 号所得税公告》。此公告于 2016 年 8 月 18 日在埃塞俄比亚首都亚的斯亚贝巴正式对外公布，适用于 2016 年 7 月 8 日起取得的收入。

任何在埃塞俄比亚境内取得收入的个人均需缴纳个人所得税。所得税纳税人分为三类，分别为 A 类纳税人、B 类纳税人、C 类纳税人。根据所得的性质，所得税法将其分成了五类，分别为 A 类所得、B 类所得、C 类所得、D 类所得和 E 类所得。不同所得类型对应不同的税率和计算方法。所得税按年申报，并且根据不同所得类型、不同纳税人类别分别进行纳税申报和税收评定。所得税应纳税额（包括代扣代缴的税款）需在到期前缴纳，未按时缴纳的税款将产生利息和罚款。所得税多缴税款能够予以抵免、退税或抵缴其它税收。

A类所得（雇佣所得）的应税所得包括：雇员在过去、现在或将来受雇期间取得的薪金、工资、津贴、奖金、佣金、退职金或其它报酬；雇员在过去、现在或将来受雇期间取得的额外福利；雇员在雇佣关系终止之时取得的款项，无论此种款项是雇主根据协议主动支付的还是按照法律要求支付的，其中包括裁员或失业补偿，或优厚解雇费。

B类所得的应税所得为纳税年度内纳税人通过建筑物租赁取得的毛收入减去该年纳税人可扣除的总额之后的余额。

C类所得的应税所得为纳税年度内纳税人的营业收入减去该年纳税人可扣除的款项之后的余额。

D类所得中股息、利息、特许权使用费所得全额为其应税收入。

2. 申报主体

（1）居民纳税人定义。一般情况下，如果个人满足如下条件之一的，将视为埃塞居民：

- 在埃塞境内有永久性住所；
- 在埃塞有习惯性住所；
- 埃塞公民、派往国外的埃塞领事、外交以及类似官员；
- 12个日历月份内在埃塞连续或累计停留超过183天。

根据埃塞所得税令，凡属于埃塞居民纳税人，应就其来源于埃塞俄比亚境内外所得申报缴纳个人所得税；凡属于埃塞俄比亚非居民纳税人，应仅就来源于埃塞俄比亚境内所得纳税。

（2）非居民纳税人。凡不构成埃塞俄比亚居民纳税人的个人为埃塞俄比亚非居民纳税人。

3. 应纳税所得额

（1）居民纳税人应税所得。埃塞所得税令规定的个人应税所得包括但不限于：

- 雇佣所得；
- 商业活动所得；

- 表演家、音乐家或运动员独立劳动所得；
- 非居民通过常设机构开展商业活动所得；
- 居民公司红利分配所得；
- 其他所得。

（2）免税所得。所得税法规定，下列款项被视为免税收入：

①雇主向雇员提供的福利：支付的相当于雇员实际医疗费用的金额；根据雇佣合同给予的交通津贴；艰苦劳动津贴；向雇员支付的上下班交通费用和出差津贴；向从参加或完成雇佣工作的地点之外的其他地方雇佣的雇员支付的差旅费；开展采矿、制造或农业相关业务的雇主向雇员提供的免费食品和饮料；埃塞俄比亚政府向在外国从事公共服务的雇员支付的津贴。

②向联邦政府或州政府或市管理机构设立的公共企业、公共机构或研究团队委员会的成员和秘书支付的津贴；

③雇主为雇员缴纳的养老金、公积金或其他退休基金，但每月的缴款不超过雇员每月雇佣收入的 15%；

④公务员养老金公告或私人组织雇员养老金公告下的免税养老金；

⑤国际协议下的免税额；

⑥因某人的人身伤害或死亡而提供的赔偿金；

⑦在教育机构取得的奖学金或助学金；

⑧赡养费或子女抚养费；

⑨雇主向雇员支付的现金赔偿额，但仅限于对雇员经济方面的差额的赔偿；

⑩向家庭佣工支付的工资。

（2）非居民纳税人应税所得。

① A 类所得。非居民纳税人取得的雇佣收入被视为来源于埃塞俄比亚收入的条件是：雇佣发生地为埃塞俄比亚，且这种情况同此种收入的支付地无关；此种收入是由埃塞俄比亚政府或代表埃塞俄比亚政府支付给雇员的，这种情况同雇佣所在地无关。

② B 类所得。非居民纳税人通过下列租赁方式取得的租赁收入，被视为来源于埃塞俄比亚收入：位于埃塞俄比亚的不动产的租赁；位于埃塞俄比亚需缴纳所得税法规定税款的动产的租赁。

③ C 类所得。非居民纳税人取得所得被视为来源于埃塞俄比亚收入的前提条件为：非居民通过埃塞俄比亚的常设机构开展的业务；非居民在埃塞俄比亚出售商品或者同通过埃塞俄比亚的常设机构出售的货物相同或类似货物；埃塞俄比亚的非居民开展的同非居民通过埃塞俄比亚的常设机构开展的业务相同或类似的业务。

④ D 类所得。一般性规定：埃塞俄比亚居民机构向非居民纳税人支付的股息、利息、特许权使用费、管理费、技术费被视为来源于埃塞俄比亚收入；非居民演艺人员：非居民演艺人员通过在埃塞俄比亚参加表演取得的收入被视为来源于埃塞俄比亚收入。其中，演艺人员包括音乐家和运动员，表演包括体育赛事。处置利得：非居民纳税人通过下列处置实现的利得被视为来源于埃塞俄比亚收入：位置位于埃塞俄比亚的不动产；处置对某机构拥有的成员权益，前提是大于直接或通过一个或多个中介机构间接从位于埃塞俄比亚的不动产取得的权益的价值的 50%；处置由居民企业发行的股份或债券。偶然所得：非居民纳税人通过在埃塞俄比亚举行的博弈游戏赢取的奖金被视为来源于埃塞俄比亚收入。非居民纳税人取得与埃塞俄比亚风险保险有关的保险费被视为来源于埃塞俄比亚收入。

3. 税率

（1）居民纳税人。根据国际历 2016 年 7 月 8 日新修改所得税令，埃塞俄比亚对个人所得税采用代扣代缴方式，并按照 6 级超额累进税率征收个人所得税。具体税率如表 5-2-1、表 5-2-2、表 5-2-3：

表5-2-1　A类所得税税率表

雇佣所得（月）		税率
低档（级次）	高档（级次）	
0	600	0%
601	1650	10%
1651	3200	15%
3201	5250	20%
5251	7800	25%
7801	10900	30%
超过 10900 以上的部分		35%

表5-2-2　B类所得税税率表

应税租赁收入（每年）		税率
低档（级次）	高档（级次）	
0	7200	0%
7201	19800	10%
19801	38400	15%
38401	63000	20%
63001	93600	25%
93601	130800	30%
超过 130800 以上的部分		35%

表5-2-3　C类所得税税率表

应税营业所得（每年）		税率
低档（级次）	高档（级次）	
0	7200	0%
7201	19800	10%
19801	38400	15%
38401	63000	20%
63001	93600	25%
93601	130800	30%
超过 130800 以上的部分		35%

（2）D类所得。居民纳税人取得股息所得适用 10% 的税率。

居民纳税人取得利息所得，如果源于埃塞俄比亚居民金融机构适用 5% 的税率，除此之外适用 10% 的税率。

居民纳税人取得特许权使用费所得适用 5% 的税率。

（3）非居民纳税人。非居民纳税人取得 A 类所得、B 类所得、C 类所得、D 类所得适用的税率与居民纳税人规定相同。

4. 税前扣除

（1）居民纳税人。

A 类所得，雇员不得扣除取得雇佣收入过程中产生的任何支出。

B 类所得，未建立账簿的纳税人（不包括税法规定需要建立账簿而未建立的纳税人）允许税前扣除的款项为：州或市管理机构对租赁土地或建筑物征收的、由纳税人在年度内缴纳的各种费用和收费；一笔相当于纳税人在年度内取得的租赁毛收入 50% 的款项，作为建筑物、家具和设备维修、维护和折旧准备金。建立账簿的纳税人允许扣除的款项为：建筑物所在土地的租赁成本；维修和维护费用；建筑物、家具及设备的折旧；利息及保险费；州或市管理机构对租赁土地或建筑物征收的各种费用和收费。

C 类所得，允许税前扣除的款项为：纳税人在年度内为了取得、保障和保持营业收入中所包含的款项而产生的必要支出；纳税人在年度内根据财务报告准则处置营业存货时的成本；年度内纳税人的应计折旧资产和无形营业资产自用于取得营业收入起发生的贬值；年度内纳税人通过处置营业资产（营业存货除外）产生的亏损。

D 类所得中股息、利息、特许权使用费所得，在计算应纳税所得额时不允许扣除任何费用。

（2）非居民纳税人。

非居民纳税人取得 A 类所得、B 类所得、C 类所得、D 类所得时允许税前扣除的规定与居民纳税人相同。

5. 个人所得税纳税期限及申报时点

雇主有义务在每个日历月份对其所雇佣的雇员所得代扣个人所得税并支付给主管税务部门。代扣代缴员工的个人所得税应当自代扣代缴之日起 30 日内申报纳税给税务当局。

企业应当按时代扣代缴雇员的个人所得税，并在扣缴后填写相应的纳税申报表。个人所得税纳税申报表一般包括：纳税义务人信息、申报细节、纳税期限内计算的应纳税额、雇员信息和纳税人税务登记证。

7. 雇佣所得预扣税

如果法律规定没有免税，雇主在每次支付给雇员薪资时，应当代扣代

缴所得税；此项代扣代缴义务优先于其他代扣代缴义务；代扣代缴税率为
10%~35% 的 6 级超额累进税率。

扣缴时点为支付员工薪资时，雇主应当在每个日历月份结束后 30 天内
将代扣代缴的税款缴纳给税务局，同时应当提供反映每个雇员收入的申报
表，此申报表要求由税务局确定。

（四）关税

埃塞俄比亚是国际海关合作理事会成员，对进出口商品关税计征采用
国际通行的协调编码制度。也就是说，除关税税率以及海关征收过程中存
在的差异外，埃塞关税政策与国际关税的相关规定大部分相同。

1. 关税的体系和构成

（1）关税。

关税定义：关税是海关代表国家，按《海关法》等法律法规，对国家
准许进出口的货物、进出境的物品征收的一种税。

关税类别：关税按征收对象可分为进口关税和出口关税；按征收标准
可分为从价税、从量税、复合税、滑准税；按货物国别来源可分为最惠国
关税、协定关税、特惠关税和普通关税。

（2）进出口环节海关代征税费。

消费税：进口消费税 =（关税完税价格 + 关税）× 消费税税率 /（1- 消
费税税率）。

增值税：增值税 =（关税完税价格 + 关税 + 消费税）× 增值税税率；如
果进口货物不属于消费税类，则增值税 =（关税完税价格 + 关税）× 增值
税率。

预扣税：为进口有海关代征的企业所得税，即预扣税 =CIP 价 × 代征
税率；

附加税：该税以海关环节征收的各种税为税基进行计征。即附加税 =
（关税 + 增值税 + 消费税 + 海关环节预扣税）× 附加税率。目前。埃塞海关
环节的附加税率为 10%。

（3）埃塞关税完税价格的确定。

根据埃塞俄比亚有关规定，任何进口或出口的货物的关税计税价值应
当以货物的实际总成本为基础计算。

①进口货物的关税计税价值。进口货物的关税价值为货物交易价值、支付到目的港的运费、保险费之和；即通常我们所说的 CIF 价。由于埃塞是陆地国家，因此主要为 CIF 价；如果价格不被关联方影响，则进口者支付给供应商的交易价值和其他相关成本被认为是合理正确的、可接受的；如果进口货物的保险费正确，但提示的有关保险单证被海关拒绝，则保险成本参照同一时间或大约同时以相同方式进口相同或类似货物的保险成本计算保险费用．

②为确定货物的真实价值，下列附加成本也需要考虑在内：买方承担的佣金、经纪成本；装货物的容器成本、包装材料成本以及劳务成本；购买者以免费或低成本提供的货物价值或服务价值（这些价值往往没有被包括在实际已付或应付的价值中）；购买者直接或间接支付的与货物有关的版权和特许权使用费；支付给进口港的装卸费、搬运费。

如果确定货物关税计税价值的必要文档没有提供或被主管当局拒绝，则以同时或大约同时从相同国家进口的相同或类似货物的价值确定该进口货物的计税价值；

如果货物的价值不能确定，则同时或大约同时从相同国家进口的类似货物的价值确定该进口货物的计税价值。

进口价值的扣减项（从进口价值中的扣减金额）

下列调整成本应该从进口价值中扣除；

运输过程中的损毁成本；

海关监管仓库的毁损成本；

如果被要求和与海关达成一致要销毁或处理储存在仓库中的任何危险货物，则在海关官员和其他官员监管的情况下销毁或处理的货物的价值可以按比例从货物的价值中扣除。

（4）关税缴纳方式

目前存在以下三种关税缴纳方式：

①关税先纳制。海关在接受进出口货物通关手续申报后，逐票计算应征关税并填发关税缴款书，纳税人到指定银行办理税款交付或转账手续后，海关凭加盖了"转讫章"的关税缴款书收据办理放行手续。

②关税后纳制。对一些易腐、急需但手续无法立即办完的货物，海关

允许纳税人在履行了有关担保手续后，现行办理货物放行，然后再办理关税缴纳手续。

③定期汇总纳税制．符合定期汇总纳税制的纳税人，对在管辖海关办理进境申报手续的货物，每10天向管辖海关办理一次纳税手续。

目前，在埃塞俄比亚主要采用关税先纳制的方式。

2. 关税税率

埃塞的绝大部分产品的关税为5%~35%，增值税统一为15%。

3. 埃塞俄比亚清关方式

埃塞相关法律规定，只有拥有报关资格的埃塞本国居民（包括自然人、法人）才可以进行报关行为。但是对于非本地的法人，只要雇佣了具有报关资格的自然人，该法人一般也可以报关，但这与是否可以从事进出口经营行为不同。根据埃塞投资法律规定，外国公司或外资公司是不允许从事进出口贸易活动的。

（1）自理报关。

在自理报关情况下，一般要求设备只能是进口商自用，不得用于任何商业行为。根据海关对不同进出口货物的要求，只有取得埃塞政府相关部门的批文才可进口。同时，报关单位须有海关认证通过的报关员进行自理申报工作或通过专业代理报关行的报关员进行申报。

（2）代理报关。

进口方委托专业的报关公司代为报关。目前企业在处理小额货物清关时采用第一种办法，但实际操作上，企业在采用此种方式的同时存在一定的违规行为；在处理合同中规定由局方负责清关的货物时，局方采用第二种办法。

另外，在代理报关上存在直接代理和间接代理两种方式。直接代理是以委托人的名义进行报关的代理方式，而间接代理是以代理人的名义进行报关的代理方式。若非具有明确的代理协议以及代理人开具相应的含增值税的正规本地发票，一般不主张采用间接代理方式，而应采用直接代理方式。

4. 暂准（时）进出口通关

在涉及货物进口后有需要复出口的情况下，一般较多采用暂时进出口方式，即临时进出口方式。

（1）暂准（时）进出口定义。

暂准（时）进出口泛指一切进口或出口的货物在经过使用、储存、加工后复出口或复进口的行为。在此所说的"暂准（时）进出口"特指经使用后须原状复出口或复进口的行为。

（2）暂准（时）进出口通关制度管理特点。

在提供担保或缴纳保证金的条件下暂时免纳进（出）口税，原则上免予交验进出口许可证件，在规定的期限内复出口或复进口，进出口通关现场放行后，货物但在使用期间仍将继续受海关的监管，直至海关手续核销。

按货物使用后的实际去向办理海关手续，暂准（时）进口或出口货物原则上必须原状复运出口或复运进口，但实际上货物还可能专为内销（或外销）或出现消耗掉的情况，无论其去向如何，均应按规定办理相应的海关手续。

根据一般国家现行的暂准（时）进出口通关制度，允许适用该通关方式的货物大致包括：

- 可以有条件地全部免纳进出口各税的货物；
- 进口或出口的展览品及技术交流物品；
- 暂时进出口货物；
- 因承装进出口货物而暂时（或租借）进出口的集装箱箱体；
- 暂时进出口的货样、广告品、橱窗陈列品；
- 其他暂时进出口的货物；
- 可以有条件地部分免征进口税的货物；

目前主要包括租赁或租借进口暂时用于生产、建筑、运输用途的货物。

（3）暂准（时）进出口货物通关基本手续。

进（出）口前的备案：这主要是针对暂准（时）进出口货物的特殊监管措施，依各国海关的具体情况，决定在进（出）口前提前办理申请。

进（出）口时凭担保通关：在货物进出口时，收、发货人或其代理人应向海关正式申报，海关在检验收、发货人提供的担保，一般是保证金相当于货物按照一般进出口通关时应该缴纳的进出口赋税，确保履行在规定期限内原状复运出（进）口，并经选择性查验和复核后暂放货物进（出）口。

使用期内接受海关核查：暂准（时）进出口货物应该用于事先确定的特定目的。在这一阶段，货物的使用者应随时接受海关对使用状况的核查。同时，对在使用期间因故需要对货物做出其他方式处理的，应经海关批准并办理相应的海关手续。

复出（进）口时通关：暂准（时）进出口货物在境内外的使用，均有规定的期限。除期满前另有安排外，均应复出口或复进口。收、发货人或其代理人应向海关办理复出（进）口手续。对境内（外）留购的，则应重新按实际进出口（一般进出口、减免税进口等）办理海关手续。

核销结关：暂准（时）进出口货物经使用，并按实际去向办理了相应的手续后，货物的收、发货人或其代理人应凭有关凭证至备案地或原进、出境地海关办理核销手续，经海关核对审查无误后，撤销担保。

（五）消费税

1. 纳税义务人

消费税纳税人为生产特定商品的生产商和进口特定商品的进口商。

2. 征收范围

埃塞俄比亚消费税是对特定商品，例如奢侈品及无需求弹性的生活必需品征收的税收。消费税应纳税额按照消费税税目表计算，在进口环节和生产环节征收。

3. 税率

表5-2-4 消费税税率表

序号	商品种类	消费税税率
1	糖类制品 / 固态，不包含糖浆	33%
2	饮品，软饮料 / 不包含果汁	40%
	粉末软饮料	40%
	瓶装或罐装水	30%

续表

序号	商品种类	消费税税率
3	酒精饮品	
	啤酒、黑啤	50%
	葡萄酒、红酒	50%
	威士忌	50%
	其他酒精类饮品	100%
	纯酒精	75%
	烟草及烟草制品	
4	烟叶	20%
	香烟、雪茄、小雪茄烟、鼻烟及其他烟草制品	75%
5	盐	30%
6	燃料——超苯、常规苯、汽油	30%
7	香水及花露水	100%
8	纺织及纺织制品	
	纺织面料、针织或机织真丝制品、人造丝、尼龙羊毛及其他类似材料制品	10%
	全棉或部分染色或印花的棉织品，包括毛毯、床单、床罩、毛巾、桌布及类似物品，不包括蚊帐	10%
	外套	10%
9	供国内使用的磁盘清洗机	80%
10	供国内使用的洗衣机	30%
11	录像机	40%
12	电视机及摄像机	40%
13	电视广播接收机，无论是否连接了留声机、收音机、声音接收器及扬声器	40%

续表

序号	商品种类	消费税税率
14	客车、旅行车、公共车辆、越野车、皮卡货车或类似车辆，包括电动旅居挂车	
	1300 C.C. 以下	30%
	1300 C.C. ~1800 C.C	60%
	1800 C.C. 以上	100%
15	地毯	30%
16	石棉及石棉制品	20%
17	钟表	20%
18	玩具和娃娃	20%

尤其注意对恰特草的消费税。恰特草，又名"阿拉伯茶""埃塞俄比亚茶"，广泛分布于热带非洲、阿拉伯半岛。因其叶中含有兴奋物质卡西酮，咀嚼后对人体中枢神经产生刺激作用并容易成瘾，又被称为"东非罂粟"，是世界卫生组织确定的 II 类软性毒品。恰特草是埃塞俄比亚最主要的出口经济作物，出口量仅次于原产于该国的咖啡。近 20 年来，恰特草的种植面积翻了两倍。而每英亩恰特草带来的经济效益超过所有农作物。

2012 年 8 月 27 日，埃塞俄比亚颁布了《第 767/2012 号消费税公告》（《关于恰特草的消费税公告》），原《第 309/1987 号公告》作废。生产加工恰特草用于销售的人以及恰特草出口商为消费税纳税人。与此前对恰特草因地区不同而施行不同的消费税税率的征收方式不同，新公告规定，按照每千克 5 比尔的定额税来征收恰特草消费税。另外，如果恰特草出口商未实现出口，则在定额税的基础上加收 25% 税款金额的罚款。

3. 应纳税额

消费税计税基础由下列方式确定：在当地生产指定商品，消费税计税基础为生产商品的成本；进口指定商品，消费税计税基础为商品进口的到岸价（CIF 价）。

4. 消费税缴纳

（1）进口指定商品时，消费税于商品清关入境时缴纳。

（2）生产指定商品时，消费税于生产产品完工之后 30 日内缴纳。

（六）营业税

1. 纳税义务人

在埃塞俄比亚境内提供商品或服务的非增值税登记人，且年应税所得低于 500000 比尔的企业或个人为营业税纳税人。

2. 征收范围

在埃塞俄比亚营业税已取代了销售税（Sales Tax）。商品或服务的提供如果已缴纳了增值税，则无需再缴纳营业税。营业税按月或按季申报，由商品或服务的提供方（卖方）缴纳。

3. 税率

营业税率分为两档——2% 与 10%。具体为：在埃塞俄比亚当地销售商品，税率为 2%；在埃塞俄比亚当地提供劳务：①提供承包工程、谷物磨坊、拖拉机及联合收割机服务，税率为 2%；②提供除以上列明之外的其他服务，税率为 10%。

4. 税收优惠

下列类型的商品或服务提供免征营业税，财政和经济发展部部长有权以下发指令的方式免除其他商品或服务的提供：

（1）销售或转让已使用两年以上的住所或租赁场所。

（2）提供金融服务。

（3）供应或进口本国或外国货币及证券（作为钱币爱好的收藏品除外）。

（4）宗教组织提供宗教或教会相关的服务。

（5）进口或提供由相关政府部门颁发的指令中规定的处方药，以及提供医疗服务。

（6）教育机构提供的教育服务以及学前教育机构的托儿服务。

（7）以人道救援形式提供的商品和服务。

（8）电、煤油和水的提供。

（9）提供运输。

（10）许可费和执照费。

（11）由超过 60% 的雇员为残疾人士的工坊所提供的商品或劳务。

（12）书籍的提供。

5. 应纳税额

营业税的计税基础为提供商品和服务时发票上的总金额。提供商品和服务方（卖方）在收到款项之后，需向税务机关缴纳营业税。

（七）租赁税

1. 征收范围

租赁税是对房屋租赁所得征收的一种税，为埃塞俄比亚近年来新增的税种，属于所得税。

2. 税率

（1）企业租赁房屋所得，税率为30%。

（2）个人租赁房屋所得，税率按照 B 类所得税表（表 5-2-5）纳税。

表5-2-5　B类所得税表

单位：比尔

租赁所得应纳税所得（每年）	税率
0~7200	0%
7201~19800	10%
19801~38400	15%
38401~63000	20%
63001~93600	25%
93601~130800	30%
超过 130800	35%

3. 应纳税额

（1）如果纳税人出租装修的住所时，因出租家具和设备而获得的收入，也应并入租赁所得纳税。

（2）如果转租方获得的租赁收入大于原租方，则转租方需要就转租收入与原租收入之间的差额缴纳租赁税。

4. 税收优惠

无。

5. 其他（税前扣除）：

（1）未设立账簿的纳税人，其房屋租赁收入总额的五分之一应作为房屋，家具设备的维修、维护和折旧费用，准予在税前扣除。

（2）设立账簿的纳税人，其为获取、维护、确保租赁收入实现而发生的可以证实且在法律规定之内的支出准予扣除。其中，可扣除支出项目包括（但不限于）：租赁土地成本、依法提取的房屋，家具设备的维修，维护与折旧费用，银行贷款利息以及保险金。

（九）特许权使用费

1. 征收范围

在埃塞俄比亚，特许权使用费是指为使用或有权使用任何文学、艺术或科学著作，包括电影影片、无线电或电视广播使用的胶片、磁带的版权，任何专利、商标、设计或模型、图纸、秘密配方或秘密程序，或任何工业、商业、科学设备所支付的作为报酬的各种款项；或者为有关工业、商业、科学经验的信息所支付的作为报酬的各种款项。

2. 税率

特许权使用费按 5% 的单一税率征税。

3. 税收优惠

无。

4. 应纳税额

支付方作为扣缴义务人应按规定扣缴税款。如果付款人居住在国外，收款人是居民，则收款人应按规定时限内就收到的特许权使用费所得缴纳税款。

本税收是代替净所得税的最终税收。

第三节　外汇政策

一、基本情况

埃塞俄比亚属外汇管制国家，外资企业（或项目组）可在当地银行开设外币账户，汇入自由但不能提现（银行折付当地币），作为资本投入的外汇汇入可到该国国家银行备案，企业利润及分成可在履行相应报批审查手续后汇出。埃塞俄比亚国家银行是国家中央银行，负责埃塞俄比亚外汇管理。埃塞俄比亚共有 15 家银行（不包括埃塞俄比亚央行），其中，3 家为国有银行，12 家为私人银行机构。近年来，政府通过立法，努力实施积极的货币政策，逐步放宽外汇管制。1998 年 7 月起实行"外汇批发拍卖制度"，一次性申购外汇金额高于 50 万美元者，需要通过参加拍卖获得；低于 50 万美元者，则无需参加外汇拍卖，可直接到各有关商业银行自由申购；凡因出国求学、旅游、治病等需要用汇者，可直接在银行自由兑换。目前实行浮动汇率制。2008 年以来，埃塞俄比亚货币比尔贬值较快，兑美元的汇率由 2008 年的 9.6∶1 跌至 2017 年的 27∶1。

二、居民和非居民企业资本项目和经常项下外汇管理规定

1. 资本项目下外汇管理

外国投资者可按当日银行汇价将利润和红利、偿付外部贷款的本金与利息，与技术转让协议有关的付款、企业出售、清盘或向当地投资者转让股份或所有权所得进项等兑成外汇自由、免税汇出埃塞。

2. 经常项目下外汇管理

外国公司在完成税务审计后，如果将利润汇出埃塞俄比亚，需要向埃塞俄比亚国家银行提前申请办理相关审批手续，一般情况下需要花费数月时间。埃塞俄比亚严厉打击外汇黑市交易，一旦查出，将予以重判。

三、个人外汇管理规定

埃塞俄比亚对携带外汇现金入境没有数量限制，但须在入境时填写外汇申报表进行申报，申报表 3 个月有效。外汇兑换比尔必须在授权的银行和酒店进行。出境旅客可于离境前在机场将所剩比尔兑换成相应外汇携带出境，但必须在出境时向海关出示入境外汇申报表和相关的外汇交易记录凭证。

如果入境时没有申报，出境时每人最多携带 3000 美元。如携带超过 3000 美元出境，以及出境时不申报，埃塞海关查出后将予以没收甚至暂扣人员。

第四节　会计政策

一、会计管理制度

（一）财税监管机构情况

当地财务监管机构是 AABE（Accounting and Auditing Board of Ethiopia），即埃塞俄比亚财务及审计委员会。

（二）事务所审计

所有需提交报告的企业，需将财务报告提交给 AABE，具体时间表由 AABE 确定。

需要在财务报表签署后的 20 个工作日内，提交财务报表以及审计报告。

（三）对外报送内容及要求

完整的财务报表，主要包括当期期末资产负债表表、当期综合收益表、当期现金流量表、附注。

二、财务会计准则基本情况

（一）适用的当地准则名称与财务报告编制基础。

在埃塞俄比亚注册的企业如果有经济业务发生，均需按照国际会计准则要求建立会计制度进行会计核算。2014 年埃塞俄比亚已发布财务报告公告，要求包括银行在内的企业采用国际财务报告准则。

（二）会计准则使用范围

在埃塞俄比亚注册的企业如果有经济业务发生，均需按照国际财务报告准则要求建立会计制度进行会计核算。2014 年埃塞俄比亚已发布财务报告公告，要求包括银行在内的企业采用国际财务报告准则。

但埃塞俄比亚整体财务核算水平不够高，并不能完全按照国际财务报告准则进行核算，个别核算偏向税法规定。以下主要介绍的是国际财务报告准则的规定。

三、会计制度基本规范

（一）会计年度

公司会计年度与历法年度一致，即公历年度 1 月 1 日—12 月 31 日为会计年度。

（二）记账本位币

记账本位币应当为当地货币，财务报表币种应与记账本位币一致。

（三）记账基础和计量属性

企业以权责发生制为记账基础，以复式记账为记账方法。国际会计准则的核心计量属性是公允价值，以增强会计信息的相关性。比如固定资产的计量基础，国际会计准则规定采用公允价值或历史成本。又如在非货币性交易中，国际会计准则规定以公允价值确定换入资产的入账价值，确认利得或损失。

四、主要会计要素核算要求及重点关注的会计核算

（一）现金及现金等价物

会计科目应设置银行存款、现金、现金等价物科目。资产负债表、现金流量表中列示的现金是指库存现金及可随时用于支付的银行存款，现金等价物是指持有的期限短（从购买日 3 个月以内到期）、流动性强、易于转换为已知金额现金及价值变动风险很小的投资。主要涉及资产由现金、银行存款。

（二）应收款项

应设置应收、预付款项。应收款项科目记录应收账款的初始计量按初始价值计量确认，同时规定了坏账准备、折扣、可回收包装物的会计处理。年末应收款项需要按公允价值计量确认；在财务报表中已经在会计利润中扣除的坏账准备为税会差异，不能在税前扣除。

（三）存货

存货应以成本和可变现净值孰低者计量，存货成本应当包括所有的采购成本、加工成本以及使存货达到目前位置和状态而发生的其他成本。存货的成本应当采用先进先出法或加权平均成本法计算。

存货出售时，这些存货的账面金额应在确认相关收入的当期确认为费用。存货减记至可变现净值形成的减记额和所有的存货损失，都应在减记或损失发生当期确认为费用。因可变现净值增加而使减记的存货转回的金额，应在转回当期冲减已确认为费用的存货金额。

（四）长期股权投资

长期股权投资是投资企业为了与被投资企业建立长期关系或为了自身的经营和发展而持有的被投资企业权益规定要求以上的投资。

对于长期股权投资的会计处理是通过（国际财务报告准则第27号）合并财务报表和单独财务报表、国际财务报告准则第28号对联营企业的投资以及国际财务报告准则第31号合营中的权益这三个准则来规范的。

长期股权投资的初始计量中，第25号规定：除了合营企业和联营企业外，并且不属于企业合并的长期股权投资，是按照付出的成本计量。第3号规定：对于同一控制下的企业合并，应对该企业合并的内容进行评估，当确定该合并交易确实发生交易实质时，可以自行选择购买法或权益结合法作为会计处理的原则，否则，该项交易只能采用权益结合法进行会计处理；非同一控制下的企业合并，以购买方在购买日确定的合并成本作为初始投资成本。对于长期股权投资的后续计量，采用成本法与权益法核算。

（五）固定资产

企业应设置固定资产科目核算不动产、厂场和设备。

确认时的计量：满足资产确认条件的不动产、厂场和设备项目，应按其成本计量。不动产、厂场和设备项目的成本等于确认时的等值现金价格。如果付款延期支付超过正常赊销期，等值现金价格与总支付金额之间的差额，应确认为赊销期内的利息费用，除非根据《国际会计准则第23号》应将该利息费用资本化。

确认后的计量：主体应选择成本模式或重估价模式作为会计政策，并将其运用于整个不动产、厂场和设备类别。

成本模式：确认为资产后，不动产、厂场和设备项目的账面价值应当为其成本和扣除累计折旧和累计减值损失后的余额。

重估价模式：确认为资产后，如果不动产、厂场和设备项目的公允价值能够可靠计量，则其账面价值应当为重估金额，即该资产在重估日的公允价值减去后续发生的累计折旧和累计减值损失后的余额。重估应当经常进行，以确保其账面价值不至于与报告期末以公允价值确定的该项资产的价值相差太大。

不动产、厂场和设备项目的减值，应根据《国际会计准则第 36 号——资产减值》进行确认。

满足以下条件时，不动产、厂场和设备项目的账面价值应当予终止确认：处于处置状态；预期通过使用或处置不能产生未来经济利益。

（六）无形资产

无形资产应当以初始成本计量，单独获得的无形资产成本包括购买价格、可直接归属于达到资产预计使用状态的成本。无形资产初始计量以历史成本，企业应在其预计使用期限内对资产计提摊销。无形资产期末计量按可回收价值计量，如果发生减值，计入减值准备。使用寿命不确定的无形资产不应当摊销。应当于每年度及可能出现减值迹象时的任何时点对使用寿命不确定的无形资产进行减值测试，并比较其可收回金额和账面价值。

（七）职工薪酬

企业应设置雇员福利科目，雇员福利，指主体为换取雇员提供的服务而给予的各种形式的报酬。职工薪酬分为短期薪酬（指在雇员提供相关服务的期末以后 12 各月内应全部到期支付的雇员福利）、离职后福利、其他长期雇员福利（指不在雇员提供相关服务当期末 12 个月内结算的雇员福利）和辞退福利

（八）收入

收入的确认适用 IFRS15 收入准则，核心原则是，企业向客户转让商品和服务时确认收入，确认的收入的金额应反映该企业交付该商品和服务而有权获得的金额，这项准则对收入的确认采用五步法模型。该五步法模型（识别与客户订立的合同、识别合同中的履约义务、确定交易价格、将交易价格分摊至单独的履约义务、履行每项履约义务时确认收入）不分具体交易或行业。

在履行了合同中的履约义务，即在客户取得相关商品或服务的控制权时，确认收入。对于在某一时段内履行的履约义务，在该段时间内按照履约进度确认收入，并按照一定方法确定履约进度。履约进度不能合理确定

时，已经发生的成本预计能够得到补偿的，按照已经发生的成本金额确认收入，直到履约进度能够合理确定为止。

工程施工企业应当按照履约进度确认。

（九）政府补助

政府补助，指政府通过向主体转移资源，以换取主体在过去或未来按照某种条件进行有关经营活动的援助。分为与资产相关的政府补助、与收益相关政府补助。当政府补助需要返还时，应当作为会计估计的修正进行处理（参见《国际会计准则第 8 号——会计政策、会计估计变更和差错》）。返还与收益相关的政府补助，首先是冲减为政府补助所设置的递延贷项的未摊销余额。返还的政府补助超过相关递延贷项的部分，或者不存在递延贷项的情况下，应当将这部分需返还的补助立即确认为费用。返还与资产相关的政府补助，应根据偿还额，反映为资产账面价值的增加或递延收益余额的减少。

（十）借款费用

借款费用，是指主体承担的、与借入资金相关的利息和其他费用，可直接归属于符合条件资产的购置、建造或生产的借款费用构成资产成本。其他借款费用确认为费用。主体应当将可直接归属于符合条件资产的购置、建造或生产的借款费用资本化计入资产的成本。主体应当将其他借款费用在应承担期间确认为费用。

（十一）外币业务

外币交易时，应在初始确认时采用交易发生日的即期汇率折算为记账本位币金额，当汇率变化不大时，也可以采用当期平均汇率或者期初汇率核算。

于资产负债表日，外币货币性项目采用资产负债表日的即期汇率折算为外币所产生的折算差额，除了为购建或生产符合资本化条件的资产而借入的外币借款产生的汇兑差额按资本化的原则处理外，其他类折算差额直接计入当期损益。以公允价值计量的外币非货币性项目采用公允价值确定日的即期汇率折算为人民币所产生的折算差额作为公允价值变动直接计入当期损益。

于资产负债表日，以历史成本计量的外币非货币性项目，除涉及计提资产减值外，仍采用交易发生日的即期汇率折算，不改变其记账本位币金额。流动性较强的科目、有合同约定的科目应采用外币核算，包括：买入或者卖出以外币计价的商品或者劳务；借入或者借出外币资金；其他以外币计价或者结算的交易。

（十二）所得税

所得税会计的基本问题是如何核算以下事项的当期和未来纳税后果：在主体的财务状况表中确认的资产（负债）账面价值的未来收回（清偿）；在主体的财务报表中确认的当期交易和其他事项。

当期和以前期间的当期所得税，如果未支付，则应确认为一项负债。如果当期和以前期间已支付的金额超过上述期间应付的金额，则超过的部分应确认为一项资产。递延所得税资产和负债，以报告期末已执行的或实质上已执行的税率（和税法）为基础，按预期实现该资产或清偿该负债的期间的税率计量。递延所得税负债和递延所得税资产的计量，应当反映主体在报告期末预期从收回或清偿其资产和负债账面价值的方式所导致的纳税后果。递延所得税资产和负债不应折现。在每个报告期末，应对递延所得税资产的账面价值予以复核。

主体应采用与核算交易和其他事项本身一致的方法核算其纳税后果。因此，对于确认损益的交易和其他事项，任何相关的纳税影响也要确认损益。对于确认为损益外的交易和其他事项（在其他综合收益里确认或直接在权益里确认）任何相关的纳税影响也确认为损益外项目（分别在其他综合收益里或直接在权益里确认）。类似的，在企业合并中，对任何递延所得税资产和负债的确认都会影响商誉的金额或已确认的廉价购买利得。

本章资料来源：

◎ 中国居民赴埃塞俄比亚联邦民主共和国投资税收指南（国家税务总局）

第六章　安哥拉税收外汇会计政策

第一节　投资环境基本情况

一、国家简介

安哥拉共和国（英语：The Republic of Angola；葡语：a República de Angola）简称"安哥拉"。位于非洲大陆西南部，南纬 5°~18°，东经 11°~24°，北邻刚果民主共和国，东与赞比亚接壤，南邻纳米比亚和博茨反纳，西濒大西洋。国土面积 124.67 万平方公里，海岸线长 1650 公里，陆地边界 4837 公里。地势东高西低，主要由平原、丘陵和高原组成。全国共 18 个省，人口约 2579 万（2017 年数据）。官方语言为葡萄牙语。主要民族语言有温本杜语、金本杜语、基孔戈（金刚果）语等。首都罗安达（Luanda），人口 700 多万，位于安哥拉西北海岸，濒临大西洋本戈湾。安哥拉曾为葡萄牙殖民地，其法律体系深受葡萄牙影响，法律是以葡萄牙民法体系为基础，主要遵循大陆法系。现行宪法于 2010 年 2 月颁布，规定：安可拉的首要目标是建立一个自由、公平、民主、和平的国家。现行法定货币宽扎（Kwanza），缩写 AKZ，代码 AOA。

二、经济情况

2017 年安哥拉 GDP 约 1240.34 亿美元，世界排名第 56 位。2015 年安哥拉三大产业比重是：第一产业（包括农业、渔业等）占 12.3%；第二产业（包括石油业、钻石业、加工制造业、建筑和能源）占 49.9%；第三产业（包括服务业）占 27.3%；其他领域占 8.5%[①]。

截至 2015 年年底，安哥拉公共债务为 429 亿美元，外债余额为 234 亿美元；截至 2016 年年底，安哥拉公共债务为 566 亿美元，外债余额为 265 亿

---

① 数据来源：《安哥南国别指南（2017）》，由商务部、中国驻安哥拉大使馆经济商务参赞处于 2017 年 9 月发布。

美元[①]。

截至 2017 年 2 月 10 日，标普评级为 B/B，展望为负面。截至 2017 年 6 月 2 日，穆迪评级为 B1，展望为负面。截至 2017 年 3 月 17 日，惠誉评级为 B/B，展望为负面。

截至 2018 年上半年，安哥拉通货膨胀率为 20%[②]。

三、外国投资相关法律

安哥拉的税收体制建立于 20 世纪 70 年代，近半个世纪里没有根本性变化。安哥拉仅设立国家税，没有地方税，实行属地税制。目前施行的与投资合作经营有关的法律、法规有《工业税法》《个人所得税法》《印花税法》《私人投资法》《房产税法》《劳动法》《消费税法》《资本使用税法》《税法通则》《税收执法法》《适用于采矿业法规》《适用于石油业法规》《赞助法》《不动产转让法》《继承和捐赠法》等。

外国公司在安哥拉投资合作可以设立代表处、分公司、有限责任公司及股份公司。安哥拉司法部和私人投资局负责受理企业注册事宜。安哥拉司法部于 2008 年成立一站式公司办理机构，名称为 "GUICHE U NICO DA EMPRESA"，协助企业完成注册事务，提供公司的组件、更改、撤销等服务。安哥拉私人投资促进局（ANIP）[③]受理外国投资者的注册业务。

四、其他

国际货币基金组织（IMF）曾试图将实现和平后的安哥拉列为受控国家名单，遭到安哥拉政府反对。安哥拉政府凭借丰厚的石油收入和友好国家的支持，积极开展国家重建计划，并不断取得显著成果。为此，IMF 开始降低姿态，主动与安方接触，目前双方关系基本正常。

另外，安哥拉不仅是世界贸易组织成员，还参与了大量其他国际性经济组织。安哥拉参加的区域经济协定包括：南部非洲发展共同体（SADC）、

---

① 数据来源：《安哥南国别指南（2017）》，由商务部、中国驻安哥拉大使馆经济商务参赞处于 2017 年 9 月发布。

② 数据来源：主管安哥拉内外私人投资的政府主管部门，负责全国投资领域的政策执行。

③ 安哥拉国民议会第 18/14 号法令（2014-04-22）。

中部非洲国家经济共同体（CEEAC）、几内亚湾区域组织以及葡语国家共同体（CPLP）。

第二节　税收政策

一、税法体系

安哥拉的税收体制建立于20世纪70年代，一直较为稳定。但近年来，安哥拉的原油和天然气产业占全国GDP的47%，提供了全国80%的税收，突显了税收制度的不合理，也已经不能适应安哥拉当前的国家经济发展。安哥拉政府致力于现代税制改革，自2014年下半年，总统签署法令并颁布实施了一系列新税法，对个人所得税、工业税、印花税、房产税等进行改革，发布新的《税法通则》形成新的税收体系，并自2015年初开始全面施行。

目前安哥拉与美国签订FATCA税收协定，没有签署BEPS公约，和中国没有签订相关的税务协定。

二、税收征管

（一）征管情况介绍

安哥拉税收有国家税，没有地方税，实行属地税制，纳税年度为自然年度，主要的税法由财政部制定，报国会审议通过，由总统颁布。根据纳税人的纳税金额分为大纳税人和一般纳税人。

安哥拉将企业分为大纳税人企业、中小型纳税人企业两类分别管理。

（二）税务查账追溯期

安哥拉《税收执法法》第7条规定：有工业税、个人所得税、印花税、资本应用税和城市房地产税债务的纳税人，其税务事实在2012年12月31日前确认的，给予债务及相关法定附加项（即利息、罚款等）豁免处理。

在安哥拉的所有公司、商业或职业活动的实体，应保存最近5年中与其运营活动有关的所有文件和记录。

若税务局有证据怀疑纳税人有不合规行为，可要求纳税人提供近10年的会计信息。

若纳税人享受一定期间的税收减免政策，如果税务局有证据怀疑纳税人有不合规行为，税务局可要求纳税人提供整个期间的会计信息。

（三）税务争议解决机制

安哥拉税务争议主要包括行政诉讼、司法诉讼两个阶段。

1. 行政诉讼

（1）行政申诉。在该阶段争议主要是存在于税务局专门技术部门与纳税人之间，一般税务争议起始于税务局针对某项/些税种审查信函。

在纳税人签收之日起15日内，纳税人需要正式回函予以解释，并附相关信息、附件等，如纳税人需要延长期限，则需在此期间递交信函，并对延长期限予以解释；税务局将对申请予以回复，如若在上述15日内没有回复，则纳税人仍需递交回函。

在税务局收到纳税人针对审查信函回函后15日内，需要对回函进行答复，该信函将是税务局技术部门做出的与纳税人之间争议的最终方案。

（2）行政复议。若纳税人仍不同意上述最终方案，可在15日内向当地税务局局长递交正式信函，并对当前情况（起因、申诉内容等）予以解释，局长将针对该争议做出决定，同意或者否定。

（3）税务法庭。若纳税人仍不同意税务局局长的决定，则纳税人有权利在30日之内向税务法庭进行申诉。法庭判决将是对税务争议的最终解决结论。

2. 司法诉讼

该方式主要是解决税务犯罪、司法审查、税收执行。

三、主要税种介绍

（一）个人所得税

1. 征税原则

个人所得税是对自己或他人所获得的契约或非契约性的，定期或不定期的，固定或可变的，无论其来源、地点、货币形式、计算和支付方式的劳动收入进行征税，并采用货币方式进行征收。根据安哥拉适用纳税居民这一概念，在安哥拉有住所，或每一财年在安哥拉连续停留超过183天即构成纳税居民。

2. 申报主体

（1）A类收入需缴纳的个人所得税。应由雇佣机构在支付后下一个月月底前向有关税务局办税。

（2）B类收入需缴纳的个人所得税。①对由自然人或法人支付的报酬，经会计核算的收入，应税比例占收入金额的70%，由支付收入的机构在支付后下一个月月底前向有关税务局办税；②对任管理和行政职务或社会机构职务收入，由支付收入的机构对A类收入需缴纳的个人所得税进行办税；③对由不属于①中提到的机构支付的报酬，应税比例以纳税会计账簿或记录为基础，或以买卖和提供服务记录、税务机关规定的数据为基础，由收入持有人在2月月底前申报上一年度收入。

（3）C类收入需缴纳的个人所得税。①应税收入种类与最低利润标准相同、经纳税人以任何方式确认，其额度超过最低利润标准上限数额4倍的，应税范围为财产和服务出售额，由收入持有人在2月月底前办税；②向自然人或法人提供须缴预提税的服务，且有会计账目时，应税范围为服务的价值结算收入，由支付收入的机构在支付后下一个月月底前向有关税务局办税。

3. 应纳税所得额

安哥拉《个人所得税法》将纳税人取得应税收入类型分为A、B、C三类。

（1）A类应税收入种类由所有现金、实物体现的，以合同或非合同形式，定期或不定期，固定不变或可变化的，无关来源、地点、币种、计算或支付方式的，为他人工作而获得的收入。

（2）B类应税收入种类包括：①对由自然人或法人支付的报酬，经会计核算的收入，应税比例占收入金额的70%；②对由不属于①款中提到的机构支付的报酬，应税比例以纳税会计账簿或记录为基础，或以买卖和提供服务记录、税务机关规定的数据为基础。

（3）C类应税收入种类与最低利润表标准相同，为从事的工商业活动所取得的收入。

4. 扣除与减免

安哥拉《个人所得税法》第1章第2条规定了未在征税范围内的收入类型范围，主要是社保、终止劳动补偿金、租房补贴、残疾人员收入、食宿津贴、假期奖金等；另第2章第5条规定了免于征税的范围，主要是外交有互惠待遇的收入、经批准的国际组织结构人员收入、伤残人员、年龄超60岁以上国民收入、部级监护机构登记的老兵及战争伤残人士及其家属收入。

5. 税率

A类收入应税税率如表6-2-1[①]：

表6-2-1　A类收入应税税率

单位：宽扎

收入/税金								
收入				税率				
直到	34450.00			免除				
从	34451.00	到	35000.00				超过	34450.00
从	35001.00	到	40000.00	固定加数	550.00	+	7% 对超过	35000.00
从	40001.00	到	45000.00	固定加数	900.00	+	8% 对超过	40000.00
从	45001.00	到	50000.00	固定加数	1300.00	+	9% 对超过	45000.00
从	50001.00	到	70000.00	固定加数	1750.00	+	10% 对超过	50000.00
从	70001.00	到	90000.00	固定加数	3750.00	+	11% 对超过	70000.00
从	90001.00	到	11000000.00	固定加数	5950.00	+	12% 对超过	90000.00
从	110001.00	到	140000.00	固定加数	8350.00	+	13% 对超过	110000.00
从	140001.00	到	170000.00	固定加数	12250.00	+	14% 对超过	140000.00
从	170001.00	到	200000.00	固定加数	16450.00	+	15% 对超过	170000.00
从	200001.00	到	230000.00	固定加数	20950.00	+	16% 对超过	200000.00
超过	230001.00			固定加数	25750.00	+	17% 对超过	230000.00

---

① 数据来源：《安哥拉国民议会第18/14号法令》（2014-4-22）。

B 类收入应税单一税率为 15%。但属于本法附表职业清单，考虑到应税收入占收入金额 70%，最终汇率为 10.5%。

C 类收入与最低利润标准表相同，其应税税率为 30%，另如果向自然人或法人提供须缴预提税的服务，且有会计账目时，应税范围为服务的价值，其税率为 6.5%。

6. 征管与合规性要求

在安哥拉，受雇取得的工资薪金个人所得税每月由雇主进行代扣代缴。并且，安哥拉《个人所得税法》对未及时申报、完税，存在错误、不准确或疏漏申报，不保存档案等不合规行为规定了罚款等惩罚措施。另外，《个人所得税法》规定了申报年收入的要求，具体如下：

办理 A 类收入个人所得税结算和办税的机构应在 2 月提交年度申报表——按规定使用模板 2，应包含上一财政年度收入受益人以下信息：①收入受益人全名和住址；②收入受益人税号；③收入受益人社保号；④已支付收入总额；⑤上一财政年度纳税总额。

办理 B 类和 C 类个人所得税结算和办税的机构应在 2 月提交年度申报表——按规定使用模板 2，应包含上一财政年度收入受益人以下信息：

①收入受益人全名和住址；②收入受益人税号；③收入受益人社保号；④已支付收入总额；⑤年纳税总额。

B 类收入持有人，如为安哥拉居民，应于 3 月月底前到当地税务局办事处或网点，按照规定使用模板 1 申报表格，将上一财政年度获得的所有报酬详细分类填写。

（二）增值税

安格拉政府暂未实行增值税征税方式。

（三）工业税（企业所得税）

1. 征税原则

安哥拉工业税即为企业所得税，对国内或国外法人在安哥拉常设机构并从事商业或工业性质的活动（包括其从属活动）产生的利润进行征税。基于安哥拉未签订任何双边税收协定，所以常设机构的概念与联合国税收协定范本相一致：①在安哥拉设有分支机构、办公室或管理场所；②在安哥拉设有建设或施工工地，或在类似工厂提供督导在任意 12 个月内超过

90 天；③在安哥拉提供咨询、受雇或提供其他服务在任意 12 个月内超过 90 天。

其经营获得的全部利润（包括境外经营获得）需缴纳工业税，即对其全球所得缴纳工业税。

2. 税率

安哥拉的工业税税率根据不同行业有所区别，具体如表 6-2-2：

表6-2-2 安哥拉工业税税率[①]

行业分类	税率
一般行业	30%
农业、水产业、饲养业、畜牧业、渔业和林业	15%

注：未构成常设机构的外国公司分支机构适用企业所得税税率为10%）。

计算应纳税所得额时，通常先从企业财务报告上的利润总额着手，然后根据企业所得税法的具体规定进行纳税调整，最终确定应纳税所得额。生产经营中必要的费用支出和生产设备的维护费用允许税前扣除，某些费用，如被税务机关认定为不合理的差旅费、罚款和滞纳金等不允许税前扣除。

企业的年度亏损不允许向以前年度结转，可以向以后年度结转，结转年限为三年，矿业结转年限为七年。

3. 税收优惠

为吸引外国投资，安哥拉政府努力改善投资环境。2018 年 6 月 26 日经国民议会审议通过《私人投资基本法》。根据这些法律，安哥拉政府给予外国投资者国民待遇，政府保证外国投资者对投资的所有权和自由支配权，并享受给予本国投资者同等的税收鼓励政策和必要便利。

安哥拉对外国投资的优惠政策体系包含行业鼓励政策、地区鼓励政策和特殊经济监管区的投资优惠政策。优惠政策主要包括缩小税基、加快退款和偿还、税收信贷、减免税率和进口关税、延迟交税时间等。并对石油、天然气和采矿业适用特别税制，非居民纳税人从事航运及空运实行免征企业所得税。

---

① 数据来源：《安哥拉国民议会第 19/14 号法令》（2014-04-22）。

4. 所得额的确定

（1）应税以纳税人纳税申报和财务报表为基础决定。纳税人应根据《工业税法》《会计总则》和《金融保险机构账目计划》义务制定申报和财务报表。

（2）决定应缴税额的必要因素缺少、不足或不适用时，根据《税法通则》，税务管理部门可以使用间接方式明确应税数额，包括使用与义务主体相关的纳税人会计和税务信息。

（3）可征税利润涉及按照现行会计准则制定的年度业绩账目余额，以及按照本法规定可能做出修改的年度所有获得利益与成本和开销之差。

（4）在不与以上几款冲突前提下，申报可通过电子方式提交，相关规定有待规范。

（5）所得税调整。

经证实由纳税人提供，并被国家税务总局认可，对生产源维修或实现应税利润和收益不可缺少的年度成本或开销具体如下：①与生产或采购任何产品或服务有关的基本经验活动、从属或辅助经营活动有关的开销，如使用的材料、劳动力、能源及其他的制造、储存、维修的一般开销；②供应和销售开销，包括运输、广告保险和商品摆放；③金融性质开销，如企业债务资本的利息、折扣、贴水、移转支付、汇率变动、偿债和发放的偿付股票、债券和报酬；④管理性质开销，即薪酬、津贴、退休金、养老基金、常用耗材、交通费、通讯费、租金、安保、法律和诉讼服务、保险、停止劳动关系给予的补偿等；⑤人员分析、管理、调查、咨询和培训开销；⑥税收及相关费用，第十八条中的规定除外；⑦应折旧资产的恢复和折旧，相关资产应符合在本法规定的材料具体状况。⑧现行法律规定的储备金；⑨对不可纳入保险的风险造成损失的赔偿。

以下不作为应税可扣减成本：①工业税、城市房地产税、劳动所得税、资本应用税；②构成劳动指出的社保税捐；③第三人对公司有纳税义务的连续交易或自由交易税，以及由缴纳工业税的机构公司支付的员工薪酬，支付服务供应商的税；④罚款和任何性质的违法行为产生的费用；⑤可纳入保险的风险造成损失的赔偿；⑥出租不动产的修缮和维修成本，视为城市房地产税清算中的成本；⑦上一财政年度应税部分的修正，以及本财政年度以外的应税修正；⑧生命和健康保险，其利益不普遍涉及企业员工。

对赠予和捐赠的税收：由工业税义务主体给予赠予和捐赠的成本可接受性由《赞助法》规定。对不遵守《赞助法》相关规定实施的任何赠予和捐赠，其成本不仅不被接受，还应纳入自主纳税范围，其数额按15%（百分之十五）税率纳税。

固定资产、无形资产折旧需按照颁布的折旧比例进行折旧，如果涉及加速折旧情况，最大比例不能超过50%。

亏损可结转至未来三年扣除。

5.反避税规则（特别纳税调整）

（1）关联方交易。关联方交易必须根据已定义标准对所涉及的关联方的性质进行确定。企业与其关联方之间的业务往来，不符合独立交易原则而减少企业或者其关联方应纳税收入或者所得额的，税务机关有权按照合理方法调整。在涉及企业的财务报表上对关联方交易结果必须完成下列披露：

关系中存在控制，是否发生交易；若发生了交易，存在关系的性质、交易类型、定价政策、交易金额。

若存在以下特殊现象，必须进行披露的关联企业间的情况如下：

商品销售、不动产销售、提供劳务、商品购买、不动产购买、接受劳务、管理协议、管理合同、研究与开发项目的转移、许可协议、贷款、现金或实物的资本认购、担保。

（2）转让定价。2013年10月1日，安哥拉第147/13号总统令正式公布并生效，规定大企业纳税人必须每年提交关联交易转让定价文件。基于此规定，在一个财年中销售额或提供服务的营业额超过70亿宽扎（约合7000万美元）的大企业纳税人，必须准备转让定价文件。转让定价文件应当列明所有与该企业具有特殊关系的实体以及纳税人与这些具有特殊关系的实体之间的交易，并通过经济分析说明与这些实体之间交易定价的合理性。各大企业纳税人应当在2014年6月30日之前准备并向税务机关提交2013财年的转让定价文件。

新的转让定价规定列举了几种可以用于关联交易确定转让定价的方法

（即传统方法）。税务局通常仅接受"可比非受控价格法"（CUP）、"成本加成法"（CPM）与"再销售价格法"（RPM）。企业需选取最佳方法对关联交易定价进行分析，但上述可选方法中并不存在优先次序。

文件格式：需按照安哥拉税务机关要求的文件格式与内容准备转让定价文件。因此，按照 OECD 格式或其他格式准备的报告将不能完全满足当地税务机关的要求。

文件语言：文件须使用葡萄牙语准备。

准备 / 提交文件的截止期限：申报年度次年 6 月 30 日前。

在 2017 年 9 月 25 日最新总统令中，税务局整合转让定价管理机构，并列示了其组成成员。

6. 征管与合规性要求

安哥拉工业税征收分两种类型：A 类，对纳税人有效获得的，经会计核算的利润进行征收；B 类，对纳税人有效获得的，经会计核算的利润，或非直接通过纳税人会计账目确定的，推定纳税人获得的利润。

A 类征税对象为：①公有企业或类似实体；②按《商业公司法》或《个人独资法》条款设立的，公司资本等于或大于 200 万宽扎的公司；③按《商业公司法》或《个人独资法》条款设立的，年利润总额等于或超过 5 亿宽扎的公司；④A 类征税对象还包括协会、基金、合伙从其合作方、合伙人或保证人获得资金和补贴外通过经营活动获得的额外利润。

B 类征税对象为：所有不在 A 类规定范围内的纳税人，按照 B 类征税。其他相同性质的纳税人仅应就工商业性质就某一行为或单独行为征税。

（1）申报。A 类纳税人应于每年 5 月在所管辖的税务局提交工业税申报表 Modelo-1，一式两份，同时应当提供科目余额表、固定资产折旧表、由注册会计师审计的财务报表，意见及报表附注。

有会计能力的 B 类纳税人应于每年 4 月提交工业税申报表 Modelo-1，一式两份，其中应对上一年从事经营活动有发布修正或调整前后的资产负债表和综合资产负债分析表，财务报表及相应附件、技术报告。所有文件由会计师签署。

（2）结算和缴纳。实行工业税种最终结算在提交相应申报表的同时，应在以下规定期限完成最终结算和缴纳：对 B 类纳税人，至每年 4 月 30 日前；对 A 类纳税人，至每年 5 月 31 日前。

（3）不履行义务的处罚。安哥拉《工业税法》第 9 章规定了对不履行义务，或存在不准确、疏漏或其他不规范行为的情况的处罚规定。

（四）关税

1. 关税体系和构成

根据安哥拉进口法规的规定，除备用配件、附件或类似物品、药品、设备和原材料外，安哥拉其他所有进口都受许可证管理。进口许可证由国家银行发放，其根据为进口计划和是否有外汇。

按照安哥拉贸易法规，从安哥拉出口的许多商品都需要缴纳出口关税，平均税率接近 4%，原油和咖啡免征出口关税。

安哥拉实施"全面进口监管计划"，根据安哥拉进口法规定，进入安哥拉的货物必须由通标标准技术服务有限公司（SGS）在出口供货国进行装船前检验，以协助安哥拉政府对海关和外汇管理系统进行管理。

2. 税率

根据安哥拉海关法规定，办理进口商品需选择一家清关代理商，谈妥服务代理费的收取比例（以商检证书的 CIF 为基数）。

安哥拉关税税则中规定，生活必需品税率较低，为 5%~15%；农用物资为 10% 以内；日用品为 25~35%；家用电器为 30%~35%；奢侈品为50%~85%。

3. 关税免税

为支撑某个行业或者是招商引资的需要，财政部会单独针对某个行业或者某个企业出具的免税文件，免税范围和优惠范围根据免税协议确定。例如，安哥拉于 2017 年颁布的《直接用于矿产资源的勘探、研究、处理设备免征关税及其他相关税费的法律制度》等。

4. 设备出售、报废或再出口的规定

在安哥拉，设备或者材料入关时，将由公司授权的清关公司进行清关程序，并在海关完成注册进口物资流程；财政部和商务部是有权豁免海关税的部门；如果设备免税入关是为特定免税项目（关乎国家利益项目），这种设备是不允许用于别的项目的；如果设备出售给其他企业或者改变用途，首先应得到税务局的批准，另按照税务局的评定价值进行计征关税，税率根据不同类型 2%~50% 缴纳后方可进行后续操作，否则将有很大可能发生相关罚款。

若属于暂时进口的设备或者材料，在安哥拉期限最长是两年，延长时间时将需要支撑材料、税务局及商务部批准。在清关时需要按照 1%~2% 税率缴纳关税，并会被要求递交进口程序金额 50% 的保函；当暂时进口转变正常进口时，将按照正常税率进行征收，保函也将在 60 天内取消。

当物资毁损或者报废时，需要形成该相关报告报送至税务局及海关，建议在做任何处理之后先留存一些照片，正式文件等呈交给上述部门以证明物资及设备状态情况；有时税务局会到设备所在地进行视察以确认该程序。

在再出口时，税务局将按照评估价值 1% 计征关税，并申请销关。

（五）消费税

1. 征税原则

安哥拉《消费税税法》规定，商品或服务的提供者或供应商是消费税的纳税义务主体，承担消费税的申报和缴纳义务。货物或服务的购买方是消费税的承担人。

2. 税率

消费税在发票或同等效力的文件得到支付时进行计算和缴纳。消费税金额需列入发票金额中，以便由货物或服务的采购方承担税额。消费税的一般税率为 10%，税法目录中所列示的通信、供水、供电、管理咨询等服务行业的税率为 5%。

3. 适用范围

（1）安哥拉生产的货物及进口货物。

（2）水和能源消耗。

（3）电信服务。

（4）酒店服务和其他相关或类似的活动。

（5）租用专门为收集或停放车辆而准备的区域。

（6）租赁机器或其他设备以及动产有形财产的工作，但根据《资本使用税法》其性质被视为特许权使用费的除外。

（7）为会议、座谈会、展览、宣传或其他活动准备的区域的租赁。

（8）咨询服务。

（9）摄影服务，电影发展和图像处理，计算机服务和网站建设。

（10）港口和机场服务和调度员。

（11）私人保安服务。

（12）旅行社或同等旅游经营者提供的旅游和旅游服务。

（13）食堂、自助餐厅、宿舍、房地产和公寓管理服务。

（14）参加文化、艺术或体育节目或活动。

（15）在安哥拉进行的有关乘客，货物和集装箱的车辆，海上和空中运输，包括与这些运输有关的储存。

4. 免征范围

（1）未加工的农畜产品。

（2）初级林业产品。

（3）未加工的渔业产品。

（4）未加工的矿物质产品。

（5）其他互惠待遇、手工制成品、外交和领事使团进口货物、部分石油业业务等。

（六）印花税

在安哥拉，印花税的征收针对印花税法附件表格中或是专项法律中所规定的，一切行为、合同、文件、有价证券、经营活动及其他事实。其费率从 100~45000 宽扎，从 0.1%~1% 不等，具体如表 6-2-3：[①]

表6-2-3　安哥拉印花税法相关规定

编号	行为/文件/合同/操作/证券	税率
1	有偿或无偿获得不动产所有权或部分所有权，以及经双方同意终止、失效或解除相应合同——按照金额	0.3%
2	出租和转租：以居住为目的的租赁和转租合同的金额、租金增加或合同延期。	0.1%
	出租和转租：用于商业设施、工业设施、独立的职业用途设施的租赁和转租合同的金额、租金增加或合同延期	0.4%

① 数据来源：《总统立法命令第 6/11 号》（2013-12-30）。

续表

编号	行为/文件/合同/操作/证券	税率
3	在法院和服务部门、国家机构和组织以及公共机构面前制定的证明和协议，包括不动产的租赁或招标、分配、利益相关者会议，共同财产的分配、债务承诺、债券、抵押、质押、丢失损害责任和交易——每一份	AKz: 1.00000
4	所有性质的支票——每十个	AKz: 10000
5	所有形式的民事存款——相应金额	0.1%
6	在任何公共服务机构中，登记存放组织章程，以及由该机构管理的组建事项所需存款——每一个	AKz: 4.40000
7	公司行为：	
	公司组建——对于由合伙人提交或即将提交的任何性质的资产的实际价值，在扣除了所承担的义务并且扣除了每次引入资本时由企业承担的费用之后	0.1%
	转型为企业、协会或非资本公司的法人——对在转型之日，扣除了此时应负担的义务和费用之后，属于企业的任何性质的资产的实际价值	0.1%
	通过引入任何种类的资产来增加公司资本——对于由合伙人提交或即将提交的任何性质的资产的实际价值，在扣除了所承担的义务并且扣除了每次引入由企业承担的费用之后	0.1%
	通过引入任何类型资产的方式，增加公司的资产，引入成本不由公司资本代表或公司资产代表承担，而是由与合伙人同类性质的权利，比如，投票权，利润参与权，或结算余额参与权——根据合伙人提交或是将提交的任何性质的资本的实际价值，扣除所承担责任，并扣除每次引入时公司应承担的费用	0.1%
8	本表中没有具体规定的其他合同，包括在公共实体面前制定的合同——每个合同	AKz: 100000
9	国家公有领域地质资源的开采、勘探、开发——各项行政合同。	AKz: 300000
10	责任担保，不论其性质或形式，包括背书、保证、自主银行担保、授信、抵押、质押和保证保险，除非担保是合同的附属部分而该合同根据本表格纳税，这种情况就是在担保责任协议订立90日内的责任担保，即便使用不同的票据或证券，或是对未来资产质押的情况下，只要其在主合同中有规定——根据相应价值，根据期限，合同延期必须被视为新的交易	

续表

编号	行为/文件/合同/操作/证券	税率
10	一年期限内的担保	0.3%
	一年或超过一年期限的担保	0.2%
	无限期担保或等于或超过五年的担保	0.1%
11	每次下注，包括门票、公告牌、卡片、表格、抽奖或博彩（Tombolas）	AKz: 10000
	投注和赌博厅的入场门票，或同类文件，客人没有支付应付价格，或入场付费由特许经营公司减免	AKz: 10000
12	准照：	
	安装或操作电子游戏机器	AKz: 1.30000
	任何其他合法游戏——每个	AKz: 1.30000
	餐饮场所经营：	
	夜总会和其他有跳舞场地的场所，包括酒吧和舞厅：	
	在罗安达	53.00000
	其余的省会和洛比托	27.00000
	其他地点	14.00000
	餐厅：	
	在罗安达	6.00000
	其余的省会和洛比托	3.00000
	其他地点	1.50000
	其他场所：	
	在罗安达	1.50000
	其余的省会和洛比托	1 00000
	其他地点	50000
	酒店及类似场所：	
	*类别或星级（至少4星以上）	100.00000
	a类（3星）	60.00000

编号	行为/文件/合同/操作/证券	税率
12	**其余：**	
	罗安达	53.00000
	其余的省会和洛比托	30.00000
	其他地点	15.00000
	在对公众开放的地点安装出售商品或服务的自动机器——每台机器	3.00000
	表格中未专门指定的由国家、各省或所有相应部门、单位、组织或机构颁发的其他证照——每个证照	2.00000
13	商标和专利——每次登记	AKz: 3.00000
14	**公证书和公证行为：**	
	文书，不包括表格中第 8 条所述行为的相关文书	AKz: 2.00000
	继承人和受遗赠人的授权——每一个行为	AKz: 100000
	公开或封闭证明	AKz: 100000
	授权书和其他自愿代表的文书，包括任务授权和替代文书：	
	授权委托以及与授予自愿代表权相关的其他文书——每一份	
	拥有商业管理之权限	AKz: 100000
	有任何其他权限	AKz: 50000
	每一次替代	AKz: 50000
	向公证员提交的进行存档登记的文件——每条登记	AKz: 10000
	本附表中未特别规定的其他公证文书——各公证文书	AKz: 10000
15	**海关业务：**	
	进口的海关金额	1%
	出口的海关金额	0.5%
	出口象牙及其废料和废品；象牙、骨、龟壳、塞浦路斯（Chipre）、珊瑚、珍珠母等动物雕刻材料，加工过的及成品（包括模制的成品）；出口生皮和皮革；整张或无头部、尾部或腿部的视觉毛皮；整张或无头部、尾部或腿部的阿斯特拉罕羔羊皮、大尾羔羊皮，卡拉库尔羊皮，波斯产羔羊皮和类似的羊皮、印度羔羊皮、中国羔羊皮、蒙古羔羊皮、西藏羔羊皮、狐狸等动物的毛皮；鞣制或成品的毛皮（包括头部、尾巴、爪子和其他部分、废品和废料），无论是否装配过，不添加其他材料；毛皮服装和服装用品以及其他物品；人造毛皮及其制品	0.5%

续表

编号	行为/文件/合同/操作/证券	税率
16	**融资业务:**	
	以资金、货物和来自于任何信贷方式(包括信用证、信用证转让、保理业务和资金业务)的其他款项的形式,使用贷款,如果涉及到任何类型的融资,则在任何情况下都不包括受管制市场上被许可交易机构的债务证券的发布,在合同期延长时,税费计算应根据合同总时长,扣除之前结算的金额——根据期限,按照相应的金额:	
	期限为一年或一年内的贷款	0.5%
	期限为一年以上的贷款	0.4%
	期限为五年或五年以上的贷款	0.3%
	以常用账户、银行透支的形式使用的信贷,或是任何其他方式使用的信贷,其使用期限为未确定或待确定的,按照每日未付债务余额的总和获得的一个月内平均值,除以30	0.1%
	住房贷款,金额	0.1%
	由信贷中介机构、财务公司或按照法律规定的类似公司以及其他任何金融机构实施的,或是与其一同实施的交易——所收取的金额:	
	票据贴现以及借贷产生的利息,以及信贷账户和非结算信贷的利息	0.2%
	所持票据的保费和利息,他人账户的应收汇票,任何交易的出票	0.5%
	提供担保的费用	0.5%
	其他金融服务的佣金和对价,包括信贷收集佣金和由非金融实体进行中介的担保佣金。	0.7%
	其他业务:	
	对外国人、黄金和公共资金或已出售的有价证券的出票,根据相应金额	1%
	由外国政府在国内发行的公债证券 — 根据面值	0.5%
	外币兑换,为自然人将本国货币兑换成外币	0.1%
17	**租赁业务:**	
	不动产的租赁业务,根据对价金额	0.3%
	有形动产的租赁和租赁经营业务,包括维护和技术协助,根据对价金额	0.4%

续表

编号	行为/文件/合同/操作/证券	税率
18	用于提取和交付现金或现有金额的条律或命令：按照所提取或交付的金额。	0.1%
19	广告：	
	海报或固定通知或在公共道路上的固定或活动支架上张贴的通知，或用于从公共道路上可见的通知，对任何工业、商业或娱乐业的产品、服务进行宣传的，不包括广告固定所在的商业设施自身的标识——每平方米或每部分每个自然年	AKz: 100000
	在杂志、报纸、目录、广播节目或电视节目、屏幕、标签和其他印刷品上公开发行的广告（按照每版 1000 份）或分批	25.00000
20	动产登记处的登记和注册	
	飞行器	AKz: 4500000
	船只	AKz: 2300000
	摩托艇	AKz: 18.00000
	摩托车、轻型车辆及混合型客车和重型车辆，不包括救护车和灵车	AKz: 5.00000
	新的及 3 年内的	AKz: 7.00000
	使用过 3 年以上的	0.5%
21	报告——按照合同金额	
22	保险： 保险单，根据保险费用总额，保单费用以及构成保险公司收入的任何其他金额，与保费一起或通过单独文件收取：	
	保证保险	0.3%
	海上和河流保险，包括运输、船只和民事责任	0.3%
	航空保险，包括飞行器、民事责任、货物和所运输人员	0.2%
	在海上、河流和航空保险中不包括的所运输货物的保险	0.1%
	其他保险	0.3%
	调解活动所收取的佣金，相应金额	0.4%

续表

编号	行为/文件/合同/操作/证券		税率
23	**信用证券和放款收据：**		
	汇票和本票—— 按其价值计算，最低为 AKz：100		0.1%
	除支票之外的任何性质的指令和文件，确定支付或交付现金，有指令条款或规定，即使是以信函的形式 —— 根据相应金额，至少为 AKz：100		0.1%
	以现金或实物形式收取的，因从事商业或工业活动各个财务年度取得的贷方收入的收据，但仅由自然人进行的住宅租赁而产生的收入除外。		1%
	以私文书或公文书开立的信贷		0.1%
24	**业务有偿转让或服务开发的有偿转让：**		
	顶让或转让商业、工业或农业场地的经营 —— 根据其价值		0.2%
	国家和各省为企业或任何性质的服务机构的开发而组织的分委会和进行的特许顶让，无论开发活动是否已经启动——根据其价值		0.2%

除以上情况外，鉴于安哥拉税务系统改革，自当地政府收款时，财政部会在支付时进行代扣代缴印花税。自非政府业主收款后，收款单位应主动在次月底进行申报及缴纳。

（七）企业须缴纳的其他税种

1. 投资资本税

资本利得税（IAC）是对资本投资收入征收的。所征收的收入主要分为 A，B 两部分。A 部分为借入资本的利息，无论以何种方式获取；信贷协议收入和延期付款或延迟付款的收入。B 部分为商业和合作社成员的获取的股利；公司发行的债券的利息；活期账户的利息；发行有保留权的股份；特许权使用费；定期存款的利息；中央银行证券，国库券和国债的利息；抽奖，彩票，投注收益。

缴纳税款期限为直至税收义务发生月份次月的最后一天

根据不同情况，税率分为 5%、10%、15% 三挡。具体而言，适用于 B 部分的主要和非免税收入的比率为 10%。除非收入来自自然或法律承诺的金额，作为暂停其经营活动的补偿；无论以赌博，抽奖，彩票或投注游戏等何种形式所取得的收入；不包括在 A 部分收入内的任何其他资本投资取得的收入，均为 15%。对到期日超过三年国库券，国债和中央银行证券的利息为 5%。

然而，对于从金融机构或者合作企业获得的须缴纳工业税的收入；销售货物或提供劳务收入利息，以及因延迟付款而收取的利息；当受益人是持有该实体股本的安哥拉法人，在利润分配前该受益人持有该分配股利的安哥拉公司超过一年期间，且持有的份额大于或等于 25%；已经过正式提前批准的，旨在促进储蓄的工具（资本本金小于或等于 AKz 500000.00）的利息；由金融机构以促进自有永久住房购买需求所开创的账户，账户储蓄所产生的利息收入，一律可进行税费豁免。

特殊规定，税费缴纳由 A 部分收入获得者自行缴纳，但如果收入持有人在安哥拉没有居住，总部，有效管理机构或常设机构，则税收缴纳义务由收入支付人履行。除发行债券所得收入和出售股权所产生的收入外，税收由负责支付收入的实体负责，负责全额税收，若不及时缴税产生的其他费用。

2. 房产税

在安哥拉，房产税纳税义务可分为以下两类：

一是房屋楼房租赁，适用税率为 15%。如承租人为企业单位的，由承租人代扣代缴，如承租人为个人，则由出租人自行缴纳。

二是使用土地持续从事生产经营活动超过 6 个月的，若土地价值不超过 500 万宽扎的，不缴税；如超过 500 万宽扎的，对超过部分按照 0.5% 的税率征收。

房产税应于每年的 1 月 31 日之前及 7 月 31 日之前完成申报。

3. 不动产交易税

（1）自非政府部门购买不动产，由卖方承担并缴纳 2% 的不动产交易税，税基为交易价格，买方无代扣代缴义务。

（2）自政府部门购买不动产，则是由买方承担上述相关税费。

4. 遗产和捐赠税

在继承遗产和发生捐赠日当日，由继承和接受捐赠方缴纳 15%~20% 不等税率。父母与子女之间的继承免税。

5. 预扣 / 预缴所得税

针对销售收入所得按照纳税人类别 A 类或者 B 类，分别在 8 月和 7 月月底前主动按照上半年销售总额的 2% 缴纳预扣税；

针对提供服务取得收入所得，支付服务的法人有义务按照服务金额的 6.5% 代扣代缴，并于次月底完成申报和缴纳。

企业所得税缴纳方式：公司应连同财务报表在第二年的 5 月 31 日前提交报财务报告。

纳税人可凭以上完税凭证在年终汇算清缴时，将已缴纳的工业税进行抵扣当年应纳工业税。

（八）社会保险金

1. 征税原则

应缴社会保险金的计算基础为月度员工薪酬的 3%，另外企业承担缴纳 8%，于次月底之前完成申报及缴纳。

2. 外国人缴纳社保规定

外国人在安哥拉工作不需要缴纳社会保险金。目前，中国政府和安哥拉政府未签订社保互免协议，故中方人员缴纳的社保金在离开安哥拉时无法申请退还。

第三节　外汇政策

一、基本情况

根据 1991 年 4 月 20 日颁布的安哥拉《国家银行法》和《金融机构法》，中央银行和商业银行可以从事外汇交易。安哥拉中央银行指定银行办理和监督经批准的非贸易外汇交易。经安哥拉中央银行授予许可证的商业银行和外汇交易商，可以按照浮动汇率进行外汇交易。中央银行在自由外汇市场只与金融机构进行外汇交易。

所有的进出口贸易都要受到进出口许可的管理。贸易外汇收支必须通过安哥拉国家银行的外汇部门和其他两家商业银行办理。安哥拉建立中央银行的商业性分支机构是一种过渡性的安排，旨在便于由原先集中式银行体系向现在的双重银行体系过渡。因此，安哥拉中央银行以中央银行和指定商业银行的双重身份进行外汇交易。对外结算货币，安哥拉中央银行规定，进口支付一般使用出口国的货币或美元。安哥拉同巴西、葡萄牙和西班牙订有双边支付协定，每月通过单一账户结算。但由于外汇紧缺，央行在批准外汇汇出时优先满足食品、医疗、卫生等，对于购买物资及设备、利润汇回等将十分困难。

安哥拉国家银行自 2018 年 1 月 9 日开始采取浮动汇率制度，自此安哥拉宽扎兑换美元汇率一直处于波动下跌趋势，截至 2018 年 6 月底，已较年初汇率贬值 33.43%。

在当地注册的外资企业，经批准可开设银行账户（包括外汇账户）；外汇进入不受限制，外汇汇出需要提交相关文件。利润汇出控制较严，除须缴纳 30% 利润税外，还有配额限制。

外国人入境携带外汇现金的金额通常不受限制，出境时每人限带 5000 美元和 5 万宽扎。

二、居民及非居民企业经常项目下外汇管理规定

（一）货物贸易外汇管理规定

1. 出口收入管理

出口商必须在发货后 30 天内收汇并将其结售给安哥拉中央银行。某些外国企业（如石油公司）可以只将一部分出口收汇结售给中央银行，其余部分可以保留以用于生产。

2. 进口支付管理

进口商支付商品进口的外汇，一部分来自自留，另一部分来自经进出口管理部门批准后从中央银行兑取。多数情况下，只有持有进口许可证的进口商才能申请用于进口的外汇；得到进口批准的进口商，可以得到中央银行的担保（向出口商发担保函）；资本货物的进口必须有部分中期外国信贷的协助。非许可证商品进口商每季度进口限额为 5 万美元。

（二）服务贸易外汇管理规定

与非居民签订服务合同，要经安哥拉国家银行批准，各主管部门监督合同的履行。所有的非贸易外汇收入必须在收款 30 天内结售给安哥拉中央银行。

非贸易外汇支付管理与居民签订服务合同要有许可证。国内航运和海运享受优惠待遇。一般不批准进口商品使用外国保险。私人出国旅行只有在少数情况下才可以购买外汇。

另外，为旅游或商务来安哥拉的非居民，在离开安哥拉时，可允许购买出售外汇额 50% 的外汇。在安哥拉购买外汇的，要递交出售外汇水单。资本出境管理经财政部批准，外资公司清理后的资本和股息可以汇出。

（三）跨境债权债务外汇管理规定

安哥拉并无对此项内容的信息，将通过咨询进一步搜集相关信息。

（四）外币现钞相关管理规定

个人带入安哥拉的外币现钞和外汇旅游支票的数量不受限制，但每人每次超过相当于 1 万美元的数额，则必须在入境时提出申报。居民离境时，出示购买外汇证明，可允许带出 5000 美元以上的外汇。非居民出境时如带出外汇超过 5000 美元，也必须出示购买外汇的证明。安哥拉严禁本国货币输出。

三、居民及非居民企业资本项目下外汇管理规定

（一）外汇账户相关管理规定

1. 居民账户

经中央银行批准，安哥拉居民企业可以持有外汇账户。通过外汇账户进行的外汇交易也要经中央银行的事先批准。居民也可持有宽扎账户，但提款必须用于安哥拉境内的支出。

2. 非居民账户

如果非居民的资金来源于国外，则非居民可持有宽扎账户。经中央银行事先批准，在安哥拉拥有自己公司的非居民可持有外汇账户。

（二）所在国其他特殊外汇管理规定

安哥拉对国际汇款业务的处理：

1. 采购合同商品未到达的情形

（1）商品价格小于 10 万美元时，需提供：①需要安哥拉商务部的打孔发票或者商品报价单原件；②提供海关报关编号；③填写安哥拉商务部表格（公司盖章）并到安哥拉商务部盖章，然后到安哥拉中央银行取汇款授权声明（安哥拉中央银行 BNA 有具体的模板和标准）。完成上述手续后可以

到当地银行办理汇款。

（2）商品价格大于 10 万美元时，需要在当地银行开具信用证。

2. 采购合同商品到达的情形

（1）提供商业发票。

（2）提供到岸相关票据（Bill of Landing，B/L）。

（3）提供独特的文件（Documento Unico，D/U）。

（4）提交商品检验报告书（Clean Report of FindingCRF）。

（5）除了提交商品价格小于 10 万美元的所有资料外，还须在当地银行另行开立 CDI 账户并提供该账户的有关资料。

四、个人外汇管理规定

个人资本的转移，如遗产、嫁妆、工资和薪金储蓄、个人财产销售收入等的出境，必须获得批准。例如，工资汇款：①提供劳动合同（需到劳动部备案）。②提供所在公司的工作签证，如无签证，应由公司出具声明。③每人每年工资汇款有限额。

第四节　会计政策

一、会计管理体制

（一）财税监管机构情况

在安哥拉开展业务的或在其他国家开展业务，但在安哥拉有相关总部的公司，均应根据《会计总方案》体系要求建立会计制度进行会计核算。

2001 年 2 月 1 日第 232/10 号总统令批准成立安哥拉会计师和审计师协会（Ordem dos Contabilistas e Peritos Contabilistas de Angola，OCPCA）。该协会接受财政部的指导，对会计行业进行服务、监督、管理和协调，一直致力于规范和提高安哥拉复杂经济环境及会计水平，至 2014 年 OCPCA 成立新的管理委员会，开始正式担任其职责，包括：审批和管理协会会员，并颁发执业证书；制定行业监督管理规范及对违反相关法律法规的予以惩戒；组织会员培训和行业人才建设工作；积极组织业务交流、理论研究、提供技术支持等工作。

（二）事务所审计

A类纳税人为法人的，应有经注册会计师审计的财务报表，并提交相关注册会计师对财务报表的报告和评论。

（三）对外报送内容及要求

会计报告中主要包含：①企业基本信息，公司名称、公司地址、税务登记号、股东情况等；②企业经营情况表，资产负债表、利润表；③披露信息，规定格式的报表附注包括资产、负债、成本费用等变动；④关联交易，在一个财年中销售额或提供服务的营业额超过70亿宽扎的大企业纳税人，必须准备转让定价文件；⑤法定申报表模板1、科目余额表、折旧表。

上报时间要求：会计报告须按公历年度编制，于次年的5月31日（A类）、4月30日（B类）前完成。应于每年5月在有权限税务局按规定提交模板1申报表，一式两份。

二、财务会计准则基本情况

（一）适用的当地准则名称与财务报告编制基础

2001年11月16日安哥拉颁布了一直沿用至今的会计准则《会计总方案》，其中规定了会计处理的具体核算方法，包括会计科目分类规则（共8类）及其核算具体内容，同时也规定了借贷记账规则，规范企业会计处理的原则。

但由于《会计总方案》颁布时间距现在已久远，并未在会计核算中结合税法对会计利润调整有所规定，所以在纳税申报时，需要在Modelo 1（工业税申报表）进行纳税调整，并以调整后的应纳税所得额作为报税依据。

安哥拉央行2015年出台规定，截至2015年12月31日满足以下任一条件的银行从2016年1月1日开始执行IFRS，条件如下：

（1）总资产超过3000亿宽扎。

（2）上市公司或者上市公司分公司（但安哥拉暂未有活跃的股票市场）。

（3）拥有一个或多个境外居民企业分公司。

（4）总部在安哥拉并且是一个境外居民企业的分公司。

（5）是满足上述任一条件的机构的分公司。

未满足规定的其他银行从 2017 年 1 月 1 日开始执行 IFRS；保险公司和退休基金执行安哥拉机构颁布的监督管理条例；其他非银行金融保险机构公司执行安哥拉 GAAP 和 PGC。

（二）会计准则适用范围

2001 年 11 月 16 日第 82/2001 号法令批准了《会计总方案》，另有银行业《金融机构会计总方案》、2002 年 12 月 5 号第 79-A/02 号法令批准保险业《保险公司会计总方案》，作为安哥拉境内现行的会计准则。其名称及使适公司范围如下：

1. 银行和金融机构

《金融机构会计总方案》：Plano de Contas das Instituições Financeiras – CONTIF。

2. 保险公司

《保险公司会计总方案》：Plano de Contas para as Empresas de Seguros – PCES。

3. 工商业等

《会计总方案》：Plano Geral de Contabilidade – PGC。

其适用范围：除银行业务和保险业务外，在安哥拉开展业务的公司及在其他国家开展业务，但在安哥拉有相关总部的公司。

三、会计制度基本规范

（一）会计年度

《会计总方案》中第 1.3 条规定，涉及的会计周期一般为 12 个月，以 12 月 31 日为截止日期。但在适当的情况下，财务报表可以有不同之处；涉及周期的终止日可以不为 12 月 31 日，周期少于 12 个月。但是，在任何情况下，财务报告都应参照周期最后一个月的最后一天来编制。

（二）记账本位币

使用国家官方货币是强制性的，目前的官方货币为宽扎（AKZ）。

（三）记账基础和计量属性

《会计总方案》中《POLÍTICAS CONTABILÍSTICAS》（会计政策）章第7条第1款规定，公允价值不符合资产负债表和损益表中要素的确认、计量标准。会计要素计量属性：历史成本、现行成本、可变现净值、现值。

（四）外币核算

《会计总方案》中《POLÍTICAS CONTABILÍSTICAS》（会计政策）章第7条第2.1款规定外币交易如下：

外币交易应以报告货币来计价。

在初步确认阶段，外币交易是以报告货币进行计价的，由交易日外币与报告货币之间的汇率确定。

在报告当日，外币交易是以下列形式的报告货币计价的：

汇率已经预先确定的货币性资产，则通过历史价值（初始确认的价值）。

初始确认当日，以公允价值分配外币的非货币性资产，则通过历史价值（初始确认的价值）。

如果货币性资产的汇率已提前固定，那么运用当日外币与报告货币之间的截止汇率，来确定截止日的外币汇率金额。

四、主要会计要素核算要求及重点关注的会计核算

（一）现金及现金等价物

《会计总方案》中《QUADRO E LISTA DE CONTAS》（会计科目表）：

Depósitos a prazo（conta 42）：定期存款

Depósitos à ordem（conta 43）：活期存款

Caixa（conta 45）：现金

（二）应收款项

《会计总方案》中《POLÍTICAS CONTABILÍSTICAS》（会计政策）章第7条第2.6款规定，按照历史成本计量原则，应收账款应以实际应收金额入账。历史成本可以初始入账价值，来反映下列情况：

在付款日期尚未收到的与债务相关的应计利息。

根据资产负债表日汇率确认外币债务的未实现的汇兑差额。

可变现净值，是通过商业分析预计可收回金额。另规定对国家及地方

政府债权的不能计提坏账准备。

历史成本调整为可变现净值，当应收账款发生减值时，应根据预计减值金额计提坏账准备予以确认；当引起减值的情况消失时，计提的坏账准备可予以转回。

在《QUADRO E LISTA DE CONTAS》（会计科目表）：科目（31）进行核算。

（三）存货

《会计总方案》中《POLÍTICAS CONTABILÍSTICAS》（会计政策）章第7条第2.5款规定，存货应当按照下列两项成本或可变现净值进行初始计量。

存货费用应该包含以下费用：

采购成本，包括：采购价格、进口关税和其他税金、运输费用、手续费、其他用于直接购买商品的费用。

生产成本，其中包括：生产中直接涉及人员的成本费用、固定工业费用的分配、工厂大楼与设备的折旧及维修、工厂的管理及行政费用、可变工业费用的分配、间接材料、间接人工、将存货放置到目前位置，以及使用或销售存货所发生的费用。

存货的后续计量，采用先进先出法、后进先出法、加权平均法；如发生减值按照可变现净值与账面价值差额计提减值准备。

《会计总方案》中规定，对于需要耗时多年的合同，可使用完工百分比法确认当期收入，与结算额的差额确认为存货。

（四）长期股权投资

《会计总方案》中《QUADRO E LISTA DE CONTAS》（会计科目表）章第13.2条对涉及股权投资取得利润、股息等进行规范，均是按照其所持有的资本比例，再并无其他对长期股权投资进行的详细说明。且《NOTAS EXPLICATIVAS》（报表附注）中第32项中，有对下属公司、股息、利润、关联公司、股息利润等的披露要求。

（五）固定资产

《会计总方案》中《POLÍTICAS CONTABILÍSTICAS》（会计政策）章第7条第2.2款规定有形资产应该以相应折旧的初始确认净成本或可收回金额进行计价。用反映商品的实现经济效益模式的最恰当方法，在预期使用寿命内进行摊销。计提的减值准备可予以转回。

2015年11月5日第207号总统令颁布了最新的折旧率，并从2016年开始执行，其中涉及行业广泛，种类极多，参考性较强，目前我办外账中按照此标准进行计提折旧。

（六）无形资产

《会计总方案》中《POLÍTICAS CONTABILÍSTICAS》（会计政策）章第7条第2.3款规定无形资产的估值标准同固定资产，其特殊情况主要是在：研究及开发支出，其摊销不得超过5年；商誉，其摊销不得超过5年，并不得超过使用年限。

另外无形资产的减值准备不可转回。

（七）职工薪酬

《会计总方案》中对职工薪酬的确认和计量方法与中国会计准则的职工薪酬类似，除当地社保和劳工法规规范的薪酬构成外。

（八）收入

《会计总方案》中对收入的定义是指，在一个期间，源于企业的日常活动获取的经济效益的总流入，当这些流入导致资本的增加，但是这没有涉及分配利润的增加；收入应该按照已收款或应收款的公允价值计量，并且根据企业与买方或用户的协议，考虑企业的折扣。

《会计政策》第6条的第4款中对收入进行了规定，分别涉及以下几项，并对其收入认定标准进行规范：

销售类：财产所有权的重大风险和回报已转移给买方、没有存留，继续投入管理中（程度通常与资产相关）且对已售货物没有有效地控制、与交易相关的已经发生或即将发生的成本可以可靠地计量。

提供服务：在资产负债表日，交易完成阶段可以被可靠地计量、与交易相关的已经发生或即将发生的成本可以可靠地计量。

专利使用费：必须根据现有合同的内容，以权责发生制为基础来对收入进行确认。

《NOTAS EXPLICATIVAS》（报表附注）第12条中12.2特殊情况中提出特别提出完工百分比法及其确认方法、安装收入的确认、广告佣金、门票收入、教学学费、启动费、开始运行费和联合费等的确认方法，另外已跟当地税务局确认建造业的收入可以按照建造合同法来进行核算。

（九）政府补助

《QUADRO E LISTA DE CONTAS》（会计科目表）科目（61.5）——价格补贴用于记录收到的国家的补贴，以弥补由于国家确定的销售价格的企业损失。科目（63.3）——开发补贴用于记录企业申请的资金补助，其目的不涉及固定资产的投资。科目（63.4）——投资补贴用于记录企业申请的资金补贴，用于资助折旧的固定资产。科目（69.5）——额外收入补贴用于记录请求的资金补贴，并且这些补贴与实际的或将来的经营费用没有关系，或者所涉及的费用在以前年度没有出现过。

（十）借款

《QUADRO E LISTA DE CONTAS》（会计科目表）章中列示了短期借款和中长期借款科目，对其解释如中国会计准则类似。

（十一）借款费用

《NOTAS EXPLICATIVAS》（报表附注）第14.2条对借贷成本的定义是指，企业因借款而发生的利息及其他相关成本。同时对符合资本化条件的资产的定义是指，需要经过相当长时间的购建才能达到预定可使用或者可销售状态的资产。因此借款费用是可以接受资本化的。

（十二）所得税

应付所得税是以应缴工业税与预扣税差额确认的。不确认递延所得税资产或递延所得税负债，本期税前会计利润按照税法的规定调整为应纳税所得额（或由税务局核定的应纳税所得额），与现行税率的乘积就是当期在利润表中列示的所得税费用。

目前是根据现行纳税申报单——Modelo（工业税申报表1）进行基于会计利润调整到税法利润。例如：将适用于IAC（资本利得税）的收入从总收入中剔除，同时将利息税从总成本中剔除；将适用于IPC（房产税）的收入从总收入中剔除，同时将房产税等从总成本中剔除；将不合规的发票从总成本中剔除，其对应的税费罚款等也从总成本中剔除。

五、其他

《会计总方案》中并未对企业合并进行规范。

第七章 澳大利亚税收外汇会计政策

第一节 投资环境基本情况

一、国家简介

澳大利亚联邦（英语：Commonwealth of Australia）简称"澳大利亚"（Australia），位于南太平洋和印度洋之间，四面环海，东南部与新西兰为邻，北部隔海与东帝汶、印度尼西亚和巴布亚新几内亚相望。澳大利亚首都为堪培拉，国土面积约为 770 万平方公里，南北相距约 3700 公里，东西横跨近 4000 公里，是一个幅员辽阔的大陆。截至 2018 年 8 月，澳大利亚人口总数超过 2500 万，受地理环境影响，人口主要集中在各州的首府城市，其中，悉尼、墨尔本、布里斯班的人口数量占全国人口总数的一半。澳大利亚的官方语言为英语。法定货币为澳大利亚元（AUD）。

二、经济情况

1990—2017 年间，澳大利亚的经济以平均每年约 3.3% 的速度增长。截至 2017 年，澳大利亚的国民生产总值为 1.69 万亿澳元。[①] 在亚太地区，澳大利亚是继中国、日本和韩国之后的最大经济体，其支柱产业为资源出口及农业。澳大利亚还是亚太地区首屈一指的金融中心。澳大利亚的证券交易所是全球十大证券交易市场之一，市场资本总额 1.5 万亿澳元。

澳大利亚的主要商业中心包括悉尼（新南威尔士州）、墨尔本（维多利亚州）、布里斯班（昆士兰州）和珀斯（西澳大利亚州）。澳大利亚的时区跨越美国的营业结束时间和欧洲的营业开始时间。

三、外国投资相关法律

澳大利亚的法律系统采用联邦制宪政结构，其六个州和两个领地都拥

---

① 数据来源：澳大利亚统计局。

有各自的高等法院和下级法院。澳大利亚联邦也拥有自己的法院，包括澳大利亚高等法院、澳大利亚联邦法院和澳大利亚家庭法院。澳大利亚高等法院是审理澳大利亚案件的最高法院，也是解决联邦宪法有关纠纷的初审法庭。

澳大利亚的法律系统属于普通法法系，由英国的法律原则引申而来。澳大利亚的法律制度有联邦法律，也有州法律。澳大利亚还有成文的《宪法》，它规定了政府的结构和联邦、各州和领地的权力。

澳大利亚的法律来源于三个方面：立法或成文法（即议会立法）、下属法规或规则（根据议会立法授予的权力执行）及判例法（由法院在争议解决过程中发展而来）。

立法优先于判例法，但许多判案法包含了立法的解释。普通法是权利和义务的来源，它们在议会立法和法规中是不处理的。

在澳大利亚，外国人可以个人、合伙、公司、合资企业、信托或外国公司的澳大利亚分支机构的方式经营业务。最合适的结构主要取决于业务性质及其目标。

澳大利亚为希望来澳的商务人士提供多种类型的签证。移民政策允许商务人士长期或短期在澳居留以及高技术型人才来澳，签证要求各不相同。

希望前来澳大利亚的商务人士根据其持有不同国家的护照可申请电子旅游（Electronic Travel Authority，ETA）或者电子存档签证（eVisitor）。一旦批准，ETA 和 eVistor 持有人能够被允许入境，每次在澳居留至多 3 个月。ETA 和 eVistor 持有人在澳期间仅允许参与商业活动，特别是出席无酬金的商务会议，订立或完成合同谈判，询问一般雇佣情况或者以开发新业务为目的的商务旅行。不具备 ETA 或 eVistor 签证申请资格的个人将会被要求申请商务旅客类别下的 600 类签证。

短期居留（少于 6 周）的商务旅客，具较高专业性的特定工种入境时需持有 400 类签证。想要申请此项签证，必须是具较高专业性的特定工种，即申请人拥有的技能在目前澳大利亚人力资源市场比较稀缺。

对于希望聘请外籍员工长期来澳大利亚工作的企业，需要向澳大利亚移民和边境保护部（DIBP）申请获得雇主担保资格。获取雇主担保资格需要满足一系列的前提条件，雇主还必须阐明担保技术雇员能够为澳大利亚带来的利益。当企业取得雇主担保资格后，员工通常可申请 457 工作签证入境，允许其最长在澳大利亚停留四年（或对于新建立的澳大利亚公司，最长时间是 12 个月）。如果个人需要停留的时间超过这一限制，可以在所有的法律条件都满足的前提下重新申请 457 签证。457 签证持有者只允许在其提名通过的职位工作，在未经澳大利亚移民局事先同意的情况下不能更换雇主。

澳大利亚 90% 的就业是通过协议书确定的。法律严格限制对工人的解雇，雇佣双方都须受合同规定的终止就业通知期的制约。雇员的薪酬条件是通过工人待遇协议和劳资协议共同决定的，包括最低工资、加班费、解雇费、退休金等。

四、其他

作为世贸组织成员国，澳大利亚已建立起关税最低的开放型经济。新西兰是其在地缘、文化、经贸方面关系最为紧密的盟国，中日韩是澳大利亚最重要的贸易伙伴，美国则是澳大利亚第三大贸易伙伴。此外，澳大利亚是亚太经合组织（APEC）的成员国之一，与东盟的经济关系发展良好。

近年来，澳大利亚成为中国投资者对外投资的主要来源地之一。根据中国商务部的统计数据，2015 年当年中国对澳大利亚直接投资流量为 34.01 亿美元，而直接投资存量则达到了 351.71 亿美元。

中国投资者赴澳的主要投资领域包括矿产资源业开发、房地产、运输、贸易、农业、制造业、信息通信和服务业。根据澳大利亚外资审查委员会（FIRB）的报告，在 2013/2014 财年，在澳大利亚获得批准的中国投资项目总投资金额达到 276.5 亿澳元，占澳大利亚批准外资总额的 16.5%。中国是澳大利亚外资审查委员会审查的第一大外资来源国。

第二节　税收政策

一、税法体系

澳大利亚税收法律体系主要组成部分包括法庭相关判例、成文法和国际税收协定，以及具有特定法律效力的公共裁定、类别裁定、个案裁定，以及不具有法律约束力的法律执行说明、公开出版物等。

澳大利亚的财政与事权相对应，财政管理体制实行分税制，即联邦、州和地方三级政府按照相关宪法和法律规定的职权，各自享有征收专属税费的权利。澳大利亚的税收征收权主要集中在联邦税务局（Australian Taxation Office，ATO）。

澳大利亚主要税种包括企业所得税、个人所得税、商品服务税、印花税、房地产税、关税、消费税、环境税、资源税等。澳大利亚税收以直接税为主，即企业所得税、个人所得税，由联邦税务局组织征收。

澳大利亚税务居民公司就任何来源所得的应税收入或有税务亏损结转须向澳大利亚税务局进行年度所得税申报。澳大利亚非税务居民公司仅需对来源于澳洲的应税收入进行税务申报。与其他主要经济体相比，澳大利亚目前使用的30%公司税率偏高，导致其国际竞争力下降。

澳大利亚与包括中美加在内的大约45个国家签订了税收协定，并已与超过35个国家协商订立税收情报交换协议，其中包括一些低税率国家。澳大利亚与包括中国在内的11个国家签署了自由贸易协定。针对税基侵蚀和利润转移（BEPS），澳大利亚实施了一系列的措施。多国反避税法（MAAL）已经获得通过，并将澳大利亚的一般反避税法扩展至对澳大利亚常驻机构的反避税计划。多国反避税法适用于国际收入超过10亿澳元的集团成员（"重大国际机构"）。重大国际机构必须也遵循国别报告"国家层面"的报告披露要求。提高税收透明度的新措施包括：主动公开披露年营业额超过1亿澳元的纳税人的收入和税收信息，以及"税务事务中财务账户信息的自动交换（一般报告标准）"，其目的是促进90个司法辖区之间的财务账户信息交换。针对混合错配的立法草案于2017年11月发布。

二、税收征管

（一）征管情况介绍

澳大利亚的税收征管部门分为联邦税务局和地方税务局。联邦税务局主要负责征收企业所得税、个人所得税、商品服务税、消费税、附加福利税及其他联邦税，同时也管理澳大利亚商业登记和养老金系统。地方税务局主要负责征收工资税、印花税、土地税费等。

联邦税务局由 12 个部门组成，其中 8 个面向纳税人的征管部门，主要按照不同的纳税对象设立，分别为：大企业和国际税务司、小型企业税收管理司、非营利性个人所得税司、养老金税收管理司、商品服务税管理司、消费税管理司、税务咨询及法规办公室和综合事务部；另外 4 个部门为内部提供协调与支持，包括：技术服务中心、财务管理司、局长办公室和税收筹划司。

地方税务局分为各州的州级税务局和各州在旗下地方财政局设置的地税机构。各州税务局地位相同，均为联邦税务局下的州级横向机构，但州税务局隶属于州财务部，其职责为征收州税并上交州级政府。

（二）税务查账追溯期

一般而言，纳税人必须在提交纳税申报日起的五年内保留书面证据。如果与税务机关有争议，则保留书面证据至提交纳税申报日起的五年后，或争议最终解决日两者中较晚的日期。

（三）税务争议解决机制

1. 国内税务争议解决机制

如果纳税人质疑税务局的纳税评定结果，首先需向税务局提交复议申请。复议申请需在纳税评定通知四年内以书面形式提交，要求完整和详细地陈述复议的理据。特定纳税人可提出复议的期限为两年。如果纳税人提出复议的对象是经修正后的纳税评定结果，则复议内容仅限于修正后的项目。该情况下，提出复议的期限为修正后纳税评定通知 60 天内，或原纳税评定通知四年内的较晚者。

如果纳税人没有在规定时间内向税务局提交复议申请，可以向税务局递交复议申请的同时附上复议延期申请，其中延期申请中必须说明延期的理由。除不可抗力因素外，延期申请一般不会被批准。

如果纳税人不满意税务局的复议结果，可以在收到复议结果后 60 日内通过书面形式向行政上诉审裁处（AAT）或者联邦法院提出上诉。

在复议结果或上诉结果明确之前，纳税人仍需要履行缴税的义务。通常税务局同意纳税人延期支付 50% 有争议的税额。

2. 国际税务争议解决机制

国际税务争议主要是依据相关税收协定、双边协商程序、转让定价协议及预约定价安排（APA）等来解决。

三、主要税种介绍

（一）企业所得税

1. 征税原则

公司在符合以下条件的情况下，即被认定为澳洲税务居民公司。

（1）在澳大利亚注册成立。

（2）虽不在澳大利亚注册成立，但在澳经营业务，并符合下列条件之一：①核心管理及控制在澳大利亚，②表决权由澳大利亚居民股东控制。

除第一个年度外，所有经济实体须采用 12 个月作为一个会计年度，第一个纳税年度以经营起始日至当年税务年度止计算。通常税务财年从 7 月 1 日起到翌年 6 月 30 日止，但也可对税务财年进行调整，以便与母公司的会计年度保持一致。

2. 税率

大部分公司的应税收入按 30% 的统一税率征收。2017/2018 年年营业收入累计不超过 2500 万澳元（已有提案提出增高至 5000 万澳元，预计将自 2018—2019 财政年起实施）的小型企业按 27.5% 的统一税率征收。2015/2016 财年，年营业收入累计不超过 200 万澳元的小型企业减按 28.5% 缴纳企业所得税；2016/2017 财年，年营业收入累计不超过 1000 万澳元的小型企业减按 27.5% 缴纳企业所得税。居民及非居民公司均适用该税率。

3. 税收优惠

税收减免用于鼓励某些行业或经济部门的发展，部分列举如下：

（1）农业：围栏及水利设施的支出可直接抵扣。

（2）矿业：税收减免首先可用于探测和勘查费用的资本支出抵扣；也可用于开采管理的资本支出及矿区改造的费用。

（3）知识产权：减免用于鼓励澳大利亚专利权、著作权与设计，以及澳大利亚电影投资的发展。

（4）研究和开发费用，包括两个方面：①对符合条件的年度收入总额低于 2000 万澳元的公司提供 43.5% 的可现金返还的税收减免的优惠政策；②对其他符合条件的公司提供 38.5% 的非现金返还税收减免的优惠政策。

（5）环境保护：某类环境保护的支出可享受减免。

（6）早期的创新型企业，包括两种激励：①具备资质的初创企业发行员工期权或股权计划可享受减免待遇；②向早期的创新型企业投资可享受税收抵销及资本利得税减免。

通常来讲，澳大利亚居民须就出售资产（无论该资产位于任何国家）所产生的利润缴纳资本利得税，但对于双边税收协定中规定来源于境外并且已在境外纳税的资本利得，可以免缴资本利得税。非居民仅在上述资产是澳大利亚不动产，或非居民的澳大利亚分支机构的商业财产时缴纳资本利得税。如果资产销售所得低于资产成本（除去任何抵扣的款项），会造成纳税人的资本亏损。资本亏损可用于抵销纳税人同一财政年度的资本利得。如果没有足够的资本利得来吸收资本亏损，剩余的资本亏损可无限期递延（需遵守对公司的某些限制）并抵销未来财政年度内的资本利得。资本亏损不得用于抵销其他应税收入。在同一项获利可同时根据资本利得及收入征税的情况下，可适用双重征税的减免。

此外，澳大利亚政府对边远地区的居民和雇主将给予一定程度的税收减让，这其中包括了福利税、所得税的减让。澳北基础设施基金提供优惠的资金扶持。

4. 所得额的确定（包含亏损弥补规定）

（1）应税收入及资本利得收入。澳大利亚企业每一纳税年度取得的应税收入总额，减去允许税前扣除的费用支出，为应纳税所得额。

企业的应税收入包括其全球收入（居民企业的收入在境外已征税的情况下，可适用外国税收抵免政策），及从出售应税资产中获得的应税资本利得。应税收入种类主要包括一般收入（如来源于经营活动、利息或特许权使用费等的收入）和法定收入（如净资本利得）。一般来说，收入在取得的时候应计入该纳税年度的应税收入。企业分支机构的应税收入包括应归属于该分支机构的全部来源于澳大利亚的收入，以及出售澳大利亚应税资产中获得的应税资本利得。应税资本利得收入应按照一般收入根据纳税人适用的边际税率进行计算并作为所得税的一部分进行申报缴纳。

（2）免税收入。以下收入为免税收入：①非企业所得税纳税人取得的收入；②非居民企业取得的境外收入；③不征税收入，如某些境外投资收益。

（3）股息收入。一般来说，澳大利亚居民企业需就其从其他居民企业或非居民企业取得的股息缴纳所得税。其中，居民企业股东从居民企业取得的股息适用于税收抵免制度（Imputation System）。在此制度下，居民企业股东取得股息需将其收到的股息以及居民企业已缴纳的所得税款的总金额并入其应纳税所得额，同时居民企业股东允许从应纳税款中抵扣居民企业已缴纳的所得税款。一般情况下，居民企业股东从非居民企业取得的股息则不能享受上述已纳税股息中的税款抵扣政策，但可享受适用的税收协定下的境外税收抵免政策。另外，澳大利亚公司从其拥有 10% 或更多表决权的外国公司取得的股息可免税。

（4）费用税前扣除。可在税前列支的扣除项目为经营活动中产生的、与取得应税收入相关的费用支出。主要包括企业在一般经营活动中产生的费用、利息支出、与贷款相关的费用（在五年内或贷款期内进行摊销）、符合条件的坏账支出、修理费用、折旧 / 摊销费用、土地税费、税务申报费用、特许权使用费等，允许在税前扣除。法律法规同时明确了特定项目的费用支出的扣除数额和扣除时间的限制（如业务招待费与预付费用的扣除受到一定限制，罚款及滞纳金则不能在税前扣除）。

企业持有的有形资产可选择使用直接成本法（Prime-cost Method）或递减价值法（Diminishing-value Method）进行折旧，其折旧年限为税法规定的年限或纳税人自定的年限（在此情况下，企业需向税务局解释与税法规定年限不一致的原因）。大部分房产建筑物和固定资产使用直接成本法，每年按初始建造成本的 2.5% 进行折旧。不同的无形资产（如专利权、版权、软件等）按不同的年限进行摊销。例如，软件按 2.5 年进行摊销，商誉则不允许摊销。

资本亏损或支出、私人性质的费用、免税收入（或不征税收入）相关的费用，不能在税前扣除（特殊规定除外）。准备金支出亦不予在税前扣除。大量的判例对不同费用的可扣除性以及扣除时点进行了裁定。

（5）股息 / 利息支出。一般情况下，股息不予在税前扣除，而利息则可在税前列支。企业需根据相关协议上关于债务 / 权益支付安排的条款，并通过特定的测试标准，以判断该类金融工具在税务角度应被归类为债务还是权益。此外，对个人公司股东的低息贷款和部分资本分配有可能会被视为支付股息的款项。

利息扣除的金额受到资本弱化规定的限制。自 2014 年 7 月 1 日起，一般企业的债权性投资与权益性投资的比例超过 1.5：1（"安全港"比例，金融企业的比例则为 15：1）而发生的利息支出，不得在计算应纳税所得额时扣除。除非企业满足以下其中一项条件：①该利息支出总额不超过 200 万澳元；②满足公平交易原则；③债务总额不超过纳税企业 60% 的净资产，则可不受资本弱化规定的限制。

（6）经营亏损。在澳大利亚产生的经营亏损可无限期结转，税务亏损可以递延并用作未来应税收入的抵扣，包括资本利得。资本亏损同样可以递延，但仅可用于抵销资本利得。澳大利亚税收体系未对任何一类亏损的提前抵扣做出规定。

为利用收入或资本亏损，亏损公司必须证明，超过 50% 的股份享有投票权，股息及资本分配权的持有自亏损年至申报年（包括任何间断）期间未发生变化。减免跟踪规定适用于持股分散的公司，以便于其证明所要求的所有权的连续性（可进行"所有权延续性"测试）。

如果亏损公司未能通过该测试，其只有通过"相同业务测试"，否则税务亏损将不予抵免未来年度的利润。相同业务测试要求，公司于所有权或控制权变更前正在经营该业务，并于整个申报年度期间持续经营相同业务。税务局曾对此测试采用相当严格的标准，将"相同"解释为"同一"。然而，这些规则目前已经修改且仅作为相同业务测试的补充，并可能构成一项更为灵活的"相似业务测试"。

如果有未实现亏损的公司的股份被出售，特殊规定将适用以避免针对公司及股东出售其持有的公司股份重复认定亏损。

5. 反避税规则（特别纳税调整）

（1）转让定价。澳大利亚采用由经济合作与发展组织（OECD）所颁布的"独立交易原则"概念来制定相关的转让定价法规。转移定价规定适用于公司、分支机构、合伙企业以及信托。当纳税人进行的跨国关联方交易总额达 200 万澳元以上时，则必须向澳大利亚税务局披露交易的性质和金额。澳大利亚税务局将依据该披露信息，作为执行转移定价审核和稽查的依据。国际关联方交易附表要求纳税人根据转移定价文件披露相关方交易内容。虽然转移定价文件非强制性，但提前准备此类文件能够减少当澳大利亚税务局进行审核或稽查时的潜在罚款。若为降低处罚，转让定价文件必须满足法律规定的具体要求，且必须在递交所得税退税申报前准备。

（2）关联交易。①关联关系判定标准。澳大利亚所得税法《1997年所得税评估法》（Income Tax Assessment Act 1997，ITAA1997）中的转让定价条文并未明确规定企业之间关联关系的判定标准。如两个有商业或财务关系的企业之间发生的交易不符合独立交易原则（即不同于两个完全独立的企业在相似情况下应发生的交易），则适用澳大利亚转让定价法规。②关联交易基本类型。澳大利亚所得税法中的转让定价条文并未明确规定关联交易的基本类型。③关联申报管理。如纳税人年度关联交易金额（包括借贷余额）合计超过200万澳元，则需在年度纳税申报时填报全球交易明细表（International Dealings Schedule）。其中，纳税人需要披露关联方所在地、关联交易性质、交易金额、所采用的转让定价方法等信息。

此外，纳税人也需在全球交易明细表中披露其在境外企业或境外信托机构的权益、常设机构以及与资本弱化有关的信息。作为风险评估工具之一，澳大利亚税务局将利用全球交易明细表中披露的信息评估纳税人的转让定价风险。

需要特别指出的是，若纳税人选择在年度纳税申报的同时申报本地文档，考虑到全球交易明细表与本地文档披露信息的相似性，纳税人可免于填报全球交易明细表。

（3）同期资料。澳大利亚转让定价规定并没有强制要求企业必须准备或保存转让定价文档。一般的税务规范要求纳税人妥善保存与交易有关的记录，但只涵盖基础文件，如发票、银行记录等，也不包括跨国交易关联定价的相关文件。但是，如果企业缺少转让定价同期资料，当纳税申报或税务审计时出现了由于转让定价调整而发生的少缴税款而公司又无法提供相应说明资料时，企业将会面临更严重的处罚。

一般情况下，转让定价资料至少需要满足以下要求：①同期性，如年度申报前准备好当年文件，包括跨年度交易出现重大改变的文件；②语言为英语或已翻译为英语；③解释纳税人使用或未使用相关转让定价方法的原因（包括如何确定公平交易条件、可比性的评估等）。

解释纳税人按照相关指南"如何采用最佳方法和评估模型"。

（4）预约定价。预约定价安排（Advance Pricing Arrangement，APA）是由纳税人与澳大利亚税务局，以及必要时联合其他国家税务机关做出的为其未来的国际交易确定合适的转让定价原则和计算方法的提前约定。

①预约定价安排的申请。纳税人必须先与澳大利亚税务局会谈讨论预约定价安排相关要求。其次，纳税人应提出正式申请，说明相关交易最适用的转让定价方法及其说明，以及相关支持性文件。

②纳税人年度报告。纳税人需要准备并提交年度报告，向澳大利亚税务局说明其当年预约定价安排执行情况。

③有效时间。预约定价安排的实行有时间限制，通常是协议签订后的3~5个纳税年度，可申请延期。纳税人可以在预约定价安排实行过程中的任何时间点取消该协议。

（5）受控外国公司。受控外国公司制度（Controlled Foreign Company Regime）是确保澳大利亚居民纳税人将境外控制子公司取得的相关收入归属回国，以防止避税。

①如何确定受控外国公司的收入归属。为了确定受控外国公司的收入归属，应该要确认下列事项：国外公司在法定会计年度末是否属于受控外国公司；居民纳税人在法定会计年度末是否属于受控外国公司的利润归属纳税人；受控外国公司所在国家是否在税务局所列名单里；国外公司在法定会计年度的收入是否通过主动收入测试；在法定会计年度内受控外国公司的收入种类。

一般来说，如果受控外国公司处于名单上的国家但是没有通过主动收入测试，只有部分享受当地国家优惠政策的收入需要归入其控股方。如果受控外国公司不处于名单上的国家也没有通过主动收入测试，其相关收入都需要归入控股方。受控外国企业的归属收入的后续分配不需缴纳澳大利亚所得税，而且可以适用外国税收抵免。

②受控外国公司的认定标准。一家外国公司如果满足下列任意一个条件即被认定为受控外国公司：不超过5个澳大利亚实体联合拥有该外国公司至少50%的股权，这些澳大利亚实体须各自拥有不少于1%的股权；一个澳大利亚实体持有该外国公司至少40%的股权；不超过5个澳大利亚实

体实际控制该外国公司，如拥有任命董事的权利。

（6）成本分摊协议管理。①主要内容。成本分摊安排（Cost Contribution Arrangements，CCA）涵盖企业之间订立的任何分摊与开发、生产或获得资产、权利或服务相关的成本和风险，以换取相应预期收益的安排。成本分摊安排必须签订书面协议才能生效。

成本分摊安排主要分为两类：资产／权利的开发、生产或取得的相关安排；纯服务安排。

②税务调整。一般来说，澳大利亚税务局通过以下方面判定成本分摊安排是否符合独立交易原则：安排应具有商业实质；协议的条款应符合经济实质；协议的条款应事先商定；参与方应有合理的期望收益；参与方的贡献应与其获得的期望收益相匹配；成本分摊协议的加入、撤销和退出条款应符合独立交易原则。

若成本分摊安排不符合独立交易原则，澳大利亚税务局可能会要求纳税人对协议条款作出调整，进而调增纳税人的应纳税所得额，或根据独立第三方在相似条件下发生的支出调减纳税人的可抵扣费用。某些情况下，澳大利亚税务局会否定成本分摊协议的部分或全部条款。

（7）资本弱化。澳大利亚的资本弱化规定旨在限制企业利用债务融资来获得税前抵扣。如果一家企业的债务超过了允许的其澳大利亚净资产的一定比例，通常是经某些非债务性负债调整后，该公司的澳大利亚总资产平均值的60%，那么资本弱化规定将限制其利息费用的税前抵扣额。在实际操作中，这意味着公司应该能够通过债权融资的方式筹集其在澳大利亚投资项目的60%的资金。这些规定同样适用于分支机构和子公司，但是如果该公司是一个合并纳税集团的成员，那么上述测试应以合并纳税集团为单位进行。

同时，资本弱化规定给出了不受制于资本弱化规定的最低限额。这项测试允许每年的债务抵扣额（包括利息和其他债务成本）低于200万澳元的公司无须进行资本弱化测试就可以申请税前抵扣。

6. 征管与合规性要求

在澳大利亚获得应税收入或有税务亏损结转的公司及分支机构须向澳大利亚税务局进行年度所得税申报，截止日期为每年的10月31日。澳大利亚的纳税年度通常为每年的 7 月 1 日至次年的 6 月 30 日，但企业可向澳大利亚税务局申请使用其他会计期间作为纳税年度。

7. 其他税务情况

（1）税务合并。税务合并制度适用于所得税和资本利得税，100% 控股的澳大利亚集团公司、合伙制企业与信托可以组建税务合并集团。当各个澳大利亚子公司由同一外资企业 100% 直接控股，即在中间没有一家澳大利亚总公司控股各澳大利亚居民子公司的情况下，澳大利亚子公司之间也可进行税务合并。

选择税务合并的集团必须将所有 100% 控股企业包括在内，该选择一旦作出，则不可撤销。从所得税方面来讲，税务合并集团内部成员公司之间的交易可忽略不计。

（2）预提税。澳大利亚的居民向非居民支付的利息、股息以及使用费都需要缴纳预提税。但在澳大利亚境外的常驻机构中从事商业活动的居民获得的股息和使用费不需要缴纳预提税。此外，在澳大利亚境外的常驻机构中从事商业活动的非居民所获得的，并向其他非居民支付的利息或使用费，一般需要缴纳预提税。

非居民受款人的利息、股息或使用费需要在付款人向非居民支付之时缴纳预提税 。付款人需要将该税费汇给税务局。

预提税是基于总值征收的最终税种（即不扣除为获得收入而产生的境外费用）。

①澳大利亚公司支付的股息。如果澳大利亚子公司向其海外母公司支付"税后股息"（即由税后利润支付的股息），则无须缴纳股息预扣税。如果股息为"税前股息"，则需按照所支付股息总额支付 30% 缴纳股息预扣税（或根据有关避免双重征税协定降低）。

②澳大利亚公司的债务融资。澳大利亚公司支付给海外债权人的贷款利息需缴纳 10% 的利息预扣税。然而，如果债权人在澳大利亚设有常设机构，且利息与该常设机构有实质性联系，那么该利息则需在澳大利亚缴税。

③向外国公司支付的特许使用权费。若澳大利亚公司向外国居民或居民公司支付特许使用权费，则需按特许使用权费金额的 30% 缴纳使用费预扣税（或根据有关避免双重征税协定降低）。除此之外，还应考虑可能产生

的转让定价问题。

（二）个人所得税

1. 征税原则

雇主应向澳大利亚税务局注册登记代扣代缴个人所得税，并在截止日期前向澳大利亚税务局缴纳税金。代扣代缴个人所得税是要求雇主从支付的澳大利亚工资薪金中代扣代缴员工所得税，支付的澳大利亚工资薪金包括奖金。代扣代缴的税率取决于雇员的澳大利亚税务居民身份和现金报酬水平。代扣代缴个人所得税是雇主的责任，无论雇主是在澳大利亚境内还是境外。

雇主应在每个工资结算期向员工出具工资单，并提供年度代扣代缴个人所得税清单。雇主还应于每年的 8 月 14 日之前向澳大利亚税务局提交年度代扣代缴所得税报告。一般而言，代扣代缴个人所得税应每月通过商业活动报告表（Business Activity Statements，BAS）申报并缴纳，如果雇主未能代扣代缴个人所得税或向澳大利亚税务局迟缴税金，雇主将面临高额的罚金。

个人为澳大利亚的纳税居民，即按通常理解，指其居住在澳大利亚境内。决定个人是否为澳大利亚居民须考虑如下因素：①个人在澳大利亚境内停留的时间；②个人在澳大利亚境内的家庭及事业；③停留期间的生活环境及表现情况。

定居在澳大利亚的个人应视作澳大利亚居民，除非其永久住所在澳大利亚境外。

移居海外人士如果在澳大利亚境内停留超过半个财政年，将被视所居民，但以下情况除外：①其永久住所在澳大利亚境外；②无意在澳大利亚境内定居。

针对移居海外且仅打算在澳大利亚临时定居的人士，减少某些税收的特殊规定可以适用。

2. 申报主体

以个人为单位进行申报，由所在企业或者政府机构代扣代缴，并在每年的 6 月 30 日后由纳税人按照自身实际情况，根据税法要求对代扣代缴税金进行调整并在 10 月 31 日前完成申报，并于 11 月 15 日前完成税款补缴（如有）。如代扣代缴税款超过实际应缴税款，则由税务局完成税务评估后转回纳税人指定银行账户。

3. 应纳税所得额

个人所得税纳税年度为每年的 7 月 1 日至次年的 6 月 30 日。个人取得的应税收入总额，减去允许税前扣除的费用支出，为应纳税所得额。

如果是澳大利亚居民，应税收入为收入年度中，直接或间接来源于澳大利亚境内外的所有收入；如果是外国居民，应税收入包括：①所得年度中，直接或间接来源于所有澳大利亚来源的收入；②在收入年度中，某些依据税法规定计税的非澳大利亚来源的特定收入。

可在税前列支的扣除项目是个人取得应税收入过程中发生的相关费用。主要包括个人支付的以下费用：①与受雇直接相关的费用（如往返不同工作地点之间的交通费）；②与工作相关的费用（如上班需穿戴的制服费）；③与房产投资相关的贷款利息；④自雇个人支付的允许扣除的保险费（人寿保险的保险费除外）；⑤向澳大利亚核准的团体支付的捐赠支出；⑥税务咨询费；⑦与受雇或取得应税收入活动直接相关的教育费（超过 150 澳元）；⑧与受雇或取得其他应税收入活动相关的资产折旧费（小规模纳税人可对价值低于 1000 澳元的资产在取得当年按其价值一次性在税前扣除）；⑨与取得应税收入资产相关的利息费用；⑩受限制的住宅支出等，允许在税前扣除。员工取得由雇主全额报销的费用既不征税也不能在税前扣除。

私人性质的费用（如上下班交通费）、与免税收入（或不征税收入）相关的费用、与政府补助款项相关的费用、交际应酬费、罚款、与资本所得相关的费用、贿赂、医疗费用等，不能在税前扣除。

免税收入包括：①某些澳大利亚政府养老金，包括澳洲福利署（Centrelink）向未领取养老金年龄的人支付的残疾抚养费；②澳大利亚政府的某些津贴和支付，包括照顾者津贴和儿童保育福利；③澳大利亚国防军和联邦警察人员的某些海外工资和津贴；④澳大利亚政府教育支付，如 16 岁以下学生的津贴；⑤一些奖学金、助学金和奖励；⑥您在交付保险单时收到的一次性付款（用于抵押保护、绝症或工作中发生的永久性伤害），您是该保单的原始受益所有人。通常，这些付款不会获得、预期、依赖或定期发生。

不征税所得（不可评估的非免税收入）包括：①就业终止付款（ETP）

的免税部分；②真正的裁员付款和提前退休计划付款显示为您的付款摘要中的"整笔D"金额；③超级共同捐助。不可评估的非免税收入是不需要纳税的收入。它不会影响税务损失，但在计算征收医保附加费和纳税人家属的可调整应税收入时可能会被考虑在内。

其他无需征税的所得为：①奖励或小礼物，如现金形式的生日礼物（但是，如果礼物数量很大，或者礼物作为商业活动的一部分，或纳税人作为雇员或承包商在赚取收入的活动中收到礼品，则可能需要纳税）；②购买普通彩票赢得的奖品，如乐透抽奖和抽奖活动；③游戏节目中赢得的奖品，除非您经常收到出场费或游戏节目奖金；④收到的子女抚养费和配偶抚养费。

4. 扣除与减免

税额抵免可用于抵减个人在澳大利亚的应纳个人所得税税额。澳大利亚主要的税额抵免包括：①符合条件的退休人士取得的退休金收入的税额抵免；②个人取得的应税社会保障款的税额抵免；③部分医疗费用的税额抵免；④境外收入税收抵免；⑤边远地区居民和服务于部分海外地区的国防军人的税款返还；⑥低收入税额抵免等。

5. 税率

个人所得税按累进税率征收，应税收入越高，适用税率越高。税务居民较非税务居民享受更优惠的税率（在一个完成财政年度内，在澳大利亚境内停留超过183天即属于澳大利亚税务居民）。未满18岁者根据其收入性质适用特殊税率。税务居民适用的个人所得税税率如表7-2-1：

表7-2-1　澳大利亚税务居民个人所得税税率

单位：澳元

全年应税收入	税率
不超过18200的部分	0%
18201~37000（含）的部分	19%
37001~87000（含）的部分	32.5%
87001~180000（含）的部分	37%
超过180000的部分	45%

资料来源：https://www.ato.gov.au/Rates/Individual-income-tax-rates/.

税务居民及某些受托人须支付公共医疗税（Medical Levy）作为其缴纳的部分个人所得税。以上税率不包括公共医疗税 2%。此外，公共医疗税针对收入更高但未持有适当私人医疗保险的人群通常额外征收 1.5%。

非税务居民适用的个人所得税率如表 7-2-2：

表7-2-2　非税务居民个人所得税税率

全年应税收入（澳元）	税率
不超过 87000（含）的部分	32.5%
87001~180000（含）的部分	37%
超过 180000 的部分	45%

资料来源：https：//www.ato.gov.au/Rates/Individual-income-tax-rates/.

6. 征管与合规性要求

个人所得税按年申报，截止日期为每年的 10 月 31 日之前。针对逾期申报、未申报及未缴交全部税金的情况，税务局将按逾期时长收取相应的罚息及罚款。2017 年 7 月 1 日之后，以逾期每 28 天为一个罚款单位，税务局将收取 210 澳元罚款，最高上限达 5 个罚款单位。

（三）关税

1. 关税体系和构成

澳大利亚是世界贸易组织（WTO）及世界关税组织（WCO）成员国之一，其关税法规和程序与相关原则相一致。

澳大利亚海关在货物进口时征收关税。关税在货物进入澳大利亚时征收。进入澳大利亚的日期可能是货品的清关日，也可能是保税仓库提货日。

2. 税率

除消费税应税商品外，如烟酒，关税从价计征，税率可为 0%、5% 或 10%。进口产品的具体关税税率依货物的关税类别而定。

3. 关税免税

澳大利亚有一些优惠政策可以零关税进口物品。这些优惠主要适用于那些在澳大利亚没有生产可替代产品的情形。

4. 设备出售、报废或再出口的规定

由于澳大利亚与许多国家签有自由贸易协定，因此在出口物资时可以享受出口关税的减免。同时澳大利亚设有关税减免法案，允许出口商对出口商品中涉及的缴纳过进口关税的进口部件申请关税返还。但申请此类退税需满足以下条件：①该进口商品需在澳大利亚进行过使用而非仅进行监测、展示或深加工；②出口商品价值不能低于进口关税评估价的 25%；③出口商品中包含的进口部件的关税以前没有申请过返还。如出口设备符合上述要求，则可以申请进口关税的返还。

（四）企业须代员工缴纳的其他税种

1. 员工福利税

当雇主、其关联方或者其他方（在某些情形下）向雇员提供非现金福利时，将会产生员工福利税。这种福利包括任何形式的权利、优待、服务或设施便利。提供福利的雇主并不需要是澳大利亚税务居民才须缴纳员工福利税。还须注意的是，需要缴纳员工福利税的是雇主而不是雇员。员工福利税的税率为 46.5%，员工福利税的纳税年度为 4 月 1 日到次年的 3 月 31 日，雇主需要向澳大利亚税务局递交员工福利税申报表。

2. 薪金税

薪金税是基于雇主向雇员或承包商的付款，向雇主征收的税种。薪金税由州政府征收，各州应付薪金税的计算基础基本一致，但适用税率各有不同。当雇主在全国范围内支付的工资水平超过各州协定的免税门槛，则需适用 4.75%~6.85% 的统一税率缴纳薪金税。免税门槛在 75 万~175 万澳元之间。无论薪金是在澳大利亚境内或者境外支付，均需要缴纳薪金税。

（五）企业须缴纳的其他税种

1. 印花税

澳大利亚各州和领地按不同税率征收交易印花税，税率总体随应付税价值逐步增加。以转让价格作为计税基础，税率一般在 5%~6%。一般而言，印花税主要适用于财产转让交易。这些交易包括抵押、证券、保险单、非流通股转让、租赁文件及资产、企业或地产转让的合同。在一些州和领地，上述某些交易免征印花税。

2. 土地税

澳大利亚各州政府及澳大利亚首都特区通常按土地未经改善的资本价值征收土地税（对土地拥有者征收的税，除对其主要居所外）。土地税在澳大利亚各州税率不尽相同，税率总体随土地价值逐步增加。

3. 商品及服务税 / 消费税

商品及服务税（GST）是一种间接税，与其他国家征收的增值税类似。澳大利亚的商品及服务税于 2018 年 7 月 1 日起开始征收，税率为 10%。几乎在每个生产和经销阶段，只要有供货或提供服务时都要征收 GST。在税务部门注册过的供货商和服务机构，他们购买物品或服务时所付的 GST 可与其供货或提供服务给客户时所征的 GST 相抵销。澳大利亚税务局负责国内流通环节中 GST 的征收，进口商品 GST 的计算、征收和管理则由海关负责。进口商在缴纳进口税的同时也需要缴纳 10% 的 GST，在特殊免税条款之列的进口商品除外。

4. 房产税

各州政府自行制定房地产税条例规定其征收范围、适用税率、豁免项目等。可豁免房地产税的项目一般为产权人的主要居住用地或者初级生产用地。

5. 石油资源租赁税

就海上石油开发，对每个项目按其净现金流的 40% 征收石油资源租赁税。该税种也适用于陆上油气项目。由各州就各种自然资源实施使用费。

6. 葡萄酒平衡税

葡萄酒平衡税（Wine Equalisation Tax，WET），是澳洲政府面向所有酿造葡萄酒，往澳大利亚进口葡萄酒，或者以批发的形式销售葡萄酒的产商征收的以葡萄酒价值为基准计算的税款。WET 等于葡萄酒批发价值的 29%。只有在商家注册了 GST（商品和服务税）或者应该注册 GST 的时候才需要缴纳。而免除商品和服务税（GST-Free）的葡萄酒，同样也不需要缴纳 WET，如用作出口的葡萄酒。

7. 高档汽车税

高档汽车税（Luxury Car Tax，LCT）对销售或进口高档汽车（经销商）的企业以及进口高档汽车的个人征税。当包含了 GST 在内的汽车总价值高于 LCT 高档汽车标准（节油型汽车价值高于 75526 澳元）时，LCT 按高于高档汽车门槛的金额征收 33% 的税率。

（七）社会保险金

1. 征税原则

在澳大利亚，雇主通常会为其雇员缴纳强制性养老金（它类似于养老基金），或者支付养老金保障费。从 2014 年 7 月 1 日起，最低缴纳标准额度为工资的 9.5%，但一些雇主与员工或工会协商了更高的缴纳比率。养老金义务供款必须在每个季度末后的 28 天内支付，并且可以得到全额所得税前抵扣，对于这一规定只有非常有限的豁免情况。若雇主未能按最低要求缴纳养老金，则其将面临养老金罚款。该罚款不可做税收抵扣，罚款包含未缴纳的养老金差额、利息以及行政罚款。养老金对于某些从事特定工作和承担特殊职责的雇员可能会存在豁免情况。

2. 外国人缴纳社保规定

在满足条件情况下（18 岁及每月有至少 450 澳元税前收入），雇主需为在澳临时居民缴纳养老保障费。当该居民永久离开澳洲时，如满足所有条件，则可申请临时居民的离澳退休公积金偿还（DASP）。申请公积金偿还的条件包括：（1）该居民在澳期间的临时签证符合澳洲移民法（The Migration Act 1958）（除了 405 和 410 类签证）；（2）该居民的澳洲签证已经被取消或失效；（3）该居民已离开澳大利亚；（4）该居民不是澳洲及新西兰公民，或澳大利亚永久居民。

第三节　外汇政策

一、基本情况

（一）澳大利亚无外汇管制

澳大利亚不限制货币流入或流出。自 1983 年 12 月 12 日起，澳大利亚开始实行浮动汇率。外国投资者投资澳大利亚国内标的时，可能需要接受澳大利亚外国投资审核委员会（FIRB）的批准。但是该审核只针对投资标的本身，不影响资金流入或流出。澳大利亚承诺不妨碍与国际贸易相关的正常货币转移，对于利润、股息或资本的汇款没有具体的限制。

但是，为了控制逃税和洗钱，澳大利亚交易报告和分析中心（AUSTRAC）或海关部门要求金融机构、外汇交易商，或个人报告超过 1 万澳元的资金流入或流出情况。此外，有税收债务的个人可能被限制往境外汇款直到纳税债务被偿清。

（二）资金汇入汇出

澳元可通过授权的金融机构自由兑换、流通。企业或个人可以通过授权的外汇交易商（包括大多数商业银行）进行外汇交易。汇入汇出手续简便，一般企业均可通过银行电子汇款。

（三）汇率长期稳定

得益于持续的经济增长及全球对矿产资源的巨大需求，澳元30多年来发展成为国际金融市场上最重要的硬通货和投资工具之一。涉及澳元的外汇交易每天高达4000多亿澳元，占到全球外汇市场交易量的6.9%。澳元对美元（AUD/USD）是排在EUR/USD、USD/JPY、GPB/USD之后的第四大交易货币。

二、居民及非居民企业经常项目下外汇管理规定

无限制，外汇交易金额机构将报告超过1万澳元的资金流动。

三、居民及非居民企业资本项目下外汇管理规定

无限制，外汇交易金额机构将报告超过1万澳元的资金流动。

四、个人外汇管理规定

无限制，外汇交易金额机构将报告超过1万澳元的资金流动。

第四节　会计政策

一、会计管理体制

（一）财税监管机构情况

澳大利亚证券投资委员会（ASIC）是澳大利亚的企业、市场和金融

服务监管机构。作为监管机构，ASIC 的大部分工作根据《公司法》进行，该法规定了澳大利亚企业实体的会计、审计和报告要求。澳大利亚税务局（ATO）为澳大利亚税务征收监管机构。作为监管机构，ATO 负责税务法规的制定、颁布，税金征收，协调联邦、州及地方税金分配等事宜。

（二）事务所审计

澳大利亚商业实体需根据《公司法》规定，并结合自身实体分类决定是否需要编制财务报表提交给澳大利亚证券投资委员会（ASIC）和进行审计。公司法规定下的商业实体被分为两类：公众公司（包括上市公司、非上市公众公司和非营利组织）和私营公司（包括大型私营公司和小型私营公司）。在财政年度结束时，除以下情况外，在澳大利亚经营的公司必须准备并向 ASIC 提交财务报告且该报告需要进行审计。

通常情况下，小型私人有限公司可以不用上交财务报告，也免于审计。小型私人有限公司的定义为任意满足下列三个条件中的两个：

（1）在财政年度内总营业额低于 2500 万澳元。

（2）在财政年度末营业年度内总资产额低于 1250 万澳元。

（3）在财政年度末雇佣员工人数低于 50 人。

然而，外商投资小型私营公司依然要求报送经审计财务报表，除非根据相关规定申报豁免。

除公司法外，根据各州相关法律成立的商业实体包括个体经营者、合伙企业、协会以及信托等。

（三）对外报送内容及要求

会计报告中主要包含：①企业基本信息：行业分类、经营范围、股东情况、公司地址、公司商业登记代码；②董事会报告及董事会声明；③企业经营情况表：资产负债表、利润表、现金流量表、所有者权益变动表；④披露信息：费用类、资产类、负债类、权益变动；⑤关联交易中，采购定价相关的证明材料及交易申明。

上报时间要求：会计报告须按企业选择的会计年度编制，于会计年度结束后的 4 个月内完成。

二、财务会计准则基本情况

（一）适用的当地准则名称与财务报告编制基础

澳大利亚商业实体需根据澳大利亚会计准则委员会（AASB）颁布的《澳大利亚国际财务报告准则》（AIFRS）的要求编制保留会计记录及准备年度财务报表，上述准则基本参照国际财务报告准则（IFRS）。

（二）会计准则适用范围

由澳大利亚会计准则委员会（AASB）颁布的澳洲会计准则，适用于一般商业组织和非营利机构。澳大利亚会计准则基于国际财务报告准则（IFRS）编制而成，根据澳大利亚当地法律法规有微小调整。

三、会计制度基本规范

（一）会计年度

根据《公司法》要求，澳大利亚的商业实体通常使用 7 月 1 日—6 月 30 日作为其会计年度。但是 ASIC 在获得批准的情况下可以采用不同的会计年度，以保持和境外母公司的会计年度一致。

（二）记账本位币

企业的记账本位币按照会计准则 AASB 121《外汇汇率变动的影响》的规定来衡量确定。

（三）记账基础和计量属性

根据《公司法》要求，所有会计账簿、文件和编制的财务报表必须采用英文记录。在会计确认、衡量和报告中须采用权责发生制。以历史成本基础计量属性，在某些情况下允许重估价值计量。会计计量假设条件，其一般原则有谨慎、公允、透明、会计分期、持续经营、真实性、一贯性、可比性、清晰性。

四、主要会计要素核算要求及重点关注的会计核算

（一）现金及现金等价物

现金是指库存现金及可随时用于支付的银行存款，现金等价物是指持有的期限短（从购买日 3 个月以内到期）、流动性强、易于转换为已知金额

现金及价值变动风险很小的投资。主要涉及资产有现金、银行存款。现金流量表中列示的现金及现金等价物和 IFRS 准则中概念一致。

（二）应收款项

应收款项的初始计量按初始价值计量确认，同时规定了坏账准备、折扣、可回收包装物的会计处理。年末应收款项需要按公允价值计量确认。

（三）存货

存货初始计量以历史成本计量确认，包括买价以及必要合理的支出。存货的初始核算：存货的采购成本不包含采购过程中发生的可收回的税金。不同存货的成本构成内容不同，通过采购而取得的存货，其初始成本由使该存货达到可使用状态之前所发生的所有成本构成（采购价格和相关采购费用）；通过进一步加工而取得的存货，其初始成本由采购成本、加工成本，以及使存货达到目前场所和状态所发生的其他成本构成。存货由全部商品、原材料和有关的供应品、半成品、产成品以及企业拥有所有权的物资组成。

存货出库可采用先进先出法和平均法（移动平均或加权平均）。企业应根据存货的性质和使用特点选择适合的方法进行存货的出库核算。确定存货的期末库存可以通过永续盘点和实地盘点两种方式进行。

存货期末计量以初始成本与可变现净值孰低法，若成本高于可变现净值时，应根据存货的可变现净值与账面价值的差额计提存货跌价准备并计入会计科目作为存货的备抵项。

施工企业存货分两种情况：①在工程账单确认收入方法下，期末采用永续盘点法确认未出库和已领用未办理结算金额；②在建造合同法确认收入情况下，期末采用永续盘点法确认未出库原材料，并用"工程结算和工程施工"差额确认在建工程。

（四）长期股权投资

长期股权投资是投资企业为了与被投资企业建立长期关系或为了自身的经营和发展而持有的被投资企业的权益投资。投资按照是否对被投资企业有单独控制、共同控制、重大影响等不同情况，分别使用成本法、权益法进行核算。

成本法适用的范围：①企业能够对被投资单位实施控制的长期股权投

资；②企业对被投资单位不具有控制、共同控制或重大影响，且在活跃市场没有报价、公允价值不能可靠计量的长期股权投资。投资单位采用成本法时，长期股权投资的账面价值不受被投资单位盈亏和其他权益变动的影响。只有在被投资单位分配现金股利的时候，才确认投资收益，相应地调整长期股权投资的账面价值。

权益法适用的范围：①共同控制；②重大影响。权益法下，长期股权投资的账面价值受被投资单位的所有者权益变动的影响。因为长期股权投资的账面价值是需要根据被投资单位的所有者权益进行调整的。当所有者权益发生变动，投资单位的长期股权投资的账面价值相应地进行调整。所以在被投资单位实现盈利，所有者权益的留存收益增加，投资单位的长期股权投资要调增，确认投资收益，发生亏损时，冲减长期股权投资的账面价值。在被投资单位分配现金股利的时候，被投资单位的所有者权益减少了，所以要冲减长期股权投资，确认应收股利。被投资单位其他权益发生变动时，也要调整长期股权投资的账面价值。

（五）固定资产

固定资产初始计量以历史成本，企业应在其预计使用期限内对固定资产计提折旧。税法规定，折旧采用直线法或递减法。与中国不同，澳大利亚会计准则没有对具体的资产规定折旧方法和使用寿命年限。只要求当变更折旧方法并对报表有重大影响时，需在附注进行披露。固定资产期末计量按可回收价值计量，如果发生减值，计入减值准备。根据澳大利亚税法规定，企业在财务报表口径下计提的折旧金额不可高于税法规定的折旧可抵扣额，多计提部分需递延至未来期间且无法在当期税前扣除。固定资产的折旧年限需按照澳大利亚税法中的类别和行业指引进行确定。。

（六）无形资产

无形资产初始计量以历史成本计量确认，企业应在其预计使用期限内对资产计提摊销。无形资产期末计量按可回收价值计量，如果发生减值，计入减值准备。

（七）职工薪酬

职工薪酬核算所有支付给职工的各类报酬，包括行政管理人员、普通员工、临时性雇佣员工以及提供服务的企业合伙人的薪酬，雇主为员工支付的养老金、年假和长期服役假以及法定的其他员工福利。

与中国有关制度不同的是，澳大利亚企业需对员工的年假、长期服役假按照员工的小时薪酬折算为负债并在财务报表中确认为一项负债，员工使用假期或离职时相应减少。

（八）收入

收入是指企业在一定的期间内，由正常经营活动所产生的经济利益的流入的总额。该经济利益流入仅指引起权益增加的部分，而不包括企业投资者出资引起的部分。

收入的计量应以已收或应收的公允价值进行计量。交易所产生的收入额通常由企业与资产的购买方或使用方所达成的协议来决定。该项金额是以企业已收或应收的价款的公允价值为根据，并考虑了企业允诺的商业折扣和数量折扣进行计量的。一般情况下，其实际操作方法与中国会计准则相同。2018 年当年或之后开始年度，《国际财务报告准则第 15 号——客户合约收益》生效，全面适用遵循该新颁布的准则。

（九）借款费用

借款费用是指企业因借款而发生的利息及其相关成本。借款费用包括借款利息、折价或者溢价的摊销、辅助费用以及因外币借款而发生的汇兑差额等。企业发生的借款费用，可直接归属于符合资本化条件的资产的购建或者生产的，应当予以资本化，计入相关资产成本；其他借款费用，应当在发生时根据其发生额确认为费用，计入当期损益。符合资本化条件的资产，是指需要经过相当长时间的购建或者生产活动才能达到预定可使用或者可销售状态的固定资产、投资性房地产和存货等资产。

（十）外币业务

外币交易时，应在初始确认时采用交易发生日的即期汇率折算为记账本位币金额，当汇率变化不大时，也可以采用当期平均汇率或者期初汇率核算。

于资产负债表日，外币货币性项目采用资产负债表日的即期汇率折算为外币所产生的折算差额，除了为购建或生产符合资本化条件的资产而借入的外币借款产生的汇兑差额按资本化的原则处理外，其他类折算差额直接计入当期损益。以公允价值计量的外币非货币性项目采用公允价值确定日的即期汇率折算为人民币，所产生的折算差额作为公允价值变动直接计入当期损益。

于资产负债表日，以历史成本计量的外币非货币性项目，除涉及计提资产减值外，仍采用交易发生日的即期汇率折算，不改变其记账本位币金额。流动性较强的科目、有合同约定的科目应采用外币核算，包括：①买入或者卖出以外币计价的商品或者劳务；②借入或者借出外币资金；③其他以外币计价或者结算的交易。

（十一）所得税

所得税采用递延所得税法，区分时间性差异和永久性差异，并根据性质确认递延所得税资产和负债，当期所得税费用等于当期应缴所得税加递延所得税资产和负债的变动额。

（十二）政府补助

政府补助，是指政府以向一个企业转移资源的方式，来换取企业在过去或未来按照某项条件进行有关经营活动的那种援助。这种补助不包括那些无法合理作价的政府援助以及不能与正常交易分清的与政府之间的交易。政府补助，包括以公允价值计价的非货币性政府补助，只有在以下两条得到合理的肯定时，才能予以确认：企业将符合补助所附的条件；补助能够收到政府补助。

政府补助的会计处理方法主要有两种：总额法，在确认政府补助时将政府补助全额确认为收益，而不是作为相关资产账面价值或费用的扣减；二是净额法，将政府补助作为相关资产账面价值或补偿费用的扣减。政府补助可能采用将非货币性资产，诸如土地和其他资源转移给企业使用的方式。在这些情况下，对非货币性资产通常需要确定公允价值，并且对补助和资产均按公允价值进行会计处理。在资产负债表中呈报与资产有关的政府补助，包括以公允价值计价的非货币性补助时，既可将补助作为递延收益，也可以在确定资产账面价值时将补助额扣除。

本章资料来源：

◎《中华人民共和国政府和澳大利亚政府关于对所得避免双重征税和防止偷漏税的协定》

—Herberts Smith Free Hills《澳大利亚经商指南（2018）》

—国家税务总局《中国居民付澳大利亚投资税收指南（2018）》

—《德勤中国企业海外投资运营指南（2018）》

—毕马威《国际财务报告准则第 15 号》（IFRS 15）收入（2016）

—安永在《澳大利亚经商税务、合规及财务报告事项指南（2014）》

—普华永道《澳大利亚经商入门指南（2014）》

第八章 巴基斯坦税收外汇会计政策

第一节　投资环境基本情况

一、国家简介

巴基斯坦伊斯兰共和国位于南亚次大陆西北部，东与印度比邻，南面是印度洋，西与伊朗接壤，西北和阿富汗相连，东北面可通往中国的新疆。巴基斯坦是英联邦成员国。首都为伊斯兰堡，乌尔都语为国语，英语为官方语言。主要民族语言有旁遮普语、信德语、普什图语和俾路支语等。面积为796095平方公里（不包括巴控克什米尔）。主要矿藏储备有：天然气4920亿立方米、石油1.84亿桶、煤1850亿吨、铁4.3亿吨、铝土7400万吨，还有大量的铬矿、大理石和宝石。森林覆盖率4.8%。法定货币为巴基斯坦卢比（PKR）。

二、经济情况

巴基斯坦拥有多元化的经济体系，是世界第25大经济体。作为一个快速增长的发展中国家，大规模经济改革改善了经济前景，加快了增长，尤其是制造业和金融服务部门。巴基斯坦正处在工业化进程中的农业国。粮食作物以小麦最为重要，自给有余。水稻产量次于小麦，但水稻出口量居世界前列。棉花是最主要的经济作物，产量居世界前列，是棉花出口国。巴基斯坦工业发展比较迅速。棉纺织业为最大工业部门，纺织品是最重要的出口工业产品。化肥、水泥、冶金、机械等工业部门也得到了发展。

三、外国投资相关法律

巴基斯坦贸易主管部门是巴基斯坦商务部，其主要职责包括国内外贸易管理和政策制定、出口促进、公平贸易（反倾销等）、多双边贸易协议谈判、商协会的组织和监管、保险行业监管等。巴基斯坦国家银行负责金融体系监管、外汇管制和发行货币。巴基斯坦财政部下属联邦税收委员会

（FBR）负责关税制定、关税征收、海关监管等。巴基斯坦与贸易相关的主要法律、法规有《公司法》《贸易组织法》《贸易垄断与限制法》《海关法》《反倾销法》《反囤积法》等。

巴基斯坦投资部是联邦政府负责投资事务的部门，下辖的职能部门投资局（BOI）主要职责包括：在投资商与其他政府部门之间发挥联络和纽带作用；建立投资对接数据库，提供投资商所需的必要信息和咨询服务。巴基斯坦投资局在各省均有分支机构。

根据巴基斯坦《1976年外国私人投资（促进与保护）法》《1992年经济改革保护法》以及巴基斯坦投资优惠政策规定，巴基斯坦所有经济领域向外资开放，外资同本国投资者享有同等待遇，允许外资拥有100%的股权。在最低投资金额方面，对制造业没有限制，但在非制造业方面，则根据行业不同有最低要求，服务业（含金融、通信和IT业）最低为15万美元，农业和其他行业则为30万美元。巴基斯坦投资政策规定限制投资的五个领域是：武器、高强炸药、放射性物质、证券印制和造币、酒类生产（工业酒精除外）。此外，由于巴基斯坦是伊斯兰国家，外国企业不得在当地从事夜总会、歌舞厅、电影院、按摩、洗浴等娱乐休闲业。

巴基斯坦对外国自然人在当地开展投资合作并未另行做特殊规定，自然人可以独资、合伙或成立公司的方式进行投资合作，并遵守相关法律规定：《1984年公司法》《1997年公司（法院）规则》《1947年外汇管制法》《2001年私有化委员会法》《1976年外国私人投资（保护与促进）法》《1992年经济改革保护法》以及相关的投资政策和私有化政策等。

第二节　税收政策

一、税法体系①

巴基斯坦税收分为联邦税收（国税）和省级税收（地税）两大体系，

---

① 巴基斯坦税法体系延续英联邦税法体系。

其中联邦税收收入约占全国税收总收入的90%。

巴基斯坦联邦税收分为直接税和间接税两大类。直接税包括所得税（Income Tax）、劳工福利税（Workers Welfare Tax）、劳工参与基金（Workers Participation Fund）和资本税（Capital Value Tax）。间接税包括关税（Customs Charges）、销售税（Sales Tax，针对销售商品产生的消费而言）、联邦消费税（Federal Excise Duties）、机场税（Airport Tax）和其他税费（Other Duties）。

税法体系主要包括：2001年《所得税条例》和2002年《所得税规则》，1990年《销售税法案》，2005年《联邦消费税法案》，2011年《信德省服务销售税法案》，2012年《旁遮普省服务销售税法案》，其他省级服务销售税的条例。

联邦税收委员会（Federal Board of Revenue，FBR）是巴联邦政府税收的主管部门，下设所得税局、海关、销售税局、联邦消费税局等机构，分别负责相关税种的征收和稽查工作。

省级税（地方税）主要包括财产税（Property Taxes）、车辆税（Motor Vehicles Duty）、消费税（Sales Tax，针对提供服务产生的消费而言）、印花税（Stamp Duties）等，由各省财政部门负责征收，除印花税上缴联邦政府外，其余作为各省自有发展资金。

二、税收征管

（一）征管情况介绍

巴基斯坦税收主管部门为联邦税收委员会（FBR），负责制定和实施税收政策，以及联邦税种的征收和管理，海关为其下属部门。近年来，巴政府为提高财政收入，不断扩大税基和提高税收幅度。外国公司和外国人需要同等纳税。

（二）税务查账追溯期

巴基斯坦联邦税务局有权选择纳税人进行税务稽查（被选稽查通知会事先给予企业），税务局每年会抽取5%的企业进行税务稽查。

巴基斯坦税法中规定，因纳税人、扣缴义务人计算错误等失误，未缴或者少缴税款的，税务机关在五年内可以追征税款和滞纳金，滞纳金标准为 10 万 ~20 万卢比 / 年，视具体税额而定；有特殊情况的，追征期可以申请延长。税收征管法案规定的补缴和追征税款、滞纳金的期限，自纳税人、扣缴义务人应缴未缴或者少缴税款之日起计算。

对于不按时履行纳税义务的纳税人，巴基斯坦联邦税务局在发出税务审计通知书但在宽限期内仍未得到满意的回复之时，巴基斯坦联邦税务局可采取从纳税人账户强制扣回税款并处罚金的强制措施。

（三）税务争议解决机制

巴基斯坦联邦税务局设立税务仲裁机构以方便解决税收纠纷：

（1）上述申请时间：30 天。

（2）上述所需文件：①规定的上述申请表；②上诉依据；③罚款通知 / 决议复印件；④授权代表的授权书；⑤费用明细表：对税收评估的上诉费用为 1000 卢比，对其他事宜的上诉费用为 200 卢比（非公司）、1000 卢比（公司）。

（3）税收处理专员应在收到上诉申请 120 日之内做出决定，但此日期可因档案记录等原因延长 60 天。

三、主要税种介绍[①]

（一）企业所得税

1. 征税原则

巴基斯坦企业所得税法引入居民企业概念。

满足以下条件的企业为居民企业：①它是在巴基斯坦现行法律下成立或者合并的；②公司事务的控制和管理在全年的任何时间都是在巴基斯坦；③根据所得税法的规定，巴基斯坦的省政府或者地方政府被视为居民企业。

其余企业为非居民企业，外国企业在巴基斯坦成立的常设机构也为非居民企业，仅限来源于巴基斯坦的收入进行征税。

2. 税率

自 2018—2019 财年起，对公司的应纳税所得额征收的税款的税率为 29%；巴基斯坦公布 2018—2019 年度预算法案，其中，计划从 2019 年财

---

① 资料来源：中国驻巴基斯坦大使馆经济商务参赞处。

年起将公司所得税税率继续每年下调 1%，至 2023 财年降至 25%。

如果纳税人是小型公司（小型企业认定标准为：①实收资本和未分配利润不超过 5000 万卢比的企业；②企业一年内雇佣的人员不超过 250 人，最终由企业提交申请，巴基斯坦国家税务局认定为准），则 2018—2019 财年应当按 25% 的税率缴纳税款，小型企业的纳税税率也将按照每年 1% 下调，至 2023 年所得税税率降至 20%。

巴基斯坦所得税分为最终税制和假定税制，最终税制下非居民企业按照营业收入的 7% 缴纳税款，由支付人（一般为政府）在每次结算支付之时直接扣缴；假定税制下，非居民企业按照利润总额的 29% 缴纳所得税，但巴联邦税务会重复审计企业的成本、费用及消费税完税情况，由于中资企业在巴经营始终面临国内费用列转及当地可否认可的不确定性问题、商业费用的涉密问题等，一般不使用假定税制。

3. 税收优惠

巴基斯坦 2015 年财政法案决定对新设能源和食品公司给予所得税豁免政策，以克服能源危机，促进国家工业化进程。根据法案，政府将给予 2015 年 7 月 1 日后开工的输变电工程项目为期 10 年的所得税豁免。此豁免对运营该输变电项目的公司（须为据《1984 年公司法》注册，在巴基斯坦有办事处的公司，分立、重建或重组的除外）同样适用。法案对液化天然气终端运营商以及从事太阳能和风能设备、部件生产的企业（2016 年 12 月 31 日后设立，产品专用于太阳能和风能发电的企业）给予为期五年的所得税豁免。对从事冷链运输、食品仓储和农业生产的企业给予三年免税期。但只有在 2015 年 7 月 1 日—2016 年 6 月 30 日间设立的企业才能享受此政策。对于 2016 年 12 月 31 日前拿到许可证的清真肉生产企业给予五年所得税豁免的优惠政策。

巴基斯坦对境内所划定的经济特区（瓜塔尔港除外），实行开发商减免五年的企业所得税，入园企业减免 10 年的企业所得税，并减免开发商用于建造园区所采购的设备、材料等进项税和入园企业用于建造厂房所采购的设备和材料进项税。

瓜塔尔港经济特殊享受特殊的减免政策，详见巴基斯坦联邦税务局关于瓜塔尔港经济特区特殊税收政策。

4. 所得额的确定

企业的应税所得额为当年企业销售商品、提供劳务所取得的全部收入扣除企业生产成本（物资采购、资产折旧、人工成本后的金额）。

对于外国控股的本土公司或外国公司在巴基斯坦设立的办事处 / 分公司而言，当外国债务 / 外国股权的比率超过 3∶1 时，该企业的贷款利息不得计入成本。外国债务指的是在一个税务年度内外国债务及非关联人拖欠控股股东的类似金额之和的最高金额。

5. 征管与合规性要求

所有在巴经营的公司都必须在每年的 12 月 31 日前，对上一财经年度（上一年度的 7 月 1 日至本年度的 6 月 30 日）基于权责发生制所编制的商业收入账目，进行所得收入的纳税申报。

企业必须于纳税义务产生的最近纳税年度，基于收入（排除资本盈余和预估收入）支付预提税。

预缴税必须在成立后的每个财经年度 1/4 的 4 个时间点缴纳，或是在 9 月 25 日、12 月 25 日、3 月 25 日和 6 月 15 日缴纳。在纳税年度缴税而产生的税收抵免可以用来抵扣当年纳税税款。总的税收义务的减免必须在纳税申报时进行。预缴税和代扣预提税可根据已缴的所得税额进行调整。

纳税年度是 7 月 1 日至次年的 6 月 30 日。

（二）销售税

1. 征税原则

巴基斯坦销售税纳税义务人及扣缴义务人：

（1）如属供应货物，进行供货的人负责缴税。

（2）如属向巴基斯坦进口货物，进口货物的人负责缴税。

对于以下各项，须按其价值的 17% 收取、征收和缴付销售税：

（1）登记人在其开展的任何应税活动或促进此活动的过程中，供应应税供货。

（2）进口到巴基斯坦的货物。联邦政府可在官方公报上发布通知，声明对于任何应税货物，须按上述通知中指明的较高或较低的一项或多项税率征收、收取和缴付税款。

巴基斯坦销售费税的课税范围是销售商品、提供劳务的流转环节，销售商品环节产生的销售税归国家所有，提供劳务环节产生的销售税归国家所有。销售税可以进行抵扣，进项税额可以在销项税额产生时进行扣减。

2. 税率

销售税通常按货物价值的 17% 征收，联邦政府可在官方公报上发布通知，对任何供应、任何类别的供应或任何货物或任何类别的货物征收和收取其认为合适的税额，还可指明缴税形式、方式和时间。

目前，由于商品有多种品牌及多个制造商，所以以零售价为基础的商品的制造商被要求以最高零售价格来交税。

根据 2014 年"财政法"，联邦税收委员会被授权指定区域，仅用于确定各种品牌或各种货物的最高零售价格。该修正案主要目的是解决关于制造商按最高零售价支付销售税而不考虑地理经济因素的长期未决的申诉。

3. 税收优惠

销售税中重要的零税率物品包括：①某些船舶和飞机的供应和维修保养；②向外交使团和外交官提供的用品；③向出口加工区供应的原料、零部件和货物；④向勘探和生产部门供应的规定的机器和用于出口加工区的当地制造的设备和机械；⑤供应给出口商。

4. 征管与合规性要求

（1）普通申报。①所有已登记的纳税人（登记人）应于到期日，按规定格式向税务局指定的银行或任何其他办事处，提交真实无误的纳税申报表，写明在纳税期间所做的进货和供货，到期已缴税款及规定的其他信息。②如在纳税期间，税率发生变动，须提交纳税期间各部分的单独纳税申报表，指明适用的不同税率。③经具有司法管辖权的税务局批准后，登记人可在提交纳税申报表的 120 天内，提交经修改的纳税申报表，纠正原表中的任何遗漏或错误申报。④登记人注意到有关情况后，收到审计通知前，如登记人主动有意提交经修改的纳税申报表，并补缴少缴的税额或逃税金额，以及欠缴附加费，则不得向登记人追收任何罚款。⑤税务局可在官方公报上发布通知，要求所有纳税人对于指定种类或类别的任何货物，按指定格式，提交任何一个或多个纳税期间内的进口、进货和供货的摘要、详细资料或细节。

（2）特别申报。①根据法律的人，须根据税务局在官方公报上发布的通知，在指明的日期内，按通知指明的方式，提交特别申报表，载明通知所指期间内生产产品数量、进货、供货或支付欠款等信息；②税务局可要求任何纳税人（无论登记与否）在指定的日期前按规定的格式提交纳税申报表（不论是为自己提交、代理人或受托人提交），税款缴纳，包括但不限于缴纳方式、缴纳期限、特殊事项、附列资料等内容。

6. 处罚机制

销售税登记违法处罚：若税务局发现登记人开具假发票，或在其他方面有税务欺诈行为，税务局可按照在官方公报上发布通知的程序，将此人列入黑名单或暂时吊销其登记。

暂时吊销登记期间，就销售税退税或进项税抵免而言，不得针对销售税退税或进项税抵免受理此纳税人开具的发票。一旦纳税人被列入黑名单，不论其因开发票所申请的退税或进项税抵免发生被列入黑名单的前后，税务当局均可通过发布不可上诉或可上诉的判令予以拒绝，但须事先给予此纳税人陈词机会。

若税务局认定票据存在问题或登记人有其他欺骗性的活动，税务局或获授权部门将原因做书面记录后，可阻止此纳税人的退税或进项税调整活动，并指示具有司法管辖权的有关税务局开展进一步调查，并采取适当法律行动。

（三）个人所得税

1. 征税原则

个人所得税纳税人为居民纳税人需要满足以下条件：

（1）一年中在巴基斯坦居住累计达 183 天或以上。

（2）联邦政府或省政府海外正式的雇员或官员。

2. 征税范围

巴基斯坦居民通常就其在世界各地的所得纳税。巴基斯坦非居民仅就其巴基斯坦所得，或被认为是巴基斯坦所得，或在巴基斯坦收到的以及被认为是在巴基斯坦收到的所得纳税。

对非巴基斯坦公民的个人，下列各类所得免税：①根据与巴基斯坦政府签订的援助协定居住在巴基斯坦，由外国政府支付或者从基金及让与的拨款中支付给个人的工资；②作为外国政府官方代表在巴基斯坦服务的报酬；③外国政府对公认的巴基斯坦教育机构雇员所付的报酬。

不在巴基斯坦从事工商业活动的外国企业的雇员一个所得年度在巴基斯坦逗留不超过 90 天，提供服务所获得的报酬；一定条件下，从抵达巴基斯坦之日起的两年时期内，教授或教师在公认的巴基斯坦大学、学院或其他教育机构提供服务所获的工资；受雇于英国理事会所获的工资；在巴基斯坦体育委员会担任教练，提供服务所获得报酬等非居民个人收入所得不在课税范围之内。

3. 税率

2019 年 7 月 1 日起，巴基斯坦执行新的个人所得税政策。

个人所得税税率为 5% ~ 35%，具体征税方案如表 8-2-1：

表8-2-1　巴基斯坦个人所得税计量表

单位：巴基斯坦卢比

年利率标	每月总收入	应纳税额
0~600000	0~50000	0%
600000~1200000	50000~100000	5%
1200000~1800000	100000~150000	2500+ 10%
1800000~2500000	150000~208333	7500+ 15%
2500000~3500000	208333~291667	16250+ 17.5%
3500000~5000000	291667~416667	30833+ 20%
5000000~8000000	416667~666667	55833+22.5%
8000000~12000000	666667~1000000	112083+25%
12000000~30000000	1000000~2500000	195417+27.5%
30000000~50000000	2500000~4166667	607917+30%
50000000~75000000	4166667~6250000	1107917+32.5%
75000000 and above	6250000 and above	1785000+35%

注：上述税率中的年收入覆盖个人工资性收入及非工资性收入。
数据来源：巴基斯坦个人所得税法令。

4. 税收优惠

巴基斯坦 2018 财经年度，巴联邦政府再次提高个人所得税起征点，2018 年个税起征点调整为年收入 1200000 卢比整。

其他情况：①非巴基斯坦居民仅征收在巴基斯坦境内取得的收入（注：在巴基斯坦境内居住未超过183天的为非巴基斯坦居民）。②穆斯林每年的宗教捐款不缴纳所得税。③对于60岁以上的老年人群减免50%个人应缴所得税。④对于教师及其他从事研究性事业的专家学者减免75%个人应缴所得税。⑤农业部分收入免税，满足条件：收入来源于土地使用，包括租赁。

5. 应纳税额

应纳税所得额乘以适用税率，减除依照本法关于税收优惠的规定减免和抵免的税额后的余额，为应纳税额。

（四）消费税

1. 征税原则

进口商品和巴基斯坦本国生产的产品及保险、邮件快递、会计等服务均需缴纳消费税，联邦消费税以17%的税率对某些类型的制造业、进口货物和提供劳务收入进行征收。

2. 征税范围

（1）在符合消费税法及据此制定的规则的规定下，对以下各项征收消费税：①巴基斯坦生产或制造的货物；②进口到巴基斯坦的货物；③联邦政府在官方公报上发布通知指明的货物，此类货物在非关税区生产或制造，而后运至关税区，在关税区内出售或消费；④在巴基斯坦提供的服务，包括源于巴基斯坦境外，但在巴基斯坦提供的服务；⑤税率为从价的17%。

（2）进口到巴基斯坦的货物涉及的税款，征缴方式和时间与《1969年海关法》（1969年第四号）规定的应付关税无异，须适用该法规定。

（3）税务局可在官方公报上发布通知，按相关方式征收和收取税款，而非根据货物与服务（视具体情况而定）征收和收取消费税。

（4）在不违反消费税法其他条文的原则下，联邦政府可在官方公报上发布通知，对一类或多类货物或服务按通知中指明的较高或较低的一项或多项税率，征收和收取税项。

3. 税率

目前，联邦消费税税率为17%适用于：①登记人在从事应税活动的过程中或者为该活动提供的应税物资的价值。②进口到巴基斯坦的货物，最终目的地在巴基斯坦境内如属未登记人士，除需缴付17%的税款外，还应缴付应税额的3%的税款。

4. 税收优惠

出口到巴基斯坦以外的货物或联邦政府在官方公报上发布通知，指明的货物须按零税率征税，对于该等货物可准许税项调整。

批准在通知指明的条件和限制的规则下，按通知所指一项或多项税率，退还就某些货物缴纳的税项，此类货物用于在巴基斯坦内制造而后出口到巴基斯坦以外的任何货物，或作为供给或库存材料装运，供船上或飞机上消费，前往巴基斯坦以外的目的地。

对于货物或任何指定货物、指定类别的货物出口到任何指定外国港口或领土，禁止支付退税、退款或调整税项。

除巴基斯坦联邦政府特指的货物与服务外（出于鼓励实体经济发展目的），在巴基斯坦进口、生产或制造的所有货物，提供或给予的服务，在未获得税收减免证书之时，需缴纳全部消费税。

5. 应纳税额

进口商品的价值乘以相应的税率为应纳税额。

巴基斯坦本国生产的产品及保险、邮件快递、会计等服务的价值乘以相应的税率为应纳税额。

消费税课税基础为货物与服务的价值（不含销售税）。

6. 征管与合规性要求

（1）每月登记人需在到期日前，按税务局在官方公报上发布的通知规定的方法和格式，提交真实无误的纳税申报表。

（2）对于一个月内做出的应税供货或应税服务涉及的应缴税项，登记人提交纳税申报表时，在银行的指定分行缴存；但税务局可在官方公报上发布，规定缴税的任何其他方式。

7. 处罚机制

（1）消费税欠税处罚。消费税如在规定时间内未缴纳应缴税项或部分应缴税项，收到其无资格享有的税项退款或退税，或做出其无资格享有的纳税调整，则此人除需缴纳应缴税项外，应缴税项、税项退款或退税，还需按卡拉奇银行同业拆借利率每年加上3%缴纳欠税附加费。

（2）少缴的金额可予追讨。若登记人缴付的税额少于其纳税申报表中的应缴税项，需向此人追讨少缴的税额连同欠税附加费，具体方式有禁止任何货物运离其营业场所，以及查封其商业银行账户，但不得损害根据本法或据此制定的规则采取的任何其他行动。

（五）关税

1. 征税原则

巴基斯坦海关隶属于巴基斯坦联邦税收委员会（FBR）[①]。根据《海关法》《进出口法》《海关细则》等对进出口商品进行管理。商品关税税率每年均有调整，出于保护国内产业需求，巴基斯坦政府可以对进口货物征收反倾销税和调解关税。

关税的税率取决于进口到巴基斯坦的物品的具体种类。按照国际惯例，物品是按照分别对应的 HS 编码进行分类的，且特定物品的关税税率是按照分配给该物品的 HS 代码指定的税率计算的。

遵循 WTO 协定[②]，巴基斯坦在过去的几年大幅降低关税税率。一般而言，普通商品的关税税率是 4%~10%，HS 法条做出保留的商品（可以征收高额关税的商品）除外。多数 HS 条例规定免关税，或按各类通知可以享受减税或者零税率。

2. 征税范围

关税是巴基斯坦政府调节进出口和国际收支平衡的重要工具。巴基斯坦政府在每个财年的预算报告中都会对部分商品的关税进行调整。巴基斯坦关税总体水平不高，目前普遍税率为 5%~35%，汽车和酒精饮料则维持较高关税。中巴两国已签署双边自由贸易协定，并于 2007 年 7 月 1 日起实施，分两个阶段对全部货物产品实施降税。第一阶段在协定生效后五年内，双方对占各自税目总数 85% 的产品按照不同的降税幅度实施降税，其中，36% 的产品关税将在三年内降至零。对于 B 类设备（施工设备）的进口关税，在设备返运时一般可退税，但有时间限制。

3. 税率

巴基斯坦关税税率一般为 4%~35%。

[①] 巴基斯坦联邦税收委员会（FBR）是巴基斯坦税法的制定机关与实际执行机关。

[②] WTO 协定为世界贸易组织所实施的共同协定。

4. 税收优惠

（1）减免制药原料、急救药品、癌症诊断器和结肠造口术器械包的进口关税；制药所需包装材料进口关税降低5%。

（2）用于制造马口铁的进口冷轧钢卷关税由10%降低至5%；生产预制钢铁结构房屋的原材料进口关税由10%降低至5%。

（3）免除太阳能设备进口关税；免除用于制造CNG天然气缸的钢管进口关税；免除机电制造行业所需零部件进口关税；减免用于制造变压器和控制板的原材料进口关税。

（4）手机进口关税由500卢比/部下调为250卢比/部，并取消250卢比/部手机进口调节税。

（5）进口农用拖拉机继续免征关税；进口四冲程摩托车零部件关税由32.5%降低至20%；摩托车整车进口关税由70%降低至65%；本国不产的摩托车零部件进口关税由20%降低至15%；本国不产的五类拖车零部件进口关税由15%降低至5%；免除牲畜饲料添加剂进口关税。

5. 关税保护巴基斯坦本国产业措施

（1）过氧化氢关税由5%提高至10%；醋酸异丁酯关税由5%提高至20%；焊接不锈钢管关税由5%提高至15%；5吨以上多相空调器关税由10%提高至35%，并加征15%的调节关税。

（2）对进口本国可生产的四类摩托车零部件关税税率为32.5%；塑料卫生用具关税由20%提高至25%。

（3）对液晶和等离子电视机半组装配件继续加征5%的进口关税。

（4）火花塞和电容器关税由5%提高至10%；调整硅胶密封剂关税。

（六）企业须缴纳的其他税种

1. 印花税

印花税分别根据股票发行和转让面值的0.5%和1.5%缴纳，但是不得小于1巴基斯坦卢比。如果股票转让给中央托管公司或通过中央托管公司进行转让，印花税按照股票面值的0.1%缴纳。

2. 资本利得税

资本利得税是指对资产所有人在资产处置（租赁、出售）时进行课税，对资产进行租赁处置的课税税率一般为租赁收入的10%。

3. 超级税

超级税是巴基斯坦联邦政府自 2015 年颁布的附加税种并一直延续至今。对于银行等金融类企业，超级税税率为利润总额的 5%，对于非金融类企业，超级税税率为利润总额的 3.5%。

第三节　外汇政策

一、基本情况

1. 外汇管理部门：巴基斯坦国家银行是其外汇管理部门。

2. 主要法规：《1947 年外汇管理法案》《1992 年经济改革保护法》《2001 年外汇账户（保护）法案》《金融衍生产品业务条例》。

3. 主权货币及汇率形成机制：法定货币为巴基斯坦卢比，境内交易均以卢比结算。目前不可自由兑换。巴基斯坦实行浮动汇率制度，巴基斯坦国家银行不设置汇率目标和路径。为积累外汇储备、确保外汇市场顺利运行，巴基斯坦国家银行会对外汇市场进行干预。

二、外汇管理规定

（一）经常项目下外汇管理规定

1. 货物贸易：进口方面，信用证方式进口付汇可 100% 预付，非信用证方式进口付汇每单预付款不得超过等值 1 万美元；进口付汇需提供装运提单或合同及其他单据；禁止从以色列进口。出口方面，出口收汇需在到期日或装运日起 6 个月内收汇。出口商可以保留出口收益，但 3 个工作日内须结汇。出口商可按照离岸价格将 2% ~ 15% 的出口收入保留于外汇账户用于广告花费、市场研究和出口索赔等对外支付，软件和服务业出口收入可保留 35%，出口收入增长 10% 以上的出口商可保留 50%。

2. 服务贸易、收益和经常转移：外汇收入须在银行结汇。

（二）资本和金融项目下外汇管理规定

1.直接投资：对外直接投资实行审批制，居民个人和公司可在境外进行证券投资、股权投资等，但投资收益须汇回。除银行业外，制造业、农业、基础设施和社会服务业外商直接投资无须审批。除航空、银行、农业、医药等特殊行业外，外资股权比例无上限。外国投资者可将全部资本、资本所得、红利和利润汇回母国。

2.资本和货币市场工具：居民在境外购买股票、债券须获得巴基斯坦国家银行批准。居民在境外销售、发行股票、债券须获得巴基斯坦证券交易所批准。非居民不得在巴基斯坦发行货币工具，不允许居民通过外汇交易银行购买境外货币工具、境外集体投资证券。居民在境外销售、发行货币市场工具、集体投资证券、衍生产品须获得巴基斯坦证券交易所批准，且收益须汇回本国或出售给经营外汇业务的银行。非居民在巴基斯坦销售或发行集体投资证券、衍生产品须获得巴基斯坦证券交易所批准。

（三）金融机构外汇业务管理规定

银行业：为满足流动性需要，允许银行从国际金融机构贷款，但需满足特定要求。经巴基斯坦国家银行批准，银行可持有除阿富汗、孟加拉国、印度和以色列外其他国家的境外外汇账户，银行法定流动性要求为总资产的19%。金融机构吸收外汇存款需要缴纳20%的存款准备金。吸收外汇存款比例不得高于本币存款的20%。银行可向在巴基斯坦经营的外资公司提供本币商业信贷，经营外汇业务银行的外汇买卖价差不得超过20派萨。

货币兑换机构：货币兑换公司获得外汇交易许可证后，可经营外币现钞、硬币、邮政、票据、汇票、银行汇票、旅行支票、汇款转账，货币兑换公司（通常为非官方私人货币兑换公司）只可买卖外币现钞和硬币。三星级及以上的酒店也可向客户购买外汇并将其出售给银行。

（四）个人外汇管理规定

个人经常项目：出境方面，个人最高可携带500巴基斯坦卢比至印度或携带3000巴基斯坦卢比至印度以外的其他国家。每人单次和年度携带出境的美元或等值外币现钞需遵循以下规定：①5岁以下个人限额分别为1000

---

① 印度、巴基斯坦等国的货币单位。100个派萨折合1个卢比。

美元与 6000 美元；5~18 岁个人限额分别为 5000 美元与 3 万美元；18 岁以上限额分别为 1 万美元与 6 万美元。入境方面，印度居民最高可携带 500 巴基斯坦卢比入境，非居民最高可携带，3000 巴基斯坦卢比入境，居民或非居民携带外币现钞入境不设限。汇款方面，1000 美元以下的非居民个人家庭汇款和其他汇款无须申请。旅行支出方面，个人旅费支出外汇每人每天限额等值 50 美元。年度限额为等值 2100 美元。

个人资本项目：不允许居民个人在境外购房，居民个人不得向非居民个人贷款，居民向非居民借款 500 巴基斯坦卢比以下可视作赠予。境外博彩类收益不允许汇回。

第四节　会计政策

一、会计管理体制

（一）财税监管机构情况

巴基斯坦财税监管机构为巴基斯坦联邦税务局，隶属于巴基斯坦财政部。以下所列机构为巴基斯坦财政部聘请的咨询服务机构，负责为巴基斯坦财政部提供财税政策的制定与修订建议，但不具有行政管理职能：

（1）巴基斯坦会计监督管理专业机构：巴基斯坦特许会计师公会（ICAP）、巴基斯坦成本与管理会计师公会（ICMAP）。

（2）巴基斯坦会计准则制定者：巴基斯坦特许会计师公会（ICAP）。

巴基斯坦特许会计师公会（ICAP）负责审查和通过巴基斯坦的会计准则。ICAP 也是伊斯兰财务会计准则的制定机构。ICAP 的关键职责还包括：就与会计和审计有关的有争议事项和技术性发布提供会计意见；编制财务法案和公司法提案草案；对成员和其他机构的询问作出答复。

（二）事务所审计

在巴基斯坦，所有按《公司条例（1984）》[①] 注册的公司，都被要求在每

---

① 《1984 年公司条例》由巴基斯坦证券交易委员会（SECP）颁布。

次年度股东大会上委任审计师。(《公司条例》第 233 条和第 252 条）最近颁布的《新公司法（2017）》^①规定，对实收资本少于 100 万卢比的公司提供豁免。但在该豁免情况下，公司仍需提交正式认证的财务报表至 SECP 公司注册处^②。此外，巴基斯坦使用并一贯遵循国际审计准则（即国际会计师联合会颁布的标准）。

（三）对外报送内容及要求

财务报表内应列报的信息：①固定资产；②无形资产；③金融资产（不包括在（4）、（6）和（7）项下的金额）；④用权益法核算的投资；⑤存货；⑥应收账款和其他应收款；⑦现金和现金等价物；⑧应付账款和其他应付款；⑨非流动附息负债；⑩少数股东权益；⑪发行的资本和公积。

二、财务会计准则基本情况

（一）适用的当地准则名称与财务报告编制基础

巴基斯坦采纳了大部分但并非全部国际财务报告准则。两者之间的主要差异如下：

（1）IFRS 1（首次采用国际财务报告准则）未被巴基斯坦采纳。

（2）IFRIC 4（确定一项协议是否包含租赁）以及 IFRIC 12（服务特许权协议）也未被采纳。

（3）巴基斯坦正在考虑是否采纳 IFRS 9（金融工具）。

（4）IFRS 14（递延管制账户）、IFRS 15（客户合同收入）以及 IFRS 16（租赁）也还未被采纳。

此外，IAS 39、IAS 40 以及 IFRS 7 未被受巴基斯坦国家银行（SBP）监管的银行及其他金融机构采纳。SBP 已经为此类金融机构制定了银行及其他金融机构如何确认计量相关金融工具的标准，但是这些准则适用于其他不受 SBP 监管的公司。

巴基斯坦会计准则的实际执行效力非常强，企业普遍能够按照一致认可的准则执行。巴基斯坦证券交易委员会（SECP）提供的非财务披露指引是交易所上市规则的一部分。SECP 根据最佳国际惯例，为上市实体、公共

---

① 　《2017 年新公司法》由巴基斯坦证券交易委员会（SECP）颁布。

② 　SECP（巴基斯坦证券交易委员会）管辖所有企业协会、协会的注册。

部门公司、非上市实体和保险公司提供了公司治理指南，详细说明了必须披露的强制性披露要求。

（二）会计准则适用范围

巴基斯坦规定，上市公司、银行及其他金融机构及对国家经济有重大影响的企业（ESE）适用国际财务报告准则。中型企业采用中小企业国际财务报告准则。小型企业采用 ICAP 制定的小型企业会计及财务报告准则。

三、会计制度基本规范

（一）会计年度

公司会计年度与历法年度一致，即公历年度的 7 月 1 日至次年的 6 月 30 日。

（二）记账本位币

企业会计系统必须采用所在国的官方语言和法定货币单位进行会计核算。巴基斯坦采用巴基斯坦卢比作为记账本位币，货币简称 PKR。

（三）记账基础和计量属性

巴基斯坦的企业会计准则与国际会计准则趋同（前面提到有些不一致），企业会计核算的基本前提为经济实体、持续经营、会计分期、货币计量、成本概念（交易以当期发生实际成本入账），会计准则为权责发生制与收付实现制，企业一般采用收付实现制。一般原则包括：可理解性、相关性、重要性、可靠性、忠实反映、实质重于形式、中立性、审慎性、完整性、可比性。

巴基斯坦会计计量方法与国际会计准则基本匹配，会计科目根据国家实际财务工作需要，与国际企业会计准则一致，采用借贷记账法进行会计核算。

四、主要会计要素核算要求及重点关注的会计核算

巴基斯坦会计核算要求与国际会计准则基本一致。

（一）现金及现金等价物

现金，包括库存现金和活期存款。

现金等价物，是指随时能转变为已知金额的现金的短期投资，其流动性高，价值变动的风险小。

（二）应收账款及坏账准备

应收账款是指企业采用非商业汇票结算方式，因销售商品或提供劳务等经营活动而应向客户收取的款项。企业应在资产负债表日按照备抵法计提坏账准备，计提坏账的比例由企业自行决定；但不允许采取直接冲销法核算坏账。

（三）存货

巴基斯坦存货核算准则内容如下：

1. 存货的概念及分类

存货是指企业在日常活动中持有以备出售的产成品或商品、处在生产过程中的在产品或者将在生产过程或提供劳务过程中消耗的材料、物料等。存货包括原材料、设备、在产品、产成品、未完工程、已完工程、周转材料等。

2. 存货的初始核算

存货的成本应由使存货达到目前场所和状态所发生的采购成本、加工成本和其他成本所组成。存货的采购成本由采购价格、进口税和其他税（企业随后从税务当局获得的退税除外）以及可以直接归属于购买制成品、材料和劳务的运输费、手续费和其他费用所组成。存货的加工成本包括直接与单位产品有关的费用。其他成本只有当它们是在使存货达到目前场所和状态过程中发生时，才能列入存货成本之中。

3. 存货出库的核算方法

存货出库有先进先出法和加权平均平均法两种核算方法。

（四）长期股权投资

在巴基斯坦会计政策中，长期股权投资是指投资企业为了与被投资企业建立长期关系或其他经营目的而持有的被投资企业股权的投资，一般为10%以上。

对于同一控制下的企业合并遵循下列原则：一个会计主体应当选择符合企业实际情况的会计准则，并在会计期间内保持一致，对于报告主体发生或参与的同一控制下的合并交易，应对该企业合并的内容进行评估，当确定该合并交易确实发生交易实质时，可以自行选择购买法或权益结合法作为会计处理的原则。否则，该项交易只能采用权益结合法进行会计处理。

（五）固定资产

固定资产是指为生产商品、提供劳务、出租或经营管理而持有的，使用超过一个会计年度的有形非流动资产。

1. 固定资产的后续计量

固定资产折旧是指在固定资产使用寿命内，按照确定的方法对应计折旧额进行的系统分摊；影响固定资产折旧的主要因素为固定资产原值、预计净残值、固定资产减值准备、固定资产的使用寿命。

据巴基斯坦企业会计准则，固定资产一般采用年限平均法、工作量法、双倍余额递减法对固定资产计提折旧额。

2. 特殊情况

（1）当月增加的固定资产次月开始计提折旧；当月减少的固定资产，当月照提折旧，次月开始不计提折旧。

（2）固定资产提足折旧后，不论是否使用均不再计提折旧；提前报废的固定资产不再补提折旧。

（六）无形资产

无形资产是指企业拥有或控制的无实物形态的可辨非货币性资产。

无形资产的后续计量主要包括在无形资产使用期间计提无形资产摊销额，确定无形资产的净额及进行无形资产减值测试，计提无形资产减值准备，确定无形资产账面价值。

1. 使用寿命有限的无形资产后续计量

在无形资产使用期间内，对于使用寿命有限的无形资产，应当采用系统合理的方法进行摊销，并应以成本减去累计摊销额和累计减值损失后的余额进行后续计量，列示于资产负债表。无形资产的残值一般为零。在无形资产的使用寿命内系统地分摊其应摊销金额的方法有直线法、生产总量法。

2. 使用寿命不确定的无形资产后续计量

有确凿证据表明无法合理估计使用寿命的无形资产才能作为使用寿命不确定的无形资产。对于使用寿命不确定的无形资产在持有期间内不需要摊销，如果期末重新复核后仍为使用寿命不确定的无形资产，则应在每个会计期间进行减值测试。

（七）职工薪酬

巴基斯坦会计政策中设有专门职工薪酬科目核算职工薪酬，职工薪酬包括所有工资性收入以及奖金、福利。

（八）收入

巴基斯坦收入确认准则与国际会计准则基本一致，其内容如下：

（1）收入具体包括：销售商品、提供劳务以及他人使用企业的资产而产生的利息、使用费和股利。

（2）商品销售收入的确认：①企业已将与商品所有权有关的主要风险和报酬转移给买方；②企业不再继续保密与所有权有关的管理权或不再对已售出商品进行实际的控制；③收入的金额能够可靠地予以计量；④与该交易有关的经济利益很可能流入企业；⑤与该交易有关的已发生或将要发生的费用能够可靠地予以计量。

1. 建造合同收入

在同一个年度开始并结束的工程，在工程完工并验收之后确认收入；跨越若干年度的建造工程，建造合同收入采用完工百分比法确认收入。

完工百分比法即在每个会计年度，以实际完成的成本占预计总成本的比重视为完工百分比，合同总额乘以完工百分比确认为当年的营业收入。具体完工百分比的计算由年度成本占合同总成本的比重和工程进度等来确定。

2. 利息、使用费和股利的确认

（1）利息应以时间为基础，考虑资产的实际收益率，按比例加以确认。

（2）使用费应以应计制为基础，根据有关协议的性质加以确认。

（3）股利应以股东收取款项的权力为基础加以确认。

（九）政府补助

巴基斯坦政府补助是指出于维护社会稳定及促进工业生产目的，政府通过颁布特殊法令免除工业生产企业税负或通过财政拨款方式向企业注资以扩大生产规模，以及在不可抗力面前发放社会救济基金。

巴基斯坦政府补助仅适用于本国工业企业及巴基斯坦居民。

（十）借款费用

资本弱化，是指企业通过加大借贷款（债权性筹资）而减少股份资本

（权益性筹资）比例的方式增加税前扣除，以降低企业税负的一种行为。借贷款支付的利息，作为财务费用一般可以税前扣除，而为股份资本支付的股息一般不得税前扣除。因此，有些企业为了加大税前扣除而减少应纳税所得额，在筹资时多采用借贷款而不是募集股份的方式，以此来达到避税的目的。

利息费用及租赁费

以下费用如果与营业收入有关可以作为税负减免：

（1）为经营目的发生的贷款利息。

（2）支付给金融机构、批准设立的 Modaraba[①]、租赁公司或 SPV 的资产租赁费。

（3）SPV 的创立人使应收款项安全化的财务费用。

（4）伊斯兰制合伙企业下银行分摊的利润份额。

（十一）外币业务

1.外币交易

外币交易是指以外币计价或者是以外币结算的一种交易。企业应在初始确认时采用交易发生日的即期汇率折算为记账本位币金额，当汇率变化不大时，也可以采用当期平均汇率或者期初汇率核算。在结算日，对使用外币核算的科目按照结算日当日的汇率折算为记账本位币金额，由于折算汇率与初始确认时所使用的汇率不同，导致出现的汇兑差额，计入当期损益。

2.外币交易汇兑差额的处理

由外币交易产生的任何货币项目，其发生日至结算日之间的汇率一旦发生变动，就会产生汇兑差额。如果交易在相同的会计期间结算，所有的汇兑差额都应在当期确认。如果交易在不同的会计期间发生，则至本期结算日的所有汇兑差额，都应按照本期会计期间的汇率变动予以确认。

3.外币报表折算

编制外币报表的企业，应在资产负债表日，将外币报表折算为记账本位币报表，报表中不同的项目采用不同的汇率折算。具体折算规则如下：

----

① Modaraba 意为国际投资商。

（1）资产负债表中的资产和负债项目，采用资产负债表日的即期汇率折算，所有者权益项目中除"未分配利润"外，其他项目采用项目发生时的汇率折算。

（2）利润表中的项目采用交易发生时的汇率折算，也可以采用交易发生期间的平均汇率折算。

（3）以上项目折算后产生的外币报表折算差额，在资产负债表中单列项目显示。

本章资料来源：

◎《中华人民共和国政府和巴基斯坦伊斯兰共和国政府关于对所得避免双重征税和防止偷漏税的协定》

◎ 国家税务总局《中国居民赴巴基斯坦投资税收指南》

◎ 巴基斯坦 2001 制订版《所得税法》

◎ 巴基斯坦 1990 年修订版《消费税法》

第九章 巴西税收外汇会计政策

第一节　投资环境基本情况

一、国家简介

巴西联邦共和国（英语：The Federative Republic of Brazil 葡萄牙语：República Federativa do Brasil）简称"巴西"，位于南美洲东南部，北邻法属圭亚那，南接圭亚那、阿根廷和乌拉圭，东濒大西洋。国土面积 851.49 平方公里，人口约 2 亿。横跨 4 个时区，其中里约、圣保罗的时间比北京时间要晚 11 个小时。共有 26 个州和 1 个联邦区，首都为巴西利亚。圣保罗是巴西最大的城市，也是南美最大的城市，是巴西工商、金融、交通中心，其东南 100 公里有巴西最大的海港桑托斯港。里约热内卢是巴西的第二大城市，也是世界上著名的旅游胜地和巴西第二大港口城市。巴西的矿产、森林、土地和水资源等自然资源丰富，开发潜力巨大。巴西国土的 80% 位于热带地区，最南端属亚热带气候。巴西和中国、印度、俄罗斯并称"金砖四国"。官方语言为葡萄牙语，西班牙语及英语为其主要外语。巴西的官方货币是雷亚尔（Real），葡萄牙语又译作黑奥。

二、经济情况

受经济低迷和巴西国家石油公司腐败案的影响，雷亚尔在 2015 年经历了跳崖式下跌，之后又经历前总统更换、现总统政治丑闻缠身，现阶段美元兑雷亚尔汇率约为 1：3.75。2018 年 9 月末雷亚尔兑人民币汇率为 1：1.80。

巴西实行严格的外汇管制措施，未经批准，所有法人和个人都不能在巴西开立外汇账户。外汇进出必须通过巴西中央银行。

巴西公司当地的工程款均以当地币雷亚尔结算，如外国公司参与巴西工程建设，在合规纳税后多余雷亚尔可折合美元通过巴西央行汇回国内。

1974 年 8 月 15 日中国与巴西建立外交关系。1991 年 8 月，中国政府和巴西政府签订了《关于对所得避免双重征税和防止偷漏税的协定》。

三、外国投资相关法律

（一）投资机构设立

近年来，巴西对其投资促进的主管部门进行了重大调整。现行的"引资计划"（Investment Attraction Programe，IPA）就是以对投资促进机构调整为基础的。

1. 联邦投资促进机构

投资促进事务由巴西出口与投资促进局（Apex-Brasil）负责。其工作目标是：①增加出口企业及产品的数量；②提高出口量和出口值；③开辟新市场，加强传统市场；④增加收入和就业机会。该局提供经营管理和对外贸易方面的培训和认证服务，并帮助产品及其加工过程适应竞争日益激烈的国际市场需求。它还通过各个项目在巴西及其境外的商品交易会和博览会上推介巴西出口商品，包括为此邀请境外进口商至巴西和组织贸易代表团出访。

2004 年 12 月，Apex-Brasil 设立了投资机构，负责吸引外资进入巴西。其目标是将巴西的出口推广与吸引外资结合起来，发掘信息与机会，将外资导入巴西出口部门，并为中小企业出口产品创造条件。不同行业的外资政策一般由负责该行业的政府部委具体负责，如能矿部、通信部、交通部、发展工业外贸部、中央银行、农业部等。一些重大项目的外资政策还需总统最后批准。

2. 地方投资促进机构

巴西各州设立了地方一级的投资促进机构。目前已有 15 个地区建立了投资促进机构，它们分别是：阿克里州发展局（ANAC）、阿拉戈斯州经济发展中心、阿马帕州发展局（ADAP）、亚马孙州促进局（AFEAM）、巴伊亚州贸易与投资促进局、联邦区政府发展与外贸局、圣埃斯皮里图州发展局（ADERES）、戈亚斯州促进局（GOIASFOMENTO）、伯南布哥州经济发展局（ADIPER）、南里奥格兰德州促进局（AGN）、米纳斯吉拉斯州工业发展局（INDI）、里约热内卢工业发展局、罗赖马州促进局（AFERR）、圣卡塔琳娜州促进局和巴拉那州促进局（AFPR）。这些地方投资促进机构大多数位于已吸引了大量外资的富裕地区，它们除了投资促进外，往往还承担制定该地区总体经济发展战略的任务。

（二）投资行业的规定

巴西管理外国投资的主要法律是《外国资本法》，其实施细则是 1965 年第 55762 号法令。巴西与投资有关的法律主要有《外资管理法施行细则》《劳工法》《公司法》《证券法》《工业产权法》《反垄断法》和《环境法》等。

1. 禁止投资领域

巴西禁止或限制外国资本进入的领域包括：核能开发、医疗卫生、养老基金、远洋捕捞、邮政、国内特许航空服务以及航天工业等。

2. 限制投资领域

近年来，为吸引外资、促进发展，巴西政府实施了一系列产业开放政策，但是有限制的开放。

巴西政府通过修宪，逐步放松了国家对石油、天然气和矿产开采等领域的垄断，并对电信、电力业实行私营化。但根据规定，外资通过参与巴西企业私有化进入巴西市场，至少 6 年之后才能撤资。2016 年 10 月，巴西众议院通过石油法修正案，允许外国企业参与开发巴西深海盐下层石油资源，取消了巴西国家石油公司盐下层石油勘探开发唯一作业者的垄断地位。与此同时，政府取消了盐下石油开采过程中，巴西石油公司至少要持股 30% 的规定。

巴西报纸、杂志等出版机构以及广播电视台领域，外国投资的比重不能超过 30%。

外资进入巴西金融领域需视情况而定，若切合巴西政府当时的利益则可放宽准入条件。

公共航空服务领域，若外国投资者希望参与巴西常规航线的运营，需预先获取巴西航空主管部门的批准后，方可与巴西本地企业组成联合体，但外资成分不能超过 49%。

渔业领域，外国企业需与巴西本地企业组成联合体，并且仅允许在大陆架和专属经济区内作业。

对于联合体中外资份额高于本地份额、外籍人员或外资法人代表在巴西购买土地的绿地投资需预先获得巴西国会批准后方可进行；若绿地投资企业要购买位于巴西边境地带土地，由于涉及国家安全问题，需通过巴西国家安全委员会批准。

（三）投资方式的规定

1. 外国货币投资

使用外国货币在巴西进行的投资不必事先经巴西政府批准。在巴西投资建厂或获得现有巴西企业的所有权，只需通过巴西有权进行外汇操作的银行将外国货币汇入巴西。外资注册由巴西受益企业向巴西央行提出申请，申请应在外汇买卖合同成交后 30 天内进行，申请时应同时提交资金的资产化证明。

2. 外国信贷转化的投资

由外国信贷转化的投资须事先经巴西央行批准。经批准后，应进行象征性的外汇买卖操作。巴西企业应在 30 天内将该资金资产化，并向巴西央行提出外资注册申请。

3. 以实物投资

（1）进口通关。以投资形式进入巴西的进口商品受非自动进口许可证（LI）的管理，进口商（外资或合资企业）需事先向巴西发展工商部外贸局（DECEX）提出进口申请。外贸局对申请进行审核，然后经巴西央行会签后，发放进口许可证。申请和批准均通过"巴西外贸网"（SISCOMEX）进行。报关手续与一般受非自动进口许可证管理的商品进口无异。

"二手货"（指旧货）或享受税收优惠的商品在通关时须接受"同类产品审查"，若发现巴西有同类产品生产，则进口会受到一些限制。进口的"二手货"必须用于能促进巴西经济发展的项目。

巴西海关政策委员会可对投资进口的机械、设备上调或下调 30% 的进口关税。上调或下调的幅度取决于投资地区的特点、机械设备的技术水平及进口前的耗损程度。

（2）资产融合。以进口货物、机械、设备及其零配件进行的投资必须在通关后 180 天内融入目标企业资产。在进口商品融入企业资产之前，进口商品应以"追加资本"的名义记在投资者名下，记录时按商品通关之日的汇价将商品价值转换成雷亚尔。

4. 股权收购

根据巴西《公司法》，股权收购实现对巴西上市公司的兼并，可通过现金或股权交换来完成。股权收购必须拥有足够数量的有表决权的股票，以确保对公司的控制权。这一过程应通过金融机构完成，且受其担保。收购通知书要对让受方身份、认购股份、价格和其他支付条款、收购程序以及其他收购条款和条件进行披露。

若公司发行的无表决权股票达到总数的 2/3，公司控制者将可能掌握50% 的有表决权的股票，股权收购实现接管的可能性将降低。

5. 工程承包

巴西对于外国公司承包当地工程没有统一立法管理，散见于各部委和各行业主管的规定。基本条件包括：①任何外国公司在巴西实施工程项目都需在巴西联邦商会注册，注册后在联邦、州、市三级税务机关登记；②当地化要求（本地劳工比例和工资收入、当地设备采购比例等）；③项目必须有在巴西工程师协会注册的技术负责人；④相关质量、环保和安全文件必须由有资质的安全工程师签字生效。在涉及国家国防、安全等领域禁止外国承包商在当地承包工程。

6. 经贸合作

1974 年 8 月 15 日，中国与巴西建立外交关系。1993 年，两国建立战略伙伴关系。2012 年，两国关系提升为全面战略伙伴关系。

中巴建交以来，双边经贸关系取得长足发展。2016 年 3 月 26 日，中国政府与巴西政府签署 1900 亿元人民币兑 600 亿巴西雷亚尔的货币互换协议。2016 年协议到期后自动失效。

据中国商务部统计，目前中国对巴各类投资总额超过 400 亿美元，主要涉及能源、矿产、农业、基础设施、制造业等行业，巴西在华投资 6.4 亿美元，主要涉及飞机制造、压缩机生产、煤炭、房地产、汽车零部件生产、水力发电、纺织服装等项目。我国企业在巴西承建火电厂、特高压输电线路、天然气管道、港口疏浚等大型基础设施项目。截至 2016 年年底，我国企业在巴西获得工程承包合同 204.4 亿美元，完成营业额 149.3 亿美元。据中国海关统计，2017 年中巴双边贸易额为 875.4 亿美元，其中中方出口额 289.6 亿美元，进口额 585.8 亿美元，同比分别增长 29.6%、31.8% 和

27.8%。

巴西是中国在拉美地区最大贸易伙伴，中国是巴西第一大贸易伙伴和出口对象国。中方主要出口机械设备、计算机与通信技术设备、仪器仪表、纺织品、钢材、运输工具等，主要进口铁矿砂及其精矿、大豆、原油、纸浆、豆油、飞机等。

近年来，中巴两国在联合国、世界贸易组织、二十国集团、金砖国家、"基础四国"等国际组织和多边机制中开展积极合作，共同推动国际政治经济秩序改革，维护新兴国家的利益。

7. 投资注意事项

（1）政治稳定性。由于代议制民主政体基本稳固，法律制度健全，巴西的政治形势总体比较稳定。但近几年政治纷争不断，各派政治力量斗争激烈，未来政局走向仍存在较大不确定性。

2015年以来，巴西各派政治力量围绕巴西国家石油公司腐败案、罗塞夫总统弹劾案展开激烈斗争。2016年9月，参议院最终表决通过总统弹劾案，罗塞夫总统被罢免职务，代总统特梅尔转为总统。特梅尔先前誓言清除巴西政府的腐败情况，而时至今日，特梅尔内阁中已有数名部长因涉嫌腐败下台。腐败丑闻不断势必对特梅尔内阁和执政的巴西民主运动党产生影响，使政治不确定期延长，进而影响经济复苏，未来巴西国内政局走向仍不明朗。

国际关系方面，巴西同世界主要国家关系稳步发展。巴西将发展同拉美特别是南美国家的关系置于外交政策的优先位置。巴西与美国政治和经贸关系密切，同欧盟建有峰会、政治磋商机制和战略伙伴关系，重视发展同亚洲国家，尤其是中国、日本、印度、韩国和东盟国家的政治和经贸关系。巴西近年来为解决亚马孙地区非法活动和毒品贩运等问题，在边界地区采取了一系列军事行动。巴西与众多邻国保持友好关系，发生国家间战争的风险不大。

（2）巴西的治安。巴西在快速发展中依然面临贫富悬殊问题，2015年全国贫困人口近2000万，占总人口的9.2%，基尼系数为0.561，导致社会治安状况较差。联合国发布的一项研究报告表明，巴西是全球暴力致死率第二高的国家。2011—2015年间，巴西有278839人被杀，平均每个月有

4647.3 人被杀。2015 年共有 5.8 万人被害，相当于每 9 分钟就有 1 人被害。巴西警察在世界上死亡率最高，2015 年有 103 名警察在执行任务时被杀，其中 45% 集中在圣保罗和里约。联合国毒品和犯罪问题办事处（UNODC）统计数据显示，2015 年巴西共发生谋杀案件 55574 起，每 10 万人比率为 26.74。国际 SOS 救援中心（International SOS Pte Ltd）发布的 2017 年世界旅游风险地图（TRAVEL RISK MAP 2017）旅游安全风险评级（TRAVEL SECURITY RISK RATING）中，巴西被定为中等风险国家。

8. 外国人政策

巴西不鼓励并在一定程度上限制外籍劳工进入。巴西法律规定，外国劳工的人数不得超过企业职工人数的 1/3。由于巴西国内一直面临就业压力，不鼓励引进外籍劳务。在吸引国外投资上，巴西政府主管部门将有关引资项目能否为本国人提供就业岗位作为重要的审批依据。

巴西工会势力较强，劳资纠纷一般主要通过当地工会解决。如工会无法解决，可通过司法手段诉诸劳工法院予以裁决。

9. 劳动力制约因素

巴西劳动力总体供应充足，主要缺少高技能劳工。2016 年 7 月，巴西平均工资为 1985 雷亚尔，为近两年来最低水平。2016 年 1 月，巴西将最低工资从 2015 年的 788 雷亚尔提升至 880 雷亚尔；近 5 年，巴西每年都会提高一次最低工资。

10. 经济风险

截至 2016 年 12 月 31 日，巴西内债为 2.98 万亿雷亚尔，外债为 3167 亿雷亚尔。短期债务占比 16.8%，长期债务占比 83.2%。2016 年，政府债务占 GDP 比值高达 49.37%。

截至 2017 年 5 月 22 日，国际评级机构标普对巴西主权信用评级为 BB/B，展望为负面。截至 2017 年 6 月 2 日，国际评级机构穆迪对巴西主权信用评级为 Ba2，展望为负面。截至 2017 年 5 月 19 日，国际评级机构惠誉对巴西主权信用评级为 BB/B，展望为负面。

巴西实行一定的外汇管制，外国企业或个人（除有外交特权的单位或个人之外）在巴西银行不能开立外汇账户，外汇进入巴西首先要折算成当地货币后方能提取。雷亚尔是市场上唯一通用的货币。巴西中央银行是外汇兑换的管理部门。外汇进出必须通过巴西中央银行。所有在巴西的外国投资必须在巴西中央银行注册。由巴西中央银行颁发外国投资证明，注明投资的外国货币金额及相应的雷亚尔金额。外资在投资利润汇出、撤资或用利润再投资时需出示该证明。

巴西实行浮动汇率制，对中国出口产品的价格具有直接影响。由于中巴两国间货物的运输距离比较长，周期长，汇率变化的幅度在一段时间会变化很大，因此进口企业可能因为汇款成本增加而拖欠或拒绝汇款，这样企业可能会款货双失，风险比较大。金融危机以来，美元与雷亚尔的汇率飙升超过30%，从签订购买合同的日期到货物到达（港口）期间，由于巴西货币对美元大幅贬值，因此用美元结算的进口商品也随之涨价。

第二节　税收政策

一、税法体系

1. 税制综述

巴西的税收种类较多，约有各种税目 58 种，按行政可以划分为联邦税、州政府税及市政府税三级。其中，联邦税包括所得税、工业产品税、进口税、出口税、金融操作税、临时金融流通税、农村土地税等；州政府税包括商品流通税、车辆税、遗产及馈赠税等；市政府税包括服务税（营业税）、城市房产税、不动产转让税等。此外，企业还要缴纳各种社会统筹费用，如社会保险金、工作时间保障金、社会安全费等。巴西政府对税收采取分级征收和管理办法。

2. 税收法律体系

巴西采用宪政税制，宪法中规定了联邦、州、市的征税权。在宪政税制下，大多数税务诉求具有宪法基础，因此在征纳双方或多方存在争议时，可能递交至联邦高等法院（Supremo Tribunal Federal，STF）进行诉讼。税务诉讼在巴西十分常见并且可以持续多年。

国家税典（Código Tributário Nacional，CTN）包括对税种开征、税收征管、纳税人、纳税义务、税务责任和进出口税收方面的特殊规定，以及对市级不动产税、所得税、联邦消费税、增值税、金融交易税、市级服务税、市级不动产转让税及其他特定税收相关的规定。除了国家税典，巴西还颁布了税收的明细法规约束特定税种征管的具体规定。

3. 近3年巴西税制的重要变化

近年来，巴西税收制度不断调整以适应经济发展与时代需求。以下为近三年巴西税制的重要变化：

2015 年 4 月 1 日，在联邦公报上公布并于当日生效的法令 1558/2015，公布了 2015 纳税年度适用的个人所得税税率及级距。

2016 年 10 月 3 日，在联邦公报上发布并于当日生效的规范性指令 1662/2016，更新了巴西对外支付相关的税收规定。

2017 年 3 月 16 日，1700/2017（RIR/1999）法规规定合并了相关企业所得税法规。

2017 年 8 月 8 日，政府发布 160/2017 号补充法令，授权制定新的商品流通服务税相关税收优惠政策，根据行业不同，税收优惠授予期间为 1~15 年。

2018 年 5 月 30 日，第 9393/2018 号法令在联邦公报上公布并于当日生效，生产型出口企业有权按照出口总收入一定比例的数额申请退税，退税率调整为 0.12%。

二、税收征管

（一）征管情况介绍

1. 税收管理权限的划分

巴西是个联邦制国家，分别设有联邦、州和地方三级政府。巴西联邦、州、地方三级政府都有相对独立的税收立法权和管理权，这些权限由联邦宪法明确规定。设立税种的权限主要集中在联邦政府，州和地方政府通常无权开征关税、新税。税收收入在三级政府之间的划分，也由宪法规定。宪法允许州和地方政府对所管税种享有部分立法权，如在一定幅度内调整税率和采取某些征管措施等。为了避免产生地区间矛盾，巴西宪法又规定，各地实施被授予的税收立法权时，须经联邦财政协调委员会进行协调，然后由州议会立法后执行。因此，巴西虽是联邦制国家，税收立法权却相对集中。划归各级政府管理的税种，各级政府均可依法独立行使管理权。在宪法规定的各自范围内，三级政府互不干预。这种做法，既保证了税收的统一，又不会干扰各级政府管理税收的积极性。

2. 对税收不足的补救

如果州和地方政府税收收入不足以支付必要开支时，可以用财政拨款形式调剂余缺。另外，以划分税种作为各级政府的基本收入，主要税种的分配比率还可适当调整。这样就形成了巴西比较灵活的分税制。这使得三级政府既有较可靠的收入来源，又保证了在税法统一的原则下，协调各级政府间的利益分配关系。

3. 税务机构的设置

为了有利于税收的统一执法和分级管理，巴西联邦、州、地方三级政府分别设置了三套税务机构，各自按宪法规定管理并征收划归本级政府的各项税收。巴西联邦、州、地方三级政府都有相对独立的税收立法权和管理权，这些权限由联邦宪法明确规定。设立税种的权限集中于联邦，州和地方无权开征关税、新税等。允许州和地方对所管税种享有部分立法权，如在一定幅度内调整税率和采取某些征管措施等。为了避免产生地区间矛盾，巴西宪法又规定，各地实施被授予的税收立法权时，须经联邦财政协调委员会进行协调，然后由州议会立法后执行。巴西的税收立法权却是比较集中的。但划归各级政府管理的税种，则均可依法独立行使管理权。在宪法规定的各自范围内，三级政府互不干预。同时，巴西联邦、州、地方三级税务机关均按照征管需求下设分支或派出机构，以履行该层级的税收征管职责。

（二）税务查账追溯期

巴西政府原则上可以每年对企业或个人进行一次税务查账，但法律规定税务查账追溯期为五年，因此企业或个人必须保留税单五年。比如2018年，规定在2012年或者2013年前的税务问题巴西联邦税务局或者当地政府不再追究，但是视税收金额而定，如果金额很大，联邦税务局是可以往前追溯的。但是如果在2012年或者2013年的税务文件上已经有联邦税务局确认的签章，将不再往前追溯。

（三）税务争议解决机制

1. 管理层次

纳税人有权对税务机关的评估进行质疑，可自收到当地税务机关管理办公室印发的税收评估报告 30 日内以书面形式进行上诉。

对税务管理机关负责人的正式决议有异议的，纳税人可以在 30 天内通过税务管理行政法庭提请诉讼。

如果纳税人对于税务机关的诉讼成功，则纳税评估即被取消，并且税务机关不得再针对此问题进行进一步的行动。

在税基侵蚀和利润转移（BEPS）第十四项行动计划发布的背景下，巴西于 2016 年 11 月 10 日在联邦公报发布规范指南 1669/2016。该规范指南提出，巴西正式施行税收协定下的相互协商程序（MAP）。协商程序包括单边协商和双边协商，当税务机关审核相关事项后认为可通过单边协商程序解决，则单边解决；而当须要与协定缔约对方税务机关沟通后方可解决的事项则以双边协商形式进行。

2. 司法补偿

如果最终的判决在管理层面上不利于纳税人，则可以通过诉讼至普通司法法庭对纳税评估提起诉讼（即联邦税收法院和州际的税收法院）。

针对具体的情况有不同类型的诉讼。一般来说，关于在司法法院之前的讨论，也有两个级别的审判。在此之后，在一些特定的情况下，根据联邦宪法的规定，纳税人可以上诉至联邦法院和高等法院。

三、主要税种介绍

（一）企业所得税

1. 居民企业

在巴西，企业纳税人需要就收入和资本缴纳企业所得税（IRPJ）及净利润社会赞助费（CSLL），两者共同作为企业所得税。尽管净利润社会赞助费（CSLL）本质上是一种社会保障费用，但它的计税基础和征收的规则几乎与企业所得税（IRPJ）一致，即一般而言，所有征企业所得税的收入也须征净利润社会赞助费。因此，实务中，净利润社会赞助费（CSLL）应视同企业所得税的一种。

除了上述两种企业所得相关税收，巴西税法另征收两种基于总收入的社会保障费，即社会一体化税（PIS）和社会保障金费（COFINS）。

2. 法定税收体系

企业所得税的规定主要包括在联邦宪法及国家税典中，其他约束企业所得税的相关法规包括补充法规（Complementary Laws）、国际税收协定及公约、普通法、法令和其规章，包括规范说明（Normative Instructions）及行政规定等。根据联邦宪法对巴西税法体系的规定，任何税种须根据法律开征或增加税目，行政规范仅可以对现行税种的征收进行约束，而不能开征税种或增加税目。联邦宪法对该规则有例外规定，例外规定主要涉及具有特定目的的税种（这些税种不仅意在获取财政收入，而且在于调节特定经济部门）。

联邦法律由议会颁布，载明编号及发布日期。法律、临时措施（Provisional Measures）、法令及其他特别法案通过联邦公报（The Federal Official Gazette）发布。巴西总统可提议税务相关议案，一旦议会通过，由总统决定批准或否决。除非另有规定，法律在联邦公报发布 45 天后生效，对所得或资本征税的法律条款只在相关法规发布 90 天后生效。以下情况下，发布后的第一个税款评估期生效：开征新税种或增加税目；增加应税项目；撤销或减少减免事项。

临时措施由巴西总统发布且不会干扰法定立法权，在 60 个日历日内有效（可延长 60 日），除非临时措施被议会通过形成法规，超过有效期即失效。除了由于紧急原因发布，临时措施一般作为未来将按照正常立法程序通过的法规的提前发布途径。有多部与企业所得税相关的法律，并不断更新，其中一些的颁布甚至先于 1988 年联邦宪法。分散的法规由行政部门汇总，并以法令形式颁布，即所得税条例（Regulamento do Imposto de Renda，RIR）。

2017 年 3 月 16 日，1700/2017（RIR/1999）法规规定合并相关企业所得税法规。

现行有效的所得税条例由 3000/1999（RIR/1999）法令颁布。

3. 股息所得计税处理

巴西通过股息免除机制（Diviidend Exemption System）避免双重征税，

即居民企业从税后利润分配股息给居民或非居民股东（无论该股东为企业或者个人），该股息不需缴税（包括预提税）。因此，在计算所得税计税基础时，从居民纳税人处取得的股息不包括在内，但从非居民纳税人处取得的股息须包括在内。

4. 纳税人

在巴西企业所得税居民纳税人包括：

（1）所有居民法律实体。

（2）分支机构、代理和非居民实体的代表处。

（3）非注册的商业机构。

（4）取得来源于巴西所得的非居民实体（RIR/1999 的第 685 条）。

（5）在巴西登记注册的法律实体。

由多个具有独立法人资格的实体组成的财团，虽以其名义直接参与交易，但企业所得税的纳税义务是由在联邦税务局注册的各个实体根据自身参与比例直接承担。如果满足特定条件，非营利实体可免除企业所得税，然而，这些实体仍须承担它们的附加责任义务，未完成这些义务将可能受到处罚。

巴西法律不承认混合实体（Hybrid Entities）的概念，即具有独立法人独立资格但不被视作纳税实体的组织，如透明合伙（Transparent Partnerships）。

如满足下述条件，个体工商户被视作企业纳税人并且须承担企业所得税纳税义务：

（1）以个人公司（Individual Firm）名义开展业务，在贸易部（The Board of Trade）注册为工商企业（Entrepreneur）。

（2）因习惯性地开展民用或商务活动使该个人构成一个商务机构，即使未在贸易部（The Board of Trade）注册；或者从事公寓或土地规划咨询的经济活动。

其他情况下，个体工商户取得的所得应缴纳个人所得税。

5. 应税收入

巴西国家税典（CTN）对应税收入的规定如下：

（1）由于资本、劳动或二者结合取得的收入。

（2）任何种类的收入，即任何财富的增加额。

由于收入界定是宽泛的，企业所得税适用于所有资本、服务或二者结合取得的收入，以及对于纳税人资产或权益处置的利得。因此，企业所得税适用于工商业交易过程中取得的所有收入（包括服务业收入）、各种来源的金融收入（包括从投资组合及处置财产或权益取得的收入）。

居民企业应就全球所得纳税。根据法令 9249/1995 和临时措施 2158-35/2001 第 74 条规定，任何巴西居民企业不仅需要在企业所得税基数中包括来源于境外的所得（无论直接取得或通过常设机构取得），而且要根据所占股份的比例将其在海外的参股公司年度利润包括在内，无论被参股公司是否进行了实际的利润分配。

6. 核定方式

巴西企业所得税征缴中有四种核定方式，即实际利润法、核定利润法、定额征税法和强制核定利润法。其他特定方法也适用于一些经济活动，如针对房地产开发的特别方法等。实际利润法与核定利润法关联密切，核定利润法对于一些纳税人而言是备用方法，而从税收征管的角度讲更有效率，它依据业务的核定利润水平征收。

（1）实际利润法。该办法是指纳税人以实际利润为基础缴纳企业所得税，该实际利润是调整后的会计利润，即根据税收相关法规对会计利润调增或调减。根据联邦宪法的规定，所有种类的所得均作为企业所得税的纳税基础。因此，除非另有规定，任何资产的增加均作为应税所得。

以下纳税人有义务采取实际利润法：①上一税务年度总收入超过 7800 万雷亚尔；②金融机构、保险公司、证券经纪人和其他类似实体；③有来源于境外的利润、所得和资本利得（不含出口货物或服务）的实体；④取得税收优惠的实体；⑤从事保理业务的实体；⑥从事房地产证券化、金融和农业信贷的实体。

无论是否实际收到相关款项，通常企业所得税纳税人需采用实际利润法确认收入和费用。但在一些特殊情境下，法律也允许纳税人采用收付实现制确认其收入和费用，如分期销售的房地产的核算。

资本利得、利息（从居民和非居民企业取得）和特许权使用费均应计入计税基础纳税。

实际利润法通常按以下步骤确定所得额：

①总利润＝销售产品、提供服务的收入－相应成本；

②营业利润＝总利润＋其他所得（如利息所得）－经营费用；在该步骤，营业利润为企业在正常商业活动过程中的净所得。

根据国际会计准则（IFRS），企业的货币资本溢价属于资本利得，其变动情况应在纳税人账簿中加以体现，并及时计入应税利润；居民企业须将海外参股非居民实体的利润纳入计税基础；若纳税人存在亏损，累计税务亏损可以用当年度30%的税务利润加以弥补，最终计算出实际利润法下的计税基础。

（2）核定利润法。根据法令9718/1998第13条（被法令12814/2013修订）规定，上年总收入（包括资本利得）不超过7800万雷亚尔或上年度月平均收入不超过650万雷亚尔的纳税人以及其他无须按照实际利润法纳税的实体可以按照核定利润法纳税。核定利润法是一种简化的企业所得税计算方法。根据该方法，纳税人以总收入为基础，按照法定比例计算所得税额。

企业所得税（IRPJ）和净利润社会赞助费（CSLL）对核定比例的规定不同。对于IRPJ，核定比例区间从1.6%（销售燃料和天然气）到32%（提供服务），商业活动一般按照8%的核定比例。对于CSLL，核定比例区间从12%~32%，12%一般适用于商业活动，32%适用于提供服务。如果企业从事不同类型的经营活动，不同的经营活动按照不同的核定比例计算。

资本利得，金融投资收入和其他所得须直接计入应税利润中，不适用核定比例。再按照不同税率计算税额，IRPJ（15%）、CSLL（9%），对于月平均收入额超过20000雷亚尔的企业，需额外缴纳10%的附征税。对于已经代扣代缴过税款的收入，其税款可抵扣。

按核定利润法计算，从事一般商业活动的纳税人税负为3.08%，而从事特殊服务行业的纳税人最高税负为10.88%。

（3）定额征税法。该办法是指按照纳税人总收入的一定比例缴纳税款，其比例根据产生收入的经济活动不同而变化（经济活动实质决定某些税的征与不征），而且根据收入的数量级相关比例采用累进制。此办法仅适用于微型企业和小型企业。

微型企业是指年收入低于360000雷亚尔的企业；小型企业是指年收入

低于 4800000 雷亚尔的企业。上述企业若有出口货物行为，其年收入则分别不应超过 3960000 雷亚尔和 8400000 雷亚尔。但一些纳税人由于未满足相关条件，即使达到了收入门槛，也不能采用定额征税法。

巴西的各州政府为使纳税人可以采用定额征税法缴纳商品流通服务税（ICMS），可能发布更低的门槛，该更低门槛也适用于州内企业缴纳社会服务税（ISS）。

（4）强制核定利润法。强制核定利润法不是纳税人可主动选择的纳税方式，而是在纳税人未履行企业所得税及其属义务的情况下，税务机关所采用的强制性征税办法。采用强制核定利润法征税的税率为 15%。当纳税人月应纳税所得额超过 20000 雷亚尔（或者年应纳税所得额超过 240000 雷亚尔），再加征 10% 所得税。此外，CSLL 按照 9% 的税率征收。

（5）纳税期限。根据实际利润法的相关规定，纳税人可选择按季度或按年度评估企业所得税。如选定按年，纳税人须按月预缴，年终汇算清缴。

根据核定利润法的相关规定，企业所得税按季度评估。公司法规定，企业可以根据其公司章程确定会计年度结束日，不必要采取 1 月 1 日—12 月 31 日的会计年度。纳税期限是联邦政府的预算年度，目前与日历年度一致，即 1 月 1 日—12 月 31 日。

7. 税收减免

巴西联邦宪法规定，只要出于非盈利目的并且满足法律规定的要求，政党、基金会、工会和教育及福利组织的收入可减免所得税。巴西的次级行政单位（州、联邦区和市）和寺庙也可以根据宪法规定免除相关税费。

另外，在满足有关法律规定的条件下，慈善、娱乐、文化和科学相关的非营利组织也可享受企业所得税减免（包括资本利得）。同时，巴西政府对在特定经济活动领域表现优异的企业或设立在特殊区域的企业也给予税收减免。

8. 扣除项目

（1）一般规定。纳税人只有当按实际利润法计算企业所得税时，允许进行相关项目的扣除。总体而言，与生产经营相关的必须在税款所属期内支付或负担的成本费用可扣除。上述费用必须与其正常的交易或经营活动有关。

对特定类别的费用还有特殊规定，如广告费、摊销、坏账、礼物及捐赠、招待费、保险费、利息支出、董事费和研究费用等，则采用限额扣除。如果纳税人未在法定纳税期间扣除固定资产的折旧费，则不允许在其他纳税期间一并扣除，或者法定比例外超额扣除。

（2）职工报酬。税法规定对工资或其他种类的报酬无扣除限额，分配给员工的利润也可以扣除。

企业招待员工的费用（包括企业员工的报销等）以及与员工相关的保险费（如员工生命、意外、残疾和与健康相关的保险费）可以扣除。

在法定截止日期前缴纳的社会保险费用以及为员工缴纳的辅助社会保险（包括向官方社会保障机构缴纳的补充退休金）视同营业费用实行限额扣除，其限额为支付员工总工资报酬的20%。

（3）董事费。对于按月固定支付给合伙人、经理及董事会成员的服务报酬可以扣除，但不包括支付给非居民董事会成员的款项。

（4）利息。在每个纳税年度末，纳税人可扣除已到期利息（即使尚未实际支付）。企业筹办阶段的到期利息费用可递延至企业正常经营后进行摊销。直接或间接向本地股东支付的利息须遵守市场标准利率方可扣除。

对向受控或附属公司（Controlled or Affiliated Companies）应付未付的利息，则不予扣除。

（5）权益性支出。总体而言，对于产生或维持应税所得所必要的权益性支出可按以下规定限额扣除：①与专利权、商标、商业诀窍相关的支付不得超过销售相关产品净收入的5%；②根据财政部的规定，向非居民支付专利权、商标、商业诀窍的使用费，根据种类不同、涉及行业不同等，可扣除的比例不同（1%到5%之间）；③相关合同在巴西专利和商标协会（Brazilian Patent and Trademark Institute，INPI）备案后，相应的专利权、商标、商业诀窍的使用费可予扣除。如果收款方为非居民，该合同除了在INPI备案外，还须在巴西中央银行备案；④巴西居民企业向对其具有直接或间接控制权的非居民实体支付的权益性支出，如合同签订于1991年后且已在INPI和巴西央行备案，则可扣除。

但是，下列权益性费用不可以扣除：①非居民企业的巴西分支机构代表外国总部支付的专利、配方和商标等相关的权益性支出；②居民企业向个人和企业股东、董事或其亲属或其受赡养人支付的权益性支出。

（6）服务和管理费。与纳税人生产经营活动相关的管理服务费、商业和工业技术诀窍以及其他类似服务可税前扣除。向非居民支付的技术、科技或行政辅助相关的费用（一次付清或分次支付）在以下条件下也可作为营业费用扣除：①费用必须是真实的，即通过派遣技师、设计师等人员到巴西或代表该巴西公司在国外进行的技术研讨；②根据财政部的规定，按照种类或涉及行业不同等，可扣除的比例也不同（1%~5%）；③技术协助合同必须在 INPI 和巴西央行备案。

非居民企业的巴西分支机构代表外国总部支付的技术、科技或行政辅助相关的费用不可以扣除。一般而言，技术协助费从引进该工业流程起最多在五年内可扣除。在特殊情况下，企业可申请延长至 10 年。

（7）研发费用。具有科研性质，为发展和改进工业产品的研发费用可以扣除。但是，企业为研发购入的土地支出不可扣除，其购入的机器设备仅可进行常规的折旧。

（8）其他。①企业所得税和社会保险费可以据实扣除，迟缴税款产生的利息或滞纳金也可以扣除。但因税务调查产生的罚款不可扣除。因购买有形资产支付的税金可根据纳税人的选择作为成本或营业费用，除非该税金具有返还性质。②根据法令 RIR/1999 第 335 条，除非法规明文规定（如假日薪酬、员工的 13 薪奖金和获批坏账），其准备金不可以扣除。准备金是指为应对未来确定发生的义务或很可能发生的义务准备的资产抵减项。法令 RIR/1999 第 336 条引入了保险公司、资本密集型公司、开放式私人养老金公司根据监管机构要求准备的技术准备金。③除了股息外，企业可选择支付净资产利息（JCP），JCP 是一种支付给投资者的法定报酬，根据净资产金额确定。

企业可在年末或中期决定支付净资产利息，该金额由净资产金额乘以巴西央行公布的利率得出并在一定的限定条件内限额扣除。向股东支付的净资产利息可在企业所得税前扣除，与股息分配免预提税不同的是，净资产利息的支付涉及 15% 的预提税（收益所有人为低税率管辖区居民时为 25%）。

（9）根据法令 RIR/1999 第 369 条，无差别支付给全体员工的餐费可扣除。

（10）一般情况下捐赠和赞助支出不可以扣除，除非：①通过有资质的文化团体进行的捐赠和赞助；②向有资质的巴西非营利性福利团体进行捐赠和赞助，但不应超过捐助人应税收入的2%；③向教育和研究机构进行捐赠和赞助，但不应超过捐助人应税收入的1.5%。

（11）以下广告费可以扣除：①支付给从事广告业务的个体户的报酬；②向登记注册的广告代理、报纸、广播电台和电视台支付的广告费；③为获取著作权和特许权向作者或艺术家支付的费用；④发放免费样品，但该项产品金额应仅占企业收入的5%以内。

直接与纳税人经营业务相关的广告费用可税前扣除，购买礼品的费用一般不可以扣除。

（12）根据判例法，只有在纳税人证明相关差旅费与企业的业务密切相关时可以扣除。纳税人承担的为员工上下班提供交通服务的费用可以扣除。如果员工上下班的交通费由员工直接承担再向企业报销时，其抵扣的可能性将取决于对其实质的判断：①如果认定为间接支付给员工的工资（作为社会保险和劳动相关费用的基数），则可以扣除；②不视同工资，原则上不可以扣除，仅就法定交通费（如发放给员工的交通工具票或雇主支付的包车服务费）可以扣除。

（13）如满足下述条件，租金支出可以扣除：①与纳税人经营活动直接相关；②对于使用不动产是必要的；③非用于取得货物或权利的实际资本投入；④非变相利润分配。

如果交易满足法令6099/1974的要求，融资租赁款项可以扣除。

（14）开办费可以作为经营费在五年内予以摊销。

9. 不可扣除的费用

除非与生产和销售货物或服务相关（如与产生收入的活动相关），租赁费不可以扣除。这个限制条件也适用于折旧、摊销、税费、保险费、修理或保管费，以及任何其他用在动产或不动产上的费用。另外，在特定情况下的一些项目不可以扣除，如下列所示：（1）支付给股东、配合持有者、合伙人或行政人员的餐费；（2）CSLL和IRPJ。

根据变相利润分配限制规定，巴西国内关联实体间的交易扣除应按独立交易原则处理。

10. 税率

（1）IRPJ：15%；IRPJ 附加 10%（针对年度应税利润超过 240000 雷亚尔的部分）。

（2）CSLL：9%（目前金融机构适用税率为 17% 或 20%）。从 2015 年 9 月 1 日起，金融机构适用的 CSLL 税率情况如下：①一般金融机构（如银行、保险公司、信用卡管理机构等），CSLL 的适用税率：目前为 20%，从 2019 年 1 月 1 日起减少至 15%；②信用合作社，CSLL 的适用税率：目前为 17%，从 2019 年 1 月 1 日起减少至 15%。

因此，非金融公司企业所得税最高合计征收率为 34%。

（二）增值税

1. 概述

巴西有多种增值税。工业产品税（IPI）是联邦税，对生产流程各环节和进口交易征税。此外，商品流通服务税（ICMS）也是增值税的一种，属于州政府税。

此小节仅介绍工业产品税（IPI），对于商品流通服务税（ICMS）的有关信息，将在"（五）企业须缴纳的其他税种"中有介绍。

IPI 是对所有类型工业产品的供应和进口征收的一种联邦税。IPI 遵从非累积原则，属于流转税，即前一交易环节（包括产品进口）缴纳的税收可以在涉及产品生产的后续环节中抵扣。

IPI 的部分税收收入会分配给州政府和市政府。

2. 纳税人

CTN 第 51 条明确，纳税人是进口或生产产品的任何人，或者是联邦法律适用同等待遇的任何人。对于被查封、丢弃和拍卖的产品，其供应商和经销商也是 IPI 的纳税人。

根据法律定义，不管实体的法律地位如何，只要从事产品进口或工业加工，那么就有 IPI 的纳税义务。但如果纳税人享受免税待遇或产品免税，那么在获得税务机关的书面同意后，就可以免缴 IPI。

个人不得作为 IPI 的纳税人。

根据联邦最高法院（STF）判例，非企业纳税人（即服务供应商）或个人（私人使用）进口的产品不需缴纳 IPI。

没有特别规定表明集团应被视为单一纳税人，但有法规明确规定同一公司或关联方各机构（常设机构或分公司）之间转让产品的税基。这里关联方是指与公司之间可以用最宽泛的条款进行交易而无须互惠互利的公司，而且也不具备公司外第三方交易的独立性特点，有管理控制权或通过其他方面影响其决策。

应税对象与 ICMS 不同，IPI 的应税对象是制造商供应的或任何人进口的任何类型的工业加工品。根据巴西法院判定，目前进口商再销售进口产品仍被视为应税对象。

在 IPI 中，工业产品是指经过生产加工流程的产品。"生产加工流程"是指改变产品的性质、性能、完整性、外观或用途，或者完善产品可用于消费的任何流程。根据现行的法律法规，生产加工流程包括：

（1）将原材料或半成品转化成新产品。

（2）改善现有产品的功能、用途或外观。

（3）单独零件组装成新产品或其他组件。

（4）对成品进行包装，用于销售而非仅用于运输。

（5）翻新已使用或变质产品使其可以再使用。

由于社会服务税（ISS）属于市政府税，如果一方为合约方提供生产服务（如代加工协议），这种情况需要谨慎分析，以便确定交易是否适用 IPI。生产活动（适用 IPI）和提供服务（适用 IPI）实际表现的不同主要基于赋予产品的目的或用途。如果产品是合约方个人使用或消费，或构成合约方公司固定资产的一部分，那么生产加工将被视为实际的服务，因此适用市政府税中的 ISS。但是，如果产品最终用于销售或生产其他产品，那么交易会被认定为制造商进行实际的工业化，因此应适用 IPI。

3. 纳税地点

IPI 是联邦税，适用于纳税人在巴西境内进行的交易，对在巴西境内生产和进口产品征收 IPI，并上缴联邦国库。

4. 纳税义务发生时间

IPI 按月申报。IPI 纳税义务发生时间为：（1）货物离开纳税人机构的当天。（2）如果直到开具正式发票前一天才发货，那么为开具发票后第四天。（3）进口交易为清关当天。

在执行加工协议时，如果满足某些其他条件，可以在供应中间产品、原材料和包装物时递延申报 IPI。

根据 1248/1972 号法令，对从生产设施运往出口公司（包括贸易公司）的货物，其 IPI 可以递延。对于为生产出口货物而购买原材料、中间产品和包装物时所支付的 IPI，运输其出口产品的制造商保留抵扣该 IPI 的权利。

5. 税率

根据 IPI 法规规定的税收分类代码，不同产品的 IPI 税率不同。税收分类代码按照税则注释（NESH）和共同对外关税（TEC）制定。

税率一般与产品的必需性成反比变化（从 365%~0%），而且时常会进行调整。因此，奢侈品（如生产香烟、酒精饮料）适用较高税率，而某些半成品则适用极低的税率，某些产品收取固定 IPI 税费，即特定类别的每个物品收取固定金额 IPI。一般零税率仅适用于生活必需品，但这种必需性是基于巴西经济的现状，政府可能决定降低 IPI 税率（或者对进口交易甚至提高税率）来刺激特定行业的经济。IPI 是少数在巴西法律制度中明确规定的税种，不再需要通过制定新法律来调整税率。实际上，在法律规定的范围内，税务机关可以通过法令自由制定 IPI 税率，并立即生效。

6. 进项税抵扣

IPI 对工业产品的每个生产环节征收。在增值税的情况下，经过多个生产环节加工的产品（如从原材料到产成品）允许抵扣调整每个单独环节已经支付的 IPI。当生产阶段结束后，不再征收 IPI，且累计的财务负担通常并入产品的最终成本中。

如果原材料、半成品和包装物等用于生产应税产品，那么对于这些材料或产品已经支付的税金（IPI 进项税）可以用于抵扣应税金额。

如果采购产品但并不构成新产品的一部分，而是用于生产应税产品，那么也会产生 IPI 进项。这一类包括需进行折旧的工具，或者由于与生产的产品物理接触而损坏的工具。

某些在巴西生产的特定机械设备也可以用于抵扣，它们构成固定资产的一部分，而且仅用于生产流程。这些符合条件的项目在财政部列出的清单中。最高法院规定，国内购买者采购巴西制造机器作为其公司固定资产使用所享受的进项抵扣是对民族工业的一种补贴，因此对国外产品并不适用。

生产商可以考虑 IPI 项税——从非 IPI 纳税人的批发商处购买原材料、半成品和包装物等所支付的税金。上述产品的适用税率乘以该产品价格的 50% 即为 IPI 进项税金额。

7. 税收优惠

根据巴西税收法规，以下项目可以享受增值税免税优惠：

（1）加工食品和点心直接销售给消费者，无特殊容器盛装。

（2）工匠在无他人合作的情况下，在其住所加工手工制品，并直接销售给消费者。

（3）独立工人制衣或制作类似物品并与消费者直接交易。

（4）直接从消费者或用户处取得订单生产产品，且生产过程中绝大部分是专业工作。

（5）药店制药并直接销售给消费者。

（6）在公司机构外组装产品用于建造楼房、管道、工厂及类似建筑。

（7）根据第三方指示或为使用产品的公司布置、恢复和修理使用过的物品。

（8）按照生产商的保证，无偿修复不良产品，甚至是更换产品。

（9）将发动机转换为乙醇燃料发动机。

同一工业企业内生产的用于制造商自用的产品不征税。

宪法规定的免税政策适用于书籍、报纸、期刊和用于印刷的纸张。私人税务裁定 4020/2017 明确规定此项免税政策也适用于进出口关税和 IPI。

根据产品税收分类代码，对特定产品提供一些免税和零税率优惠。

8. 应纳税额

IPI 的计税基础是：

（1）对于出口，是海关完税价格，增加关税和其他费用（运费、保险费等）。

（2）对于国内供应，是供应收取的总对价，包括商品流通服务税（ICMS）。但如果运输和保险费用单独开具发票，那么就不包括在税基中。

（3）对于委托其他纳税人生产（加工协议），是交易价格，包括合约方提供的原材料、中间产品和包装物的价值。

在 2017 年 3 月 9 日的政府公告中，1/2017 号议会决议表明暂缓实施在

IPI 税基中包含无条件折扣金额的条例。由于联邦最高法院对此条例做出违宪的声明，因而暂缓实施。因此，IPI 不得按产品的标价征收，而是对采购的实际价值征收，即销售当时无条件提供的相关折扣金额应从 IPI 税基中扣除。

根据计税基础与适用税率计算增值税销项税额，减除进项税额后计算应纳税额。

9. 其他

一般来说，产品进口应缴纳 IPI。根据巴西法院判定，目前进口商再销售进口产品也被视为应税对象。但在现行税制下，有一些特殊的减免优惠政策。

（三）个人所得税

个人所得税属联邦税收，纳税人为巴西的税收居民。居民个人需就全球范围内的所得缴纳个人所得税。通常情况下，个人所得税采用累进税率按年度缴纳，在特定情形中需要按月预缴。资本利得及一些特定种类的投资收益通常需要分项进行单独评估并分别缴纳。部分类型的个人收入需进行源泉扣缴。

确认居民个人的所得和收益采用收付实现制。在个人所得税中，居民个人取得的收入可以分为两类，即资本利得和其他收益。

巴西法律目前尚未对外籍人士有特别的税收规定。

1. 纳税人

满足以下任一条件可被认为是巴西税收居民：

（1）永久居住在巴西，即该个人的习惯性居住地为巴西。

（2）在境外的任何巴西政府机关或机构工作。

（3）进入巴西：持永久签证，从中可以推断该个人长期停留巴西的意愿，该人自入境之日起即成为居民纳税人。持临时签证：雇佣关系下来巴西工作或"培养医生"项目（Program Maismedicos，该项目由法律 621/2013 颁布）中取得医学奖学金的个人，从入境日起；12 个月内在巴西停留超过 184 天；入境后 12 个月内获得永久签证，即使停留小于 184 天。

（4）拥有非居民身份的巴西公民并且返回巴西永久居住，自返回之日起。

（5）暂时或永久性地离开巴西，未在法定时限内向税务机关提交他们的非居民身份的适当声明。

通常来说，若发生如下情况，且向税务机关提交他们的非居民身份的声明，则可以认定其丧失税收居民身份：暂时性离开巴西 12 个月后；永久性离开巴西。

配偶可以选择提交一个共同的纳税申报表，同性伴侣也可选择提交一个共同的纳税申报表。

2. 应纳税所得额

（1）一般规定。应纳税所得额包括从资本或工作中所产生的世界范围内的收入，以及出售资产或权利时实现的收益。应纳税所得额还包括纳税人的净资产与报告的收入不对应的任何增加，除非纳税人证明增加是有合理理由的，如免税所得等。

一般而言，所有所得均须按照累进税率缴纳个人所得税，除非在特定法规下该个人视同企业纳税人。当所得支付方为企业时，须以代扣代缴方式来支付税款。

个人所得税纳税年度为自当年的 1 月 1 日起至当年的 12 月 31 日，税收评审年度与纳税年度定义一致。

（2）免税所得。免税收入类型包括：①从巴西居民企业获得的从其税后利润中支付的股息；②免费使用住宅或营业场所视同所得的部分；③工伤事故赔偿，不超过法律最高金额；④计入个人账户的 PIS/PPASEP 储蓄计划下的金额；⑤雇主对雇员（包括董事）私人养老金计划或替代方案的贡献；⑥被保险人死亡后的人寿保险或储蓄基金的收益，以及在任何情况下退还的保险费，包括保单的放弃；⑦居民个人接受的赠予和遗产；⑧雇主支付给职工的医疗费用和医疗保险费；⑨职工从雇主处取得的利润分享计划下的收入且不超过 6677.55 雷亚尔的部分，超出部分将按 7.5%~27.5% 的累进税率缴纳个人所得税；⑩因特定疾病而致残或因退休而获得的社会保险金；⑪在某些特定情况下，从因基础设施项目融资而发行的债券中获得的投资收益。

3. 就业所得

（1）工资。就业所得一般包括雇员从雇主处得到的工资薪金和任何其他类型的补偿和福利，包括雇主按时发放的薪金报酬、奖励、保险费或其他附带福利等。

雇主必须按月代扣代缴个人所得税税款，月度代扣代缴的税金可在年度申报时抵扣。

（2）实物福利。实物福利应按照市场价值或雇主所花费成本价值一并征税。巴西发放的如下类型福利会被认定为实物福利：

表9-2-1　巴西实物福利类型

1	公司提供车辆给员工使用
2	免费（或以津贴形式）提供的住房
3	免费（或以津贴形式）提供的通信福利
4	会员费

（3）养老金。个人从 65 岁起取得的公共养老金收入，由于特定疾病或残疾，按特定限制免除，并应符合一定条件。从 2015 年 4 月 1 日起，上限是每月 1903.98 雷亚尔。私人养老金收入，以及不满足相关条件的公共养老金收入，被视为个人所得的应纳税所得，并以累进税率征收个人所得税。

（4）董事费。居民个人以其作为董事会或其他管理机构的成员身份所赚取的报酬被视为是工资薪金所得，需按累进税率进行计算，且发放方须进行代扣代缴。

（5）股权期权。目前，巴西的税法以及劳动法中并未针对于雇员或雇主直接所获得的无成本的股票期权有相关规定。但在实际操作过程中，若雇主或雇员进行行权时，该部分收入会被判定为实物福利进而按累进税率进行征税。

（6）其他。当雇主与雇员终止雇佣关系且支付给雇员辞退补贴时，符合巴西税法及劳动法规定的情形及金额的，可以免于缴纳个人所得税；其他情形，则须正常缴纳个人所得税。

4. 业务和专业收入

除视同企业纳税人的情况之外，个体业户所得需缴纳个人所得税。

独立个人的劳务收入按个人所得税的累进税率缴纳。向独立个人服务支付费用的纳税人，须按相同的累进税率，实行源泉扣缴。

个人收入中来自国外的收入、向他人提供个人服务所得或租赁收入（没有被征税）必须每月预缴。

以下为个人营业和职业收入的扣除额：①支付给员工的薪酬及相关的社会保障缴款；②支付给第三方的费用；③取得应税收入和保持应税所得来源所必需的费用。只有独立的商业代理可扣除与运输有关的费用。

为计算预缴税款金额，上述提到的扣减额上限为个人与活动有关的月收入。超过当月收入的费用，可在同一纳税年度内的其他月份结转。

一般情况下，不得扣除装置、机器和设备的折旧费或运输费用。

在 2015 年 1 月 1 日起施行的补充法令 147/2014，增加了在满足一定的条件可适用于简化制度的规定（Simoles Regise），包括知识、技术、科学、体育、艺术和文化性质的活动。这意味着，如律师、医生和工程师等专业人员能够选择简化的税收制度。

5. 投资收益

投资收益通常包括在个人所得税的应纳税所得额中。然而，不包括由居民企业从税后利润中支付的股息。

基础设施建筑、研发项目及开发、创新项目的法人实体所发行的债券利息收入可采用零税率。

在特定情况下，巴西公司向股东支付的净资产所得，按 15% 的税率进行源泉扣缴。

特许权使用费包括在个人应纳税所得额中，以一般累进税率为准。纳税人所支付特许权使用费须进行源泉扣缴。

租金收入算入应税项目，纳税人所支付租金也须进行源泉扣缴。

6. 资本利得

资本利得为资产处置的对价减去资产的购置成本。

从 2017 年 1 月 1 日起，资本利得税率范围从 15%~22.5%，具体情况如下：①资本利得不超过 500 雷亚尔的部分按 15% 的税率进行征收；②资本利得介于 500~1000 雷亚尔的部分按 17.5% 的税率进行征收；③资本利得介于 1000 万 ~3000 万雷亚尔的部分按 20% 的税率进行征收；④资本利得大于 3000 雷亚尔的部分按 22.5% 的税率进行征收。

资本利得单独计算，因此不包括在年度所得税申报计算中。

居民个人在出售住宅物业 180 天内，用出售收入再投资或购买巴西境内另一住宅物业，则出售环节的所得免税。如果仅将部分收入用于再次购买，则未使用部分须缴纳所得税。

出售低值资产或权利的资本利得，如果销售价格在销售结束前每月不超过 35000 雷亚尔，以及在场外交易市场进行交易的股票销售价格不超过 20000 雷亚尔的，则均可予以免税。

出售上市公司股份、其他股票交易所或询价式证券交易市场的有价证券，需就净收益缴税。净收益遵循与资本利得相同的原则，即评估处置价格和取得成本之间的增值。净收益并不是根据每笔交易而计算的，而是计算在一个月份内涉及的所有交易。

净收益单独征收所得税，根据交易性质的不同，按 15% 或 20% 的税率征收（根据交易的性质，某些交易需预付 0.005% 或 1% 的扣缴税款）。销售价格不超过 20000 雷亚尔的在询价式市场交易的股票相关收益可免税。

12431/2011 号法令指出，出售关于公共设施私募股权基金的资本利得，无论是否在证券交易所进行交易，均适用零税率。该优惠政策同样适用于居民个人对私募股权基金研究开发和创新所获的资本利得。

自 2014 年 7 月 10 日起，13043/2014 法令规定，直至 2023 年 12 月 31 日，在满足一定条件的情况下，个人于证券交易所出售的中小企业（SMC）股份所产生的资本利得将豁免征收个人所得税。

7. 扣除项目、津贴及税收减免

（1）扣除项目。个人所得税的计算是按照个人总收入计算的，其中，减去允许扣除额与津贴。居民个人可以在计算其年度应纳税额中扣除下列项目：①纳税人及受纳税人抚养或赡养人用于药物、心理治疗、牙医、理疗等不可报销但可证明的相关花费；②与提供单独服务所得收入相关的可扣除费用；③由法庭指令或司法确认的赡养费及子女抚养费；④支付给国家社会保障中心（INSS）的社保费用；⑤为纳税人或其家属提供的个人养老金计划；⑥受纳税人给予被抚养或赡养人的年度支出；⑦受纳税人抚养或赡养人支付的具有规定资格的教育支出，扣除上限为 3561.50 雷亚尔；⑧为纳税人或其家属提供的个人退休基金（FAPI）计划；⑨65 岁以上公民每月领取的养老金或退休酬金，扣除上限为 1903.98 雷亚尔；⑩向有资质的巴西私人养老基金缴纳的养老金支出，上限为应纳税所得额的 12%。

月度纳税申报扣缴中允许扣除以下项目：①由法庭指令或司法确认的赡养费及子女抚养费；②受纳税人抚养或赡养人个人月度津贴；③向有资质的巴西私人养老基金缴纳的养老金支出，上限为应纳税所得额的 12%。

（2）津贴。从 2015 年 4 月 1 日起，个人可月度扣除一定金额的抚养或赡养费，金额则为每月 189.59 雷亚尔。

（3）税收减免。根据法律规定，以下类型的个人所得可以适用税收减免，但该减免不得超过所得税额的 6%：①向特定的项目、基金及慈善团队给予的慈善捐款；②社会保障的缴纳是由"国内个人雇主"支付，一定限额内可扣除。

8. 税率

在巴西，个人所得税根据不同的税收级距，税率从 0%~27.5%。

表9-2-2　巴西收入与资本利得个人所得税税率

单位：雷亚尔

2015 年 4 月 1 日之后取得的收入	
月度应纳税所得额	适用税率
不超过 1903.98	0%
1903.99~2826.65	7.5%
2826.66~3751.05	15%
3751.06~4664.68	22.5%
超过 4664.68	27.5%
2016 年 1 月 1 日之后取得的收入	
月度应纳税所得额	适用税率
不超过 22847.76	0%
22847.76~33919.80	7.5%
33919.80~45012.60	15%
45012.60~55976.16	22.5%
超过 55976.16	27.5%

表9-2-3 巴西员工参与利润分享计划从雇主取得的收入适用税率

单位：雷亚尔

2015 年 4 月 1 日之后取得的收入	
应纳税所得额	适用税率
不超过 6677.55	0
6677.56~9922.28	7.5%
9922.29~13167.00	15%
13167.01~16380.38	22.5%
超过 16380.38	27.5%

10. 非居民纳税人

（1）纳税人。巴西境内的个人若不满足居民纳税人定义，则作为非居民纳税人。此外，当巴西税收居民离境时且提交离境个人所得税申报表则被视为非居民纳税人；若其未在离境时进行离境个人所得税申报，则将在离境 12 个月后被认定为非居民纳税人。

（2）应税所得及税率。一般而言，对于某项收入如无专门规定的税率，则非居民纳税人取得的收入适用 15% 的税率；对于某项收入如有专门规定的税率，则适用该税率。如该非居民纳税人为地税司法管辖区税收居民，则通常适用 25% 的税率。另外，对于资本利得，非居民纳税人享受与居民纳税人同样的 15%~22.5% 的累进税率和税率适用标准。

以下简要概括常见不同所得类型及其适用税率：

表9-2-4 巴西常见不同所得类型及基知农行税率

15%	非居民纳税人一般情况下适用 15% 的税率； 非居民纳税人从巴西境内所取得的特许权使用费所得适用 15% 的税率； 非居民纳税人取得的来源于巴西的动产或不动产租赁所得按 15% 的税率进行税费征收
25%	若非居民纳税人为地税司法管辖区税收居民，其从巴西境内所取得的特许权使用费所得、来源于巴西的动产或不动产租赁相关所得、来源于巴西的权益性所得按 25% 的税率进行税费征收； 非居民纳税人从巴西取得的任何形式的任职受雇所得将适用 25% 的税率，且不得作任何税前扣除； 非居民纳税人来源于巴西境内的任何商业形式的收入或相关专业技能方面的收入均按其收入总额的 25% 进行税费征收，且无任何扣除项

（3）申报及扣缴方式。非居民纳税人无须自行在巴西税务机关进行申报纳税。通常对于非居民纳税人所得采用代扣代缴方式进行税款征缴，通常由在巴西境内的支付者进行代扣代缴。

（4）其他。若非居民纳税人希望享受巴西签署的税收协定中所涉及的减免税率或任何其他协定待遇，非居民个人（或当地代表）必须向扣缴义务人提供巴西税务机关出具的证明文件或外国或地区税务机关出具的证明其非居民纳税人在该国或地区税收居民身份的文件。

（四）关税

在巴西，关税属于联邦税，是在进口清关环节需要缴纳的税金。

纳税环节：企业或个人从国外进口货物时需要缴纳关税；税率：0%~35%；税基：在进口环节，关税的税金是货物的到岸价。

1. 一般规定

根据进口产品的性质，按照从量或从价标准征收联邦关税。需要缴纳进口关税的产品分类表在相关的法令中有明确列示。

巴西《1957 年关税法案》明确指定进口的关税税基是"从量"还是"从价"，以及税务机关选择按"从价"或"从量"标准或两者结合征税，是取决于进口的情况以及哪种税率计算出的关税金额高。

进口产品的应税价值是到岸价（CIF），而且是该产品或类似产品在进口当时的一般"公开市场"价格。发票上显示的价格是普遍接受的正常价格。但进口总量中约 10% 是按照最低价值或基准价格标准进行估价的。

2. 出口关税

根据相关法令，政府可以对出口产品按 30% 的税率征税，而且税率最高可达 150%。但是目前绝大多数产品的出口关税都降低为零。

（五）企业须缴纳的其他税种

1. 社会保障金费（COFINS）

COFINS 向所有法人企业征收，最终用于社会保障体系。

COFINS 按纳税人的收入总额征收，不分来源和金额。

一些项目可以从征税基数中扣除，如 IPI 和 ICMS 由卖方在替代税收的情况下收取）、取消的销售收入、赔偿、固定资产处置收入和无条件折扣。其中，出口商品和劳务无须缴纳 COFINS。

651/2014 号暂行条例，扩大了 COFINS 中收入总额的范围，涵盖与公司核心活动相关的任何收入。

COFINS 有两种完全不同的计征方式。第一种是 9718/1988 号法律规定的累计制度，第二种是 10833/2003 号法律规定的非累计制度。

在累计制度下，COFINS 按纳税人收入总额的 3% 一般费率征收，不做任何减免抵扣。在企业所得税中采用核定利润制度的纳税人必须强制采用累计制度。此外，金融机构也有义务采用累计制度，但这些实体适用 4% 的费率。对于金融机构，适用法律、法规（主要是 INI，285/2012 和 INI，544/2015）规定一些项目可以从税基中扣除，因此，COFINS 实际费率一般低于 4%。

在非累计制度下，COFINS 按纳税人收入总额的 7.6% 征收，并且允许扣除在 10833/2003 号法律第 3 条明确列出的可扣除项目。非累计制度旨在减少 COFINS 对生产链的几个阶段所产生的影响。但是 COFINS 的非累计制度并不是一个简单的扣除制度，在该制度下，生产链中同一商品或服务在前一阶段支付的金额可以用于抵免扣除。事实上，COFINS 的抵免额为投入采购、租赁、电力及 10833/2003 号法律第 3 条中列出的其他事项的金额乘以 7.6% 的费率。

尽管税务机关对投入的概念有限制性解释，但上级法院在 2012 年 8 月 22 日作出的决议中采用了一个更广泛的概念。根据裁定，货运费用可以用于 PIS 和 COFINS 扣除。

从 2015 年 7 月 1 日起，根据 8426/2015 号法令费率从 0 增加到 4%。但零费率仍然适用于下列交易中外汇波动产生的财务收入：①商品和劳务出口；②贷款和融资协议所产生的负债；③在证券交易所进行的套期保值交易、远期或场外交易市场中为保护投资者避免价格或费率变动的约定（这种约定应与纳税人的经营活动有关，并且以保护纳税人的权利和义务为目的）。

在企业所得税中采用实际利润制度的纳税人必须强制采用非累计制度。但是，对于某些特定的收入，COFINS 适用累计制度（即使纳税人采用的一般制度是非累计制度）。从这个意义上讲，来自公共交通服务、教育服务、营销和呼叫中心服务、旅行代理服务，及在 10833/2003 号法律第 10 条中列出的其他服务收入需按照累计制度计算 COFINS。

此外，某些特定活动适用特定税率和税基征收 COFINS，如石油产品和乙醇产品的生产商和进口商进行的相关销售。而且生产商和进口商，以及不同类型产品适用的费率不同。目前，根据不同产品类型，费率从 6.9%~47.4%。乙醇和石油产品的销售也采用 COFINS 特殊征收办法，基于一个固定价格乘以交易量（体积或重量）计算 COFINS 金额。

现实中，某些特殊产品和服务（根据描述和税收分类代码）享受免税和零税率优惠。

10833/2003 号法律还规定了在某些服务费中预提 COFINS 的制度，如清洁、安全、专业和信贷服务。预提税即作为 COFINS 的预付款。IN459/200 预提税制度。

10865/2004 号法律规定巴西企业纳税人进口商品和劳务要缴纳 COFINS。在 COFINS 中进口商品不按总收入征收，而是按进口商品的海关价值或服务协议价款征收。从 2013 年 10 月 10 日起，进口货物的 COFINS 征收基础是海关价值。进口服务征收基础不变，但根据联邦税务机关公布的公式计算（见 572/2005 和 1401/2013 规范指南）。

根据私人税收裁定 316/2017 号，对外支付、信贷、特许权使用费的交付或汇款不需要缴纳进口商品和劳务的 COFINS。"特许权使用费"包括软件使用许可收入。如果除特许权使用费，合同还约定提供技术或协助服务（混合合同），假设合同中分别列示相关金额，按照技术或协助服务的费用征收 COFINS；如果合同未分别列示特许权使用费以及技术和协助服务金额，按照合同 COFINS 总金额征收技术和协助服务的 COFINS。根据私人税收裁定 153/2017 号，对非居民个人收入的支付、信贷、交付或汇款需要缴纳 COFINS。在特定的信贷情况下，在会计处理中记录支付义务即构成应税行为。此外，99069/2017 号法律明确规定，根据成本分摊协定支付给同一集团内非居民个人的进口服务费用需要缴纳 COFINS。

13137/2015 号法律规定货物进口的费率为 9.65%。特定产品的进口也可能适用更高的费率标准（例如：某些药物和疫苗的费率为 13.03%；特定的香水、化妆品和个人卫生用品的费率为 16.48%；特定的机器和车辆的费率为 12.75%）。进口服务的标准费率为 7.6%。

对于采用非累计制度计算 COFINS 金额的纳税人，可以在按总收入计算出的 COFINS 金额中扣除进口交易的 COFINS。

12973/2014 号法律明确，长期资产处置收入无须缴纳 COFINS（同样适用于固定资产）。

很多进口产品还需缴纳 1% 的附加费，其中包括化妆品、纺织、服装和塑料行业，以及汽车零部件和电子材料的进口。2014 年 11 月 21 日，10/2014 规范意见（10/2014 监管意见）明确：①自 2011 年 12 月—2013 年 7 月，1% 附加费适用于一小部分的产品，因 612/2013 号临时措施的颁布而显著增加；②产品进口商不可以在 COFINS 中抵扣 1% 的附加费；③不管标准税率 7.6% 是否变动，都按 1% 征收附加费；④暂免征收 COFINS 的进口产品或服务，也同样不征收 1% 的附加费；⑤部分暂免征收 COFINS 的进口产品仍然征收 1% 的附加费。

然而，政府在 2017 年 3 月 30 日发布的 774/2017 号暂行办法，取消了对进口特定产品征收上述 1% 附加费的规定。但 2017 年 8 月 9 日政府发布的 794/2017 号暂行办法显示 774/2017 号暂行办法失效。关于是否恢复征收的 1% 附加费仍存争议。

企业须在发票和收据上列明收取的税金（税率），COFINS 和税金包含在销售产品或提供服务总金额中。从这个意义上说，企业必须列明发票和收据中所述每种产品所征收的市政府税、州政府税和联邦税。或者，这些信息也可以在机构内的平台中直观显示。没有达到这些要求的企业将会受到行政处罚。

2. 社会一体化税（PIS）

企业纳税人根据总收入缴纳 PIS。PIS 与 COFINS 征收制度非常相似，也有两种不同的制度。第一种是 9718/1998 号法律规定的累计制度，第二种是 10833/2003 号法律规定的非累计制度。

依据 9718/98 号法律，在累计制度下，企业纳税人按总收入的 0.65% 缴纳 PIS。COFINS 允许扣除的项目也允许在确定 PIS 税基时扣除。金融机构也适用 0.65% 的税率而且根据 IN1285/2012 的规定，也同样允许扣除。

651/2014 号暂行条例（转化为 13043/2014 号法律），拓宽了 PIS 中总收入的定义，涵盖与公司核心活动相关的任何收入。

非累计制度下，PIS 按纳税人收入总额的 1.65% 征收，在这种情况下，允许扣除在 10637/2002 号法律第 3 条明确列出的可扣除项目。非累计制度旨在减少 PIS 对生产链的几个阶段所产生的影响。

如 COFINS 一样，PIS 非累计制度不是一个简单的扣除制度，在该制度下，生产链中同一商品或服务在前一阶段支付的金额可以用于抵免扣除。事实上，PIS 的抵免额为投入采购、租赁、电力及 10637/2002 号法律第 3 条中列出的其他事项的金额乘以 1.65% 的税率。

从 2015 年 7 月 1 日起，根据 8426/2015 号法令税率从 0 增加到 0.65%。但零税率仍然适用于下列交易外汇波动导致的财务收入：①商品和劳务出口；②贷款和融资协议所产生的负债；③在证券交易所进行的套期保值交易、远期或场外交易市场中为保护投资者避免价格或费率变动的约定（这种约定应与纳税人的经营活动有关，并且以保护纳税人的权利和义务为目的）。

在企业所得税中采用实际利润制度的纳税人必须强制采用非累计制度。但是，对于某些特定的收入，适用 PIS 累计制度（即使纳税人采用的一般制度是非累计制度）。从这个意义上讲，来自公共交通服务、教育服务、营销和呼叫中心服务、旅行代理服务，及在 10637/2002 号法律第 8 条和 10833/2003 号法律第 10 条中列出的其他服务收入也需按照累计制度计算 PIS。

此外，某些特定活动适用特定税率和税基征收 PIS，如石油产品和乙醇产品的生产商和进口商进行的相关销售。而且不同类型产品适用的税率不同。目前，根据不同产品类型，税率从 1.5%~10.2%。乙醇和石油产品的销售也采用 PIS 特殊征收办法，基于一个固定价格乘以交易量（体积或重量）计算 PIS 金额。

事实上，某些特殊产品和服务（根据描述和税收分类代码）享受免税和零税率优惠。

10833/2003 号法律还规定了在某些服务费中预提 PIS 的制度，包括清洁、安全、专业和信贷服务。预提税即作为 PIS 的预付款。

10855/2004 号法律规定巴西企业纳税人进口商品和劳务要缴纳 PIS。在 PIS 中进口商品不按总收入征收，而是按进口商品的海关价值或服务协议价款征收。从 2013 年 10 月 10 日起，进口货物的 PIS 征收基础是海关价值。进口服务征收基础不变，但根据联邦税务机关公布的公式计算（见572/2005 和 1401/2013 规范指南）。

根据私人税收裁定 316/2017 号，对外支付、信贷、特许权使用费的交付或汇款不需要缴纳进口商品和劳务的 PIS。"特许权使用费"包括软件使用许可收入。如果除特许权使用费，合同还约定提供技术或协助服务（混合合同），假设合同中分别列示相关金额，按照技术或协助服务的费用征收 PIS；如果合同未分别列示特许权使用费以及技术和协助服务金额，按照合同总金额征收技术和协助服务的 PIS。

根据私人税收裁定 153/2017 号，对非居民个人收入的支付、信贷、交付或汇款需要缴纳 PIS。在特定的信贷情况下，在会计处理中记录支付义务即构成应税行为。此外，99069/2017 号法律明确规定，根据成本分摊协定支付给同一集团内非居民个人的进口服务费用需要缴纳 PIS。

668/2015 号暂行条例规定货物进口的费率为 2.1%。特定产品的进口也可能适用更高的费率标准（例如：某些药物和疫苗的费率为 2.76%；特定的香水、化妆品和个人卫生用品的费率为 3.52%；特定的机器和车辆的费率为 2.62%）。进口服务的标准费率依然为 1.65%。

对于采用非累计制度计算 PIS 金额的纳税人，可以在按总收入计算出的 PIS 金额中扣除进口交易的 PIS。

12973/2014 号法律明确，长期资产处置收入无须缴纳 PIS（同样适用于固定资产）。

企业须在发票和收据上列明收取的税金（税率），PIS 和税金包含在销售产品或提供服务总金额中。从这个意义上说，企业必须列明发票和收据中所述每种产品所征收的市政府税、州政府税和联邦税。或者，这些信息也可以在机构内的平台中直观显示。没有达到这些要求的企业将会受到行政处罚。

3. 薪资税

（1）工龄保障金费（FGTS）。在终止雇佣关系时，为保障足额支付遣散费，雇主必须每月将工资总额的 8% 存入与其雇员关联的银行冻结账户中，即 FGTS。

如果员工被解雇或退休，他可以取走存放在他名下冻结账户内的存款。

如果员工自愿更换工作，新雇主将会继续向账户内存入 FGTS。如果员工被无理由解雇，那么雇主必须按照在员工服务年限内缴存金额的 50% 支付罚金。

（2）工业社会服务费（SESI）/ 商业社会服务费（SESC）。SESI/SESC 是按员工薪金的 1.5% 支付的额外的薪资税，用于员工的文化教育设施。

（3）全国商业服务培训费（SENAC）。SENAC 是按员工薪金的 1% 或 1.2% 征收的一种薪资税。

SENAC 资金是用于国家提供工商业学徒的服务，雇主必须按照薪资和员工数量核定的比例每月缴纳费用。员工人数小于等于 500 人，费率为 1%；500 人之上，费率为 1.2%。

（4）小企业援助服务费（SEBRAE）。SEBRAE 是另一种工资税，按雇主工资总额的 0.3%~0.6% 征收，用于推动小企业发展。

（5）社会保障金。巴西的社会保障体系是由雇主、雇员和联邦政府提供资金。雇主须按工资总额支付社会保障金，以及根据总收入缴纳社保金。

①雇主支付的社会保障金。雇主一般按照每月工资总额的 20% 计算缴纳社会保障金，金额无上限。金融机构须额外支付每月工资的 2.5%。纳税人也必须根据向个体业户支付的服务费用缴纳社会保障金。除支付雇主承担的 20% 社会保障金之外，雇主还必须代扣代缴员工承担的社会保障金（8%、9% 或 11% 的费率）和与其签订合同的个体业户的社会保障金（11% 的费率）。代扣代缴的社保金上限为社会保障局公布的适用费率与工资基数的乘积（即员工缴纳社保金的基础）。2018 年，工资基数上限是 5645.80 雷亚尔，社保上限为 621.03 雷亚尔。根据 9711/1998 号法律，对于支付给其他公司的特定服务费，公司也必须按 11% 的费率扣缴社保金。根据 11457/2007 号法律，巴西联邦税务局（RFB）负责社会保障金的征管，而全国社会保障协会（INSS）只负责社会保障金的支付。2011 年，在部分行业中，一般社会保障金被按总收入缴纳的社会保障金所取代。然而，根据 2017 年 3 月 30 日政府公布的 774/2017 号暂行办法，针对特定行业重新引入了标准 INSS，取代 CPRB。该暂行办法自 2017 年 7 月 1 日起生效。但是，某些特定行业（如交通、通信和建筑）允许继续收取 CPRB，费率范围

为 1.5%~4.5%。

②雇主按总收入支付的社会保障金（CPRB）。根据 12546/2011 号法律，巴西政府推出了雇主计算社会保障金的新机制，首先适用于部分特定的行业。在此机制下，不是按照薪资的 20% 缴纳社保金，上市企业应根据其总收入的一定比例计算社保金。公司还须按 3.5% 对支付其他公司提供特定服务的服务费扣缴社保金。然而，根据 2017 年 3 月 30 日政府公布的 774/2017 号暂行办法，针对特定行业重新引入了标准 INSS，取代 CPRB，某些特定行业（如交通、通信和建筑）允许继续收取 CPRB，费率范围为 1.5%~4.5%。但是，794/2017 号暂行办法显示 774/2017 号暂行办法失效。关于是否恢复征收 CPRB 仍存争议。

目前，CPRB 的大多数规定仍然适用于允许在该制度下继续缴纳社会保障金的商业实体（或在 CPRB 被认为是通过 794/2017 号暂行办法恢复征收情况下的所有商业实体）。

（6）工伤保障费（SAT）。雇主须缴纳 SAT，当雇员死亡、残疾或因公发生意外事故时，需提供补偿。

雇主须每月按照薪资支付保险费。根据公司业务活动的事故风险水平不同，保险费率也不同：1%（低风险）、2%（中度风险）或 3%（高风险）。从 2010 年起，巴西当局出台了事故预防因素（Fator Acindentario de Prevencao，FAP），在计算 SAT 金额时须考虑相关因素。根据前一年度劳动事故发生的数量和严重程度，FAP 可能造成 SAT 金额翻倍或减半。

（7）职工教育费。职工教育费是由 1422/1975 号法令提出，按 87043/1982 号法令管理，并遵守 9766/1998 号法律的规定。

为投资教育，商业、工业和农业企业必须选择以下二者其一：①为员工及其 7~14 岁的子女提供免费的教育（一级）；②按工资总额的 2.5% 缴纳教育金。

以下实体免缴职工教育费：①联邦政府、州政府、联邦特区和市政府；②公共机构；③社区学校、宗教或慈善机构；④法规规定的文化机构；⑤符合法律规定相关要求的医院和社会援助机构。

4. 房地产税

在巴西房地产税分为城市房地产税（IPTU）和农村土地税（IRP）两

种，这两种税独立而不交叉（同一项资产不需要同时缴纳两种税）。向公众开放的私有建筑（如博物馆、私人花园或公园）一般按名义税率征收或免税。

（1）城市房地产税（IPTU）。城市土地和建筑需缴纳城市房地产税。

对城市房地产征税不只是为了提高税收收入，同时也是间接实施诸如建设、住房和环境美化等城市政策的一种方式。

城市土地和建筑都需要缴税，包括非农业用地和非娱乐设施用地的全部城市土地。纳税人为房地产所有人。

IPTU 中所指的城市或乡镇的城区区域需要达到至少两项法律规定的标准，如该房地产 1.5 英里内的人行道、给水管道、排水系统、路灯和公立学校等设施标准。

IPTU 每年根据市政税务机关披露的资产市场价值进行核定。估价程序按照法律执行，但不同市政府对于该估价程序的要求不同。

税率由各市政府自行规定，税率差异较大，从 0.5%、1%、2%、3.5% 不等，而且可能根据资产价值和所在地累进提高。

（2）农村土地税（ITR）。农村土地税（ITR）由联邦宪法第 6 章第 153 条规定，目前按 9393/ 1996 号法律管理执行，每年对占用市区以外的农村土地征收农村土地税。

ITR 是联邦税的一种，由巴西国税局征收。根据联邦宪法第 153 条第 4 款的规定，ITR 必须采用累进税率，旨在促进更合理集约地使用农村土地。

以下土地可以享受 ITR 免税：①由土地所有者及亲属在他人可能的帮助下开发，其面积总和不超过规定上限（根据不同地点分别为 30、50 或 100 公顷），而且其土地所有者或持有者没有城市物业资产；②由生产联合社或合作社在一定条件下共同开发，其面积总和不超过规定上限（根据不同地点分别为 30、50 或 100 公顷），而且其土地持有者及亲属没有其他物业资产；③在某些特定区域内（如东西部亚马孙、马托格罗索州潘塔纳尔和 Poligono das Secas）且面积总和不超过规定上限。

ITR 按照前一年末 12 月 31 日的"裸地应税价值"计算。裸地应税价值按法律规定方法计算，并考虑裸地价值（土地所有者根据市场标准申报享受特定扣除后的资产价值）与应税面积（扣除后总面积价值）占总面积比例的乘积。

如果税务机关对土地所有者申报的裸地价值有异议，可以根据同一地区其他土地的价格和 RFB 电子系统中的其他信息核定计税基数征收 ITR。

9393/1996 号法律附件中规定了 ITR 的税率，根据土地面积与使用程度而异，税率在 0.03%~20% 之间。

5. 不动产转让税（ITBI）

在巴西，任何纳税人生前发生的不动产转让，以及不动产物权（如抵押权等担保权除外）和此类不动产购买权的转让都会被征收不动产转让税。

以下情况不征收不动产转让税：①以财产或权益对公司出资；②因合并、分立、清算等而产生的不动产或产权转让。

但是，如果公司取得不动产主要是用于不动产买卖和租赁，那么就不适用以上优惠。

不动产转让税税率是根据市政府的相关法规决定的（许多城市都采用 2% 的税率），而且宪法未规定上限。税基为市政府规定的价值，以市场价值和交易价值二者较高一方为准。根据当地市政府法律，买方或卖方有纳税义务。

6. 印花税

在巴西，发行证券不征收印花税。

在公证机关登记和开具文件需要缴纳一定费用，如登记和开具不动产契据、结婚证等。不同公证处和不同文件类型收取的费用不同。

7. 机动车辆税（IPVA）

在巴西，每年会向机动车所有人就机动车所有权征收州税（即机动车辆税，IPVA）。IPVA 根据机动车的价格征收，税率以各州规定为准（通常在 1%~4% 之间）。

8. 商品流通服务税（ICMS）

（1）一般规定。ICMS 是由 1988 年联邦宪法第 155 条（根据 1993 年第三次宪法修正案重新起草）明文规定的一种州政府税，并按照 87/1996 号补充法律管理和执行。

ICMS 是一种增值税，即之前交易产生的 ICMS 可以用于抵扣后续交易产生的增值税，对产品流通、提供任何城际服务，或州际运输服务和通信服务征收。

ICMS 也适用于海外进口商品。

在宪法规定的限额内，ICMS 按各州的法规管理秩序。各州的财政部门负责 ICMS 的征收管理。

根据巴西联邦各州之间的具体协议，州政府可以给予 ICMS 免税、降低税基、核定扣除及其他税收优惠。

在 ICMS 税收管理中，供电被认为是提供产品。

（2）纳税人。通常 ICMS 的纳税人是指：①定期提供产品、城际和州际运输服务及通信服务的个人和企业；②将 ICMS 的应税产品和服务向巴西进口的任何个人。

（3）应税对象。一般来说，ICMS 的征税对象是产品供应、城际和州际运输服务、通信服务，以及进口产品。销售产品附带提供的服务，且 ICMS 不适用于该项服务，则需要缴纳 ICMS。

以下交易被认为是应税交易：①产品的寄售、转移和销售；②产品从一个场所转移到同一纳税人位于不同州府的另一个场所；③转移使用未超过 12 个月固定资产，但资产退还回原始场所或同一所有者的其他场所除外；④商品发货同时也附带提供服务，且服务要么未包含在 116/2003 号补充法律规定的名单中（ISS 的应税服务名单），要么服务的征税遵从特别规定（如在餐厅、酒吧、咖啡屋和类似场所中销售食品和饮品）；⑤从其他巴西的州府进入纳税人场所的产品，并将用于消费或用作固定资产；⑥在政府主办的拍卖会上购买被没收的进口产品或商品；⑦开始任何方式（包括高架桥）州际或城际运输服务；⑧任何形式的通信，可以通过任何程序（即使从境外发起或提供）发生、制作、传播、转播、重播、扩大、接收、放送或披露；⑨商品由场所所有人（该所有人是纳税人）进入纳税人的商业、工业或制造场所。

根据巴西法院作出的判例，也有其他交易并非 ICMS 的应税对象，或者不征收 ICMS。在这一点上，联邦最高法院曾于 2014 年 9 月 12 日确认不对租赁安排下的进口货物征收 ICMS。

（4）纳税地点。各州府对其区域内提供产品和州府区域内的城际运输和通信服务征收增值税（ICMS）。

对于进口交易，产品供应的纳税地点是产品实际入境的地点。

对于州际供应，当购买者使用这些产品用于其应税交易时（即产品再销售），由发货州按一定税率对州际交易征税，根据地区不同税率可能为7%或12%（某些情况可能适用单一税率4%）。但是，目的州有权取得补充ICMS，根据涉及的州不同按一定税率征收，由购买者缴纳。

（5）纳税义务发生时间。ICMS按月申报。ICMS纳税义务发生时间为：①产品供应为产品发货或所有权转让二者孰早的时间；②进口产品为清关的当天；③食品、饮品或其他商品在餐厅、酒吧、咖啡厅和类似场所供应的当天；④不同州或城市间的运输服务为服务提供的当天；⑤通信服务为发生、发出、接受、播送或以任何形式展示的当天；⑥进口服务为服务提供的当天；⑦产品和服务混合销售为产品发货的当天。

（6）应税金额。提供产品和服务的应税金额是交易的总对价，包括ICMS和其他相关税金、附带费用（如佣金和运输、保险和广告费用）及与价格直接相关的补贴。

进口产品的应税价值是到岸价（CIF）加上适当的IPI和关税及其他对进口产品征收的进入税（不包括ICMS）。

（7）税率。关于ICMS，各州在以下限定范围内确定税率：①最高税率由联邦参议院确定；②对于涉及多个州的交易，当收货人使用这些供应的产品用于其应税交易时，其适用最高税率（州际税率）由联邦参议院按以下情况确定：A.如果产品或服务提供给注册在北部、东北部、中西部和圣埃斯皮里图州的纳税人，最高税率为7%；B.如果产品或服务提供给注册在其他地区的纳税人，最高税率为12%；C.补充ICMS的税率等于目的地州府境内税率与上述交易州际税率的差额；D.当收货人是最终消费者时，州际供应和涉及多个州供应的最高税率为18%；E.电力供应、运输和电信服务及进口服务的一般税率为25%；工业产品出口享受免税，并可以抵扣之前支付的ICMS。

对发生在一个州府内的国内交易和服务，适用税率由相关州府在联邦议会限定的范围内自行决定。大多数州府对国内交易采用的税率是17%（在圣保罗州，一般税率是18%）。

某些特定商品（如武器、弹药、加工烟草、香水、化妆品、珠宝、酒精饮料、进口汽车、排气量 450 毫升以上的机动车、皮货等）的供应和进口适用 25% 的高税率。

巴西议会颁布的 13/2012 号决议，统一了州际交易（包括进口产品）所适用的 ICMS 税率。因此，从 2013 年 1 月 1 日起，州际交易普遍适用的 7% 或 12% 税率被单一 4% 的税率所取代。单一 4% 的税率将适用于：①进口后简单转售（即不经过任何工业流程）；②产品经过加工流程得到超过 40% 为进口成分（该比例为进口产品价格占州际交易价值的比例）的其他产品或商品。州际产品销售给最终客户在原始的发货州按其内部适用税率缴纳 ICMS。

但是，从 2016 年 1 月 1 日起，对这些交易征收的 ICMS 必须按如下规则在发货州和目的州之间共享：①发货州按州际税率征收 ICMS；②按州际和内部税率差计算的 ICMS 则根据以下原则征收或分享：A.2017 年 60% 属于目的州、40% 属于发货州；B.2018 年 80% 属于目的州、20% 属于发货州；C.2019 年以后，100% 属于目的州。

（8）免税。提供下列产品可以免税：①出口的加工制品和半加工制品。②对境外个人提供的服务。③用于其他州或联邦特区的工业用电力、石油、润滑油、液体和气体燃料；④法律上作为金融资产或外汇工具的黄金。⑤书籍、报纸和期刊（包括印刷纸）。根据联邦最高法院于 2017 年 3 月 8 日发布的特别上诉 330817 号和 595676 号条款，宪法规定免税的书籍、报纸、期刊、印刷纸，同样包括电子图书和电子阅读器（但不包括平板电脑、智能手机和笔记本电脑，因为其有更广泛的用途而不仅用于阅读电子书）。⑥工业产品出口享受免税，并可以抵扣之前支付的 ICMS。各州政府也会指定其他交易适用零税率。

根据巴西联邦州政府之间的具体协议，在全国财政政策委员会（CONFAZ）的范围内，各州可以授予 ICMS 免税、税基抵减、预估抵扣和其他税收优惠。

2017 年 8 月 8 日政府发布的 160/2017 号补充法律，旨在修改税务优惠授权的规定。在此之前，要取得全国财政政策委员会的一致批准才能通过 ICMS 的税收优惠政策。根据 160/2017 号法律，目前的法定人数要求至少是：所有联邦州的 2/3；和每五个地区联邦州的 1/3。

制定新的税收优惠政策并扩大现有税收优惠政策必须遵从法律在税收优惠期间设定的新限制——根据行业不同，税收优惠期间为 1~15 年。此外，160/2017 号补充法律规定，自法律公布之日起，全国财政政策委员会有 180 天的时间验证所有州际优惠政策的施行情况。各州也被允许在不需要全国财政政策委员会批准的情况下，与邻州施行相同的税收优惠政策。

（9）进项税抵扣。在计算应纳税额时，进项税可以用于抵扣销项税，所以实际上只对纳税人提供的增值部分征税（这在巴西被称作是非累积原则）。

纳税人可以将纳税期限内采购或进口货物支付的进项税（无论是同一州还是其他州）用于抵扣 ICMS 销项税。根据联邦宪法，除非另行规定（即出口），用于免税和非征税交易的进项税不得抵扣。但是法院曾判定，因进口免税而不得抵扣的 ICMS 可以用于抵扣提供相关产品所产生的负债。

9. 社会服务税（ISS）

在巴西，市政府的社会服务税（ISS）的征税对象是任何性质的服务，但适用 ICMS 的通信服务和城际及州际运输服务除外。

ISS 由 1988 年联邦宪法第 156 条（根据 1993 年第三次宪法修正案重新起草）明文规定，目前按照 116/2003 号补充法律管理和执行。市政府会对 116/2003 号补充法律附件中列出的提供服务征税（除上述适用 ICMS 的服务）。清单中服务的进口（即非居民服务提供方向巴西客户提供服务）也需要缴纳 ISS。服务出口由于服务结果在境外验收而非巴西境内，因此一般免征 ISS。

通常，服务在提供方场所所在地的市政府缴税。如果没有机构场所，那么服务发生所在地被视为供应商所在地。建筑工程无论如何都需要在提供服务所在地的市政府缴税。政府在 2017 年 6 月 1 日发布的 157/2016 号补充法律，扩大了征税服务范围（如医疗保险服务、信用卡和借记卡管理服务、租赁服务、特许经营和保理服务），并且需要在上述服务提供所在地的市政府缴税。

ISS 的征税对象是提供工业、商业或专业服务。同时提供服务和产品的情况（如修理商店、酒店和餐厅的运营等）也要缴纳 ISS。通常，即使服务涉及提供产品，也只按照服务在交易中的比例征收 ISS（即 ISS 税基不包括产品和材料的价格）。

ISS 一般按照服务费用计算。服务供应商提供服务相关的材料费可以抵扣。根据不同服务类型和城市，ISS 税率介于 2%~5% 之间。

企业必须在发票和收据上列明收取的税金（税率），税金包含在销售产品或提供服务总金额中，包括 ISS。从这个意义上说，企业必须列明发票和收据中所述每种产品所征收的市政府税、州政府税和联邦税。或者，这些信息也可以在机构内的平台中直观显示。没有达到这些要求的企业将会受到行政处罚。

10. 金融操作税（IOF）

金融操作税（IOF）是一种联邦税，目前主要对外汇、信贷、证券和保险交易征收。IOF 在法律中没有明文规定，这意味着税务机关可以随时变更 IOF 税率，但上限不得超过 25%。

企业必须在发票和收据上列明对销售货物或提供服务征收的税金（税率），包括 IOF。从这个意义上说，企业必须列明发票和收据中所述每种产品所征收的市政府税、州政府税和联邦税。或者，这些信息也可以在机构内的平台中直观显示。没有达到这些要求的企业将会受到行政处罚。

（1）外汇交易。资金流入和流出巴西所进行的货币兑换交易一般按 0.38% 的税率征收 IOF。

部分交易适用零税率优惠，其他交易可能按 2% 或 6% 的税率缴税。目前，零税率适用于很多货币兑换交易，包括以下相关交易：①巴西出口收汇；②与巴西借款人的跨境贷款相关的资金流入和流出，贷款平均期限需超过 180 天；③投资回报和收益，包括股息和权益收益；④外汇结售汇，包括非居民投资者对投入巴西的资金进行同期外汇交易，用于在金融市场和资本市场上投资；⑤通过取消证券交易所流通股的存托凭证的方式，对流入巴西的资金进行同期外汇交易结算；⑥投资者在巴西金融市场和资本市场上投资资金的回报；⑦为在 IPO（首次公开募股）中收购上市公司而投入巴西的资金。

资金流入巴西，且最终用于外部信贷平均期限不超过 180 天，则与该资金相关的外汇交易需按 6% 的税率缴纳 IOF。

借记卡或信用卡发卡机构为了弥补客户在外国提取现金而进行购汇交易按 6.38% 的税率征税。同样的税率也适用于旅行支票或预付国际信用卡操作中的购汇交易。

自 2016 年 5 月 3 日起购买现金外币的货币兑换交易适用 1.1% 的 IOF 税率。

根据 2018 年 3 月 2 日联邦公报发布的 9297/2018 号法令，将资金转移到巴西居民持有的国外账户，IOF 税率提升至 1.1%，该法令从 2018 年 3 月 3 日起生效。

（2）信贷交易。目前，纳税人授予贷款交易的日税率为 0.0041%（如果债务人是纳税人），或 0.0082%（如果债务人为个人），再加收贷款本金的 0.38%。如果债务人符合简易征收的条件，那么适用特殊的日税率为 0.00137%。对于预先确定本金的交易，按日税率征税期限最长为 365 天。对于本金无法确定的信贷交易、保险及证券交易，其 IOF 的征收另行规定。

从 2013 年 4 月 2 日起，金融机构进行交易（使用私募或公开资金）适用的 IOF/信贷税率被调整为零税率，但仅限资金用于以下情形：①资本性货物的采购、生产和租赁，包括零件及相关技术服务和任何相关营运资本；②出口消费品的生产；③电能部门；④液体散货出口交易的相关业务；⑤工程项目；⑥技术创新；⑦高精尖技术领域、工程形成技术或产能的相关投资项目；⑧物流基础设施开发相关项目，按照与巴西政府签订的特许权合同进行高速公路和铁路建设工作。

境外信贷交易，若债务人方在巴西，则该信贷交易不征收 IOF，仅对涉及的外汇交易征收 IOF。

（3）证券。①股票。证券收购、转让、赎回、再交割或清算支付交易，须按交易金额征收 IOF，适用税率上限为 1.5%。公开证券交易可以享受很多减免和零税率优惠。根据 8165/2013 号法令，如果在巴西证券交易所进行的股票交易是为了支持担保在海外交易的存托凭证，那么该交易的 IOF 税率可以从 1.55% 降低到 0。②债券。根据 7412/2011 号法令（修订 6306/2007 号法令），对股票转换成存托凭证的交易制定了新税收规则，尤其是税基的规定，目前的税基是：A. 如果股票转换成存托凭证公开发售，则根据股票竞价投标确定的固定价格；B. 其他情况下，则根据寄存股票数量与前一日股票交易价值的乘积。

在新规则下，公开发售的主要协调人（公开发售的情况下）和受委托保管股票的保管人（其他情况下）负有纳税义务。

③金融衍生品。6306/2007 号法令介绍了如何对涉及结构性金融衍生品的交易征收 IOF。但根据 8027/2013 号法令，从 2013 年 6 月 13 日开始，涉及金融衍生品的交易适用的 IOF 税率已经降为 0。

④保险交易。IOF 适用于保险交易，包括寿险、劳动事故保险和货物保险。根据保险的种类，受保人对支付的保费按 0%~25% 的税率缴纳 IOF。保险公司或负责收取保费的金融机构负责代缴税费。

11. 经济领域介入费（CIDE）

（1）经济领域介入费——技术。经济领域介入费（CIDE）适用于 2001 年 1 月 1 日当天及以后发生的应税对象。该费用用于激励大学和企业联合支持创新的项目。

境内实体向非境内个人支付特许权使用费作为技术转让的对价，包括商标、专利、技术、技术援助和技术服务，该特许权使用费总金额按 10% 的税率缴纳 CIDE。其中技术援助和技术服务的预提所得税税率降为 15%（一般税率为 25%）。

CIDE 的纳税人是被授权，或从技术服务或技术援助中受益的巴西公司，因此不会从支付给非居民个人的特许权使用费或服务费中代扣代缴 CIDE。如果没有转让技术（转让源代码），那么支付软件使用权的费用不需要缴纳 CIDE。

在某些情况下，如果企业支付的特许权使用费或服务费可以享受对某些技术活动（如半导体、数字电视）的税收优惠，那么 CIDE 费率也会降为 0。

（2）经济领域介入费——燃料。巴西还对汽油、柴油、航空煤油（和其他煤油）、燃料油、液化石油气（包括天然气和石脑油衍生品）和乙醇的进口和商业化征收 CIDE（即 CIDE——燃料）。在很长一段时间内，CIDE——燃料一直采用零税率。但是，8395/2015 号法令再次引入了 CIDE——燃料的费用，从 2015 年 5 月 1 日起生效。对进口或销售的汽油和柴油按照体积征收 CIDE——燃料费，上述其他燃料仍然适用零税率。

12. 其他

此外，联邦和州政府层级还有其他各种附加费用，包括：①商船（海洋货船）改造附加费（AFRMM）；②港口与海岸管理费（DPC）；③国家科技发展基金费（FNDCT）；④国家教育发展基金费（FNDE）；⑤国家殖民与农村改革捐助费（INCRA）；⑥小企业援助服务费（SEBRAE）；⑦全国商业服务培训费（SENAC）；⑧全国运输业服务培训费（SENAT）；⑨全国工业服务培训费（SENAI）；⑩全国农村服务培训费（SENAR）；⑪工业社会服务费（SESI）；⑫商业社会服务费（SESC）；⑬合作社社会服务费（SESCOOP）；⑭运输业社会服务费（SEST）；⑮补充"工龄保障金"（FGTS）通胀损失费。

（六）关联交易

1. 关联关系判定标准

根据巴西公司法，关联方分为控制、受控及其他关联企业三种。

控制企业直接或通过其他企业对受控企业有投票权，对其经营决策或管理层的任免有决定性权力。

其他关联企业是指一方在未对另一方控制的情况下对其财务及经营策略产生重大影响，重大影响指一方持有另一方20%以上的股份。

根据法律规定，以下可视为巴西法律实体的关联方：

（1）非居民母公司。

（2）非居民子公司或分支机构。

（3）非居民个人或法律实体，因其持有的股份对巴西企业构成控制或重大影响。

（4）根据公司法243条（第1、4和5款）构成巴西企业的子公司或关联企业。

（5）非居民企业与巴西企业共同受第三方的控制，或均受到第三方持股比例大于或等于10%控制。

（6）非居民个人或法律实体，与巴西法律实体共同持股第三方企业，二者持股比例之和构成对第三方企业的控制或重大影响。

（7）非居民个人或法律实体具有合资关系。

（8）非居民个人，该个人为巴西企业管理层的亲属、配偶或同居人，或者是巴西企业的控制合伙人或股东。

（9）非居民个人或法律实体，其作为巴西企业采购或销售货物、服务或权益的排他性代理人、分销商、经销商等。

（10）非居民个人或法律实体，巴西企业作为其采购或销售货物、服务或权益的排他性代理人、分销商、经销商等。

2. 关联交易基本类型

转让定价规测适用于关联方之间的交易，如进口交易、出口交易、跨境贷款等。但是巴西居民和位于低税司法管辖区或受益于优惠税收制度的企业之间的交易，无论双方是否被认为是关联企业，都需遵循巴西的转让定价法规。

迄今为止，巴西转让定价规则尚未适用于商标权使用费、专利权使用费、技术转让报酬费以及提供技术、行政管理或科学支持的服务费的跨境支付中。这些交易应向国家工业产权局（INPI）和巴西中央银行注册登记。根据 1312/2012 法令规定，巴西转让定价规则也适用于公司的背对背交易，即使没有实际的进出口交易，但由巴西公司与外国关联公司进行的交易。

3. 关联申报管理

关联方交易及 CFC 相关信息须在年度企业所得税申报表中披露。

（1）同期资料分类及准备主体。法规 1681/2016 对国别报告义务作出规定。除此之外，巴西法律没有指定纳税人所需准备的同期资料，纳税人须自行举证以证明关联交易安排符合独立交易原则。从实际的角度来看，纳税人通常提供销售协议、发票、所得税申报表等作为支持文档。

巴西境内纳税人且作为跨国集团最终控股企业的，并且在报告前一个会计年度的合并收入超过 22.6 亿巴西雷亚尔或 7.5 亿欧元的，有提供国别报告的义务。

（2）具体要求及内容。通过国别报告，巴西税务局将有权查阅跨国集团在其存在经营活动的每个司法管辖区的相关信息，其中包括以下项目：①关联交易与非关联交易收入；②所得税前的盈利或损失；③所得税税款金额，在巴西还包括 CSLL 税款；④应交所得税金额；⑤股本；⑥留存收益；⑦员工人数；⑧现金和现金等价物以外的有形资产。

此外，报告主体需确认：①跨国集团的每个成员实体及构成税收居民身份的税收司法管辖区；②注册地点（仅当构成税收居民身份的税收司法管辖区和注册地点不同时）；③其主要经济活动的性质。

有义务填写国别报告的跨国公司必须将集团的信息提供给巴西税务局，税务机关将自动与其他签署"多边主管当局协议"（MACC）的国家交换国别报告信息（巴西已于 2016 年 10 月 21 日签署）。2017 年 7 月 20 日，巴西与美国签署了"双边主管当局协议"（Bilateral Competent Authority Agreement，BCAA）以交换国别报告。

（3）其他要求。任何外语文件必须由有资质的翻译人员翻译成葡萄牙语。

4. 转让定价调查

（1）原则。巴西于 1996 年通过转让定价领域法规以及 2012 年法律 12715/2012 提出的新规则，与 OECD 转让定价指南的指导思想有所不同。不考虑纳税人的具体情况或者其经营业务的特殊性，尽管基本上采取 OECD 指南建议的验证方法，但在诸多方法中巴西法律都规定了固定利润区间，验证交易须落入固定利润区间。

（2）转让定价主要方法。在巴西，分散的转让定价法规未能由官方有效整合以明确规范，因此纳税人在巴西很难在法定框架下明确得出验证关联交易的最适合方法。

目前，转让定价方法选择取决于交易的类型，即进口交易或出口交易。例如，一个居民企业接收来自国外的专利费，将被认为已经完成了一个出口交易。

①进口交易的转让定价规则。根据巴西的转让定价规则，目前有四种方法确定从国外关联方购进的产品、服务或权利的可比价格，即可比非受控价格法、再销售价格法、成本加成法和进口报价法。如果不止一种方法适用，该公司可选择得出最高进口价格的方法，以证明其符合巴西转让定价规则。如果可比价格高于关联交易实际价格，则须进行企业所得税纳税调整；相反情况，则不须调整。

②出口交易的转让定价规则。法定出口关联交易的验证有五种方法，即可比非受控价格法、批发价格法、零售价格法、成本法和出口报价法。如果不止一种方法适用，该公司可采用得出较低出口价格的方法。如果可比价格低于关联交易实际价格，则须进行企业所得税纳税调整；相反情况，则不须调整。

另外，巴西法律也对从境外关联方借款及向境外关联方发放贷款的跨境资金融通交易进行了相关规定。

5. 跨境融资

巴西境内纳税人借入的款项，在巴西中央银行登记的，可以按合同约定扣除利息费用。

巴西境内纳税人借出的款项，为计算企业所得税的利息收入，利率按照美元贷款伦敦同业拆借利率（LIBOR）上浮一定比例确定。

6. 受控外国公司（CFC）

（1）判定标准。受控外国公司是指投资者直接或间接控制持有，在公司经营中有投票表决权和否决权的实体。当巴西实体及其关联方（无论居民纳税人还是非居民纳税人）持有境外附属公司超过 50% 以上股份的，该巴西控股实体将被视为 CFC 规则下的控股母公司。

（2）税务调整。根据 2014 年生效的巴西 CFC 规则，来自于境外的受控外国公司（包括外国常设机构）的利润需转换为雷亚尔并增加到巴西法律实体的企业所得税计算基数中，利润按照持股比例计算，无论该受控外国公司是否实际分配利润以及该受控外国公司所在的司法管辖地在何处。

9. 资本弱化

（1）判定标准。巴西的资本弱化规则是由法令 12249/2010 规定。该法令的 第 24 条和 第 25 条，引入了一些对利息支出在企业所得税税前列支的限制，限制包括：①贷款由关联方发放（第 24 条）；②由在低税收管辖权或受益于优惠税收制度的关联方或非关联方发放的贷款（第 25 条）。

根据巴西资本弱化的税收规定，巴西公司支付给来自于非低税司法管辖区及享有优惠税收制度的税收司法管辖区的境外关联方（不论是法人实体或自然人）的利息，若该利息费用是企业经营活动所需要的并满足如下条件，则可以在企业所得税税前列支：①关联方持股巴西公司的，该关联方对巴西公司的债权金额不超过该关联方持有巴西公司权益价值的 200%；②关联方未持股巴西公司的，该关联方对巴西公司的债权金额不超过巴西公司权益价值的 200%；③在上述所有情况下，全部境外关联方总债权金额不超过所有关联方所持巴西公司权益价值的 200%。

对于来自低税司法管辖区及享有优惠税收制度的税收司法管辖区的境外实体（无论是否是巴西公司的关联方），巴西公司的债务金额不得超过巴西公司权益的 30%。

（2）税务调整。超出资本弱化规定的利息费用不得在企业所得税税前列支。

8. 法律责任

巴西无具体的转让定价相关的处罚规定，仅有针对企业所得税少缴的企业进行的一般性处罚规定。因此，在税务审计时，如果税务机关认为转让定价计算方法不正确，并导致企业所得税缴付不足，上述罚款规定将适用。

第三节　外汇政策

一、基本情况

巴西的官方货币为雷亚尔（Real），葡萄牙语音译为黑奥。巴西对外汇实行较为严格的管制措施，未经批准外国企业或个人（除有外交特权的单位、个人或经批准的企业外）在巴西银行不能开立外汇账户，外汇进入巴西必须首先兑换成雷亚尔后方能提取。雷亚尔是市场上唯一流通的货币。但巴西外汇买卖比较自由。巴西有两种法定外汇市场：商贸外汇市场和旅游外汇市场。这两个市场由巴西中央银行进行规范，并实行浮动汇率制。2008年9月以来，巴西雷亚尔呈现贬值趋势。2008年9月30日，1美元=1.88雷亚尔；2016年9月30日，1美元=3.23雷亚尔；2018年9月30日，1美元=3.75雷亚尔。人民币与雷亚尔目前不能直接结算。

二、外汇管理

巴西中央银行是外汇兑换的管理部门。在巴西，进口外汇兑换通过进口商与巴西央行授权的商业银行签署的"外汇买卖合同"进行。

外资企业利润汇出需要缴纳资本利得税，税率为15%。旅客入境携带的外币现金无数额限制，但兑款超过1万雷亚尔需申报。

（一）巴西央行的外汇控制

2005年，巴西新的外汇法规《外汇交易市场与国际资本法规（RMCCI）》生效，通过合并自由汇率市场、浮动汇率市场以及名为国际雷亚尔转让的交易三项法规，本质上使巴西当时存在的两个外汇市场联合起来。

RMCCI 在外汇交易方面提供灵活性，降低执行某些操作的烦琐规定，允许法人实体和个人在无须巴西中央银行（BACEN）直接或事先批准的情况下就能购买外汇。

RMCCI 的另一成果是允许巴西法人实体或是个人无须 BACEN 的批准或是遵循定量限制就能在海外直接进行投资。

所有外汇交易必须通过获准的机构进行，通常是获得巴西央行（BACEN）授权在外汇市场进行交易的私营金融机构。大部分外汇交易不需要获得巴西央行的预批或批准，因此，私营金融机构可以直接为客户汇款。

资本进入巴西，必须通过电子申报系统——外国直接投资电子申报登记系统（RDE-IED）进行登记。对于外国直接投资的正确登记非常重要，便于在将来回收资本，汇寄股息、股份权益和资本利得。未在巴西央行（BACEN）登记资本所造成的主要税务问题，就是未登记外国直接投资被视为本国资金，使得支付股息或资本返回无法通过合法途径购汇并汇款。从税收角度来看，可以说在 BACEN 登记外资是利润返回所必需满足的一项要求。

巴西央行追踪与商品和服务出口相关的外汇交易，并向巴西联邦税务局提供这一数据。只要遵循国家货币委员会（CMN）制定的限制，巴西法人实体或是个人可以在外国银行账户中以外币持有出口收入。

（二）如何从境外向巴西汇款

外资必须在进入巴西之日起 30 天内进行登记，以商品形式注入的资本除外。

（三）如何从巴西向境外汇款

巴西外汇管理法规定，公司和个人的经常项下外汇收入则必须全额卖给商业银行，公司和个人不得保留任何外汇。公司和个人经常项下外汇支出，可直接向商业银行购汇支付。巴西的公司和个人的结汇和购汇均不需审批，但巴西外汇管理法规定，公司和个人所有的涉及外汇的交易，均需通过商业银行向巴西中央银行登记，登记的内容包括收汇人或购汇人的名称、地址，交易对方的名称、地址，交易的内容（出口或进口）等。该项登记即为结汇或购汇的依据。

第四节　会计政策

一、会计管理体制

（一）财税监管机构情况

财政部是巴西政府重要的综合经济管理部门之一，主要职能包括财政政策制定、会计工作管理、金融债务管理、国有资产管理和预算执行及监督等。财政部下设税务总局、国库总局、经济政策总局、金融管理总局（下辖中央银行）、国有资产总局、法律事务总局等机构。加强预算监督是财政部的重要职责，主要涉财政部国库总局、金融管理总局、税务总局等内设职能机构。巴西财政部通常设立具有法人实体的监管机构，目的是为了规范或监测企业在特定的经济活动领域，如电力、电信、生产和销售的油、水、音像市场、计划和补充医疗保险、药品和卫生监督市场、民用航空、陆路运输或水路等。

（二）事务所审计

通常巴西政府不强求非上市企业对其财务报表提供专门审计报告。但巴西监管部门认为每个公司都应定期将其运营流程提交专业部门进行评估，以分析企业实施的计划内容与实际执行内容之间是否存在一致性。因此，审计可被视为有助于改进组织的过程，因为诊断产生的评估和建议是基于良好的市场惯例。

（三）对外报送内容及要求

与国际财务报表准则规定的披露要求相比，巴西公认会计准则的披露要求非常有限。对外报送内容与国际会计准则一致，为资产负债表、利润表两表。

二、财务会计准则基本情况

（一）适用的当地准则名称与财务报告编制基础

当地会计准则由国际复兴开发银行（IBRD）或指定银行进行制定，会计师事务所通常用上述银行指定的标准对企业的财务报表进行审计。

（二）会计准则适用范围

巴西会计准则（NBC）由巴西联邦会计委员会（CFC）发布，巴西会计准则基本遵循国际标准，使用相同的设计理念和技术标准，包括行业技术标准、技术解释和技术交流。巴西的会计准则（巴西公认会计准则）基于 2008 年第 11638/07 号法更新的公司法。该法将巴西公认会计准则与国际财务报告准则接轨，但仍有许多不同。巴西公认会计准则的出发点是公司法，但由于该法在会计问题上非常宽泛，缺乏法律细则，巴西不同公司的会计处理并不一致。巴西证券交易委员会（CVM）和巴西联邦会计师协会（CFC）等其他监管机构习惯于向其所管辖下的实体企业颁发会计指南。2008 年巴西成立全国会计标准委员会（CPC），该委员会成立后开始颁布新的巴西会计准则，但仍需由不同监管部门支持。一旦监管部门成为全国会计标准委员会的一部分，可以说明大部分标准将在最终版本发布的同时得到他们的批准。2010 年以前，单独的财务报表可以根据巴西公认会计准则编制，但巴西证券交易委员会、巴西央行和保险监督机构已经颁布法规，确定实体企业必须从 2010 年开始根据国际财务报告准则编制报表。

巴西会计准则分为专业和技术两部分。

巴西会计准则，无论是专业标准还是技术标准，都提供必要的专业实践的职业操守原则，标准和技术规程以供企业参考。

巴西会计准则的结构如下：

Ⅰ—常规—NBC PG——是巴西会计准则，同样适用于所有的会计专业人士；

Ⅱ—独立审计员—NBC PA——是巴西会计准则，专门适用于谁充当独立审计员的会计师；

Ⅲ—内部审计员—NBC PI——是巴西会计准则，专门适用于担任内部审计师的会计师；

Ⅳ—专家—NBC PP——是巴西会计准则，专门适用于担任会计专家的会计师。

巴西会计准则的结构由 CFC 1328 / 2011 号决议确定。

三、会计制度基本规范

（一）会计年度

会计年度是预算法应该生效或执行的年度期间。在巴西，它与日历年相吻合，从1月1日开始到12月31日结束。

（二）记账本位币

国家语言：葡萄牙语，货币：雷亚尔。

（三）会计基础和计量属性

与国际会计准则趋同。

四、主要会计要素核算要求及重点关注的会计核算

（一）现金及现金等价物

1. 现金

现金包括库存现金和活期存款。

2. 现金等价物

现金等价物是指随时能转变为已知金额的现金的短期投资，其流动性高，价值变动的风险小。

持有现金等价物的目的，是为了满足支付短期现金的需要，而不是为了投资或其他目的。能作为现金等价物的投资，必须可以随时转变为已知金额的现金，并且价值变动的风险较小。因此，一项投资，当其期限较短时，如期限为从购买日期开始三个月或不到三个月，通常才可作为现金等价物。权益性投资不包括在现金等价物之内，除非其实质上属于现金等价物。例如，在靠近到期日购买的并且规定了赎回日期的优先股即属此类。

（二）应收款项

应收款项是指在资产负债日后一年内能够变现的资产。

（三）存货

存货，是指：①在正常经营过程中为销售而持有的资产；②为这种销售而处在生产过程中的资产；③在生产或提供劳务过程中需要消耗的以材料和物料形式存在的资产；④可变见净值，是指在正常经营过程中估计销售价格减去完工和销售估计所需费用后的净额；⑤存货包括为再售目的而

购入和持有的货物，如包括由零售商购入并且为了再售而持有的商品，以及为了再售而持有的土地和其他不动产等。此外，存货还包括企业已经生产完毕的制成品、正在生产的在制品和在生产过程中等待使用的材料和物料等。

巴西税法规定，货物和原材料按照市场价与购买价孰低原则确认。购买价包括运输费用、保险以及相关税费。最终消费的货物，价值不超过上一税务年度售出商品成本5%的部分可以作为成本扣除。售出商品的成本和消耗物料成本根据存货的历史成本或期末账面存货成本入账。产成品和半成品按照生产成本入账。

货物和服务的生产成本包括：①原材料的购买成本和生产过程中消耗的货物或服务；②生产人员成本及直接的监督、保养和生产设备的保管的人员成本；③生产性资产的租赁、保养和修缮成本，包括折旧；④直接与生产相关资产的摊销；⑤生产过程中消耗的自然资源。

一般而言，对于存货计价，税务机关承认加权平均成本法和先进先出法，不接受后进先出法。

会计核算健全，则可以根据会计核算系统确定产成品和原材料价值，如不健全，则按照以下方式：①半成品价值按照该阶段原材料价格的150%或产成品价值的80%；②产成品按纳税期产品销售最高价的70%。

如市场价格更低，不可以将历史成本或生产成本调整到市场价。

（四）长期股权投资

巴西长期股权投资采用国际会计准则。如果投资者直接拥有或通过附属公司间接拥有被投资者20%或以上的表决权，即认为投资者具有重大影响，除非能够清楚地表明并非如此。相反，如果投资者直接拥有或通过附属公司间接拥有被投资者20%以下的表决权，即认为投资者不具有重大影响，除非能明显地表现出这种影响。所有权基本上或大部分为另一投资者拥有，并不排除某个投资者具有重大影响。

长期股权投资有权益法和成本法两种核算方法。

1. 权益法

在权益法下，投资最初按成本予以记录，在购买日以后，通过增加或减少账面金额来确认投资者占被投资者利润或亏损的份额。从被投资者处收取的分配额，冲减投资的账面金额。对于没有列入损益表中的被投资者权益的变动，所引起的投资者占被投资者权益中比例的变化，也可能必须调整投资的账面金额。该类变动包括由于对不动产、厂房和设备及投资的价值重估，外币换算差额以及企业合并差额调整所引起的变动。

2. 成本法

在成本法下，投资者以成本记录对被投资者的投资。投资者确认的收益，仅限于投资者在购买日以后，从被投资者产生的累计净利润中收到的分配额。收到的分配额超过这种利润的部分应作为投资的回收，并相应冲减投资的成本。

（五）不动产、厂房和设备

不动产、厂房和设备，是指符合下列条件的有形资产：企业为了在生产或供应商品或劳务时使用、出租给其他人，或为了管理的目的而持有的并预期在不止一个期间内使用的资产。

1. 可折旧的资产

一般而言，固定资产可以折旧或摊销，可折旧（或摊销）的资产包括建筑物、厂房、车辆、机器设备及办公设备等，它们一般按照历史成本计价。

2. 不可折旧的资产

除了其他规定外，土地、投资其他公司资产或证券不可折旧（或摊销），应按照历史成本入账。

3. 折旧和摊销

纳税人经营中使用或产生收入的固定资产折旧必须按年度折旧率计算（直线法）。除非经过税务局的事先批准（申请须提供国家技术协会 The National Technology Institute 或其他广受认可的同类机构的鉴定报告），否则不可以按照高于法定年折旧率的比例计提折旧。

企业可以从资产安装完毕、可供经营或达到生产状态开始计算折旧，即使在亏损年度，企业也可以少计或不计折旧，但是不可以递延提取折旧或在某个纳税期超额提取折旧。不允许对土地、随时间增值的资产（如古董、艺术品）或用于非生产经营的资产计提折旧。如果一项资产在折旧期结束前报废，则其余额在损失发生年度作为费用核销。生产运营前的折旧待摊费用，摊销期不超过五年。

新的资产根据使用年限按年计算折旧；二手资产，若为新资产，以可使用年限的一半和剩余使用年限孰长的原则计算年折旧额。对于机器设备的加速折旧则另有规定。

税务机关需公布资产使用年限清单和各项资产的年折旧率，折旧率从4%~50%。如果税务机关公开信息未包括某类资产的年折旧率，则适用10%的直线法进行折旧。存在争议时，纳税人或税务机关可以请求国家技术协会进行专业判断，除非上级税务机关修订或法庭根据有效的专家报告进行裁定，则使用年限根据国家技术协会的结论。

（六）无形资产

无形资产，指为用于商品或劳务的生产或供应、出租给其他单位或管理目的而持有的、没有实物形态的、可辨认非货币资产。

无形资产、有限合约权的特许权可以在相关权利使用的年度内摊销

巴西会计准则中关于无形资产的举例如下：①软件的购买，收购的商誉、商标、专利等，版权的特许权或购买实用程序的操作权限等；②企业购入的发明专利、制造配方或流程、著作权、许可、特许权等。如有有限的使用期限则可以根据初始入账成本及剩余使用年限计算年摊销率进行摊销。但购买的商标一般不可以摊销，因为商标可以每10年续定一次，属于非有限期使用。

（七）员工福利

通过签订劳动合同，并在社会保障局进行注册的员工，有权知道相应就业权利和义务。员工工作时享有工作约定时间，请假权利和遵循聘请他的公司制度的原则和义务。

在另一方面，该公司有保证新员工的权利和义务的职责。除了工资，其他员工福利受CLT制度（劳动法的综合）的法律保证。如为职工缴纳的社保金、十三薪、交通费、带薪假期、产假等。

（1）十三薪：企业在每年年底需要向员工支付第13个月份的薪水。

（2）带薪假期：员工在工作满一年后可以享有一个月的带薪假，员工可以放弃最多10天的带薪假以换取薪酬。在休假期间，企业除了支付员工正常的薪水外，还需支付月薪的1/3作为假期奖金。如员工离职，企业需要补偿该员工未享用的假期。

（3）产假：法律规定的产假为 120 天，若企业参与"社会责任计划"，则可再延长 60 天。

（4）交通补贴：根据员工每天上下班的交通费用结算，为了不作为工资的一部分，法律规定企业需要从员工工资中扣除交通费或工资的 6%。若员工的交通费超过工资的 6%，则超过的部分需要由企业承担。员工可以选择不收取交通补贴。

除了法律规定的强制性福利外，一般企业还会给予员工一些非强制性补贴：餐饮补贴、医疗保险、牙医保险、助学补贴、其他补贴。

（八）收入

收入，是指企业当期日常经营活动中产生的，导致权益的增加，但与权益参与者投入无关的经济利益总流入。收入是在企业的日常活动中产生的。

2018 年起，国际财务报告准则的新收入准则开始实施。

在履行了合同中的履约义务，即在客户取得相关商品或服务的控制权时，确认收入。对于在某一时段内履行的履约义务，在该段时间内按照履约进度确认收入，并按照一定方法确定履约进度。履约进度不能合理确定时，已经发生的成本预计能够得到补偿的，按照已经发生的成本金额确认收入，直到履约进度能够合理确定为止。

（九）政府补助金

政府补助金是一种援助，一种贡献，一种利益。它是由国家或其他公司建立并授予金额，用于慈善事业或公共利益的工作，表示在经济中的重要作用。这是由社会公共当局授予的货币援助。

（十）借款费用

借款费用是实体因借入资金而产生的利息和其他成本。借款费用包括：①基于实际利率法计算的财务费用；②与已确认融资租赁相关的财务费用；③外币借款产生，在某种程度上，他们被认为是合适的汇兑差额，或多或少，关注成本。

（十一）外币业务

外币交易是指以外币计价或要求以外币结算的一种交易。巴西通用货币为雷亚尔，因此巴西要求区域涉及外币业务时要折算成雷亚尔并以雷亚尔为计价单位进行外币业务处理。

（十二）所得税

所得税是指每年的雇员收入的折现值交的税及公司营运利得交付给联邦政府的税，它的税率由联邦政府制定。职工缴纳的税被称为PIT（个人收入所得税），个人年度收入申报被称为DIRPF（年度调节表）。对于收入高于政府规定的最低值的所有员工，必须提交DIRPF。

企业所得税的清缴时间一般在下一年的5月31日前。

负责征收巴西所得税的机构是联邦税务局。

第十章

白俄罗斯税收外汇会计政策

第一节　投资环境基本情况

一、国家简介

白俄罗斯共和国（英语：Republic of Belarus；俄语：Республика Беларусь）简称白俄罗斯，是东欧的内陆国家，位于东欧平原西部，东部及北部与俄罗斯联邦为邻，南部与乌克兰接壤，西部毗邻波兰、立陶宛和拉脱维亚，国土面积 20.76 万平方公里；人口 949 万，78.1% 集中在城市；首都明斯克，人口约 198 万。白俄罗斯境内共 100 多个民族，其中白俄罗斯族占 83.7%，俄罗斯族占 8.3%。民众主要信奉东正教（70% 以上），其次为天主教。官方语言为白俄罗斯语和俄罗斯语。货币为白俄罗斯卢布（BYN）。

1991 年 8 月 25 日白俄罗斯独立，同年 12 月 19 日改称白俄罗斯共和国。1994 年开始实行总统制。宪法为国家的根本法。最高立法机关为国民议会，由上议院和下议院组成；白俄罗斯政府直属白俄罗斯总统管辖，对议会负责；司法体系由宪法法院和普通法院构成，宪法法院监督和保障宪法实施，普通法院由高等法院和地方法院构成，高等法院是审理民事、刑事、行政和经济案件的最高司法机关。

二、经济情况

白俄罗斯属于出口导向型经济，工业、服务加工业和农业较为发达。官方统计数据显示：2010—2017 年间同比 GDP 增长 14%，2017 年 GDP 约合 533 亿美元。

白俄罗斯与世界 200 多个国家有贸易往来。主要出口产品为石油加工品、钾氮肥、金属制品、货车、轻型汽车、拖拉机、轮胎、牛奶和肉制品、家具。进口产品主要为石油、天然气、金属、化工原料、机械部件、技术设备等。白俄罗斯最主要的贸易伙伴为俄罗斯（2017 年占总贸易额

51.1%)、乌克兰（7.2%）、中国（4.9%）、德国（4.5%）、英国（4.2%）等。白俄罗斯在国际服务市场中的排名和作用逐年增长，其中计算机服务的出口相比 2010 年增长超过 5 倍，2017 年 IT 业实际出口额达到 12 亿美元，占总出口额 15.4%。

白俄罗斯为独联体成员国，1999 年 12 月与俄罗斯签订《成立俄白联盟国条约》。2011 年 7 月 1 日白俄罗斯、哈萨克斯坦和俄罗斯成立的关税联盟全面启动。2014 年 5 月 29 日三国签署《欧亚经济联盟条约》（2015 年 1 月 1 日生效）。欧亚经济联盟旨在保证商品、服务、资本和劳动力自由流通。条约规定：计划 2025 年建立统一石油、天然气市场，2019 年建立统一电力资源市场，2017 年建立统一医药和医疗制品市场。

白俄罗斯在国际金融合作领域积极与欧洲复兴开发银行和世界银行等金融机构建立合作关系。世界银行在白俄罗斯先后投资了"切尔诺贝利修复项目""供水与卫生项目""能源效率项目""M5/E271 公路升级改造项目"等。自 1992 年起，白俄罗斯成为国际货币基金组织成员国，配额为 6.815 亿特别提款权（占国际货币基金组织资本总量的 0.41%），约等于 9.215 亿美元。

三、外国投资相关法律

白俄罗斯法律体系是在欧洲大陆法律环境下形成的，属于欧陆法系。白俄罗斯宪法具备最高法律效力。白俄罗斯遵循国际法优先于国内法的原则，目前颁布的与外国投资有关的法律法规有《白俄罗斯自由经济区法》《特许权法》《劳务移民法》《关于建立白俄罗斯共和国投资附加条件总统令》《关于高新技术工业园总统令》《关于允许特许经营项目总统令》《关于实施白俄罗斯政府担保引进外资和外资资助投资项目一系列措施总统令》《有关白俄罗斯共和国境内自由经济区的总统令》《关于建立"巨石"中白工业园总统令》和《投资法》等。

根据《投资法》，投资方式有：建立商业组织；购买、建造不动产；购入知识产权实体权；购买股份；法律允许的其他方式等。《投资法》规定：依据白俄罗斯《反垄断法》各项规定，没有国家反垄断部门的批准，不准对商品市场中占据主导地位的法人资产进行投资；不准对法律法规禁止的经济活动类型进行投资。

投资者有权在法律允许的范围内，创建不限投资规模、不限组织形式和法律形式的商业组织，但要遵守《投资法》约束性条款的规定。

白俄罗斯《劳务移民法》以及其他相关法律法规明确了外来劳工在白俄罗斯从事劳务活动的规定。企业引进外来劳工时，须在内务部办理劳动许可，雇佣超过 10 名外国员工，须办理总外国劳工引进许可，许可注明企业引进外国劳工的总人数和对应岗位（高级技术人员、企业所有人、创始人、合伙人除外，少于 10 名外国员工的企业，可直接针对每一位外国员工办理员工工作许可），劳动许可一年一办，企业需在劳动许可过期前两个月到两周内办理延期。如未按期办理延期，将会被吊销员工临时居住许可或遣送回国。工作许可的发放、变更、单次延期和注销由白俄内务部与白俄劳动及社会保障部协同审批。

特殊优惠政策。企业领导无需办理劳动许可，企业高级技术人员（工龄超过五年、享有工资高于 15 倍月最低工资标准（目前为 214.21 白俄卢布，约合 101.15 美元）白俄政府直接签发 2 年期的劳动许可。

《白俄罗斯外国公民和无国籍人士法》（2010 年 1 月 4 日 N 105–3）规定，外国人入境分为临时入境（持签证或免签情况下入境，根据中白双边协议中国公民可免签入境 30 天 / 单次，一年累计不超过 90 天）、临时居住（持有临时居住许可）和长期居住（持有长居或永居证）三种情况。临时居住许可和长期居住证由内务部下属移民局审批同意后签发。持签证或免签入境情况下，入境后五天内需到移民局做临时居留注册（如果停留时间少于五天则无需注册）。

四、其他

白俄罗斯是联合国、世界贸易组织、世界海关组织、欧洲安全与合作等组织的成员国。随着全球金融危机局势发展，产生了经济与金融结构改革需求，白俄罗斯亦在这样的大环境下积极拓展与国际金融组织的合作。

第二节　税收政策

一、税法体系

白俄罗斯纳税立法权由国家最高权力机关掌控，其中包括议院、总统办公室和政府。国家基本税收政策由上述机关制定，而议院作为立法机构，依据宪法原则承担税收立法职责，所有立法提案均需经议院审议。

白俄罗斯纳税征管层面，由白俄罗斯财政部、税务部、国家监管委员会、国家海关委员会在法律相关授权范围内行使具体管控职责，这些机构共同构成了白俄罗斯的税收征管体系。税收征管体系除基本职能外，还承担建立良好投资环境、促进科技进步、支持跨国合同框架下国产商品竞争优势、保障居民社保条件的职责。

而税收系统调控的基本原则建立在相关法律基础上。白俄罗斯税法体系包括：税法（总则、细则）、白俄罗斯总统令（命令、法令和指示）、政府决议、法令、国际协议、总统令执行性政府决议、国家机关制度性条例等。

其中，白俄罗斯总统签发的现行《税法通则》和《税法细则》是白俄罗斯税收基础性法典，且根据经济现状和国家财政状况实时更新。最新适用的《税法通则》为 2016 年 10 月 18 日第 432-3 号白俄罗斯法案公布的修正版；最新适用的《税法细则》是 2017 年 1 月 9 日第 15-3 号白俄罗斯法案公布的修正版。

白俄罗斯征收中央税和地方税。

中央税包括：增值税、消费税、企业所得税、外国企业预提税、个人所得税、不动产税、土地税、环境税、自然资源开采税、白俄罗斯国家公路外国交通工具过路费、离岸税、印花税、领事签证费、国家行政事业性收费、专利税、关税及海关规费（关税附加税）。

地方税包括：养狗税、疗养税及农副产品收购费。

　　税法特殊条款或白俄罗斯总统令特别规定情况下采用特殊征税模式，比如：简化纳税系统税、个体营业户和其他个人统一税、农产品生产商统一税、核定收入统一税和赌博税等。

　　白俄罗斯与奥地利、阿塞拜疆、英国、匈牙利、委内瑞拉、越南、德国、中国等 68 个国家签署有双边避免双重征税协议。

　　中国企业常设机构在白俄罗斯境内的经营活动涉及的主要税种有企业所得税、增值税、个人所得税和不动产税。

　　白俄罗斯计税方式基本分三种：一般纳税；简易征收计税（白俄罗斯税法 285~291 条款）；统一税（有关个体户和自然人统一税见白俄罗斯税法 292~300 条款；有关企业统一税见白俄罗斯税法 301~305 条款）。

　　一般纳税，即企业按业务经营情况和规定税率，正常核算缴纳企业所得税、增值税等。

　　简易征收计税方法只适用于员工数量和年总收入满足标准的企业，即：①员工平均数量不超过 100 人；②采用简易征收计税方式上一年的前九个月总收入不超过 1391800 白俄卢布（约合 650 860 美元），且采用简易征税方式当年总收入不超过 1851100 白俄卢布（约合 865 647 美元）；满足上述两个条件的企业可选择简易征税方式按总收入 3% 的的税率（另需缴纳增值税）核算缴纳税款 – 即（总收入 – 增值税）×3%；③员工平均数量不超过 50 人；④采用简易征税方式当年总收入不超过 1 270 100 白俄卢布（约合 593949 美元）；满足上述两个条件的企业可选择简易征税方式，选择按总收入 3% 的税率（另需缴纳增值税）核算缴纳税款 – 即（总收入 – 增值税）×3%，或按总收入 5% 的税率缴税（无需另行缴纳增值税）– 即总收入 ×5%。其中，3% 税率与增值税同期申报缴纳，5% 税率按季度申报缴纳。

　　统一税仅适用于农产品生产企业（税率 1%，税基为总收入，按月或按季度与增值税同期申报缴纳，即：（总收入 – 增值税）×1%）或经营汽车及食品零售业、汽车或摩托车维修、拍摄及摄影、美容美发、出租车、保洁等税法规定业务类型的自然人和个体户（按月申报缴纳）。自然人和个体户统一税的税率按经营业务类型：

表10-2-1　自然人和个体户统一税的税率（按经营业务类型分）

单位：白俄卢布

业务类型	月统一税税额（按企业所处地区）		
	明斯克市、明斯克州、布列斯特市、维杰布斯克、戈梅利、哥罗德诺和莫吉廖夫（六个州省会城市）	博拉诺维奇市、博布鲁伊斯科市、波利索夫市、日洛宾市、热金诺市、利达市等二级城市	其他城市和地区
食品零售业（啤酒等酒精饮品除外）	3386~2080	3265~1294	2056~1294
汽车零售业	33498~57443	23823~41238	22131~41238
汽车、摩托车、小轮摩托车、摩托自行车维修	20559~41238	14149~30959	11126~22614
摄影业	8828~2080	6168~2080	4596~10158
影视业	9312~2080	7256~2080	6047~1294
美容、美发业	8224~24913	6773~1294	4596~10158
出租车业	11367~26726	9191~1560	7135~1560

如企业收入未超过40倍统一税基本税额，则应缴统一税额为统一税基本税额；如企业收入超过40倍统一税基本税额，则应缴统一税额为统一税基本税额+（超出部分）5%。

举例说明：根据业务类型确认的基本税额为207白俄卢布，企业收入为8300 > 8280（207×40），则统一税额为207+（8300-8280）×5%。

二、税收征管

（一）征管情况介绍

白俄罗斯实行税收中央集权制，税收立法权、征收权、管理权均集中于中央（地方政府仅有权在法律规定的权限内对地方税税率在规定区间内进行调整），由财政部、税务部、国家监察委员会和国家海关委员会主管。税务部起草税法修正案，递交部长联席会议审核，经议会审议通过后由总统签发。

所有税收相关政策均在税法（通则、细则）中规定，有关税务优惠政策以总统令、法令或独立条例形式规定，如第七号《有关企业发展白俄罗斯总统法令》，规定了对互联网企业的税收优惠政策。

（二）税务查账追溯期

因税务机关的责任，致使纳税人、扣缴义务人未缴或者少缴税款的，税务机关在五年内可以要求纳税人、扣缴义务人补缴税款，但是不得加收滞纳金。

因纳税人、扣缴义务人计算错误等失误，未缴或者少缴税款的，税务机关在五年内可以追征税款、滞纳金；

如纳税人以调整性纳税申报单追溯超过五年期账务（追讨超付税款），则税务查账期可对应纳税人追溯期相应延长。

对偷税、抗税、骗税情况，税务机关追征其未缴或者少缴的税款、滞纳金或者所骗取的税款，不受前款规定期限的限制，根据偷漏税情节严重程度依据《行政违法法典》或《刑法》各项规定处理。

白俄罗斯政府公布的处罚措施和许多收费项目均引入"基价"概念，基价金额由政府规定，目前一个基价等于 24.5 白俄卢布（约 11.78 美元）。

具体处罚措施如下：

对未缴纳或未全额缴纳税费企业，处以罚款和滞纳金。未缴纳或未全额缴纳税费，处以未缴税费 40% 的罚款，且金额不低于 10 倍基价；因疏忽造成的未缴纳或未全额缴纳税费，处以 2~8 倍基价罚款（企业）。税务机关对未支付或未全额支付税费的情况，可依据白俄罗斯税法对企业收取滞纳金。滞纳金按延期日历日天数计算（截止拖欠税费支付日当日）。滞纳金核算公式：滞纳金金额 =（税额欠款 × 延期支付日历日天数 × 央行贴现率）/（360×100）。

如企业漏缴税款因计算错误或非主观原因造成，则对企业财务负责人处以 2~8 倍基价（如未缴税款占公司税务稽查期应缴税款 1%~3%），12~16 倍基价罚款（如未缴税款占公司税务稽查期应缴税款 3%~5%），16~20 倍基价（如未缴税款占公司税务稽查期应缴税款 5% 以上）。

如企业主观恶意偷、漏税，另对财务负责人处以 40~120 倍基价罚款。

（三）税务争议解决机制

白俄罗斯税务纠纷机制有以下几种方式：

协商。无需上级税务行政机关和司法机关参与，税务机关与争议当事人通过协商解决问题。协商解决减少争议双方矛盾，且缩短争议解决时间，减少争议解决环节。但协商解决争议是解决方式中法律效力最低的一种形式，亦涉及咨询费用。这种解决方式是最初级的纠纷解决方式。

行政复议。这种争议解决方式的法律效率略高于协商解决方式。此种方式为行政机关行使内部监督权的一种表现。即：区税务局稽查员稽查决议下发企业后，如企业对此有异议可向区税务局局长以书面形式申诉，申诉受理后税务机关将会对之前的结论进行稽查重审，如重审后维持原来结论。则企业可选择继续逐级向市税务局、州税务局、税务部申诉。实践操作过程中多采用这一方式解决与税务机关间的税务纠纷。

诉讼。这种解决方式最具法律效力，但诉讼成本较高。企业可以聘请专业机构处理税务诉讼事宜，同时提供相应的诉讼材料，通过法院进行税务诉讼，但时间周期较长，诉讼费用较高。综合实际诉讼案件中企业胜诉率极低的现实，企业多不选用此种方式解决纠纷。

其他方式。由于政府层面协调不到位，导致的税务纠纷事项，在处理税务纠纷过程中，可以通过政府部门之间沟通机制来解决。比如业务主管单位倡导向上级部委提出提案，经部委和部长委员会协商后对此类特殊事件可形成法律修正提案（比如总统令修正案），递交议会审批后，由总统办公室审批签发。此举虽然周期长、过程复杂，但具备最高法律效力，且可有效解决实际执行层面问题。

三、主要税种介绍

（一）企业所得税

1. 征税原则

白俄罗斯税法规定：白俄罗斯企业（白俄当地注册企业）被视为居民企业，承担全面纳税义务，对境内所得和境外所得、境内和境外资产均承担纳税义务；外国企业（白俄罗斯境外注册企业）或外国企业常设机构（外国企业在白俄罗斯境内注册的代表处）被视为非居民企业，仅对境内业务、境内资产或境内所得承担纳税义务。

2. 税率

企业所得税税率18%，红利和创始人（股东）汇兑收益（来自外国企业的红利性应收账款调汇所产生的汇率收益）企业所得税税率12%。针对激光光学元件生产企业以及科技园和科技转换企业的优惠税率为10%；税基为应纳税利润总额（其中包括红利等）。利润总额包括商品（工程、服务）和产权销售等主营业务利润、其他业务利润和营业外收支净额。银行及保险企业适用税率25%，注册于高科技园区销售自产高科技货物的企业适用税率10%，注册于自由经济区销售自产商品的企业其销售收入免除企业所得税。

3. 税收优惠

白俄罗斯针对科技园和科技转换企业给予10%的企业所得税优惠税率，对国产高新技术商品销售利润亦给予10%的企业所得税优惠税率。注册于自由经济区销售自产商品的企业其销售收入免除企业所得税。"巨石"中白工业园所注册企业，自产生利润起的十年内免除企业所得税，十年期后按企业所得税税率50%的优惠政策（即：18%减半）缴纳。2012年5月颁布的《促进中小型城镇和乡村企业经营活动白俄总统法令》免除了城乡地区企业自产商品企业所得税。2018年7月签发的288号白俄罗斯总统令免除了航天仪器制造业企业所得税。依据2017年9月22日№345号白俄罗斯总统令，农村地区开展零售业务的企业享受6%的企业所得税优惠税率。企业自产的修复整形产品（其中包括口腔用假体）和残疾人复健用品的销售利润、残疾人劳动力企业利润（残疾人占比不少于企业在编员工人数50%）、刑事执行系统企业和劳动医疗防治疗养机构利润免除企业所得税。税法140条款规定条件下的高新技术产品和轻型轿车销售利润亦免除企业所得税。

4. 所得额的确定（包含亏损弥补规定）

《白俄税法通则》规定，应纳税所得额是指企业每一纳税年度的收入总额（其中包括红利性收入），减除不征税收入、免税收入、各项扣除及允许弥补的以前年度亏损后的余额。企业所得税核算时的税前成本仅为与白俄罗斯境内经营活动相关的费用，可发生在境内，亦可为境外所发生的与境内项目直接相关费用（如管理费），但此类境外发生费用仅在持有独立审计机构鉴证报告时方可计入税前成本，但税务机关有权对费用与境内项目关联性进行审查。

白俄罗斯税法规定，下述费用或成本不得税前扣除：与员工日常生活有关的住宿费（非出差性）、出租车费、餐费、食品购买费用等，法律未规定或超出法律规定额度的员工补贴、年终奖金、福利，与经营业务无关工作人员工资及社会保险费（比如厨师），与经营业务无关的固定资产折旧费，超出标准油耗的燃油费，行政罚款及滞纳金，超出标准的差旅费，直接对受益人的赞助、捐赠等，在企业所得税核算时不能计入税前成本，均需对财务数据进行纳税调整。

税前成本或费用确认的基本原则为是否与企业日常经营活动相关。2017年税法变更后，对税前成本的合理性有了更严格的要求，需要持有证明材料，证明该项费用的发生与收入间的直接关联性后方可确认。而实际未到货、未完工、未提供服务、未移交产权的业务均不允许计入税前成本。中国境内发生的与其常设机构经营活动直接相关的费用，比如：常设机构在册登记中方人员中国境内社保费、翻译咨询费、法律服务费等，须经中国境内中介机构出具鉴证报告，再经白俄境内中介机构翻译公证后，方可作为税前成本。

《中华人民共和国政府和白俄罗斯共和国政府关于对所得和财产避免双重征税和防止偷漏税的协定》规定：在确定常设机构的利润时，应当允许扣除其进行营业发生的各项费用，包括行政和一般管理费用，不论其发生于该常设机构所在国或者其它任何地方。中国企业的总部管理费，可以按照白俄罗斯税务征管机构认可的方法分割后计入税前成本。税务征管机构有权要求企业提供原始会计凭证和相关证明材料，以核定此类费用与白俄境内经营活动的关联性。

亏损弥补仅适用于白俄罗斯居民企业。纳税人某一纳税年度发生亏损，准予用以后年度的应纳税所得额弥补，一年弥补不足的，可以逐年连续弥补，弥补期最长不得超过十年。

另：股息、利息、特许权使用费等是否可计入税前成本，取决于此类费用是否与企业主营业务相关。

5. 反避税规则（特别纳税调整）

（1）关联交易。白俄罗斯的企业与关联方之间的收入性和资本性交易均需遵守独立交易原则，由于白俄罗斯境内的产业链企业不多，税务机关对关联企业的关注度并不高，相关制度较少。

（2）转让定价。2011年2月25日72号总统令《有关价格（价目）调控若干问题》，专项规定了一系列适用于商品（工程、服务）价格的国家调控措施。

与此同时，税法规定税务机关有权对纳税人在企业所得税纳税申报单中填报的税基与税务机关依据市场价格核定的税基进行比对和审查。税法 30-1 条款政策执行过程中，纳税机关可选择性使用诸如：可比非受控价格法、再销售价格法、成本加成法、交易净利润法、利润分割法等方法进行比对和审查。

（3）资本弱化。税法 131-1 条款规定了有关资本弱化相关制度。税务局主要根据企业财务核算数据、交易价格和企业间往来情况进行评估。

税法 131-1 条款重点监控外国创始人企业的债务问题，主要包括：借款债务、违反合同责任情况下赔付的违约金（罚款、滞纳金等）和工程咨询、营销服务、管理性服务和猎头服务性债务。白俄企业对外国企业（或非居民自然人）的债务也受严格监控，其中包括依据税法第 20 条被认定为外国企业关联方的白俄企业、外国企业或自然人（税法第 20 条款——关联方，规定：一方控制或施加重大影响（持股比例超过 20%），两方受同一方控制（持股比例超过 20%）、共同控制或重大影响的，自然人间存在夫妻关系、亲属关系或监护关系的，以及资产委托人和被委托人关系的均构成关联方）。同样适用于关联方和（或）外国创始人作为担保人保证清偿税法 131-1 条款中所规定白俄企业债务的情况（税法 131-1 条款——若干税前成本和利息债务性税前成本确认特点，规定：对外国企业或非居民纳税自然人为创始人（占股超过 20%）的白俄企业或关联方企业负债利息类费用，在费用符合税法 129 和 130 条款税前成本要求情况下在核定额度内可作为税前成本核算）。

受监控的外国企业债权人债务依据税法 131-1 条款第 1-2 项，规定费用限额内支出可税前扣除，超出范围均不允许税前扣除。限额通过费用累计期末余额除以资本系数的固定比例法确认，系数计算方式为（期间债务 ÷ 所有者权益）÷ 3。

如企业自有资本（所有者权益）为负值或者为零，则纳税人无权在利润税核算时将上述费用记入税前成本。

6. 征管与合规性要求

（1）2014 年起，根据相关税法规定，企业所得税按季度申报缴纳，而红利企业所得税按月申报缴纳。企业所得税的缴纳实行"分次申报缴纳、年度清算"的方式，企业无论是否存在应纳税额，均应在申报期（季度）下月20日以前向税务机关递交企业所得税纳税申报单。第一到第三季度的企业所得税应在申报期（本季度）下月20日前申报，22日前缴纳；而第四季度在同年12月22日以前按3季度企业所得税额的2/3预缴，下一年3月22日以前完成年度汇算清缴。

（2）未缴纳或未全额缴纳税费，处以未缴税费40%的罚款，且金额不低于10倍基价；因疏忽造成的未缴纳或未全额缴纳税费，处以2~8倍基价罚款。

7. 预提所得税

白俄罗斯境内的支付方应代扣代缴外国企业来自白俄罗斯境内收入的预提所得税。纳税义务产生日为纳税期内外国企业收入确认日，纳税期为纳税义务产生日所属的日历月。预提所得税应在纳税期下月20日前纳税申报，纳税期下月22日前缴纳税金。

缴纳对象为非通过白俄罗斯常设机构开展业务，但从白俄罗斯获取收入的外国企业（其中包括非法人机构）。征收范围为来源于白俄罗斯的收入（运输费、债务及债券收入、专利使用费、中介等服务费和其他）。税基为抵扣了白俄罗斯税法允许的税前成本后的净收入。预提所得税税率：运输服务费6%、债务及债券收入10%、红利12%、其他收入（特许权收入、委托销售商品收入、手续费、咨询服务、财务服务、税务服务、营销服务、法律服务和工程服务等）15%。如果红利、利息、债务债券收入及专利许可使用费支付方为高新技术园法人，如无其他特殊白俄罗斯国际协议优惠政策则按5%的优惠税率计算缴纳。

（二）增值税

1. 征税原则

在白俄罗斯境内销售货物或者提供加工、修理修配等应税劳务，以及进口货物的单位和个人均为增值税纳税人，征税对象为白俄罗斯的经济活动，包括进口、销售货物、提供服务。出租动产及不动产、转让无形资产、运输、研究咨询、建筑安装等均为提供服务。

2. 计税方式

根据《税法细则》第34章节（简易征收体系）符合税法规定条件的个

体户或企业采用简易征收管理，依据《税法细则》第35章节（统一税）采用包税制的个人或个体户采用统一税征收管理，其他企业均采用一般计税。一般计税企业均需开具有纳税人识别号的增值税发票。

3. 税率

增值税税率主要分20%、10%和0%三档税率。一般情况下为20%税率（同样适用于资产销售或移交）；10%为优惠税率，如畜牧业、渔业、养蜂业、花卉和观赏植物除外的种植业和总统令批准的食品及儿童用品进口等均享受优惠税率。

表10-2-2　增值税税率及适用领域

序号	增值税税率	适用领域
1	20%	商品、工程、服务销售环节增值税基本税率
2	0%	商品、工程、服务出口税率
3	10%	植物栽培产品（观赏花卉除外）、野生浆果、坚果、蘑菇，以及其他野生产品、养蜂业产品、畜牧业（毛皮）产品、渔业品、食品和总统令明确清单内明确的儿童用品销售时应用税率
4	25%	通讯服务采用税率
5	免除增值税	药品、医疗用品、医疗服务、社会服务、总统令规定的若干文化领域业务免除增值税
6	9.09%	若干零售价受调控商品销售增值税税率（比如糖）
7	16.67%	若干零售价受调控商品销售增值税税率（烟、酒）

4. 增值税免税

白俄罗斯税法细则具体规定了免除增值税的特殊事项（如出口免增值税）。药品销售额和白俄罗斯总统令批准的医疗产品及医疗服务销售额（非治疗性美容除外）免缴增值税。遵循白俄罗斯总统令规定流程在册登记的科研工作、研制开拓工作和研制技术工作交易额亦免增值税。

5. 销项税额

《税法细则》第98条款规定增值税税基为销售货物或提供服务的全部价款。符合下列条件的内容不包括在税基内：现金折扣；可回收的包装物（若包装物不退回则需缴纳增值税）。

6. 进项税额抵扣

《税法细则》第 107 条款规定下列增值税进项税可以抵扣：具有纳税人识别号的增值税发票，进口单据。《税法细则》107 条款 19.9 项规定非企业经营所需而购买的商品及服务进项税不允许抵扣，比如为员工提供的住宿、餐饮等，另外虚假发票、虚假海关申报、附属于不允许抵扣资产的服务亦不允许抵扣。

7. 征收方式

增值税按进销项相抵后的余额缴纳，留抵余额企业正常经营情况下不能申请退税，只能用于以后抵扣销项税额，留抵无期限要求。而在企业清算时可申请将留抵余额退回。

8. 征管与合规性要求

违反纳税申报期限，超期不超过三个工作日时处以 1–10 倍基价的罚款，超期超过三个工作日时处以应支付税费金额 10% 的罚款（罚款金额最低不低于 10 倍基价）；违反纳税申报期限，超期超过 3 个工作日且存在税费欠款，或无税费欠款但超期超过 12 个月的，处以 2 倍基价罚款，每满一个月增加 0.5 倍基价，总额不超过 10 倍基价。上述违规情况一年内如重复发生则处以应付税费额 25% 的罚款，最低不低于 10 倍基价。

9. 增值税附加税，白俄罗斯无增值税附加税。

（三）个人所得税

1. 征税原则

居民纳税人（一日历年内在白俄罗斯境内居住超过 183 天）就全球收入纳税；非居民纳税人（一日历年内在白俄罗斯境外居住 183 天或超过 183 天）只就其源于白俄罗斯的所得纳税。

个税免征额 102 白俄卢布，当月收入等于或少于 620 白俄卢布，享受 102 白俄卢布的免征额；月收入大于 620 白俄卢布，则不享受此项免征额。

2. 申报主体

薪酬性个人所得税由纳税单位在向自然人支付工资时代扣代缴，企业对此类个税的缴纳承担责任。个税按年在下一年 3 月 31 日前申报（仅对企业外国员工进行个税申报，本国员工无需对所缴纳个税进行纳税申报）。

自然人对个人收入（如自然人自有房产或车位出租收入等）自行向户

口所在地纳税机关在纳税期（日历年）下一年3月1日前做纳税申报，3月15日前完成结算。个税纳税申报单格式和填写方式遵循白俄罗斯财政部决议相关规定执行。

3. 应纳税所得额

根据《税法细则》第156条款对个人下列收入征收个人所得税：财产收入；工业、商业及手工艺收入；工资薪金及各种补贴；非商业性收入；动产收入；资本性收入；农业收入。

4. 扣除与减免

当个人月收入等于或低于620（陆佰贰拾）白俄卢布时，享受102（壹佰零贰）白俄卢布的免征额；员工第一个高等教育、第一个中等专业或职业技术教育学费，以及税法规定的其它社会补贴和不动产免征情况（购买第一套房产相关费用，如：贷款利息）亦确认为免征额。除此以外，工资、薪金个人所得税免征额还与纳税人的家庭成员结构挂钩，如：员工一个未满18岁孩子，免征额增加30（叁拾）白俄卢布，两个或两个以上未满18岁孩子的情况，每个孩子对应57白俄卢布的免征额，纳税人享受的免征额可以累加，且未满18岁孩子父母双方均可享受此项免征额优惠政策。

5. 税率

白俄罗斯个税税率采用固定税率。一般情况下税率为13%。高新技术园区法人来源收入按9%的优惠税率征收个人所得税。其中，①自然人（维护与保护建筑、房屋、土地的工作人员除外）依照劳动合同从高新技术园区的入驻者获得的；个体企业主—高新技术园区的入驻者获得的；参与销售高新技术领域注册商业项目的自然人依照劳动合同从高新技术园区的入驻者处获得的；自然人依照劳动合同以工资形式从合资公司和（或）"巨石"中白工业园区的入驻者处获得的收入；自然人从高科技园区内的企业获得的分红均适用税率9%。②针对白俄罗斯私营企业主进行经营（私人公证、进行个人辩护）活动获得的收入（私人公证人、辩护人）适用税率16%。

6. 征管与合规性要求

逾期申报、未申报以及逃税将被根据《行政违法法典》13—6条款的相关规定进行处罚。

如自然人未按期申报或缴纳，处以 2—10 倍基价的罚款。未全额缴纳情况下，处以未缴纳部分税款 15% 的罚款。

7. 免于缴纳个人所得税的事项

（1）国家养老金、存款利息（一年期内白俄卢布定存款征收个税，超过一年期的长期定存款免征个税；两年期内外汇定存款征收个税，超过两年期的长期外汇定存款免征个税）以及国家发行的债券利息。

（2）大部分社会保险金（病假工资征收个税）。

（3）雇主为个人受雇缴纳的个人长期（至少三年期）养老金免于缴纳个人所得税。

（4）除购销、经营以及受雇等事由之外，配偶以及直系亲属之间收支相关的所得免于缴纳个人所得税。

（四）关税

1. 关税体系和构成

白俄罗斯关税遵照《欧亚经济联盟海关法》相关政策执行。欧亚经济联盟国间免关税，但需缴纳增值税（目前白俄罗斯进口增值税税率 20%），其他国别进口货物需按照《欧亚经济联盟海关法》缴纳关税，具体细项见表 10-2-3。

表10-2-3　白俄海关税费汇总表

编号	海关缴费明细	税率	计算方式
1	进口关税	税率浮动在 5%~30%	VI × X
2	增值税	20%	VI × 20%
3	海关费用	—	海关按报关业务复杂程度自行核定价格征收

数据来源：《欧亚经济联盟海关法典》协议（2017 年 11 月 1 日《白俄罗斯欧亚经济联盟海关法典协议批准法》审批执行）、白俄罗斯税法（2018 年 7 月 17 日修正版）、欧亚经济联盟统一海关税率（2012 年 7 月 16 日 №54 号欧亚经济委员会决议通过税率）。

2. 税率

白俄罗斯作为欧亚经济联盟国采用联盟体统一税则，同盟国间无关税，自非联盟国向白俄境内永久进口设备，需根据设备具体品牌、型号来确定进口海关关税，具体关税税率按欧亚经济联盟外货品目录分为 21 大类、97

个细分门类，税率浮动在 0%~30% 之间，例外情况下从量计征关税，举例如表 10-2-4：

表10-2-4 白俄海关关税表

商品分类	类别编号	税率
矿物产品（灰泥料、石灰、水泥、沥青料）	V 类	0%~10%
化工产品（胶合剂、酶、润滑剂、清洁抛光剂等）	VI 类	0%~10%
塑料制品、橡胶制品	VII 类	0%~15%
木制品、纸浆制品（纸张、纸板、印刷物和报纸等）	X 类	0%~10%
石料、石膏、陶瓷制品、玻璃制品	XIII 类	0%~15%
机器、机械设备（机械设备、电气设备等）	XVI 类	0%~15%
地面交通工具、飞行器、浮动工具（火车机车、电车、地面交通工具、飞机、船舰）	XVII 类	0%~20%

另外还有若干商品除了用固定税率计算关税外，还以固定单位税额的方式从量计征，比如：

表10-2-5 固定单位税额的关税税表

商品分类	商品品名	类别编号	税率
炒咖啡	咖啡豆	IX	8% 的税率，但一公斤不少于 0.16 欧元
肉肠类肉制品、肉副产品或血制品、食品	肉制品	IV	20%，但一公斤不少于 0.5 欧元
光学玻璃	玻璃板	XIII	一平米 14-15 美元

数据来源：《欧亚经济联盟海关法典》协议（2017 年 11 月 1 日《白俄罗斯欧亚经济联盟海关法典协议批准法》审批执行）、欧亚经济联盟统一海关税率（2012 年 7 月 16 日 № 54 号欧亚经济委员会决议通过税率）。

3. 关税免税

2009 年 11 月 27 日海关联盟委员会签发的 130 号《有关欧亚经济联盟海关统一税目决议》明确了 21 种免除进口关税商品，比如：国际合作框架下进口设备、机器、材料和配件、若干种交通运输工具、浮船等。白俄税法细则 96 条款规定了 20 种免进口环节增值税商品，其中包括：药品、国际无偿援助品、科研用仪器设备等。

工程类项目免税范围一般为建设该项目所进口物资、机械设备，主要包括钢筋、水泥、沥青、车辆、机械设备等。免税期限为项目合同规定的施工期限，如遇工程延期需要向海关提供由业主出具的延期证明并办理延期免税文件。

4. 设备出售、报废及再出口的规定

在设备临时进口期限内，关税按海关核定额缴纳（海关依据《欧亚经济联盟海关法》相关规定核定部分缴纳关税或完全免除关税）。

临时进口设备在补缴进口关税后可转为永久进口设备，补缴关税后可自由使用、出售或报废。不可抗力因素造成临时进口设备报废无需清关。

再出口设备按再出口清关流程清关后（再出口设备免交关税），白俄境内完成加工后报关出口完成流程。按再出口流程清关入境设备，在补齐进口关税后亦可转为永久进口设备。

（五）企业须缴纳的其他税种

1. 不动产税

自然人（其中包括个体户）名下不动产按 0.1% 的税率缴纳房产税，如自然人（其中包括个体户）名下持有两套及两套以上房产，则按 0.2% 的税率缴纳不动产税。自然人（其中包括个体户）不动产税基为遵照总统令批准流程，税务局所核定的不动产评估价。

企业不动产税税基为企业持有房产当前日历年 1 月 1 日的账面价值，年税率 1%，按照所处地区差异以地方政府规定的调整系数修正税率，如明斯克市调整系数浮动范围 2.0%~2.5%。不动产税按年在申报年 3 月 20 号以前申报，3 月 22 号以前按年税率 1% 的四分之一缴纳第一季度不动产税，第二、第三和第四季度部分的不动产税分别在申报年 6 月 22 日前、9 月 22 日前和 12 月 22 日前缴纳。如随后企业不动产发生变化（增加或减少），均应在变化发生月下一季度最后一个月的 20 号前做调整纳税申报（比如 2 月变更，则在 6 月 20 日前申报，按调整金额在 6 月 22 日前补缴税款）。

2. 印花税

白俄罗斯印花税只涉及期票、汇票交易业务，基本税率 0.1%，居民企业向外国企业开具的期票、汇票按 15% 的税率征收印花税，期票、汇票副本签发按 20% 税率征收印花税。税基为期票或汇票票面金额。

3. 消费税

消费税主要对烟、酒、燃料、润滑油等在进口或生产环节征收。

消费税特点：①课税对象具备选择性，比如：特殊消费品和不可再生稀缺资源消费品；②在生产环节和进口环节征收；③消费税采用产品差别税率，实行价内征收；④消费税没有减免税，除出口应税消费品、药用酒精、免税店销售应税消费品外，其余应税消费品一律不得减税免税。

消费税主要采用两种计税方法：①从价定率征收法：应纳消费税额等于消费品销售额或海关价值（含关税）乘以比例税率。②从量定额征收法：针对不同的应税消费品确定不同的单位税额，再以应税消费品的数量乘以单位税额得出应纳税额的方法。

应税消费品税率依据 29 号《有关纳税问题白俄罗斯总统令》（2018 年 1 月 25 日）附表一执行。表 10-2-6 列举若干应税消费品税率：

表10-2-6　应税消费品税率表

商品品名	单位	税率
1. 酒精		
食用乙醇、合成乙醇	1 升	4.39 白俄卢布
2. 酒精饮品	1 升	13.45 白俄卢布
3. 蒋果红酒	1 升	0.13 白俄卢布
4. 优质高度红酒	1 升	11.07 白俄卢布
5. 天然红酒（其中包括气泡酒、香槟等）	1 升	0.80 白俄卢布
6. 低度数酒精饮品（如 1.2~7 度红酒）	1 升	10.47 白俄卢布
7. 啤酒		
7.1 0.5~7 度啤酒	1 升成品	0.35 白俄卢布
7.2 7 度及 7 度以上啤酒	1 升成品	0.74 白俄卢布
8. 烟		
雪茄	1 个	4.07 白俄卢布
烟丝	11.1 公斤	69.80 白俄卢布
小雪茄	1000 只	60.70 白俄卢布

续表

商品品名	单位	税率
卷烟（带过滤嘴）按零售价分若干种情况		
1）1月1日—6月30日间，1000只价格不超过67.50白俄卢布（第一类）	1000只	15.80白俄卢布
2）7月1日—12月31日间，1000只价格不超过75白俄卢布（第一类）	1000只	16.37白俄卢布
3）1月1日—6月30日间，1000只价格67.5~100白俄卢布间（第二类）	1000只	39.20白俄卢布
4）7月1日—12月31日间，1000只价格75~110白俄卢布（第二类）	1000只	41.27白俄卢布
5）1月1日—6月30日间，1000只价格100白俄卢布以上（第三类）	1000只	44.70白俄卢布
6）7月1日—12月31日间，1000只价格110白俄卢布以上（第三类）	1000只	47.32白俄卢布
10. 汽车用汽油		
非欧五	1吨	527.37白俄卢布
欧五	1吨	306.17白俄卢布
11. 柴油		
非欧五	1吨	226.73白俄卢布
欧五	1吨	167.67白俄卢布
12. 船用燃料	1吨	166.00白俄卢布
13. 燃料用天然气	1000立方	48.40~50.68白俄卢布

5. 土地税

在白俄罗斯境内拥有、使用、承租土地的个人和企业为土地税纳税人。税基为土地局签发的土地评估价（评估价为美元，按当年1月1日白俄央行标准汇率换算确认），土地税按土地用途分下列不同税率：

表2-7　土地税税率表

品名	税率	计算方式
汽车加油站、车市	3%	国家土地登记局根据土地所处位置核定土地价格，以土地价格为税基 ×当年 1 月 1 日美元兑白俄卢布央行汇率 × 土地面积 × 税率 × 调整系数 =年土地税税额
市场、商业中心等用地	0.7%	
住宅用地	0.025%	
村镇用地	0.1%	
工业用地	1.1%	
疗养用地	1%	
办公用地	0.55%	

数据来源：白俄罗斯税法（2018 年 7 月 17 日修正版）。

（六）社会保险金

1. 原则

社会保险金的计算基础为月度员工薪酬的 35%，其中员工承担 1%、企业承担缴纳 34%（28% 为养老保险，6% 为医疗保险），工资支付日支付，社会保险金按季度在季度末下月 20 号前申报。另外按照当月工资额的 0.5%缴纳员工工伤险，由企业承担。

2. 外国人缴纳社保规定

2015 年 12 月 31 日（自 2016 年 1 月 1 日起生效至今）签发的 № 534 号"有关社会福利问题"白俄罗斯总统令第 1.3 条款规定：在白俄罗斯工作的外国公民和无国籍人士或外国及无国籍人士个体户均应按白俄罗斯公民适用相关法律缴纳强制性社保。但在白俄境外与非居民企业签署劳务合同的外国员工仅需缴纳 0.5% 的工伤险（2018 年标准），无需缴纳其他社保费用。

第三节　外汇政策

一、基本情况

白俄罗斯外汇管理机构为白俄罗斯中央银行，白俄央行是白俄卢布的发行机构。白俄罗斯基本外汇调控法律有：《白俄罗斯外汇管理和调控法》《白俄罗斯外汇管制法》《法人和个体工商户换汇业务操作准则》《外汇业务操作条例》《外汇现金业务操作条例》《外汇强制结汇白俄罗斯总统令》和《外贸业务管理制度白俄罗斯总统令》。

《关于取消强制结汇总统令》（2018 年 7 月 31 日 № 301 号）签发后取消了原强制结汇政策，目前对居民企业和非居民企业均无强制结汇要求（在此之前非居民企业无强制结汇，居民企业强制结汇 10%）。

近两年白俄金融环境相对较为稳定，欧元、美元、俄罗斯卢布等汇率无大幅度波动，白俄罗斯流通货币为白俄卢布（BYN），其他外币的买入和卖出汇率由银行参照央行基准汇率确定。白俄境内公对公转账业务仅有部分特殊业务（宾馆住宿费、机场 VIP 服务费、机票费等）可以外汇结算，其它仅能以白俄卢布结算。

进出口外汇业务，同时受白俄央行和白俄海关委员会（海关总署）的调控。

跨境应付和应收账款的外汇调控存在下述特殊政策：出口业务白俄居民企业应保障在商品发货日（工程完工日或服务交接）起 180 天内完成出口业务（货款两清），进口业务应在结算日起 90 个日历日内完成（货款两清）（国家 178 号法令）。

二、居民及非居民企业经常项目外汇管理规定

（一）货物贸易外汇管理

非居民企业外汇业务的汇入汇出等无特殊要求。在银行对个别业务产生疑问时，可索要业务合同等相关资料审查。居民企业外汇汇出时，如果汇至俄罗斯或哈萨克斯坦则需提供提货单和国际货运单；如果汇至俄罗斯、哈萨克斯坦以外的国家或地区则需向银行提交对外贸易合同、商品采购明细单和供应商品进口报关单，银行审查无误后汇出。白俄罗斯规定所有通过银行结算的业务必须有相关合同支持，外币结算必须与合同约定的币种相符。

白俄罗斯法律规定了一系列限制性制度针对居民企业的换汇业务和外汇定向使用的外贸业务。外汇的定向使用具体体现在：企业向银行提供需购汇执行合同信息，如合同额超过法律规定额度（3000 欧元），则需通过向代理行提交申请的形式在白俄罗斯央行做合同信息登记。所有换汇业务均

需通过银行，企业间严禁自行换汇。

（二）服务贸易外汇管理

仅外贸性服务贸易可用外汇进行结算。企业对其资产和员工健康投的保险（其中包括商业保险）可用外汇进行结算。基本限制与上述（一）相同。

（三）跨境债权债务外汇规定

白俄罗斯法律明文规定了外贸业务的强制完成期。所有进出口业务均应在规定期限内完成。合同营业额到账视为出口商品、工程、服务和知识产权业务的完成。进口业务在获取商品（知识产权）、工程和服务时视为完成。上述进口和出口业务在退回商品或返还收入时亦被视为完成。

（四）外币现钞相关管理规定

居民企业仅在支付员工差旅补助时允许使用外汇现金。如需在企业经营活动中使用现金（如获取外汇现金收入），应办理央行许可证。白俄相关法律详细规定了白俄企业可使用外汇现金的业务，与此同时还需办理央行许可，此类业务有：自外国人处所获取收入、向外国人提供的医疗服务费、医疗和资产保险（商业险）和外汇差旅费。

外汇业务主体如果想要从银行账户提取现金，需要向银行提交提现申请。只有在三种情况下可以提取外币现金：一是以外币现金支付外籍员工工资，提取数不得高于实际发放数；二是提取境外出差差旅费；三是与具备央行外汇使用许可主体间的结算款。

三、居民企业和非居民企业资本项目外汇管理

居民企业与非居民企业的以下资本项目需要央行许可：

股份买卖（其中包括注册资本份额买卖）、购买非居民企业有价证券、境外资产或不动产买卖、信托控制非居民银行储蓄或与非居民企业间的金钱交割和借贷等。

资本项下外汇业务，居民企业需办理央行许可，且对居民企业资本项下外汇业务规定了固定的通报流程。

外汇业务中的居民企业（银行除外）开立外币账户、在非居民企业性质的银行开设其他账户必须经央行批准（开设贷款核算业务账户除外）。非居民企业开立外币账户不受限制。

居民企业（银行和预算组织部门）的代表处在欧亚经济联盟成员国家开设当地币账户应履行通知程序。

四、个人外汇管理规定

白俄境内所有货币兑换业务都须经过银行，目前对于个人买卖现金外汇没有明文限制，但对白俄居民的外汇监管较为严格，换汇金额高于1000倍基价（白俄2018年基价增至24.5BYN，约合壹万贰仟美元）时，银行会要求出示护照，换汇信息实时发送税务和内务部，随后有可能会对此人的资金来源进行调查。与此同时银行有权要求提供收入证明，如外汇转账亦需提供收入证明，证明外汇来源。对外国人结汇购汇无特殊要求，转账方面要求相对较为宽松。

在境外连续居住一年以上的居民个人，如果进行的资本项目外汇业务与其在白俄的企业活动无关，则无需通过央行批准。

入境白俄罗斯允许携带外币不超过等值1万美元，超过需报关。

第四节　会计政策

一、会计管理体制

（一）财税监管机构情况

白俄罗斯会计核算政策由白俄罗斯总统、白俄罗斯部长委员会、白俄罗斯中央银行、白俄罗斯财政部和其他在特定经济活动领域进行国家规范和管理的中央政府部门进行调控。

企业会计核算制度采用2013年7月12日颁布的57-3号《会计核算和会计报表法》。

（二）事务所审计

须遵循国际会计准则编制报表企业（银行、保险公司、白俄重要国企）

应每年进行强制性审计。

下列依法编制个别和合并财务报表的机构每年也须进行强制性的审计：①依据有价证券相关法律，必须披露财务信息的股份公司；②白俄罗斯央行；③金融机构；④交易所；⑤高新技术园内的居民企业；⑥法人银行贷款（存款）业务的担保机构；⑦证券市场企业；⑧股份制投资基金；⑨投资基金管理机构；⑩上一会计财务年度商品销售（完工工程、提供服务）收入超过等值 500 万欧元（按照上一会计财务年度 12 月 31 日央行白俄卢布对欧元汇率折算）企业（从本年起强制性审计）。

（三）对外报送内容及要求

所有白俄境内的居民企业和非居民企业均需依据白俄会计核算准则编制报表，有重要公共价值企业（专项总统令确认的对国家经济有重大影响的企业）和银行、保险公司还需另行依据国际会计准则编制报表。

会计报告中主要包含：企业基本信息，行业分类、公司地址、计量单位、税务登记号等；企业经营情况表，资产负债表、损益表、现金流量表、所有者权益变动表和附注组成；披露信息，费用类、资产类、营业额、现金流量、权益变动；关联交易中，采购定价相关的证明材料及交易信息。

上报时间要求：会计报告须按公历年度编制（企业成立、重组或清算情况下除外），于次年的 3 月 31 日前提交所属税务机关。

二、财务会计准则基本情况

（一）适用的当地准则名称与财务报告编制基础

白俄罗斯适用的会计准则为白俄罗斯财政部颁布的国家会计准则，国际会计准则仅对某些特殊行业（如银行或保险公司）适用。

2013 年 7 月 12 日第 57-3《会计核算和会计报表法》规定了会计核算原则、核算对象、报表编制和报送要求。其他会计核算法律法规有：2011 年 6 月 29 日第 50《确立会计核算标准科目表及确认会计核算标准科目表应用条例》；2011 年 9 月 30 № 102《收入和费用财务核算制度》；2016 年 12 月 12 日第 104《关于确认"个别财务报表"的会计核算和报表的国家标准》等等，以及规范会计核算对象个别问题的法律法规。

企业应编制年报（资产负债表、损益表、现金流量表、所有者权益变动表），白俄罗斯相关法律规定的特殊情况下还需编制期间报表（月报或季报），月报仅需编报资产负债表。

（二）会计准则使用范围

《会计核算和会计报表法》对所有进行会计核算的组织企业都适用。但采用简易税收体系，依法免除会计核算和编制报表义务的机构企业除外。

三、会计制度基本规范

（一）会计年度

年报的报告期为日历年，即：1月1日至12月31日，企业成立、重组或清算情况下除外。

（二）记账本位币

记账本位币为白俄罗斯卢布。

（三）记账基础和计量属性

会计核算采用复式记账法，以权责发生制为记账基础。

会计核算和会计报表建立在持续经营、收入费用配比性、客观性、实质重于形式、谨慎性、明晰性、可比性原则之上（会计核算报表法第三条款规定）。

四、主要会计要素核算要求及重点关注的会计核算

（一）现金及现金等价物

列示于现金流量表中的现金是指库存现金及可随时用于支付的存款，现金等价物是指持有的期限短（购买日起3个月内到期）、流动性强、易于转换为已知金额现金及价值变动风险很小的投资。

会计科目（50）核算库存现金，会计科目（51）核算银行白俄卢布账户，会计科目（52）核算银行美元账户，会计科目（57）核算在途资金。

（二）应收款项

偿还期限在12个月以内视为短期应收账款，超过12个月视为长期应收账款。应收账款在财务核算中计入62"购买方和业主结算科目"。

同时满足以下三个条件的应收账款应计提坏账准备：产品、商品（工程、服务）销售过程中所产生；合同或法律规定期限内未清偿；无相关担

保。应收账款在超诉讼时效期或债务人（自然人）死亡的情况下确认为呆账。

（三）存货

白俄罗斯财政部 2010 年 11 月 12 日第 133 号决议颁布了存货会计核算制度，存货的核算依据该制度原则执行。

存货按实际成本核算，实际成本内包括购买价格、海关税费、中介机构酬金、采购费用、包装物费和运输费（包括保险费、存储费、为达到预定可使用状态的花费、运输采购费和其他存货购买相关的直接费用）。存货分原材料、基本材料和辅助材料、半成品、配件、燃润油料、备件、包装物、用具器材、工具、工服、成品和商品等。

生产业存货出库和销账时（按零售价格记账的商品除外），企业可自行选择下述不同方式估值：单件成本法、平均成本法、存货购买初始成本。

老化受损或销售价下跌存货在核算期末应扣除材料价格跌价准备。存货跌价准备按净销售价和存货实际成本间差额确认。存货实际成本与净售价间的差额借记"资产减值损失"，贷记"存货跌价准备"。核算期末核销计提跌价准备的材料时，借记"存货跌价准备"，贷记"资产减值损失"。白俄罗斯存货科目有：10 材料、41 商品、20 在建工程、43 成品和其他。跌价准备在纳税核算时不计入税前成本。

（四）长期股权投资

股权投资的财务核算记账科目与股份持有期限直接相关。如清偿期不超过 12 个月，则此类股份视为"短期股权投资"科目 58。如清偿期超过 12 个月，则此类股份视为"长期股权投资"科目 06，主要指投资的其他公司股份、公债（清偿期超过 12 个月）、其他公司注册资金等，以及提供给其他公司的贷款（期限超过 12 个月）等。

具体遵照白俄罗斯财政部 2011 年 6 月 29 日 50 号决议签发的《确立会计核算标准科目表及确认会计核算标准科目表应用条例》。非专业操作有价证券、债券投资和股份买卖的企业，此类业务作为投资活动核算。投资活动的收入和开支计入会计科目（91 其他收入和费用）（白俄罗斯财政部 2011 年 9 月 30 日 102 号决议批准的《收入和费用财务核算制度》第 14 条款）。

（五）固定资产

固定资产初始计量按历史成本确认，企业应在其预计使用期限内对固定资产计提折旧，如发生减值则计提减值准备。固定资产的核算遵照白俄罗斯财政部 2012 年 4 月 30 日 26 号决议批准的《固定资产会计核算准则》。固定资产入账借记 01 “固定资产” 科目。固定资产原值包括固定资产购买价、海关税费、借贷利息、运输保险费、中介服务费、固定资产购买相关的其他直接费用、运输费、安装费和达到预定可使用状态前所发生费用。企业确认的固定资产原值为上述实际直接或间接费用的总额。该原值确认后除非改建（改良、翻新）、其他类似工程或依法对固定资产进行重新估价的情况以外，均不可修改。

具备固定资产减值证明性文件的情况下，可在核算期末对固定资产净值超出可收回部分做减值准备核算。固定资产减值损失借记 91 “其他收入和支出”，贷记 02 “固定资产折旧——减值准备”。减值损失转回分录为：借记 02 “固定资产折旧——减值准备”，贷记 91 “其他收入和支出”。固定资产减值准备非税前成本。

固定资产折旧年限遵循白俄罗斯经济部 2011 年 9 月 30 日 161 号决议确立的《固定资产使用标准年限条例》。计算机、笔记本 5 年；发动机 1.8 到 3.5 升的中型汽车 8 年；发动机 1.2 到 1.8 升的小型汽车 7 年；固定资产每月计提折旧直到原值完全冲减或报废。白俄相关法律规定的折旧方式有：线性折旧法、加速折旧法或生产折旧法。企业可在核算制度内明确折旧方法。

（六）无形资产

无形资产核算依据白俄罗斯财政部 2012 年 4 月 30 日颁布的 25 号《无形资产财务核算准则》执行。无形资产原值借记 04 “无形资产”。无形资产原值为无形资产实际购买所发生的费用，其中包括：无形资产购买款、海关税费、借贷利息、无形资产达到预定可使用状态其他参与方服务费和其他费用。除税法规定的特殊情况外，无形资产原值不能变更。核算期末企业有权依据现行市场价格对无形资产进行重新估价。具备无形资产贬值证明文件的情况下，企业可在核算期末对无形资产账面剩余价值超出可收回部分计提减值准备。

（七）职工薪酬

白俄罗斯财政部颁布的《确立会计核算标准科目表及确认会计核算标准科目表应用条例》中会计科目（70）核算职工薪酬，核算所有支付给职工的各类报酬。科目贷方登记已分配计入有关成本费用项目的职工薪酬的数额，借方登记实际发放职工薪酬的数额，包括扣还款项。比如：扣除税费借记"职工薪酬"，贷记"税金或社保金"。该科目期末贷方余额，反映企业应付未付的职工薪酬。

确认和计量方法与中国会计准则的职工薪酬类似。白俄所有行业均遵循《白俄劳动法》，白俄劳动法对员工年假、加班工资出差补助、有害工作岗位补偿金（职业病补偿金）、病假工资等均做了相关具体规定。

（八）收入

会计科目（90）核算企业日常经营活动中取得的收入，下设 11 个明细科目。

2013 年起白俄罗斯采用权责发生制确认收入、成本和费用。按照白俄罗斯建筑施工行业会计制度的最新规定，工程总包商收入包括总包商独立完成部分工程、总包商收取的分包工程管理费和分包工程，收入确认依据为工程完工证明及完工文件（即工程结算账单）；工程总包商成本包括总包商直接发生的成本和分包成本。

（九）政府补助

政府援助遵循白俄罗斯财政部 2011 年 10 月 31 日 112 号决议批准的《国家援助财务核算准则》。国家财政援助被视为企业的递延收益，在援助款费用发生期作为收入核算。非递延收益性或以往费用补偿性援助直接作为当期收入记账。分录借记 51 "当地币银行账户"、52 "外汇账户"、55 "专用账户"或 60 "供应商和承包商核算账户"，贷记 98 "递延收益"或 91 "其他收入或支出"。采购固定资产和无形资产用财政援助被视为递延收益，在固定资产或无形资产有效使用期内将固定资产或无形资产原值折旧额借记 98 "递延收益"，贷记 91 "其他收入和支出"。

（十）借款费用

借款费用是指企业因借款而发生的利息及其相关成本．借款费用包括借款利息、折价或者溢价的摊销、辅助费用以及因外币借款而发生的汇兑差额等。

会计科目（66）核算企业短期（不超过 12 个月）贷款和借款，包括税收贷款，以及计提和支付的贷款利息；会计科目（67）核算企业长期（超过 12 个月）贷款和借款，包括税收贷款，以及计提和支付的贷款利息。

（十一）外币业务

依据白俄罗斯《会计核算和会计报表法》法定财务核算记账本位币为白俄卢布，所有业务均应折算为白俄卢布计量、确认。白俄罗斯基本报表均以白俄卢布编报，企业可根据自身需求，依据自身核定汇率折算为其他外币另行出具外币报表（如股份公司或银行），但基本报表仍以白俄卢布编报，不存在外币报表折算成本位币报表的情况。

外币资金、融资资金（对其他企业注册资本投资性融资除外）、应收和应付账款（不包括预收账款）均按业务完成日（结算日）白俄罗斯央行公布的官方外汇汇率折算成白俄卢布记账。有关外币业务的汇率问题具体分如下两种情况：

有预付款的外币业务，按预付款到账日白俄央行汇率直接折算成白俄卢布记账，无需调汇。

无预付款的外币业务，初始确认按收入或费用确认日（完工交接单签署日或税控发票开具日）白俄央行汇率折算成白俄卢布记账，每月月底调汇直至该业务完成结算，且以结算日汇率作为最终汇率调汇，汇率差确认为当期汇兑损益。

（十二）所得税

白俄罗斯所得税核算确认递延所得税资产和负债，区分时间性差异和永久性差异。

企业通过应缴所得税科目核算企业所得税费用的确认和结转情况。会计科目（68）为应交税费，明细科目 68-3 核算应缴所得税。应缴纳所得税额是在企业依据税法的各项规定在税前会计利润的基础上调整确定的。纳税调整额主要包括税法规定的，企业已计入当期费用但超过税法规定扣除标准的金额（比如职工福利费、酒水类业务招待费、超标支出燃油费等），以及企业已计入当期损失但税法规定不允许扣除的金额（比如税收滞纳金、罚款等）。

期末确认利润后，将应缴所得税费用借记"本年利润 99"科目，贷记"应缴所得税 68-3"科目。实际支付时贷记"银行存款——白俄卢布子科目"，借记"应缴所得税 68-3"，"本年利润 99"科目余额为税后净利润。

五、其他

白俄罗斯税法对企业合并做出了相关规定：以合并形式重组法人重组前业务亏损，不允许合并重组后的企业计入其税前成本。有关企业重组应缴税费具体应遵循税法第 63 条款第 2 项的各项相关规定。

企业合并性重组后，注册登记日的合并报表按交接单数据和重组企业结论性财报数据栏次合并方式编报（加或减——存在往年未清偿损失情况下），以保障重组法人能正常继承重组前企业的所有债权和债务。

第十一章 玻利维亚税收外汇会计政策

第一节　投资环境基本情况

一、国家简介

多民族玻利维亚国（西班牙语：Estado Plurinacional de Bolivia，英语：Plurinational State of Bolivia），简称玻利维亚，是位于南美洲中部的内陆国家，为南美洲国家联盟的成员国。周边与巴西、秘鲁、智利、阿根廷、巴拉圭五国相邻，法定首都为苏克雷，实际政府驻地为拉巴斯。

玻利维亚全国以高原地形为主，平均海拔超过 3000 米，是世界平均海拔最高的国家。其中拉巴斯海拔高度超过 3600 米，为世界海拔最高的政府所在地。

玻利维亚拥有丰富的自然资源，因此被称为"坐在金矿上的驴"。此外该国还拥有仅次于委内瑞拉的南美洲第二大天然气田。

玻利维亚是多民族国家总人口 1062.4 万。城市人口 657.4 万，占总人口的 65%，农村人口 345.4 万，占总人口的 35%。[①]

玻利维亚诺（Bolivian Boliviano 标准符号：BOB，常用符号：BS）是玻利维亚的流通货币．官方语言为西班牙语、克丘亚语等 36 种印第安民族语言。

二、经济情况

玻利维亚是世界著名的矿产品出口国，工业不发达，农牧产品仅可满足国内大部分需求，为南美最不发达的国家之一。其国有经济政策的影响力较强，近些年改革取得一定成效，经济实现稳健发展。2016 年玻利维亚GDP 为 338.06 亿美元。根据世界经济论坛《2015—2016 度全球竞争力报告》显示，玻利维亚在全球最具竞争力的 140 个经济实体中排名第 117 位。世界银行《2016 年营商报告》，玻利维亚在 189 个经济体中排名第 157 位。

---

① 数据来源："维基百科"。

玻利维亚参与的主要国际与地区性组织有：联合国、世界贸易组织、南美国家共同体、美洲国家组织、安第斯共同体等。

三、外国投资相关法律

玻利维亚发展规划部是中央层面负责投资促进的主管机构。玻利维亚中央银行负责管理外资在玻利维亚的登记注册，以及外资及其盈利以外汇形势出入玻境内的操作。

玻利维亚为吸引外资，鼓励外国企业来玻投资制定了一系列的政策法律，以保护外国投资者的利益。主要法规有：《投资法》《资本化法》《劳动法》《环境法》《行业规范制度法》等，此外，对一些大的有影响的行业也有相应的法规，如《碳氢化合物法》《矿业法》《电业法》《通信法》等。

《投资法》保证在玻利维亚的外国投资者享有自由汇率、货币自由兑换、资本自由汇入汇出、自主分配利润、自由选择保险公司、所得红利、利息、技术转让费或其他费用依法纳税后可自由汇出等。

《劳动法》规定工人与雇主之间的关系要以劳动合同的形式予以确认。保证工人，特别是女工的合法权益。规定外籍工人的比例不能超过职工花名册的 15% 等。

根据玻利维亚移民局规定，一般可以通过旅游签、留学签及商务工作签入境玻利维亚，其中旅游签期限一般为 30 天，到期后可向玻利维亚移民局再次申请 30 天延期；工作性质类签字期限有 30 天、90 天和 180 天不等；如与玻利维亚当地公司签订合同，还可向玻利维亚移民局申请一年、两年、三年、五年或永久性临时居留许可。

第二节　税收政策

一、税法体系

《税务改革法》（1986 年 5 月 28 日 843 号法律）是根据"第 834 号法"

制定的。对在玻利维亚境内开展经营活动所采用的税收办法做了明确规定。1994 年 12 月 22 日颁布的"第 1606 号法律"以及部分行业法对《税务改革法》进行了修订。

玻利维亚、哥伦比亚、厄瓜多尔、秘鲁、委内瑞拉五国曾缔结《安 第斯条约组织对所得避免双重征税的协定》。玻利维亚和中国没有签订相关的税收协定。

二、税收征管

（一）征管情况介绍

玻利维亚所有法律都由多民族玻利维亚国政府批准，并由官方公报发布。其中：

法律制定：议会（代表和参议员）

法律颁布：玻利维亚官方公报

征税机构：国家税务局

国家税务局（SIN）是税务征收机构，隶属于财政经济部，受 2003 年 8 月 2 日 "第 2492 号玻利维亚税法" 的制约。

本税法确立了玻利维亚税收法律制度的原则、制度、程序和基本规则，适用于国家、省级、市政和大学性质的所有税收。

（二）税务查账追溯期

根据 2016 年 6 月 30 日 "第 812 号法律"[1]，税务稽查时效为 8 年。

关于第 843 号法第 12 条第 2 段 "现行有序文段" 规定：在没有发票、财务说明或同等文件的情况下，销售商品或提供服务时，纳税人必须在没有任何税收抵免的情况下支付税款。税款将从交易之日起更新，利息和罚款也将从同一天计算。无论处理方式如何，纳税人都将受到税务欺诈的处罚。

"玻利维亚税法" 表明，只有税务欺诈具有剥夺自由的刑罚特征。第 177 条描述道：税务欺诈是欺诈性的，且不利于税务机关征税的权利，如：①通过行为或隐藏，减少税收债务；②不支付税务债款；③不履行应缴纳的滞留税；④获得不正当的福利和税收价值。

---

① 第 812 号法律：《第 812 号法律》，于 2016 年由玻利维亚多民族立法大会颁布。

根据"税法"规定，涉及金额大于或等于 10000 UFV 的，将被剥夺自由 3~6 年以及相当于在裁定或初步审理程序中确定的 100% 的税收债务的罚款。

（三）税务争议解决机制

税务异议局是负责了解并解决针对税务管理局（国家税务局、国家海关和自治市政府）的最终行为提出的上诉和等级上诉的行政机构。

在玻利维亚税务争议解决机制如下：

与税务机关协商解决。税务机关与纳税人通过协商解决问题，以较少时间与成本就税务问题达成一致，此环节不涉及监管部门及其他权力部门。

向税务异议局申请行政裁决。作为税务问题的最终上诉行政机构，税务异议局可对税务机关和 / 或纳税人提出的相关税务问题进行受理、分析并作出最终裁决。

在玻利维亚，税务机关作为强制机关，通常在税务问题上比较强势。在税务方面，法律影响有限，还没有税务诉讼案例，一般而言，国家税务系统负责处理税务各种问题及纠纷。

三、主要税种介绍

（一）企业所得税

1. 征税原则

在玻利维亚设有常设机构的玻利维亚公司和外国公司对其玻利维亚来源收入缴纳所得税。国家政府、部门、市自治政府、公立大学、协会、基金会和合法授权的非营利机构以及在 El Alto 市建立的新产业不用缴纳所得税。

2. 税率

表11-2-1　企业所得税一览表

税目	税率
企业所得税税率、资本利得税税率、分公司税率	25%

数据来源：《第 843 号法律》。

2007 年 11 月 24 日"第 3787 号法律"规定附加税率适用于因有利的矿物和金属价格条件而产生的额外应税利润。2014 年 5 月 28 日"第 535 号法律"[①]

---

① 第 535 号法律：《第 535 号法律》，于 2014 年玻利维亚立法大会颁布。

确认了 12.5% 的公司所得税的附加税率。以下是这一附加费率的重要方面：

矿产和金属报价与法律规定的基本报价相同或者高于法律规定的基本报价的，适用 12.5% 的税率。

12.5% 的税率不适用于报价低于基准报价的应税利润。

附加税。对来自采矿的净收入征收 25% 的附加税，扣除以下两项特殊扣除：

第一，1991 纳税年度后采矿采掘活动直接相关的勘探、开发、符合环境激励和环境保护条件的资产方面的累计投资的百分比最高达 33%。

第二，45% 的纯收入来自不可再生的自然资源开采活动。这一扣除额限制在 2.75 亿。这一数额将每年进行调整，以反映每个提取操作在维恩达联盟（UFV）中的变化（最近一次更新是在 1999 年）。UFV 是国家统计局发布的反映消费者价格指数变化的指数。

对于矿产品生产企业来说，开采作业的净收益是采矿市场上商业化产品的价值。

碳氢化合物直接税。对位于玻利维亚的油井中的碳氢化合物产量征收 32% 的碳氢化合物直接税。

3. 税收优惠

一般来说，玻利维亚对资本利得征税。然而，从玻利维亚证券交易所的交易中获得的资本收益可以免税。

向外国受益人支付的 12.5% 的预扣税适用于玻利维亚公司支付的股息（参见 预提所得税）。玻利维亚公司支付的股息不需缴纳企业所得税。

玻利维亚税法不提供外国团体税收减免。

根据 2003 年 8 月 2 日 "第 2492 号法" 和 2016 年 6 月 30 日 "第 812 号修订法"，对那些有欠税的公私企业制定税务激励措施，使罚款和罚款更加灵活，降低利息并减少处理时间。为方便办理，国家税务局将建立虚拟平台执行税务管理以及发布行政行动通知。

通过 2012 年 5 月 12 日的 "1241 最高法令"，确定对国家艺术家的文化活动和 / 或节目免税。

税收管理部门根据法律规定，给予某些类型的出口纳税人优惠，例如给予出口玻利维亚原产的传统或非传统产品的纳税人退税证明（CEDEIM），通过该退税证书将出口商可获得退税。

2006 年"第 3420 号法"规定，在各自法律范围内，科恰班巴热带地区的特别经济出口区和旅游区内建立的生产性企业将享受中央政府和市政府给以的以下激励：①在生产前十（10）年内免除企业所得税（IUE），但免除的税额需全部用于本公司或本经济区内其他公司的下一年的投资。②在安装生产型新投资或扩展投资期间，非本国生产的工业厂房和资产的进口免征关税（GA）和增值税（IVA）。③除已免除关税的货物外，对量较少进口的非国内生产的外国原材料、消耗品、配件、材料、工具、备件、零件，仅仅支付 3% 的进口税费。④在经济特区内，免除用于经济特区内生产的物品的交易税（IT）。⑤对用于经济特区内生产或旅游企业运营的任何新建筑和 / 或建设，由各自的市政府自行决定，可豁免最长三年的不动产税（IPBI）。⑥对与市政府合作的城市或社区改善型工程投资金额的税费给予部分减免。通过各自市政府的决议在各自情况下确定百分比和截止日期。⑦市政府可以给予市政领域的其他税收和行政优惠，例如免除专利支付和改变使用土地用途以用于生产性企业的费用，以上须由市政条例确定。

4. 应纳税所得额的确定

应纳税所得额是根据玻利维亚的会计原则编制的公司财务报表中所报告的收入进行一定的调整确定。一般来说，所有产生收入和维持公司存在所必需的费用（例如，对监管机构的支出、社会福利的支出和某些国家和市政税）都是可扣除的。捐赠和无偿转让给非营利性组织的，可以在应税年度内扣除所得税的最高限额的 10%。

亏损弥补年限：一年内发生的来源于玻利维亚损失可结转以抵消未来三年产生的应纳税所得额。损失结转不受通货膨胀调整。对于石油和采矿生产部门以及最低资本投资为 100 万玻利维亚诺的新项目，结转期为五年。关于公司的重组，结转期为四年。

5. 反避税规则

根据第 10-005-13 号 RND 文件[①]，国家税务局可进行公司、企业所有的

---

① 10-005-13 号 RND 文件：《10-005-13 号 RND 文件》，于 2013 年国家税务局颁布。

税务进行监察，具体可以分为：监察、外部审计、国家审计。

"玻利维亚税法"赋予国家局颁布允许使用税收法规的一般行政法规的权力，并且必须通过监管法规对每个违法行为进行处罚。

（1）关联交易。2014年7月21日"第549号法"第45条指出：在关联方之间进行的商业和 / 或金融交易中，交易价值应为独立双方在可比市场操作中协商的交易价值。当自然人或法人参与另一家公司的指导、控制、管理或拥有资本，或当第三方直接或间接参与两家或多家公司的指导、控制、管理或拥有资本时，他们是关联方。

转让定价：2014年7月21日"第549号法"第2条修改了"第843号法"第45条，并纳入了上述法第45条，建立了适用于相关公司之间进行的商业和 / 或金融业务的转让定价制度，用于确定公司所得税，其中包括公平原则，关联方的定义以及由此进行的交易估值方法；建立了遵守关联交易的纳税人的义务的运作框架，涉及所提供的文件和信息、特征、要求、方法、期限和不遵守情况下的制裁。

根据2014年7月21日"第549号法"规定，为了提交申报表和缴纳企业所得税，"转让定价研究"纸质和电子版的提交的和 / 或发送"关联交易信息的601电子申报表格"必须在规定期限内进行。

根据业务性质和经济实质，为了调整或重估价值，将采用以下任何方法：可比非受控价格法、转售价格法、成本加成法、利润分割法、交易净利率法、透明市场交易公正价格法。

6. 征管与合规性要求

每个分公司和子公司都需要单独纳税。

在每个会计年度结束后，在120天内按利润的25%予以征收（每年3月31日财务封账后，需在当年7月30日前征收）。通过500号表格为需要保留会计记录的公司进行提供。通过605号表格提交财务报表或年度报告。

"500号表格"仅供需要保留会计记录的主体使用。在这一类别中，所有公共、私营企业，包括公共有限公司、混合股份公司、股份有限合伙企业和有限合伙企业、合作社、有限责任公司、合伙企业、实质或非正规公司、独资企业，都受到在国外成立或注册的公司或任何类型公司的法规、分支机构、代理机构或常设机构的约束。

"605 号表格"是通过简易应用程序（Núcleo FACILITO）数字化呈现财务报表的表格。它通过"国家税务"主页以电子方式发送。

在玻利维亚，不存在企业所得税预缴。

第 10-0033-16 决议附件 1 中，对"未履行申报义务的职责"指出：

表11-2-2　未履行申报义务职责的处罚内容及金额

处罚内容	处罚金额（UFV）	
	自然人	法人
没有在为此颁布的法规限定的期限内申报	150 UFV	4000 UFV
逾期提交税额增加的修改申报表	150 UFV	4000 UFV

（二）增值税

1. 征税原则

（1）增值税适用于下列交易。纳税人在玻利维亚从事动产的销售、提供所有服务、进口货物、租赁、数字服务等活动应按规定缴纳增值税。2013 年 12 月 20 日起，玻利维亚税务机关发布了电子商务增值税适用规定。它们包括下列要求：商品的销售价格，在网站上标明，必须包含增值税金额；卖方必须向买方交付电子发出的发票或同等单据；卖方必须在其网站上注明其税务识别号码

（2）纳税人。增值税缴纳人是执行下列行为的商业实体或个人：

销售活动商品、代销动产、提供任何类型的服务、确定进口（在国外购买并进入玻利维亚的产品）、经营或融资租赁动产或不动产。

2. 计税方式

《第 843 号法律》是规定玻利维亚税务体系的法令，该法令规定增值税适用于商品销售、工程合同、提供服务合同和产品进口。增值税是通过提交月税表来申报和支付，其税率为 13%，此百分比适用于进项税额和消项税额，但实际支付的是进项税额和消项税额之间的差额。

在玻利维亚采用一般计税方式计算增值税。

3. 税率

在玻利维亚，商品和服务供应的增值税适用 13% 的税率，除非法规规定豁免。增值税的实际税率为 14.94%，因为增值税必须包含在销售价格

中。出口税率为零税率。

4. 增值税免税

以下用品免征增值税：①由玻利维亚政府认可的外交使团成员进口的货物；②"善意"引入商品，最高限额为 1000 美元；③人寿保险配额（与人寿保险合同有关的每月支付）；④对于在玻利维亚证券交易所注册的证券，应销售产生的资本收益，由玻利维亚金融监督管理局（Autoridad de Supervisión del Sistema Financiero 或 ASFI）确定的评估程序得出的收入；⑤投资组合的销售或转移（金融中介、保险和养老金）；⑥金融机构收到的贷款利息；⑦为在玻利维亚没有住所或地址的外国游客提供入境旅游和住宿服务、在玻利维亚由市政府或玻利维亚政府管理或拥有的地点举行的艺术活动，包括在剧院举办的舞蹈，民族民间传说，绘画，雕塑和玻利维亚艺术家的电影的制作的演示和推广；⑧自 2013 年起，在玻利维亚销售印刷书籍或玻利维亚机构进口或出版的书籍。

5. 增值税的进项税额

增值税的纳税义务人可以从销项税中抵扣进项税。

可抵扣的进项增值税：①对玻利维亚提供的货物和服务收取的增值税和进口货物支付的增值税；②一份有效的税务发票或进口报表上列示的增值税；③从加油站购买特殊汽油、高级汽油或柴油的增值税，以购买价的 70% 为限。

不可抵扣的进项税额：

在购买不用于商业目的的商品和服务时（例如企业家为私人购买的商品）。

若扣除金额为 5 万玻利维亚诺（BOB）或以上的交易的增值税抵免，则需要玻利维亚金融监督管理局监管的金融中介实体出具的付款支持（支票、凭证或其他单据）。这些文件必须包含：金融机构（发行人）营业名称、事务或操作数、交易日期、交易数量。

从 2015 年起，对于金额在 5 万玻利维亚诺或以上的发票须每年向当地税务局申报。申报时间为次年 2 月，截止时间取决于公司税号尾数。

如果报告中提供的信息存在错误或不一致之处，则可以在报告截止日期后 30 天内提交正确的报告而不受处罚。

（1）进项税不可抵扣的项目示例：收购的商品与获得应税收入没有直接关系，例如员工的娱乐活动；没有发票等原始文件的商品或服务。

（2）可扣除进项税额的项目的例子（与应税业务使用有关）：购买的存货；机械维修服务。

（3）留抵税额。如每月可购进的进项税额超过应付的销项税额（借项税额），可将未抵免的进项税充抵下一期的销项税额。

纳税义务人因过错在纳税期间多缴增值税的，可以要求退还多缴的税款。

（4）非经营性企业增值税退回。玻利维亚税务局不退还未在玻利维亚设立或注册为增值税纳税义务人的企业的增值税

6. 增值税的销项税额

根据"第 843 号法律"，所有公司有义务缴纳增值税销项税。

销项税对应销售、工程合同、提供服务以及第 5 条和第 6 条所述任何其他条款的净价格总额，并适用第 15 条中规定的既定费率，即 13%。

7. 征收方式

增值税按进项税额和销项税额相抵扣的余额缴纳，留抵余额不能申请退税，但能用于抵扣销项税额，直到抵扣完为止；且在发票逾期前申报，便可用于抵扣。

8. 征管与合规性要求

增值税按月申报，截止日期为次月 22 日之前。逾期申报、未申报以及逃税将按逾期天数每天递增的方式处以罚款。

第 10–0033–16 决议附件 1 中"未履行申报职责"指出：

表11-2-3　未履行申报职责的处罚内容及金额

处罚内容	处罚金额（UFV）	
	自然人	法人
未在每个会计或管理年度发送增值税纳税申报表	1000 UFV 如果纳税人在收到启动制裁程序的行政法案通知后 20 天提交信息，则罚款可减至 5%。	2000 UFV 如果纳税人在收到启动制裁程序的行政法案通知后 20 天提交信息，则罚款可减至 5%。

处罚内容	处罚金额（UFV）	
	自然人	法人
根据具体规定，在每个会计或年度管理期间外，发送增值税纳税申报表	150 UFV	300 UFV
在每个会计或年度管理期间，但超出某特殊规定的期限，发送增值税纳税申报表	50 UFV	100 UFV
在每个会计或年度管理期间，发送有登记错误的增值税纳税申报表	3~20 个登记错误，50UFV21~50 个登记错误，100UFV51 个以上登记错误，200UFV	3~20 个登记错误，100UFV21~50 个登记错误，200UFV51 个以上登记错误，400UFV

（三）个人所得税

1. 征税原则

只有在当地劳工部备案的居民个人就源于玻利维亚本国境内的所得纳税，非居民免除征收个税。个税免征额为：月收入超过全国月最低工资的四倍。

2. 申报主体

由所在企业或者政府机构代扣代缴，每月并统一进行申报，申报日期取决于企业或机构的税号尾数。

3. 应纳税所得额

应纳税所得额包括所有工资、薪金、保险费、奖金、酬金和现金或实物津贴。它还包括董事和受托人的费用，以及所有者和合伙人的薪水。

4. 扣除与减免

下列项目不包括在应纳税所得额中：

外交人员、派驻玻利维亚的外交使团的正式人员和国际组织、外国政府或外国国际组织雇用的外国雇员所获得的薪金、费用或津贴；

圣诞节奖金（第一个是强制性的，第二个也是强制性的，但只有在国家的年增长率高于 4.5% 时才进行发放）；

根据现行法律规定，赔偿和驱逐所产生的社会利益；

根据《社会保障法》领取的婚前、结婚、出生、哺乳、家庭和丧葬津贴；

退休及退休金收入、病假津贴及专业风险津贴；

给予在任何战争中是军队成员的人的终身养恤金或给予在和平时期受伤的军队成员的终身养恤金；等。

5. 税率

在玻利维亚，个人所得税可用当月消费的发票（相当于 13% 的增值税）抵免抵消。如未全部或不提交发票，则由企业或机构相应代扣。个人所得税税率为一个固定值（13%），计算方式为：月所得超出全国月工资四倍的部分乘以税率。

6. 征管与合规性要求

个人所得税按月申报，截止日期取决于每个企业或机构的税号尾数。如：

税号尾数为 0，申报日期为下个月 13 号前；税号尾数为 1，申报日期为下个月 14 号前；税号尾数为 2，申报日期为下个月 15 号前；

······

以此递进。

第 10-0033-16 号决议附件 1 中"未履行申报职责"指出：

表11-2-4　未履行申报职责的处罚内容及金额

处罚内容	处罚金额（UFV）	
	自然人	法人
（代扣代缴的企业或机构）不在会计期间，通过"个人所得税模板"申报	1000 UFV 如果纳税人在收到启动制裁程序的行政法案通知后 20 天提交信息，则罚款可减至 50%。	2000 UFV 如果纳税人在收到启动制裁程序的行政法案通知后 20 天提交信息，则罚款可减至 50%
（代扣代缴的企业或机构）在会计期间，但超出某特殊规定的期限，通过"个人所得税模板"申报	150 UFV	300 UFV
（代扣代缴的企业或机构）不在规定时间，通过"个人所得税模板"纠正错误或申报信息不一致	100 UFV	200 UFV

（四）关税

1. 概况

玻利维亚历届政府均重视发展对外贸易，特别是鼓励出口以拉动经济增长。近些年来，玻大力开拓天然气出口市场，并制定了旨在成为南方共同市场能源供应地的战略。现与世界 80 多个国家和地区保持着贸易关系。主要出口产品为燃油、天然气、矿产品及大蒜；主要进口原材料及中间产品、工业设备、消费品、运输设备和食品。主要出口对象国为巴西、美国、阿根廷、哥伦比亚、委内瑞拉。

根据 24051 号最高法令（1995 年 6 月 29 日）规定，需要出售或注销的固定资产（高于或低于残值），必须告知国家税务局。经材料证实后，那些不使用或报废的固定资产和货物将在发生的会计年度注销。在更换或出售资产的情况下，纳税人必须进行适当的调整，并在相应的管理账簿中分配损益。如果转让值高于残值，则为"收益"；如果转让值较低残值，则为"亏损"。

纳税人在接受资产或货物注销前的 10 个工作日内需向税务局发出通知，为此，必须提供财产不使用或报废详细记录，具体说明收购或生产日期、商品成本、累计折旧、残值或库存价值以及相关技术机构的证明（如适用）。因此，在出售固定资产之前，必须向国家税务局发送一份说明，传达这一事实并附上要求的信息。10 天后，如果国家税务局在这方面没有通知，说明操作已符合规定，并且可以出售或注销固定资产。

由于本国工业的局限性，目前在玻利维亚不存在设备出口，所有工业设备来源于别国进口。

2. 税率

表11-2-5 玻利维亚进口税费和服务

税费	税率	计算基础	备注
进口税	10 %	CIF 边境值	某些资产（机械或设备）的税费可降低 50%
海关仓储费	0.5 %	CIF 边境值	根据所提供的服务价值确定，参考为 0.50%
检查费	1.95 %	FOB 起点值	进口方向检查人员支付的费用
行会费	0.3 %	CIF 边境值	对工商会（CAINCO）的行会费

续表

税费	税率	计算基础	备注
清关费	0.5 %	CIF 边境值	进口清关代理费
增值税	14.94 %	CIF 海关值	进口增值税，在进口税上增收的税费
特殊消费税	—	CIF 海关值	可变税，对酒类、烟草和奢侈品征收
碳氢化合物税费	—	CIF 海关值	特殊汽油 每升 1.20 玻利维亚诺 柴油 每升 0.10 玻利维亚诺
总计：	30 %	CIF 边境值	包括其他固定费用和增值税的税基上的增加费用

数据来源："第 1990 号海关法"。

3. 免税

根据 2008 年 4 月 16 日"第 29522 号最高法令"，国家战略公司是国家为了鼓励生产高附加值产品而设立的国家企业，可通过直接招标采购机械、设备等功能单元用于发展生产。

根据 1999 年 7 月 28 日"第 1990 号法令海关总法"第 133 条规定，国家战略公司所进口的用于生产的机械、设备或相应功能单元可以免税。如 EASBA（圣布埃纳文图拉糖业公司）和 COMIBOL（玻利维亚矿业公司）。

（五）企业需缴纳的其他税种

1. 交易税

根据"第 843 号法令"规定，该税适用于任何有收入的人。税收占总收入的 3%，即没有任何折扣的收入。交易税可以通过年度增值税（企业所得税）来补偿。

2. 滞留税（采购类 8.00%，服务类 15.50%）

所得税与交易税滞留税是为没有发票的购买而支付的税款。滞留税将作为费用包含在公司的最终损益表中。

所得税服务扣除税 12.5%，所得税物品购买税 5%，交易税购买与服务扣除数 3%。

根据"第 24051 号最高监管法令"规定，滞留税应在下一月根据税号尾数进行存缴。

3. 金融交易税 3‰

自 2006 年"第 3446 号法律"颁布以来，对金融交易开始征税。

金融交易税适用于以下交易：

（1）在受"银行和金融实体法"管辖的机构开立的经常账户和储蓄账户的借贷。

（2）向"银行和金融实体法"管辖的机构支付或转移资金。

（3）如无经常账户或储蓄账户，在受"银行和金融实体法"管辖的实体购买经理支票、旅行支票或其他现有或其它类似金融工具。

（4）通过受"银行和金融实体法"管辖的实体进行的国内外资金转移或汇款。

（5）在国内或国外交付或接收构成支付系统的自有资金或第三方资金。

（6）金融交易税的纳税人是拥有经常账户和储蓄账户的自然人或法人；支付或转移资金的人；获取经理支票、旅行支票或其他类似金融工具的人。

（7）金融交易税的应税基础为交易总额。

根据"第 713 号法律"，现行金融交易税税率为 3‰。

4. 车辆税

在玻利维亚，车辆税于地方级税的一种。玻利维亚经济和公共财政部旨在批准收集房地产物业税（IPBI）和机动车所有权税（IPVA）的年度指导方针的市政监管性质的最高决议。

地方市政府对在该地方或市税务登记处登记的任何类型或类别的汽车、卡车、吉普车、货车、摩托车等征收年度税。该税纳税人是合法或自然人和未分割的财产，即任何土地机动车辆的所有者。以下机动车辆免除此税：①中央政府、省政府、市政府和公共机构拥有的机动车辆。这项豁免不适用于上市公司的机动车辆。②属于外交和领事使团的机动车辆。

计税基础由与去年相对应的车型的前定制机动车的价值给出。根据规定，允许每年折旧 20%，直至残值达到原始价值 10.7%。该原始价值价值在车辆被注销之前保持不变。地方市政截至每年 12 月 31 日向土地机动车辆的所有者征收该税。该国各市政府对车辆税有自己内部的计算方式，没有相关法律或法令提及。

5. 经营税

经营税也是玻利维亚地方级税的一种，并在全国范围内开展经济活动的经营许可证由各省市政厅（HAM）授予。第 13678 号最高法令（1976 年 6 月 22 日）规定，对在地方或市进行商业、工艺和工业活动的小规模交易，每年经营税为运营资金的 2%，最低 60 玻利维亚诺，而水泥行业将每年支付固定额为 12.000 玻利维亚诺的经营税。对商业、工艺和工业活动，每年 12 月 31 日前需支付经营税。运营资本最低金额为 3.000 玻利维亚诺。根据"宪法"，所有自然人、法人、公共或私有机构必须履行缴纳义务。

该税是由企业规模（即营业执照所登记的面积）、地理位置和经济活动确定。而企业位置和规模决定了经济活动的类型。

（六）社会保险

雇主和雇员必须按每月工资总额缴纳社会保障金。

表11-2-6　社会保障金缴费表

项目	雇主	雇员
医保（Caja Nacional de Salud，简称 CNS）	10%	0%
住房基金（Provivienda，或 PV）	2%	0%
职业险（Riesgo profesional）	1.71%	0%
一般险（Prima de Riesgo Común）	0%	1.71%
养老金（Cuenta Individual）	0%	10%
失业险（Fondo Solodario）	3%	0.5%
社保手续费（Comisión para AFP）	0%	0.5%

数据来源：2010 年 12 月"第 65 号社会保障法"。

雇主必须代扣雇员的社会保障金。

外国人缴纳社保的规定。根据 2010 年 12 月第 65 号法律，侨民必须在玻利维亚缴纳社会保障金。

第三节　外汇政策

一、基本情况

玻利维亚《投资法》保证在玻利维亚的外国投资者可享有：自由汇率、货币自由兑换、资本自由汇入汇出、自主分配利润、自由选择保险公司、所得红利、利息、技术转让费或其他费用依法纳税后可自由汇出等。玻利维亚央行负责外汇的管理，自 2016 年起美元兑玻利维亚诺稳定保持在 6.96。

二、外汇管理规定

外汇交易不受任何限制，包括汇回资本和汇出国外股息和特许权使用费。玻利维亚存在自由浮动汇率制度。外国投资没有特别的注册要求。

玻利维亚经济与财政部下辖的金融调查局负责监管个人外汇流动，如金额较高，需填写申报单注明外汇来源及用途等信息，手续相对简单，但后续可随时追溯。金融调查局同样对外过资金的流动进行监管。

从玻利维亚境内向境外支付外汇要支付银行交易税（ITF）及手续费，成本较高。

（1）银行交易税又称金融交易税，是应用于银行账户外币所有收入和支出的税，也就是流水账户或储蓄账户外币存取款交易。同时玻利维亚境内或境外转账操作，开具支票也需要支付银行交易税。

（2）根据 2015 年 7 月 1 日第 713 号法令，2016 年交易税为 0.20%，2017 年为 0.25%，2018 年约为 0.30%。

（3）2006 年第 3446 号法令指出该交易税不能与任何其他税收相抵扣，也就是说银行交易税不像企业所得税一样可以抵扣，也不可以个人缴纳增值税相抵扣。

（4）个人或公司在购买或出售美元时还需要缴纳 2.15% 的手续费。

第四节 会计政策

一、会计管理体制

(一)财税监管机构

玻利维亚会计受"商法典"的影响和制约,玻利维亚负责监控和管理经济活动的机构如下:

国家税务局:第2166号法令第4条规定,税务机关必须遵守和执行国家政治宪法,国民议会在税务问题上批准的国际协议,税法,税法细则,最高法令,最高决议,部长决议,行政决议及其他税务事项规定。

有效管理内部税收制度,行使国家税法及其他现行同样平等适用于法律的税务规章授予的权利。

劳动、就业及社会保障部:玻利维亚劳工部的角色是保证所有工人的权利以及用人单位履行合约义务。

保障所有人拥有适当的工作,在玻利维亚建立和维持劳动政策,保护员工免受不合理的解雇,消除任何形式的奴役或剥削,解决雇主与雇员之间的劳资纠纷,打击使用童工和青少年雇工现象,确保工人组织捍卫自己的权利,为实施全民社会福利保险创造条件。

银监局(ASFI):是在全国范围内拥有管辖权的公法机构,负责监管,控制和监督金融机构(包括参与证券市场的金融机构)所提供的金融服务。金融实体是指在证券部门经营的银行实体、合作社、互助银行、金融基金、补充服务公司和证券经营公司。

工商管理局:在全国范围内经营商业登记,向企业提供贸易登记,无论其规模,地理位置或从事何种经济活动,以便能够合法地开展其企业业务。

证明公司的合法性,保证公司的名称在同类别的经济活动中是唯一的,在全国范围内,向客户展示其严肃性和可信度,树立正面积极形象,允许公司通过参与公共和私人雇佣，向顾客提供优质的产品和服务，通过企业虚拟目录促进和提升企业的知名度，工商登记是企业的介绍函件，是公共机构和私营公司为证明自己的合法存在，维护和托管公司的业务文件，以便能够在任何时候获得副本或认证，企业在玻利维亚的商业登记是任何国内法院或行政当局的证明，由于该注册登记可以在面对无商业注册的竞争对手时给予更好的机会，所有这也是一个优势，同时玻利维亚实行商业登记注册制度，也提升了企业的透明度。

（二）事务所审计

外部或独立审计是指外部公司审查被审计公司的财务报表符合特定法规，会计法规，审计标准和法规或机构的内部流程。

通过外部审计，审计员进行详尽的分析和控制，该审计员完全不了解公司的活动，目的是对公司的运作及内部控制系统发表公正独立的意见。此外，通过外部审计，向被审计方提出了改进建议。

外部审计出具的审计报告对第三方具有完全的有效性和重要性，该文件是在以公众信仰为前提下出具的，具有完全可信度并经过核实财务报表中所有会计信息。

所有在国家税务局登记及拥有商业登记（FUNDAEMPRESA）的企业每年都需进行一次外部审计，审计后的财务报表将在国家税务局、审计学院和会计学院备案。

（三）对外报送内容及要求

会计报告中主要包含：①企业基本信息，行业分类、经营范围、股东情况、公司地址、银行账户信息、税务登记号等；②企业经营情况表，资产负债表、利润表；③披露信息，费用类、资产类、历年营业额（3年内）、权益变动等。

上报时间要求：会计报告须按每年 3 月 31 日编制完成，于 7 月 31 日前完成。

二、财务会计准则基本情况

（一）适用的当地准则名称与财务报告编制基础。

玻利维亚会计准则是根据玻利维亚的情况由国家会计技术委员会颁布

的《1号会计准则》为基础。

国家会计技术委员会1号会计准则规定，其中的公认会计原则（PCGA）被视为指导金融或经济交易的登记，处理和列报指南。为了保证会计原则的适用性，建立了基本假设，这些假设被普遍接受并初步适用于根据公认会计原则提交的任何财务报表。

为了保障和规定提交财务报表、报告、意见、可行性项目和其他已经完成签字及相应税务权威和专业机构盖章的会计、财务和经济文件的法律的严格履行，财政部颁布了第1384/89号部长决议，该决议自1989年10月10日起通过国家技术审计和会计委员会——CTNAC生效。衍生出了以下的准则：

表11-4-1　国家会计准则目录

国家会计准则	文件
1	编制财务报表普遍接受的会计准则和技术标准
2	会计年度以后事宜的处理
3	按固定汇率计算的财务报表（通货膨胀调整）
4	固定资产的价值技术重估
5	采矿业的会计原则
6	汇率差异会计处理
7	永久投资估值
8	合并财务报表
9	石油工业的会计规则
10	租赁的会计处理
11	完整财务报表所需的基本信息
12	多种汇率并存时的外币业务会计处理
13	会计变更及其风险
14	会计政策的风险和披露

数据来源："1号会计准则"。

目前，所有在玻利维亚注册的公司都必须遵循玻利维亚公认会计原则，但以下情况除外：如果总公司要求，外国公司可以使用IFRS标准进行合并

（但不能在其单独的公司财务报表中运用）；作为外国公司子公司的玻利维亚公司，如果其总公司要求，则允许使用 IFRS 标准进行合并（但不能在其单独的公司财务报表中运用）。

（二）会计准则使用范围

"第 2495 号法令"第 23 章第 7 条和第 8 条作为公司监督的归属和职能如下：第 7 条：发布、控制和监督公司监管账户手册和适用于自然人和法人的国际会计准则中所载的国家会计准则的适用，但须受其管辖和权限的约束。第 8 条：控制和确定受其管辖的个人、实体、公司和活动的财务报表和外部审计报告的列报形式和频率。

三、会计制度基本规范

（一）会计年度

根据会计准则第 01 号，财务报表的编制一般接受的原则和技术标准，理解会计年度。

在企业运营期的开始，需要衡量公司本年度的财务状况，要么是为了满足行政、法律、财政方面的原因，要么是为了履行财务承诺等。这是为了使公司会计操作满足同样的时间，并且 2 个或多个会计年度的经营情况可以相互对比。

玻利维亚根据经营活动的类型确定企业的会计年度完结日期：

工业和石油：4 月 1 日至次年 3 月 31 日。

橡胶、农业、畜牧业和农业、工业：7 月 1 日至次年 6 月 30 日。

矿业：10 月 1 日至次年 9 月 30 日。

银行、保险、商业：1 月 1 日—12 月 31 日。

服务和其他未包括在前几个日期的公司，没有义务保留会计记录的主体和从事专业工作的自然人的独立交易。

（二）记账本位币

根据玻利维亚央行及 3 号会计准则规定，玻利维亚现行会计核算货币的本位币为：玻利维亚诺（BOB），美元兑玻利维亚诺汇率为 6.96。

（三）记账基础和计量属性

根据颁布会计准则的国家技术委员会，特别是在玻利维亚适用的《1 号会计准则》，会计在权责发生制上进行管理：在公认会计准则（PCGA）中，与"权责"相关的"实现"构成应计或权责发生制会计的基础，因为公司的收入和支出必须在会计期间内考虑和记录，无论其实际收款或支付日期或；以这种方式获得期间的实际利润。

根据公认会计准则，记账基础规定为复式记账方法。一般原则为：会计主体；经济资产；货币计量；持续经营；对"成本"进行评估；会计分期；权责发生制原则；公正客观；真实性；谨慎性；一致性；重要性；明晰性。

四、主要会计要素核算要求及重点关注的会计核算

根据国际技术委员会颁布的《1号会计准则》，规定在会计中要处理的项目有以下内容：

1. 现金及现金等价物

根据国家会计技术委员会和《1号会计准则》，现金及现金等价物包括：库存现金（本国货币或外汇），用于销售和购买的商品，用于公司经营活动的商品、家具、机器、机动车辆及其他用于公司发展一般经营活动的物品、无形资产，如辅助公司开展经营活动的专利权、发明、组织费用等可交易的票据（汇票、股票、债券、定期存折）等。

在对这类资产进行会计处理时，仅考虑公司在资产负债日的有效所有，不应排除那些可以付款但仍归公司所有的资产。当这些商品的供应受到限制时，应进行澄清。

2. 对第三方的信用权

根据国家会计技术委员会和《1号会计准则》，是指因执行其普通目的的业务而对公司有利的应收款项。除了特殊情况外，他们不应用贷方余额抵销借方余额。

应明确区分资产负债日起不超过一年强制执行的余额和超过一年强制执行的余额。

3. 固定资产

该科目包括专门用于公司运营的有形资产的集合，具有相对稳定性和持久性特征。该科目由以下资产构成：

（1）不受折旧及损耗影响的资产，如用于工业或商业开采的土地。

（2）需折旧的资产，如建筑、机械、设备、工器具、家具等。

（3）折旧和摊销，固定资产通常按法律规定的比率使用直线法折旧。以下是使用年限及折旧系数：建筑 40 年 2.5%；家具及办公室用具 10 年 10%；机械 8 年 12.5%；设备及设施 8 年 12.5%；船及艇 10 年 10%；机动车辆 5 年 20%；飞机 5 年 20%；建筑机械 5 年 20%；农业机械 25%；劳动动物 4 年 25%；工具 4 年 25%；进行繁殖的动物或用于配种的雌性动物 8 年 12.5%；计算设备 4 年 25%；灌溉水渠及井 20 年 5%；储水池，水塘及饮水槽 10 年 10%；铁丝网，篱笆及栅栏 10 年 10%；购买的商标和无形资产，可以在五年内摊销。

4. 无形资产

根据国家会计技术委员会和《1 号会计准则》，无形资产包括权益和其他非物质性资产，例如法律或合同规定的有存在期限的以及在收购时没有已知存在期限的无形资产，需按照其成本价进行定性。

5. 预付开支和递延费用

根据国家会计技术委员会和《1 号会计准则》，预付开支和递延费用表示将对未来期间产生影响的费用。在未来的几年里，这些成本的分配可能是相同的。实践中最常用的方法虽然基于使用流程，例如在特定时间内生产或销售的单位数量。

6. 应收账款

应收账款的定义为 企业在正常的经营过程中因销售商品、产品、提供劳务等业务，应向购买单位收取的款项

如要实行未收科目的预计，应考虑《第 24051 号最高监管法令》[①]第 17 条的规定预测及准备金，预测是我们预计的在未来有可能产生的费用，准备金是明确知道在未来会产生的费用。

对于债务人在发票开具日起一年内无法偿还债务的债权，定义为无法收回债款

对于无法收回账款预测科目，纳税人应每年同报表一起，上交一份债

---

① 第 24051 号最高监管法令：《第 24051 号最高监管法令》于 2013 年由玻利维亚国家税务局颁布。

务人清单，其中应包括债务人姓名，中止付款日期以及债务额

金融，保险和再保险实体遵守各自监管机构和国家证券委员会就此事项发布的规定来确定无法收回得的信贷。1993 年 4 月 14 日第 1488 号银行和金融实体法第 9 条。除玻利维亚中央银行外，银行业金融实体由于其公司章程和章程而应成为公司，并遵守 适用本法和商法的规定。

7. 存货

所得税的 D.S. 24051 法令规定了存货的计价，存货的计价标准为以重置成本或市场价。

8. 职工薪酬

根据《第 843 号法律》①及它的《DS 24051 号最高监管法令》，在 11 条中规定：给劳动者报酬的抵扣项包括，除了所有支付的酬劳，其他与工资相关的成本、工资、劳务费、节日奖金、工作期间产生的费用以及以货币的方式发放的报酬或其他劳务法中规定的方式发放的报酬。

一旦有对公司提供的服务即产生相应的抵扣项，这些抵扣项包括社会保险、住房公积金，以及其他法律规定福利，包括雇主 10% 份额的医疗保险、雇主社保的 6.71% 及雇员社保的 12.71%，除了对于节日奖金的抵扣项之外应对于所提到的那些费用按照规定施行增值税补充规定，节日奖金为每月工资的 8.33%。

9. 收入

收入的定义为由货币及数额进行估价的交易总额，它代表着一家公司在经营活动中的利润或利益获取。

《1 号会计准则》规定了日常经营活动中取得收入确认标准：当期经营活动中形成的、能基本确定金额且很可能有流入企业的经济利益，企业必须确认为当期收入。

10. 借款业务

衡量借款成本最重要的标准是年利息。然而，在申请贷款的过程中也会产生其他的成本。

借款业务所发生的利息、成本，不管是用于购买，建造或者生产某资

---

① 第 843 号法律：《第 843 号法律》于 2014 年由玻利维亚多民族立法大会颁布。

产，都将构成该资产的成本。这项规定用于实体单位计算贷款成本的会计处理中。

贷款利息按照玻利维亚银监局（ASFI）的规定执行。

11. 外币业务

由外汇结算的业务在会计处理中应该用本国货币 BOB 表示，汇率为6.96，汇率自 2006 年以来没有发生改变，所以在会计处理中，必须使用固定汇率进行核算，不存在汇兑损溢。

所有的科目都应用本国货币为基础。该项由《3 号会计准则》(按固定汇率计算的财务报表) 及《6 号会计准则》(汇率差异会计处理) 规定。汇率由玻利维亚中央银行规定。

12. 所得税

根据《第 843 号法》及《第 24051 号监管法令》第四条规定，当期所得税费用等于当期应交所得税。本期税前会计利润按照税法的规定调整为应纳税所得额（或由税务局核定的应纳税所得额），与现行税率的乘积就是当期在利润表中列示的所得税费用。

本章资料来源：

◎《第 812 号法律》

◎《第 535 号法律》

◎《第 843 号法律》

◎《10–005–13 号 RND 文件》

◎《第 24051 号监管法令》

◎《第 1990 号海关法》

◎《银行和金融实体法》

◎《1 号会计准则》

◎《3 号会计准则》

◎《6 号会计准则》

第十二章　博茨瓦纳纳税收外汇会计政策

第一节　投资环境基本情况

一、国家简介

博茨瓦纳共和国（英语：The Republic of Botswana）位于非洲南部的内陆国家，东邻津巴布韦，南临南非，西连纳米比米，北接赞比亚。该国国土面积 58.20 万平方公里，其国土约 70% 的面积被卡拉哈里沙漠覆盖，人口 233 万（2018 年），首都哈博罗内（Gaborone），首都人口 27 万（2018 年），该国第二大城市弗朗西斯敦（Francistown）人口 11.20 万（2018 年）。博茨瓦纳独立于 1966 年 9 月 30 日，是非洲联盟，南部非洲发展共同体及英联邦成员国。官方语言为英语，当地货币为普拉（BWP）。

二、经济情况

博茨瓦纳支柱产业是以钻石业、铜和镍等为主的矿业、养牛业、和新兴的制造业。根据世界银行网站显示，博茨瓦纳 2017 年 GDP 总量为 174.07 亿美元，人均 GNI 为 6820.00 美元，通货膨胀率为 3.3%，该国属中高等收入国家行列。该国 2017 年 GDP 增长率为 2.36%，在经历了 2015 年 GDP 负增长后，近两年博茨瓦纳经济仍不景气，但在逐步回暖。回暖的原因得益于钻石等矿业及旅游酒店、餐饮、交通通信等服务业的增长。博茨瓦纳因政治稳定、社会安定、临近南非，主权信用评级高、外汇自由、税赋水平低，同时政府重视基础建设，鼓励外国投资，深受境外投资者青睐。

同时，博茨瓦纳人口稀少、市场狭小，严苛的签证政府审批政策，规范的市场经营环境及单一的经济结构的客观环境也是来博境外投资者需要着重关注的地方。

三、外国投资相关法律

博茨瓦纳法律法规健全，市场经营环境比较规范，当地注重法律和合同管理，博茨瓦纳的法律体系为英美法系。与投资合作经营有关的法律法规有《公司法》《雇佣法》《外籍人员雇佣法》《工资法》《工人补偿法》《劳工组织法》《贸易法》《政府采购与资产处置法》《所得税法》《增值税法》《环境评估法》《海关法》等。

博茨瓦纳政府实施产业多元化政策，鼓励外国投资。1982 年 5 月，博茨瓦纳政府颁布了《财政援助政策》，为境外投资者在博茨瓦纳投资提供优惠的政策。具体如下：

- 制造业公司享受 15% 的所得税税率；

- 在博茨瓦纳注册登记的公司计算所得税税基时，可扣除针对股利所征收的 15% 税赋；

- 经核准的公司可享受 5~10 年的免税，免税申请由公司提出，经博茨瓦纳投资、贸易与工业部（MITI）核准审批后生效；

- 无外汇管制，利润、股利和资本可自由汇出；

- 凡用于博茨瓦纳境内消费的制造业型企业进口的原材料，可享受部分或全部关税退税，下文关税项下将详细阐明；

- 进口原材料加工成产品后再出口，可申请全额退还进口产品已经缴纳的进口关税和进口增值税；

- 所有用于制造业的机械设备免关税。

政府鼓励外商投资玻璃生产业、皮革加工业、纺织和服装业、珠宝加工行业、信息及传播技术产业、食品加工、医药生产、旅游业和金融服务业等。

博茨瓦纳对外签证政策十分严格，曾被称为是世界上签证最难办理的国家。自 2018 年以来，该国逐步放开短期签证签发。2018 年 12 月，博茨瓦纳政府宣布对中国外交护照、公务护照及公务普通护照实行免签政策，可正常在博停留 30 天，但在博茨瓦纳长期工作、定居，以及新闻报道等需该国主管部门事先批准的活动不在免签之列。同月，该国放开来博旅游类签证，实行游客落地签，停留期 14 天，不可延期，不可办理工作、居住许可；商务类、探亲类及其他类签证仍需提前申请办理，审批所需时间大概为 14 个工作日。

该国严控工作许可、居住许可等长期签证签发，许可的签发主要集中在建筑，农业领域。长期签证的申请程序繁冗，需要材料很多，专业人才都需要拥有高学历证书，相关工作经验，而且经常发生拒签情况，低学历者申请许可获批难度大。相信随着当前博茨瓦纳对外政策的逐步放开，这一情况将会在未来得到改善。

四、其他

2005 年，在时任总统费斯图斯·莫哈埃的推动下，博政府计划借鉴中国等国家设立经济特区的成功经验，创设博茨瓦纳经济特区。2010 年 9 月，博贸易与工业部发布经济特区政策，并建议建设 6 大中心（创新中心、钻石中心、交通中心、农业中心、卫生中心与教育中心）以具体落实该政策。2015 年 6 月，博茨瓦纳议会通过 2015 年经济特区法案，以统筹管理、协调经济政策提供法律支持，法案计划分 3 个批次设立 8 个经济特区。

博茨瓦纳对外商投资方式没有限制，对公司并购、股票收购亦没有专门规定。同时，该国没有关于 BOT 的相关法律法规，在工程承包相关法律法规里也没有对 BOT 的相关说明及规定。

第二节　税收政策

一、税法体系

博茨瓦纳税制基本是单一税制，有三部主要税收法案：《所得税法》《增值税法》和《海关法》。所得税、增值税及关税等三类主要税种构成博茨瓦纳的主要税收收入。

博茨瓦纳独立后于 1973 年颁制《所得税法》，该法案是当时该国主要税法，此后该法历经多次修订，现行的《所得税法》于 2006 年签署的第 18 号法令修订公布。《增值税法》于 2001 年签署的第 1 号法令制定颁布，并于 2002 年 7 月 1 日正式生效，此后该法历经数次修订，该税种前身为销售税，现行的《增值税法》于 2006 年签署的第 15 号法令修订公布。《海关法》于 1970 年签署的第 22 号法令制定颁布，并于 1970 年 6 月 17 日正式生效，此后该法历经多次修订，现行的《海关法》于 2004 年签署的第 31 号法令修订公布。

1969 年博茨瓦纳与南非、莱索托和斯威士兰四国缔结关税同盟（SACU），签署 SACU 协定，以推动区域内商品自由流动，协调对外贸易政策。纳米比亚独立后亦加入了该同盟。

博茨瓦纳已与 16 个国家签署并生效避免双重征税双边协定。2012 年 4 月 11 日，中博两国签署了《中华人民共和国与博茨瓦纳共和国政府对所得避免双重征税和防止偷漏税的协定》，但截至目前尚未生效。

二、税收征管

（一）征管情况介绍

博茨瓦纳国家税收由博茨瓦纳税务局（BURS）负责征收，该机构 2014 年由原来独立的税务部门和海关部门合并成立，隶属于博茨瓦纳财政与发展计划部（MFDP）。博茨瓦纳税务局（BURS）职责是代表博茨瓦纳政府履行税务评估和税赋征收职能，并采取适当措施抵制逃税并改善纳税人服务。博茨瓦纳税务局（BURS）主要负责征收四项税种税收，分别为：所得税、增值税、关税和资本转让税。

（二）税务查账追溯期

根据博茨瓦纳《所得税法》第六章第 84 条规定：有以下情况的，博税务局对纳税人在纳税年度结束后四年期满之前的任何时间可以追溯评估企业应缴纳的税费：①歪曲某些重大事实或忽略或未披露该等事实；②未能提交报税表；③提供的报税表不正确。

另外规定：①如果相关当事人去世，则此种追溯评估只能在该税务年度结束之后的三年内进行；②任何与税收有关的欺诈或故意违约，则不受时间限制，可随时进行追溯评估。

（三）税务争议裁决机制

博茨瓦纳税法就有关的税务争议，主要有三种解决方式，即提出异议、提请仲裁和提起诉讼，其中涉及的相关税法条款主要有《所得税法》第七章"异议与上拆"、《增值税法》第八章"异议与上诉"、《海关法》中涉及异议与上诉的内容分散至多个章节等，主要规定大致如下：

提出异议。纳税人针对税务决议不服，任何可以就争议事项在决议通告 30 天内向税务局以书面形式提出异议，应详细说明提出异议的根据，税务局官员受理异议时可就争议事项根据或理由进行评估，可全部或部分地准许该异议并且相应的修正原决议，或否决异议。该种提出异议的方式类似于协商解决，优点在于便捷，有效的缩短争议的解决时间。

提请仲裁。如纳税人就提出异议的结果表示质疑或者税务局无法做出决断，纳税人可进一步提请仲裁委员会（Board of Adjudicators）仲裁。博茨瓦纳仲裁委员会针对税务争议裁决方式通过仲裁委员会上会裁决，仲裁委员会上会由仲裁委员会主席主持，成员是临时抽调该国各地税务局官员、税务专家等参加，每次参会人员不确定，以此来保证裁决的公正性。提请仲裁方式解决税务争议耗时持久，仲裁的结果取决于争议事项是否有足够的证据以及参会人员会上裁决，仲裁提案一旦裁决，即为最终仲裁结果，纳税人不得就相同争议再次提请仲裁。

提起诉讼。如果纳税人对上述两种方式的相关争议解决结果仍不满意，下一步可采取的行动就是提起诉讼，即将博茨瓦纳税务局（BURS）或其下属分支向法庭起诉，由法院判处。提起诉讼是税务争议解决的最终途径。提起诉讼往往耗时很长，超过两年的情况非常普遍。除非受到不公正待遇，和税务局打官司通常并非最佳解决方案。

三、主要税种介绍

（一）企业所得税

1. 征税原则

博茨瓦纳的税收制度是以来源为基础。博茨瓦纳对所有来源于博茨瓦纳的收入征收所得税。来源于境外的股息和利息被视为来源于博茨瓦纳所得，按权责发生制原则征税，而源于境外的营业利润只有在汇至博茨瓦纳时才应缴税。

在征收方式上，对居民与非居民企业采取不同的征收标准。根据博茨瓦纳《所得税法》第一章第 2 条规定：在博茨瓦纳，为纳税目的，满足下列条件任何之一的企业实体均应被视为居民企业：

- 其注册办公室或地址在博茨瓦纳境内；
- 其实际管理机构在博茨瓦纳境内。

在博茨瓦纳开展业务的非居民实体（如外国公司的分支机构）的征税原则与居民企业相同。

2. 税率

博茨瓦纳对所有来源于博茨瓦纳的收入征收所得税，自2010年起企业所得税税率为22%。居民与非居民企业所得税税率不同。非居民企业（如跨国企业分支机构）税率为30%；居民企业就不同行业和收入类别实行的所得税税率有所差别，具体如下：

- 政府鼓励的制造业税率为15%；
- 资本利得税率为22%，如企业处置公司股份，仅75%收益应纳税，即可豁免25%的收益后纳税；
- 来源于博茨瓦纳境外的股息税率为15%；
- 矿产业（不含钻石业）税率为22%~55%；
- 符合要求的BITC企业（博茨瓦纳投资贸易中心）税率为15%；
- 国际金融服务中心企业（IFSC）经批准的服务类别税率为15%；
- 国际金融服务中心企业（IFSC）其他一般服务类别税率为22%。

3. 税收优惠

博茨瓦纳对外商投资限制很少，鼓励大型企业建厂或开发大项目工程。博茨瓦纳鼓励外国投资的政策包括行业鼓励政策、地区鼓励政策。税收优惠是该国主要优惠措施之一，具体如下：

- 政府鼓励的制造业公司和符合要求的BITC企业（博茨瓦纳投资贸易中心）享受15%的所得税税率；
- 在博注册登记的公司计算所得税税基时，可扣除针对股利所征收的15%税赋；
- 经核准的公司可享受5~10年的免税，免税申请由公司提出，经博茨瓦纳投资、贸易与工业部（MITI）核准审批后生效；
- 无外汇管制，利润、股利和资本可自由汇出。

4. 所得额的确定

应纳税所得额是指企业每一纳税年度的收入总额，减除不征税收入、免税收入、各项具体扣减额及允许弥补的以前年度亏损后的余额。博茨瓦纳要求企业应纳税所得额的计算，以权责发生制为原则，属于当期的收入和费用，不论款项是否收付，均作为当期的收入和费用；不属于当期的收入和费用，即使款项已经在当期收付，均不作为当期的收入和费用。

企业收入总额包含经营性收入、资本性质的收入、利息、股息、专利费、管理和服务收入，其中对于资本性质的收入，除税法规定外，免征所得税。税法同时规定：确定应课税收入，不得就以下事项扣除：

- 家庭或私人开支；

- 任何与企业生产无关的支出；

- 任何资本撤回或任何资本性支出或损失；

- 根据本法施加的任何税收；

- 在博茨瓦纳以外的国家收取的任何所得税或类似性质的税；

- 对福利，退休金，养老金，公积金或类似基金的任何供款，经批准的福利基金或经批准的退休基金除外。

亏损弥补年限。《所得税法》第六章第 46 条规定：纳税人某一纳税年度发生亏损，准予用以后年度的应纳税所得弥补，一年弥补不足的，可以逐年连续弥补，直至亏损全部弥补，亏损弥补年度不得超过五年，且亏损不允许向以前年度结转。《所得税法》第六章第 47 条规定：农业和矿业企业亏损弥补可逐年向后连续弥补，直至亏损全部弥补，亏损弥补年度无年限限制。

5. 反避税规则（特别纳税调整）

（1）关联交易。博茨瓦纳并无关于关联交易正式条例。《所得税法》第四章第 36 条对涉及关联交易方面的相关条款主要有如下规定：买方控制卖方的货品或其他财产的销售合同或卖方控制买方或第三方控制买方和买方的销售合同，在不违反公平交易的原则下，经税务局核定可认定为无效合同；支付商业版权费或商业咨询费的协议或合约的双方实际为同一人，或者双方为关联人，在不违反公平交易的原则下，经税务局核定可认定为无效合同。

（2）转让定价。目前，博茨瓦纳并无转让定价正式条例。2017 年 2 月，博茨瓦纳财政与发展计划部（MFDP）部长在 2017/2018 年财政预算发言中官方正式引入转让定价规则。目前该国税务局（BURS）进行转让定价相关审计法律依据主要来源于《所得税法》第四章第 36 条"一般反避税条例"。该国已经开始执行针对转让定价专项审计，将该方面内容审计从所得税审计、增值税审计中独立了出来。2018 年 12 月 12 日，该国国会通过法案，引入转让定价条例，届时《所得税法》第四章第 36 条"一般反避税条例"将被修订条例所替代。目前该法仍在立法审批程序过程中，预计关于转让定价条例详细执行规范，将在 2019 年陆续颁布实施。

（3）资本弱化。目前，博茨瓦纳并无资本弱化正式条例，但《所得税法》有涉及资本弱化的相关条款，但仅适用于矿业公司及国际金融服务中心（IFSC）公司。《所得税法》附表 12 第 6 条规定：外国控股的居民矿业企业在课税年度的任何时间，如国外债务与股本的比例超过 3∶1，则该居民企业在该年度超过该比率的债务金额所发生的利息支出款项，不得扣减，而应视为股息处理。

《所得税法》第十六章第 141 条规定：对于一家 IFSC 公司，如果某一课税年度的国外债务可作为扣减额，并且在该课税年度的任何时间，国外债务总额超过该年度的国外股权产品，则将不允许按照下列公式确认的国外债务利息可扣减额：

国外债务利息额 ×（国外债务总额超过国外股权产品金额 ÷ 国外债务总额）×（课税年度内国外债务总额超额国外股权产品金额的天数）

2018 年 12 月 12 日，该国国会通过法案，引入资本弱化条例，届时上述涉及条款将被修订条例所替代。目前该法仍在立法审批程序过程中，预计关于资本弱化条例详细执行规范，将在 2019 年陆续颁布实施。

6. 征管与合规性要求

尽管博茨瓦纳公司可选择任何一天作为其会计年度的结束日期，纳税年度开始于 7 月 1 日并于次年 6 月 30 日结束。

博茨瓦纳税法视集团内的每一家公司为单个独立的纳税人。不允许集团公司提交合并的纳税申报表。同时，也不允许在集团公司之间相互弥补亏损。

博茨瓦纳企业所得税纳税申报适用自我纳税评估体制，分季度申报缴纳自我评估税。

逾期申报企业所得税将处以每天 100 普拉的罚款，除企业书面申请申报获批延期的情况除外。逾期缴纳企业所得税将处以每月加收百分之一点五的罚息，该计息以月复利方式计算。

7. 其他事项

（1）资本减免（税法折旧额）。《所得税法》附表3第6部分将给予的免税额作了如下定义：本附表第1部分（首期免税折旧额）和第2部分（每年免税折旧额）授予的所有免税额及扣减额的总和；因更换任何机器与设备而发生的任何开支减去根据本附表第五章第5段收取的结余课税额。

博茨瓦纳针对首期免税折旧额仅适用于工业建筑新置及改造开支，每年免税折旧额则同时包括机器与设备，免税额均采用直线法，首期免税额基于购入价值及首期免税折旧率计算；每年免税额按固定资产净额（购入价值－首期免税折旧额）及年度折旧率计算，免税额合计不得超过其购入价值及相关资本化开支之和。

（2）自我评估税（SAT）。博茨瓦纳要求每家公司企业所得税纳税基于财政年度分季度申报方式通过自我评税制度缴纳。年税负超过5万普拉的公司必须分季度缴税，从财政年度开始后的第一个季度开始。最后一期或第五期缴税可在财政年度结束后4个月缴纳，即公司提交纳税申报表之时。年税负少于5万普拉的公司必须在财政年度结束后4个月全额缴纳，即公司提交纳税申报表之时。

该税应按本财政年度的估计应纳税收入计算。利息按每月1.5%的利率（2011年7月1日起，该利息以复利方式计算），针对以下情况每月或部分月份征收：逾期缴纳季度税款；隐瞒、少评估纳税。

公司实体进行自我评估季度缴纳需纳税款时，对公司营业额的建造合同、利息收入、租金收入及佣金收入所扣减的预扣税的税单（ITW9）可先抵免应缴所得税。

（3）预提所得税（Withholding Tax）。博茨瓦纳针对该国居民企业支付给居民企业或非居民企业的相关建造合同结算款、股息、利息、特许权使用费、技术使用费及其他等业务事项征收预扣税，预扣税税率因业务类型采用不用的税率。与博茨瓦纳签订并执行《避免双重征税双边协定》的国家适用优惠税率，中国虽与博茨瓦纳签订了该协定，但目前尚未生效，仍采用通用税率见如下：

建造合同结算款。对居民企业向居民或非居民企业支付的工程结算款适用 3% 预扣税率，该征收的预扣税可从企业所得税税额中抵免。

股息。对居民企业向居民或非居民企业支付的股息适用 7.5% 预扣税率，该征收的预扣税不可从企业所得税税额中抵免。

利息。对支付给非居民企业的利息适用 15% 的预扣税率，对支付给居民企业的利息适用 10% 的预扣税率，该征收的预扣税不可从企业所得税税额中抵免。

特许权使用费。对支付给非居民企业的特许权使用费适用 15% 的预扣税率，该征收的预扣税不可从企业税税额中抵免；对支付给居民企业的特许权使用费不征收预扣税。

技术使用费。对支付给非居民企业的技术使用费适用 15% 的预扣税率，该征收的预扣税不可从企业税税额中抵免；对支付给居民企业的技术使用费不征收预扣税。

招待费。对支付给非居民企业的招待费适用 10% 的预扣税率，该征收的预扣税不可从企业税税额中抵免；对支付给居民企业的招待费不征收预扣税。

租金支出。对支付给居民企业和非居民企业的租金适用 5% 的预扣税率，该征收的预扣税可从企业所得税税额中抵免。

佣金与中介费。对支付给居民企业和非居民企业的佣金与中介费适用 10% 的预扣税率，该征收的预扣税可从企业所得税税额中抵免。

（二）增值税

1. 征税原则

博茨瓦纳《增值税法》前言第 5 条规定增值税的征税原则如下：

任何人（企业）在下述地点持续或有规律地进行的活动：在博茨瓦纳境内；或部分行为在博茨瓦纳境内，不管是否为金钱利益，为获取报酬，全部或部分参与或打算参与向其他任何人提供物品或服务的行为都是增值税应税行为，免税供应行为除外。

不限于上段所述的一般性原则，当地机构、非公司团体或机关为获取报酬，全部或部分参与的提供物品或服务的行为。

2. 计税方式

《增值税法》第六章第 19 条规定：纳税人在纳税期内的应交增值税额等于该注册人在纳税期内提供的应税行为的销项税总额减去该注册人在该

纳税期内应缴的进项税总额、该纳税期内从事应税行为过程中已付的进口商品的进项税总额、售后调整事项涉及的抵免进销项税调整额及其他相关支付应税劳务、短期保险赔偿金等进项税总额的差额。

博茨瓦纳税法规定：当公司实体年营业额超过或预计超过 100 万（2015 年 1 月 23 日以后）金额时，则注册登记为增值税纳税人。

博茨瓦纳增值税计税不适用简易计税方式，计税方式不区分一般纳税人与小规模纳税人的差别，均适用《增值税法》第六章第 19 条列明计税方式。

3. 税率

博茨瓦纳增值税税率分为 12% 和 0% 两种。

博茨瓦纳增值税标准税率为 12%，应税商品、劳务基本均在标准税率涵盖范围之内，《增值税法》中关于部分特殊应税供应事项如下：对燃料、酒类、机动车辆、电脑以及大部分家用电器和消费品的销售和进口征收增值税，税率为 12%，但销售食品、药品、书籍和文具用品，可免交增值税；对干洗、美发和旅馆等服务业，征收增值税，税率为 12%；对获得的财务审计费、建筑费、汽车出租费、汽车修理费、法律服务费、专业技术费和勘探费征收增值税，税率为 12%。

《增值税法》附录 1 中针对增值税零税率供应进行了详细的界定，其中部分零税率供应事项列举如下：供人使用的高粱、玉米粉、小麦、玉米、面粉和糖等；博茨瓦纳出口的货物和劳务；国际运输服务；农业用肥料、农业用肥料、部分杀虫剂和农用拖拉机；自来水公司每月向住宅供应 5 000 升水（例外）；石蜡、汽油、柴油等。

4. 增值税免税

《增值税法》附录 2 针对增值税免税供应进行了详细界定，其中部分免税供应事项列举如下：非收费的金融服务；供应药品及相关物品法中规定的处方药，符合规定的正常经营公共医疗设施过程中，包括医院、妇产医院、疗养院、休养院、收容所或医疗所提供的服务；符合规定的教育服务；客运（不包括运送游客的客运）；捐赠与补助金；农业用具；国家、地方机关或社团提供的非营利性的物品或服务。

5. 销项税额

《增值税法》第一章第 4 条对销项税额进行了详细定义，增值税纳税人销售商品、提供服务及提供的相关应税交易服务均应按 12% 的税率确认为增值税销项税额。

6. 进项税额抵扣

《增值税法》规定增值税纳税人在纳税期内应缴的进项税款总额，以及已付的进口物品的进项税款总额均可用于进项税额抵扣。增值税发票自开出之日起超过 4 个月不得抵扣。在博茨瓦纳，增值税进项税抵扣当期无需认证，纳税人自我申报缴纳，税务局核准增值税发票抵扣是否合规主要通过事后定期或不定期增值税审计来实现。

7. 征收方式

《增值税法》第十章第 42 条规定：增值税按进销项相抵后的余额缴纳，留抵余额可用于抵缴其他税款、相关罚款及利息，如尚有余额，可向税务局申请退税。纳税人应在满足退税条件之日起的 3 年期限内向税务局提出退税要求。

8. 征管与合规性要求

增值税纳税人应在纳税期结束后的 25 天内，不论是否应纳税款，应向税务局提交每一个纳税期的申报表。博茨瓦纳增值税采用纳税人网上自行申报，并缴纳税金。

9. 增值税附加税

博茨瓦纳尚未引入增值税附加税。

（三）个人所得税

1. 征收原则

博茨瓦纳个人所得税的征收方式上，对居民与非居民采取不同的征收标准，并采用不同的税率缴税。居民纳税人就来源于全球的收入纳税；非居民纳税人只就其源于博茨瓦纳的所得纳税。居民纳税人是指任何一个纳税年度内在博茨瓦纳居住天数等于或超过 183 天的个人，如少于 183 天，则即为非居民纳税人。

个人所得税采用累进税率，个税起征点为年度收入 3.6 万普拉，累进税率分别为 5%、12.5%、18.75% 和 25%。

2. 申报主体

博茨瓦纳个人所得税由所在企业、团体或机构等实体代扣代缴，申报时以个人为单位，配偶按其收入单独缴税。

3. 应纳税所得额

博茨瓦纳认定须缴纳个人所得税的收入包含：视同来源地收入；就业所得（含提供住房、家具、给予优惠贷款、雇员子女学费、车辆等形式非现金福利）；出租物业所得；处置财产所得；出售股份所得；利息所得；农业经营所得；个体经营所得。

4. 扣除与减免

《所得税法》附表2第2部分就个人所得税扣除与减免情况进行了详细的界定，以下摘录其中部分事项列举如下：未达到个税免征额的居民个人所得免征个人所得税；股利所得可扣除25%后按余额缴纳个人所得税；商业银行或建筑协会支付居民个人年利息所得低于7800普拉的免征个人所得税；支付的战争抚恤金和补助金免征个人所得税；雇主支付给雇员及其家属合同旅行津贴价值免征个人所得税；雇主向公民雇员支付的遣散费和某些酬金可免除三分之一后缴纳个人所得税；向外籍雇员支付的合同终止酬金可免除三分之一后缴纳个人所得税；雇主支付的医疗基金和医药治疗支出免征个人所得税；紧缩方案：三分之一或36000普拉（以较大者为准）可获豁免个人所得税，此条款适用于提前解雇雇员。

5. 累进税率

博茨瓦纳《所得税法》附表8规定：针对居民与非居民采用不同的个人所得税累进税率，具体如下：

（1）居民经营及就业所得。

表12-2-1　居民个人所得税税率适用表

全年应纳税所得额（含税级距）	税率	速算数
不超过36000普拉	0.00%	—
超过36000~72000普拉的部分	5.00%	—
超过72000~108000普拉的部分	12.50%	1800.00
超过108000~144000普拉的部分	18.75%	6300.00
超过144000普拉的部分	25.00%	13050.00

数据来源：普华永道（博茨瓦纳）《Botswana Tax Information Summary》。

（2）非居民经营及就业所得。

表12-2-2　非居民个人所得税税率适用表

全年应纳税所得额（含税级距）	税率	速算数
不超过 72000 普拉	5.00%	—
超过 72000~108000 普拉的部分	12.50%	3600.00
超过 108000~144000 普拉的部分	18.75%	8100.00
超过 144000 普拉的部分	25.00%	14850.00

数据来源：普华永道（博茨瓦纳）《Botswana Tax Information Summary》。

（3）个人资本利得。个人资本利得，作为个人所得的一部分，适用不同税率，不区分居民与非居民，统一适用下表累进税率。资本损失弥补可往后结转一年。处置资本收益是通过销售总价格减去购置成本、改良成本和交易成本计算得出的金额。如个人处置股份，只 75% 的收益应纳税，即 25% 的收益可获豁免。

表12-2-3　个人资本利得税税率适用表

应纳税所得额（含税级距）	税率	速算数
不超过 18000 普拉	0.00%	—
超过 18000~72000 普拉的部分	5.00%	—
超过 72000~108000 普拉的部分	12.50%	2700.00
超过 108000~144000 普拉的部分	18.75%	7200.00
超过 144000 普拉的部分	25.00%	13950.00

数据来源：PKF 国际《Botswana Tax Guide 2016/17》。

6. 征管与合规性要求

税务年度开始于 7 月 1 日并于次年 6 月 30 日结束。申报个人所得税可网上申报，也可提交当地税务局申报。

年收入超过 3.6 万普拉的个人须注册成为纳税人并提交年度纳税申报表。对员工受雇所得从来源处扣缴。除纳税人向税务局申请获准延期提交年度申报表情况外，年度纳税申报表应在税务年度结束后三个月内提交。在取得税务机关作出的评税报告后 30 天内缴清应纳税款。未注册的经营实体基于与个人相同的缴税方式缴税。

个人所得税应于每月 15 日之前按月申报并缴纳。未能缴税或逾期申报可能被处以利息或罚款。逾期缴纳每月要加收 1.5% 的罚息。

纳税年度结束后，需提交年度纳税申报表，该申报表以个人为单位分别报送。目前，逾期提交个人年度纳税申报表暂无罚款。

（四）关税

1. 关税体系和构成

博茨瓦纳海关征收关税分为关税和海关代征进口增值税。博茨瓦纳关税主要有普通关税、从量税、从价税、附加税、反倾销税和临时征税。普通关税使用范围最广，从量税和从价税使用范围较小。反倾销税和临时征税是针对特殊情况下的特殊商品，仅限于对个别国家的个别商品而使用。

博茨瓦纳从南部非洲关税同盟（SACU）成员国和津巴布韦、马拉维进口商品，无须办理进口许可证。从这些国家以外的国家进口商品，须办理进口许可证。

2. 税率

海关税率分为两种：一是通用税率，适用于南部非洲共同体以外的所有国家。二是南部非洲共同体国家税率（优惠税率），适用于南部非洲共同体国家。博茨瓦纳税务局（BURS）官网可以查阅该国最新《关税税则》。

博茨瓦纳是南部非洲关税同盟（SACU）成员国，适用《南部非洲关税同盟（SACU）协定，2002》第七章第 34 条规定的进口关税税率，成员国之间的货物进出口免征关税，不受进口限制；SACU 按不时修订的"海关关税税则"中规定的税率征收关税；同盟内部关税收入由各成员国共同分享，每个成员国分享比例按特定年份其从所有其他成员国进口的货物的价值占 SACU 内部进口总量的百分比来计算。

博茨瓦纳关税按进口货物的离岸价格（FOB）计算，计算单位为"Unit of Account"（UA）。博茨瓦纳的进口关税税率经常修改变动，所以向博茨瓦纳出口前应事先做好具体调查。

表12-2-4　博对WTO成员国主要商品税率

商品名称	关税税率	商品名称	关税税率
鞋类	30%~40%	汽车/配件	30%~20%
服装、床上用品	40%~46%	玩具	免税
文具用品	15%~25%	原材料	22%~36%
电器	22.5%~35%	建材	20%
工业机械	免税	箱包日用品	20%~30%
食品	0.1%	家具	22%

数据来源：世界贸易组织。

3. 关税免税

博茨瓦纳就关税退税免税有如下政策优惠：凡用于博茨瓦纳境内消费的制造业型企业进口的原材料，可享受部分或全部关税退税，《海关法》附表3详细列明可享受部分或全部关税退税的材料类别，如：动植物油脂、矿物、化学制品、药品等可全部退税，烟草等按85%退税；进口原材料加工成产品后再出口，可申请全额退还进口产品已经缴纳的进口关税和进口增值税，《海关法》附表5明确退税可以产品出口后申请，但应在出口后六个月内税务局提出申请；所有用于制造业的机械设备免关税。

4. 设备出售、报废或再出口的规定

博茨瓦纳实施鼓励出口政策，对出口产品不征收任何关税。除放射性矿产品、宝石、钻石、皮革、兽皮、稀有皮革和野生动物及标本外，博茨瓦纳对出口商品无许可证限制。博茨瓦纳对设备出售、报废或再出口并无额外规定。

（五）企业须缴纳的其他税种

1. 培训税（Training Levy）

培训税是博茨瓦纳培训管理局（BOTA）依据《职业培训法》建立于1998年。培训税基于企业营业额征收，任何增值税注册登记人（包括符合注册要求）的企业均有义务缴纳。培训税同增值税一并申报并缴纳，即纳税期结束后的25天内。税率采用超额累进税率。

表12-2-5　培训税税率适用表

序号	年营业额	税率
1	100万普拉以下	—
2	100万~20亿（含20亿）普拉	0.20%
3	20亿普拉以上	0.05%

数据来源：Grant Thornton《BOTA Training Levy》。

根据《博茨瓦纳职业培训法（报销条例）》第21条规定：雇主发生的培训费用有权按下列条款向博茨瓦纳培训管理局报销：

● 年培训税缴纳1000普拉以下的，企业将获得5000普拉报销额度；

● 年培训税缴纳1000普拉以上但5000普拉以下的，企业将获得15000普拉报销额度；

● 年培训税缴纳超过5000普拉的，企业将获得15000普拉加上超出5000普拉的部分乘以1.25计算而来的报销额度。

培训费报销应向博茨瓦纳培训管理局按要求提供相关培训记录、付款证明及相关表格报该机构核准审批。

2. 建筑业信托基金（CITF）

建筑业信托基金基于《财务与审计法》第四章第25条法规建立，

旨在培训和提升博茨瓦纳建筑行业工匠技能水平。《财务与审计法》1991年修订版第5条规定：该基金税按企业营业额的0.25%的税率征收，征收方式通常是工程施工项目业主替工程承包商代扣代缴。实际操作中，只有政府单位业主才有义务代扣代缴，每次支付承包商工程款时，直接扣除0.25%，划拨至该基金。

建筑公司在指定机构培训雇工的开支，可以按规定程序向该基金申请报销，累计报销额度不得超过累计缴纳额，当年未用完报销额度可结转至下年使用。可报销相关发生的培训雇工开支仅限于当地雇工，外籍雇工培训开支不予报销。

3. 资本转让税（CTT）

博茨瓦纳资本转让税根据1985年《资本转让税法》征收。

资本转让税由受让人缴纳。当受赠人为居民或非居民企业，适用固定税率；当受让人为个人，适用累进税率。资本转让税申报缴纳时间应在纳税期结束后的 15 天内。

表12-2-6　资本转让税税率适用表

纳税人	应税总价值	税率
非居民企业		12.50%
居民企业		12.50%
个人	10 万普拉以下	2.00%
	10~30 万普拉	3.00%
	30~50 万普拉	4.00%
	50 万普拉以上	5.00%

数据来源：普华永道（博茨瓦纳）《Botswana Tax Information Summary》。

以下列举部分财产处置免征资本转让税事项如下：

- 继承已故配偶的财产；
- 价值小于 15000 普拉死者的家庭用品；
- 已包括在捐赠者收入内的牲畜或农产品；
- 如果受益人居住在境外，在博茨瓦纳境外处置财产；
- 因教育或训练儿童（至 21 岁）需要而对任何财产的处置；
- 在任何纳税年度累计不超过 5000 普拉的礼品；

4. 不动产转让税（TDIP）

博茨瓦纳不动产转让税基于不动产转让价格征收，受让人因公民或非公民税率有所差别。不动产转让税由受让人缴纳，并在不动产过户前完成缴纳。缴纳税率规定如下：

- 农业不动产转让给非博茨瓦纳公民税率为 30%，转让给博茨瓦纳公民税率为 5%；
- 其他非农业不动产转让税率为 5%；
- 不动产转让中如受让人是博茨瓦纳公民，在转让价格基础上免除 20 万普拉后计税。

（六）社会保障金

1. 缴纳原则

博茨瓦纳实行非缴费制养老保障制度。养老金数额很少，只能维持生存。在博茨瓦纳经营企业无缴纳社会保障金要求。

2. 外国人缴纳社保规定

博茨瓦纳无关于外国人缴纳社保的专门规定。

第三节 外汇政策

一、基本情况

博茨瓦纳外汇管理部门是博茨瓦纳中央银行。博茨瓦纳官方货币为普拉，普拉可与欧元、英镑、日元、美元、兰特等货币进行自由兑换，人民币与普拉不能直接兑换，通常将以上货币作为中间货币。

博茨瓦纳无专门外汇管制政策。自 1999 年 4 月起，博茨瓦纳实施开放和自由的外汇管理政策，采取浮动汇率。博茨瓦纳《外汇管制法》已于 1999 年 2 月 9 日起废止。

为了收集宏观经济数据（如国际收支平衡）和执行反洗钱、反偷漏税等措施，商业银行等授权交易商将需要定期向博茨瓦纳中央银行报送外汇资金进出记录，以供博茨瓦纳中央银行审查外汇进出是否满足合法与合规性要求。博茨瓦纳中央银行和博茨瓦纳金融情报局（IMF）对境内商业银行资金汇入汇出具有监管和调查的职能。

2009 年以来，受金融危机影响，博茨瓦纳实施稳健的货币政策，促进本国经济复苏。2010 年末至 2018 年中以后，当地币普拉兑美元累计贬值率达 38.08%，但仍为非洲最为稳定的货币之一。

表12-3-1　2010年以来普拉兑美元汇率变动表

日期	普拉兑美元汇率	贬值率
2010-12-31	6.44	
2011-12-31	7.52	0.1436
2012-12-31	7.78	0.1722
2013-12-31	8.82	0.2698

续表

日期	普拉兑美元汇率	贬值率
2014-12-31	9.51	0.3228
2015-12-31	11.24	0.4270
2016-12-31	10.65	0.3953
2017-12-31	9.87	0.3475
2018-6-30	10.4	0.3808

数据来源：博茨瓦纳中央银行官网。

二、居民及非居民企业经常项目外汇管理规定

无需征得博茨瓦纳银行事先批准，商业银行可向公司和永久性居民提供经常项目项下支付所需外汇，不受数量限制。

博茨瓦纳针对资金汇入与汇出程序简单。资金汇出既可通过在商业银行等授权交易商开立的外币账户直接转账，也可通过当地币普拉账户直接购买外币支付；同样，汇入资金既可存储于在商业银行开立的外币账户，也可自由将外币兑换成当地币普拉存储于当地币普拉账户。

三、居民和非居民企业资本项目外汇管理规定

博茨瓦纳允许在税务局注册登记的外国投资者、个人、团体等以美元、英镑和南非兰特在博茨瓦纳开设外汇账户。非当地居民或公司开设外汇账户，需向商业银行提供相关凭证。股息、技术服务费、专利使用费、股票资本等可汇往国外，但需按税法规定纳税（第二章"税收政策"中已针对涉及的税种详细说明）。

四、个人外汇管理规定

博茨瓦纳政府规定所有离开或进入博茨瓦纳的居民和访问者，如随身携带超过1万普拉或1万普拉等值的其他货币的纸币和硬币，需要申报，没有具体数额限制。

在博茨瓦纳工作的外国人，其收入可汇往国外，但需按税法规定纳税（上文第二章"税收政策"中已针对涉及的税种详细说明）。

第四节　会计政策

一、会计管理制度

（一）财税监管机构情况

博茨瓦纳税务局（BURS）为财政与发展计划部（MFDP）下设机构，对企业财税执行情况进行监管。同时下设专门大客户部门（LTU）专门对大客户进行监管。博税务局（BURS）针对大客户进行明确限定，满足下述任一条件均视为大客户，由大客户部门（LTU）专门监管，如下：

- 所有年营业超过 3000 万普拉的企业实体；
- 所有在本国经营银行及金融机构；
- 所有在本国的使馆、国际和国内组织；
- 所有从事本国石油、天然气或任何矿物、金属或自然资源勘探和开采的人，以及向这些人提供任何服务或设施的人；
- 本国政府机构。

（二）事务所审计

博茨瓦纳《公司法》第九章第 189 条要求所有在博茨瓦纳注册成立的公司编制年度财务报表，同时公司实体会计记录以当地官方语言英语保存。《公司法》第九章第 189 条明确规定了根据该法案注册成立的公司财务报表披露和财务审计准备、列报和发布的要求。该法案规定了财务报表的基本内容和形式，并要求公司的财务报表每年进行一次审计，审计报告由具审计资质的注册登记的会计师事务所出具。

博茨瓦纳会计监督管理局（BAOA）于 2016 年 1 月发出通告（2016 年 1 月 15 日政府公告[①]），为税务审计的目的，要求在该国经营的公共利益实体（PIE）必须到会计监督管理局（BAOA）注册登记，未按要求注册是违法行为，将面临重大处罚。

[①]　2016 年 1 月 15 日政府公告：《Notice For Implementation Of The Financial Reporting（PIE）Regulations，2016》。

（三）对外报送内容及要求

博茨瓦纳《公司法》第九章第 189 条要求企业实体依法依规报送财务报告，报送内容包括：企业基本信息；董事的责任与申明；企业经营情况报表；重大会计政策；财务报表附注。

报送时间要求：财务报告须按企业会计年度编制每年度报告，于会计年度结束后四个月内提交博茨瓦纳税务局（BURS），并要求企业网上（E-SERVICES）申报。

二、财务会计准则基本情况

（一）适用的当地准则名称与财务报告编制基础

博茨瓦纳没有制定专门的会计操作准则和规范，而是采用国际会计准则（IAS）和国际财务报告准则（IFRS）作为该国财务报表编报准则。

2003 年，博茨瓦纳《公司法》第九章第 206 条规定在博茨瓦纳注册的企业如果有经济业务发生，均需采用国际财务报告准则（IFRS）体系建立会计制度进行会计核算及编报财务报表。

2009 年 9 月，博茨瓦纳会计师协会（BICA）通过《中小企业国际财务报告准则决议》，引入《中小企业国际财务报告准则》（IFRS for SMEs）

（二）会计准则使用范围

博茨瓦纳针对 IFRS 使用范围有着明确的规定。根据 2009 年 9 月博茨瓦纳会计师协会通过《中小企业国际财务报告准则决议》，决议中就采用完整 IFRS 或是中小企业 IFRS 进行了明确的限定，具体要求如下：

• 上市公司必须采用完整的 IFRS；

• 资产超过 500 万普拉（约 70 万美元）或营业额超过 1000 万普拉（约140 万美元）的实体必须采用完整的 IFRS；

• 博茨瓦纳会计师协议（BIA）定义的公共利益实体（PIE）必须采用完整的 IFRS；

• 所有其他实体均可采用中小企业 IFRS，除非法律规定或其他条例要求这些实体遵守中小企业财务报告准则以外的特定财务报告框架。

三、会计制度基本规范

（一）会计年度

《所得税法》第 4 章 25 条规定：公司实体须每年定期编制申报财务报

表，为期 12 个月，会计年度期间可选择如下：

- 当年 7 月 1 日至次年 6 月 30 日；
- 截至 6 月 30 日以外的日期止的 12 个月期间内，但需向税务局提前申请，并获得批准。

对于新成立公司，当年度会计期间可以短于 12 个月或长于 12 个月，针对此类情况，税务局署长或其行政人员为避免税项损失所需的调整后，确定当年度应缴税基准，并以此为基准核定应缴税基础是否应计罚息及应计罚息金额。

（二）记账本位币

博茨瓦纳要求企业会计系统披露采用当地官方语言英语和法定货币普拉进行会计核算。博茨瓦纳采用普拉作为记账本位币，货币简称 BWP。

（三）记账基础和计量属性

国际会计准则引言第 22 条明确规定主体应以权责发生制作为记账基础。博茨瓦纳会计记账均应参照国际会计准则要求，以权责生制为依据。

国际会计准则引言第 101 条规定：企业在编制报务报表时最为常用的计量基础是历史成本。历史成本通常也与其他计量基础结合起来使用。博茨瓦纳操作惯例同样参照上述计量属性。

四、主要会计要素核算要求及重点关注的会计核算

（一）现金及现金等价物

国际会计准则中并未有单独一项准则阐述现金及现金等价物，该概念包括在《国际会计准则第 7 号——现金流量表》之中。该项准则第 6 条将现金及现金等价物定义为库存现金、活期存款、及期限短、流动性强、易于转换成已知金额的现金、并且价值变动风险很小的投资。

（二）应收款项

根据《国际会计准则第 32——金融工具》进行会计处理，应收账款是金融工具，金融工具指形成一个主体的金融资产并形成另一个主体的金融负债或权益工具的合同。

（三）存货

适用《国际会计准则第 2 号——存货》规定，存货应以成本与可变现

净值两者中的较低者来计量。估计可变现净值对于估计是以对存货的可变现金额进行估计时所取得的最可靠的证据为基础的，并日后每一期间进行重新评估。

存货成本应当采用先进先出法或加权平均成本法计算。存货出售时，这些存货的账面金额应在确认相关收入的当期确认为费用。

（四）长期股权投资

《国际会计准则第 28 号——在联营企业和合营企业中的投资》第 2 条规定：本准则适用于所有对被投资者共同控制或具有重大影响的投资者。

在联营企业和合营企业中的投资，国际会计准则要求采用权益法进行会计处理。《国际会计准则第 28 号——在联营企业和合营企业中的投资》第 10 条规定：在权益法下，以成本对联营或合营企业的投资进行初始确认；取得日以后，通过增加或减少投资的账面金额确认投资者在被投资者损益中应占的份额。投资者应享有的被投资者的损益份额确认为投资者的损益。收到被投资者的分配，则冲减其投资的账面金额。

（五）固定资产

适用《国际会计准则第 16 号——不动产、厂房和设备》规定，具备资产确认条件的不动产、厂房和设备项目，应按其成本计量。企业主体应选择成本模式或重估价模式作为确认后计量的会计政策，并将其运用于整个不动产、厂房和设备类别。资产的应折旧金额应当在其使用寿命内系统的摊销。计提折旧所使用的折旧方法应反映主体消耗该资产所含未来经济利益的方式。资产负债表日，企业应确认不动产、厂房和设备项目的可收回价值，如果发生减值，应确认减值准备。

（六）无形资产

适用《国际会计准则第 38 号——无形资产》规定，无形资产的定义要求涉及的项目可辨认性、对资源的控制和存在未来经济利益。无形资产确认的条件应为归属于该资产的未来经济利益很可能流入主体，以及该资产的成本能够可靠的计量。企业主体应选择成本模式或重估价模式作为确认后计量的会计政策。使用寿命有限的无形资产，其应折旧额应当系统地在使用寿命内分摊。使用寿命不确定的无形资产不应摊销。资产负债表日，企业应确认无形资产项目的可收回价值，如果发生减值，应确认减值准备。

（七）职工薪酬

适用《国际会计准则第 19 号——雇员福利》规定，各种类型员工福利包括短期雇员福利、离职后福利、其他长期雇员福利及辞退福利。给企业主体提供服务的雇员可以是全职、兼职、永久、不定期或临时的。

博茨瓦纳劳工法律体系完善，制定有《雇佣法》《外籍人员雇佣法》《工资法》《工人补偿法》和《劳工组织法》，这些法规规定了雇主的权利和义务。法规中同时明确了加班工资、带薪休假、带薪节假日、病假、产假、工伤补偿、遣散补偿、最低工资标准、合同终止等事项细则。

（八）收入

适用《国际财务报告准则第 15 号——客户合同收入》规定，仅当属于本准则范围的与客户之间的合同符合收入准则确认标准，主体才应按照本准则对其进行会计处理。主体应当在义务履行完毕时（或履约过程中），将分摊至该履约义务的交易价格金额确认为收入。

2018 年起，国际财务报告准则的新收入准则开始实施。

在履行了合同中的履约义务，即在客户取得相关商品或服务的控制权时，确认收入。对于在某一时段内履行的履约义务，在该段时间内按照履约进度确认收入，并按照一定方法确定履约进度。履约进度不能合理确定时，已经发生的成本预计能够得到补偿的，按照已经发生的成本金额确认收入，直到履约进度能够合理确定为止。

（九）政府补助

适用《国际会计准则第 20 号——政府补助的会计和政府援助的披露》规定，成为主体应收款项的政府补助，可能作为主体已发生的费用或损失的补偿，或是为主体提供直接的财务支持，未来并不会发生相关成本。这种补助均应在其成为应收款项的期间内，确认为收益。

博茨瓦纳为鼓励外国投资推出系列政策，包括行业、地方鼓励政策。主要优惠措施包括税收优惠、财政补贴和外汇管理宽松。博茨瓦纳针对外国投资直接财政补贴的并不是主要表现方式，优惠政策方面往往通过退税、减税、免税、市场准入、外汇自由等方面来体现。

（十）借款费用

适用《国际会计准则第 23 号——借款费用》规定，主体应将可直接归属于符合条件的资产购置、建造或生产的借款费用确认为该资产成本的组成部分。主体应将其他借款费用在发生当期确认为当期费用。

借款费用应区分资本化与费用化。资本化借款费用诸如存货（长期生产或制造）、生产厂房、电力生产设施、无形资产、投资性房地产及生产性植物等；费用化借款费用诸如借款利息费用、融资租赁所形成的融资租赁费、作为外币借款费用调整额的汇兑差额等。

（十一）外币业务

适用《国际会计准则第 21 号——汇率变动的影响》规定，外币交易时，应在初始确认时以功能货币记录，按交易发生日功能货币和外币之间的即期汇率进行折算。由于结算货币性项目或折算货币性项目时采用不同于当期初始确认时折算的汇率或折算前期财务报表所用的汇率而产生的差额，应在其形成的当期计入损益。如果主体的功能货币发生变动，应于改变之日起对新功能货币的折算应用未来适用法。

（十二）所得税

适用《国际会计准则第 12 号——所得税》规定，当期和以前期间形成的当期所得税负债（资产），应按报告期末已执行的或实质上已执行的税率（和税法）计算的预期应付税务部门（从税务部门返还）的金额计量。递延所得税资产和负债，是以报告期末已执行的或实质上已执行的税率（和税法）为基础，按预期实现该资产或清偿该负债的期间的税率计量。

与正常经营活动产生的损益相关的所得税费用（收益）应在损益和其他综合收益表内作为损益的一部分列报。

五、其他

博茨瓦纳《公司法》第九章 206 条规定允许符合豁免条件的企业实体每年度只报送未经会计师事务所审计的财务报表，该类企业可根据实际情况采用一般公认会计准则（GAAP）进行会计基础核算与编制财务报表。该类豁免企业局限于年营业额少于 1000 万普拉的实体。但如果符合豁免条件的企业实体出于自身目的需出具审计财务报表，比如：企业需向股东报送审计财务报表，那么财务报告准则（IFRS）作为企业会计核算和编报财务报表准则。

本章资料来源：

◎ 中华人民共和国外交部官网《博茨瓦纳国家概况》http：//www.fmprc.gov.cn/web/gjhdq_676201/gj_676203/fz_677316/1206_677438/1206x0_677440/

◎ 一带一路·中非智库网《在博茨瓦纳做生意的20大理由》http：//news.afrindex.com/zixun/article10381.html

◎ 世界经济信息网《博茨瓦纳经济数据》http：//www.8pu.com/country/BWA/

◎ 中华人民共和国商务部《博茨瓦纳关于企业税收规定》http：//www.mofcom.gov.cn/article/i/dxfw/gzzd/201703/20170302543263.shtml

◎ 中华人民共和国驻博茨瓦纳共和国大使馆经济商务参赞处官网《博茨瓦纳外贸政策法规简述》http：//bw.mofcom.gov.cn/article/ddfg/201609/20160901399094.shtml

◎ 土流网《博茨瓦纳"税收政策"内容有哪些？》https：//www.tuliu.com/read-25713.html

◎ 国际财务报告准则网《Who uses IFRS Standards？》https：//www.ifrs.org/use-around-the-world/use-of-ifrs-standards-by-jurisdiction/

◎ 致同会计师事务所《Botswana Budget 2018/19》https：//www.grantthornton.co.bw/

◎ 德勤会计师事务所官网《博茨瓦纳经商须知》https：//www2.deloitte.com/content/dam/Deloitte/cn/Documents/tax/country-highlights/deloitte-cn-tax-taxguides-botswana.pdf

◎ 德勤会计师事务所官网《Financial Reporting Framework in Botswana》https：//www.iasplus.com/en/jurisdictions/africa/botswana

◎ 毕马威会计师事务所官网《Botswana Tax & Budget Summary 2018/19》https：//home.kpmg.com/content/dam/kpmg/xx/pdf/2018/02/tnf-botswana-feb6-2018.pdf

◎ PKF 国际官网《Botswana Tax Guide 2016/17》https：//www.pkf.com/media/10025969/botswana-tax-guide-2015-16.pdf

◎ 博茨瓦纳中央银行 外汇汇率 http：//www.bankofbotswana.bw/indicators/tabular_exchanges

◎ 博茨瓦纳税务局《Taxes for Individuals》http：//www.burs.org.bw/index.php/ tax/income-tax/individuals

◎ 致同会计师事务所《BOTA Training Levy》https：//www.gt.co.bw/publications/etaxline/publications/e-line_BOTA_Training_Levy_Sept08.pdf

◎ 博茨瓦纳税务局官网《Customs Duty Rates》http：//www.burs.org.bw/index.php/customs-duty-rates

◎ 对外投资合作国别（地区）指南《博茨瓦纳经济发展经验探究》（2017 年版）

◎ 博茨瓦纳财政与经济发展部《The 2017/18 Budget-In-Brief》

◎ 普华永道（博茨瓦纳）会计师事务所《Botswana Tax Information Summary》

◎ 博茨瓦纳《所得税法》2006 年第 18 号法案修订版

◎ 博茨瓦纳《增值税法》2006 年第 15 号法案修订版

◎ 博茨瓦纳《海关法》2004 年第 31 号法案修订版

◎ 博茨瓦纳《财务与审计法》2006 年第 18 号法案修订版

◎ 博茨瓦纳《增值税法（修订），2012》公布于 2012 年 10 月 19 日《博茨瓦纳政府公告》

◎ 博茨瓦纳《会计法》2010 年第 11 号法案修订版

◎ 博茨瓦纳《公司法》2008 年第 26 号法案修订版

◎ 博茨瓦纳《财务报告法》2010 年第 10 号法案修订版

◎ 博茨瓦纳《财务与审计法（修订），1991》公布于 1991 年 12 月 13 日《博茨瓦纳政府公告》

◎ Kieran Holmes《A Step By Step Guide for Large Taxpayer Unit》

◎ 国际财务报告准则（IFRS）2015 年版

◎ 国际会计准则（IAS）2015 年版

◎ 中小企业财务报告准则（IFRS for SMEs）2015 年版

◎ 博茨瓦纳会计监督局（BAOA）《Notice For Implementation Of The Financial Reporting（PIE）Regulations，2016》

◎ 博茨瓦纳注册会计师协会（BICA）《中小企业财务报告准则（IFRS for SMEs）决议》